2010年1月21日，“全国经济金融形势分析会”在深圳召开，财政部李勇副部长在会上作重要讲话。

财政部金融司孙晓霞司长主持会议并讲话。

2011年1月18日，“2010年度国债发行工作总结暨表彰大会”在北京召开。

财政部国库司翟钢司长在会上讲话。

中国人民银行金融市场司霍颖励副司长在会上讲话。

中国国债协会张秉国常务副会长在会上讲话。

2010年5月10日，国债发行改革工作会议在安徽省芜湖市召开。

财政部国库司周成跃副司长在会上讲话。

中国人民银行国库局金玉珍副局长在会上讲话。

2010年4月22日，“中国国债协会第三届理事会第三次会议”在福建省召开，张秉国常务副会长在会上作理事会工作报告。

中国国债协会杨政副会长主持会议。

中国国债协会常务理事、理事进行会议表决。

2010年7月22日，中国国债协会在京举办宏观经济运行及相关政策分析报告会，国务院发展研究中心卢中原副主任在会上作报告。

中国国债协会张秉国常务副会长主持会议并讲话。

2010年9月27日，中国国债协会在云南省举办“加强地方政府融资平台公司管理相关政策解读培训班”。张秉国常务副会长出席培训班并讲话，财政部预算司张志华处长出席培训班并作专题报告。

2010年4月1日，中国国债协会在广州市召开“部分农村金融机构座谈会”。

2010年6月24-25日，中国国债协会在湖南省举办“债券投资会计与税收实务操作培训班”。

2010年4月22日，中国国债协会在福建省举办《国债与金融》刊物通讯员会议。

2010年6月5-10日，中国国债协会组团赴我国台湾进行“台湾地区公债管理体制与市场建设”考察。考察团在台湾金融研训院进行座谈。考察团团长协会常务副会长张秉国（左四）；考察团成员周成跃（左二）、胡学好（右三）、陈东浩（右一）、陈利军（左一）、梁维和（右二）等与台湾地区专家合影。

中国国债协会于2010年10月17日-11月6日组团赴加拿大进行以“国债市场管理及应对金融危机策略”为主要内容的业务培训。图为培训团到加拿大多伦多证券交易所学习参观。

2010年
中国国债市场年报

中国国债协会　编

中国财政经济出版社

图书在版编目（CIP）数据

2010年中国国债市场年报/中国国债协会编.—北京：中国财政经济出版社，2011.8
ISBN 978-7-5095-2958-4

Ⅰ.①2… Ⅱ.①中… Ⅲ.①国债市场-中国-2010-年报 Ⅳ.①F812.5

中国版本图书馆CIP数据核字（2011）第116680号

责任编辑：肖　蕾　　　　责任校对：王　英
封面设计：邹海东

中国财政经济出版社出版

URL：http：//www.cfeph.cn

E-mail：cfeph@cfeph.cn

社址：北京市海淀区阜成路甲28号　邮政编码：100142
发行处电话：88190406　财经书店电话：64033436
北京富生印刷厂印刷　各地新华书店经销
880×1230毫米　16开　21.25印张　532 000字
2011年7月第1版　2011年7月北京第1次印刷
印数：1-2 000　定价：48.00元
ISBN 978-7-5095-2958-4/F·2507
（图书出现印装问题，本社负责调换）
本社质量投诉电话：010-88190744

《2010年中国国债市场年报》
编辑委员会名单

编 辑 说 明

2010年是“十一五”规划的收官之年，面对复杂多变的国内外经济环境，以及来自国内外和自然界的严峻挑战，党中央、国务院团结带领全国各族人民，坚持以邓小平理论和“三个代表”重要思想为指导，深入贯彻落实科学发展观，牢牢把握经济工作主动权，加快转变经济发展方式，加强和改善宏观调控，充分发挥市场机制作用，有效巩固和扩大了应对国际金融危机冲击的成果。经济较快增长，农业基础得到加强，经济结构调整步伐加快，改革开放不断深化，改善民生成效显著，全面完成了“十一五”规划确定的目标任务。

2010年是国债市场发展极不平凡的一年。政府债券发行继续维持在两万亿元的较高水平，其中国债1.78万亿元，代理发行地方债2000亿元。全部国债加权平均发行期限7.9年，为历史最长。政府债券二级市场现券交易量约8.04万亿元，换手率首次达到1倍以上。商业银行重返交易所债券市场迈出实质性步伐。这一年，政府债券发行管理也取得了新进展。一是保持国债发行管理策略的持续性和稳定性。坚持公开、透明、市场化的原则；坚持发展机构投资者，同时鼓励居民投资储蓄国债；坚持期限完整、关键突出的记账式国债期限结构，增强国债收益率曲线在金融市场中的基准地位。二是提高国债发行管理策略的针对性和灵活性。加大超长期国债发行量，减少记账式贴现国债发行量，延长国债发行期限；增加春节前到期的记账式贴现国债发行量，满足商业银行春节前备付资金和流动性管理需要；适应储蓄存款利率调整，恢复5年期储蓄国债发行；简化资金拨付流程，降低操作风险。三是进一步完善代理发行地方债制度。四是通过国债季度筹资会、座谈会，继续对国债承销团评优表彰，制定颁布《凭证式国债承销团考评办法》，多种渠道及时、准确地宣传国债相关政策等方式，加强国债承销团管理，密切与投资人关系。这些管理措施的实施，有力地促进了国债顺利发行和国债市场不断完善。

中国国债协会自2003年起编辑《中国国债市场年报》，每年出版一册，已成系列，现奉献给读者的是该系列第九册。《2010年中国国债市场年报》共分为五篇：

第一篇为“综合篇”。本篇收入了2010年中央经济工作会议的主要精神、政府工作报告（摘要）、国家发展和改革委员会及财政部在全国人民代表大会上的报告（摘要）、中国人民银行货币政策报告（节选）以及政府各主管部门对发展我国国债市场的思路和观点等，以便读者更好地了解2010年中国国债市场发展的宏观经济背景和政府主管部门对我国国债市场改革发展的具体部署。

第二篇为“国债市场”。本篇从政府主管部门、市场中介机构和国债承销团成员等不同角度回顾了2010年国债管理、国债一级市场、国债二级市场的整体情况及重大事件。

第三篇为“数据统计”。本篇收入了2010年国债发行、交易（含银行间国债市场和交易所国债市场）、兑付等相关数据资料。

第四篇为“国债管理文告”。本篇收入了2010年财政部、中国人民银行、中国证监会等政府主管部门印发的有关国债发行和管理的文件和公告，以供读者查阅与研究之用。

第五篇为“附录”。本篇收入了2010年地方政府债券、政策性金融债券、商业性金融债券以及央行公开市场操作的有关发行数据资料，为读者提供更为广泛的债券市场资料。

本年报的编辑工作，得到财政部、中国人民银行、中国证监会等有关部门领导的高度重视和政策指导；中央国债登记结算有限责任公司、上海证券交易所、深圳证券交易所和部分国债承销团成员等单位在有关篇章和数据收集方面给予了大力支持和帮助，在此一并致谢！

尽管编委会对年报的编辑出版工作做出了不断的努力和改进，但不足、遗漏与错误在所难免，恳请广大读者给予批评指正。

《2010年中国国债市场年报》编辑部

2011年3月31日

目　　录

第一篇　综合篇

第二篇　国债市场

第三篇　数据统计

第四篇 国债管理文告

第五篇　附　录

第一篇

综　合　篇

2010 年中央经济工作会议主要精神

中央经济工作会议于 2010 年 12 月 10 日至 12 日在北京举行。胡锦涛在会上发表重要讲话，深刻总结今年及“十一五”时期我国经济社会发展取得的成就，全面分析当前国际国内经济形势，明确提出明年经济工作的总体要求、重要原则、主要任务。温家宝在讲话中全面总结今年经济工作，阐述明年经济社会发展主要预期目标和宏观经济政策，对明年经济工作作出具体部署。

会议指出，今年以来，面对复杂多变的国内外经济环境、来自国内外和自然界的严峻挑战，党中央、国务院团结带领全国各族人民，坚持以邓小平理论和“三个代表”重要思想为指导，深入贯彻落实科学发展观，牢牢把握经济工作主动权，加快转变经济发展方式，加强和改善宏观调控，发挥市场机制作用，有效巩固和扩大了应对国际金融危机冲击成果。经济较快增长，农业基础得到加强，经济结构调整步伐加快，改革开放不断深化，改善民生成效显著，全面完成了“十一五”规划确定的目标任务。

会议指出，“十一五”时期是我国发展史上极不平凡的 5 年，也是我国改革开放和社会主义现代化建设取得新的重大成就的 5 年。我们办成了一系列大事，办好了一系列喜事，办妥了一系列难事。综合国力大幅提升，人民生活明显改善，国际地位和影响力显著提高，社会主义经济建设、政治建设、文化建设、社会建设以及生态文明建设和党的建设取得重大历史性进展，为未来一个时期经济社会发展再上新台阶奠定了良好基础。

会议强调，5 年取得的成绩来之不易，积累的经验弥足珍贵，创造的精神财富影响深远。通过实践，我们进一步提高了贯彻落实科学发展观能力，增强了驾驭经济社会发展大局和解决复杂问题能力，加深了对社会主义市场经济规律的认识，加深了对我国社会主义制度政治优势的认识。主要是：注重把抓住发展机遇和创新发展理念、发展模式有机结合起来，努力实现又好又快发展；注重处理好政府和市场的关系，努力提高全社会资源配置效率；注重处理好经济发展和收入分配的关系，努力促进经济良性循环和社会和谐稳定；注重把维护中央权威和发挥地方积极性统一起来，努力增强政策执行力和发展活力；注重统筹国内发展和对外开放，努力实现互利共赢。

会议认为，明年世界经济有望继续恢复增长，但不稳定不确定因素仍然较多。国际金融危机影响深远，世界经济格局正在发生深刻复杂变化。我们要认真分析和准确把握世界经济发展中长期趋势，努力提高应对复杂局面能力。要准确把握世界经济结构进入调整期的特点，努力培育我国发展新优势；准确把握世界经济治理机制进入变革期的特点，努力增强我国参与能力；准确把握创新和产业转型处于孕育期的特点，努力抢占未来发展战略制高点；准确把握新兴市场国家力量步入上升期的特点，努力发展壮大自己。

会议指出，做好明年经济工作，有许多有利条件，也存在一些突出矛盾和问题。宏观经济平稳运行面临复杂形势，粮食稳定增产和农民持续增收基础不牢固，经济结构调整压力加大，资源环境约束强化，改善民生和维护社会稳定任务艰巨。我国经济社会发展中的短期问题和长期问题交织，结构性问题和体制性问题并存，国内问题和国际问题互联，我们必须增强忧患意识、风险意识、责任意识，采取有力措施，积极妥善加以解决。

会议强调，明年是中国共产党成立90周年，也是“十二五”时期开局之年，做好经济社会发展工作具有十分重要的意义。会议提出，明年经济工作的总体要求是：全面贯彻党的十七大和十七届三中、四中、五中全会精神，以邓小平理论和“三个代表”重要思想为指导，深入贯彻落实科学发展观，正确把握国内外形势新变化新特点，以科学发展为主题，以加快转变经济发展方式为主线，实施积极的财政政策和稳健的货币政策，增强宏观调控的针对性、灵活性、有效性，加快推进经济结构调整，大力加强自主创新，切实抓好节能减排，不断深化改革开放，着力保障和改善民生，巩固和扩大应对国际金融危机冲击成果，保持经济平稳较快发展，促进社会和谐稳定。

会议提出了明年经济工作的主要任务。一是加强和改善宏观调控，保持经济平稳健康运行。明年宏观经济政策的基本取向要积极稳健、审慎灵活，重点是更加积极稳妥地处理好保持经济平稳较快发展、调整经济结构、管理通胀预期的关系，加快推进经济结构战略性调整，把稳定价格总水平放在更加突出的位置，切实增强经济发展的协调性、可持续性和内生动力。要实施积极的财政政策和稳健的货币政策。二是推进发展现代农业，确保农产品有效供给。三是加快经济结构战略性调整，增强经济发展协调性和竞争力。四是完善基本公共服务，创新社会管理机制。五是加大改革攻坚力度，推动经济发展方式转变。六是坚持互利共赢的开放战略，拓展国际经济合作空间。

会议指出，在明年经济工作中，各方面要切实把重点放到加快转变经济发展方式上来，使经济增长速度与结构质量效益相统一，经济发展与人口资源环境相协调，切实做到在发展中促转变、在转变中谋发展。各地区一定要从本地实际出发，按照科学发展观的要求，合理确定发展目标，更加注重增长质量和效益，更加注重促进就业和改善民生，切不可盲目追求高速度。要坚持“立足当前、着眼长远，综合施策、重点治理，保障民生、稳定预期”的原则，以经济和法律手段为主，辅之以必要的行政手段，全面加强价格调控监管工作，保持物价总水平基本稳定。要加强财政、货币、投资、土地、贸易、产业政策的协调配合，形成政策合力，保持经济平稳较快发展。

会议指出，完成明年经济工作各项任务，要紧紧围绕科学发展这个主题和加快转变经济发展方式这条主线，加强和改善党对经济工作的领导，切实把思想和行动统一到中央对国际国内形势的科学判断上来，统一到中央对经济社会发展作出的决策部署上来，编制和实施好“十二五”规划。要深入开展调查研究，科学研判发展趋势，准确把握社情民意，切实摸清发展潜力、优势和制约经济发展方式转变的症结，为加快转变经济发展方式、破解经济社会发展难题提供科学依据。要提高领导干部素质，紧密结合创先争优活动，加强各级干部学习培训，深入推进学习型党组织建设，坚持正确的政绩导向和用人导向。要加强党风廉政建设，坚持群众观点，求真务实，真抓实干，艰苦奋斗，不务虚名，严格执行党风廉政建设责任制和领导干部廉洁从政准则，加强对中央关于经济社会发展重大决策部署的监督检查，确保各项政策措施全面落实。

温家宝总理在第十一届全国人民代表大会第三次会议上的政府工作报告（摘要）

我国改革开放和社会主义现代化建设取得新的重大成就

2009年是新世纪以来我国经济发展最为困难的一年。在异常困难的情况下，全国各族人民在中国共产党的坚强领导下，坚定信心，迎难而上，顽强拼搏，从容应对国际金融危机冲击，在世界率先实现经济回升向好，改革开放和社会主义现代化建设取得新的重大成就。

去年我国国内生产总值达到33.5万亿元，比上年增长8.7%；财政收入6.85万亿元，增长11.7%；粮食产量5.31亿吨，再创历史新高，实现连续6年增产；城镇新增就业1102万人；城镇居民人均可支配收入17175元，农村居民人均纯收入5153元，实际增长9.8%和8.5%。我国在全面建设小康社会道路上又迈出坚实的一步。实践再次证明，任何艰难险阻都挡不住中华民族伟大复兴的历史进程。

加强和改善宏观调控，促进经济平稳较快发展

一年来，我们主要做了以下工作：加强和改善宏观调控，促进经济平稳较快发展。我们实行积极的财政政策和适度宽松的货币政策，全面实施并不断完善应对国际金融危机的一揽子计划。大规模增加财政支出和实行结构性减税，保持货币信贷快速增长，提高货币政策的可持续性，扩大直接融资规模，满足经济社会发展的资金需求，有效扩大了内需，很快扭转了经济增速下滑趋势。

我们鼓励消费的政策领域之宽、力度之大、受惠面之广前所未有。

我们实施两年新增4万亿元的投资计划。

我们加快推进汶川地震灾后恢复重建，重灾区已完成投资6545亿元，占规划总投资的65.5%。遭受重大创伤的灾区呈现出崭新面貌，一座座新城拔地而起，一个个村庄焕发出蓬勃生机。

大力调整经济结构，夯实长远发展基础

去年大力调整经济结构，夯实长远发展基础。把保增长与调结构紧密结合起来，加快解决制约经济发展的结构性矛盾。

去年“三农”工作进一步加强。中央财政用于“三农”的支出7253亿元，增长21.8%。大幅度提高粮食最低收购价。启动实施全国新增千亿斤粮食生产能力建设规划。继续改善农村生产生活条件，贫困地区的生产生活条件得到明显改善。

同时，产业结构调整力度加大。制定并实施十大重点产业调整振兴规划。积极支持自主创新产品推广应用，清洁能源、第三代移动通信等一批新兴产业快速发展。

去年节能减排和环境保护扎实推进。

去年区域协调发展迈出新步伐。制定若干区域发展重大规划和政策。区域发展呈现布局改

善、结构优化、协调性提高的良好态势。

坚持深化改革开放，不断完善有利于科学发展的体制机制

去年重点领域和关键环节改革加快推进。增值税转型全面实施。

去年开放型经济水平不断提高。积极参与国际宏观经济政策对话协调和经贸金融合作，在共同应对国际金融危机中发挥了建设性作用。

着力改善民生，加快发展社会事业

去年在应对国际金融危机的困难情况下，我们更加注重保障和改善民生，切实解决人民群众最关心、最直接、最现实的利益问题。

去年实施更加积极的就业政策。强化政府促进就业的责任。

去年加快完善社会保障体系。普遍建立养老保险省级统筹制度，出台包括农民工在内的城镇企业职工养老保险关系转移接续办法。

去年进一步促进教育公平。

去年稳步推进医药卫生事业改革发展。组织实施医药卫生体制改革。

政府工作体会

一年来，我们认真贯彻落实科学发展观，积极应对国际金融危机，全面做好政府工作，有以下几点体会：

必须坚持运用市场机制和宏观调控两种手段，在坚持市场经济改革方向、发挥市场配置资源基础性作用、激发市场活力的同时，充分发挥我国社会主义制度决策高效、组织有力、集中力量办大事的优势。必须坚持处理好短期和长期两方面关系，注重远近结合、标本兼治，既克服短期困难、解决突出矛盾，又加强重点领域和薄弱环节、为长远发展奠定基础。必须坚持统筹国内国际两个大局，把扩大内需作为长期战略方针，坚定不移地实行互利共赢的开放战略，加快形成内需外需协调拉动经济增长的格局。必须坚持发展经济与改善民生、维护社会公平正义的内在统一，围绕改善民生谋发展，把改善民生作为经济发展的出发点、落脚点和持久动力，着眼维护公平正义，让全体人民共享改革发展成果，促进社会和谐稳定。必须坚持发挥中央和地方两个积极性，既强调统一思想、顾全大局，又鼓励因地制宜、探索创新，形成共克时艰的强大合力。

经济发展环境和做好政府工作

今年发展环境虽然有可能好于去年，但是面临的形势极为复杂。各种积极变化和不利影响此长彼消，短期问题和长期矛盾相互交织，国内因素和国际因素相互影响，经济社会发展中“两难”问题增多。

从国际看，世界经济有望恢复性增长，国际金融市场渐趋稳定，经济全球化深入发展的大趋势没有改变，世界经济格局大变革、大调整孕育着新的发展机遇。同时，世界经济复苏的基础仍然脆弱，金融领域风险没有完全消除，各国刺激政策退出抉择艰难，国际大宗商品价格和主要货币汇率可能加剧波动，贸易保护主义明显抬头，加上气候变化、粮食安全、能源资源等全球性问题错综复杂，外部环境不稳定、不确定因素依然很多。从国内看，我国仍处在重要战略机遇期。经济回升向好的基础进一步巩固，市场信心增强，扩大内需和改善民生的政策效应继续显现，企业适应市场变化的能力和竞争力不断提高。但是，经济社会发展中仍然存在一些突出矛盾和问题。经济增长内生动力不足，自主创新能力不强，部分行业产能过剩矛盾突出，结构调整难度加大；就业压力总体上持续增加和结构性用工短缺的矛盾并存；农业稳定发展和农民持续增收的基础不稳固；财政金融领域潜在风险增加；医疗、教育、住房、收入分配、社会管理等方面的突出问题亟待解决。我们必须全面、正确判断形势，决不能把经济回升向好的趋势等同于经济运

行根本好转。要增强忧患意识，充分利用有利条件和积极因素，努力化解矛盾，更加周密地做好应对各种风险和挑战的准备，牢牢把握工作的主动权。

做好今年的政府工作，要认真贯彻党的十七大和十七届三中、四中全会精神，以邓小平理论和“三个代表”重要思想为指导，深入贯彻落实科学发展观，着力搞好宏观调控和保持经济平稳较快发展，着力加快经济发展方式转变和经济结构调整，着力推进改革开放和自主创新，着力改善民生和促进社会和谐稳定，全面推进社会主义经济建设、政治建设、文化建设、社会建设以及生态文明建设，加快全面建设小康社会进程，努力实现经济社会又好又快发展。

今年国内生产总值预期增长8%左右

今年经济社会发展的主要预期目标是：国内生产总值增长8%左右；城镇新增就业900万人以上，城镇登记失业率控制在4.6%以内；居民消费价格涨幅3%左右；国际收支状况改善。

这里要着重说明，提出国内生产总值增长8%左右，主要是强调好字当头，引导各方面把工作重点放到转变经济发展方式、调整经济结构上来。提出居民消费价格涨幅3%左右，综合考虑了去年价格变动的翘尾因素、国际大宗商品价格的传导效应、国内货币信贷增长的滞后影响以及居民的承受能力，并为资源环境税费和资源性产品价格改革留有一定空间。

要提高宏观调控水平保持经济平稳较快发展

要继续实施积极的财政政策和适度宽松的货币政策，保持政策的连续性和稳定性，根据新形势新情况不断提高政策的针对性和灵活性，把握好政策实施的力度、节奏和重点。处理好保持经济平稳较快发展、调整经济结构和管理好通胀预期的关系。既要保持足够的政策力度、巩固经济回升向好的势头，又要加快经济结构调整、推动经济发展方式转变取得实质性进展，还要管理好通胀预期、稳定物价总水平。

要继续实施积极的财政政策。一是保持适度的财政赤字和国债规模。今年拟安排财政赤字10500亿元，其中中央财政赤字8500亿元，继续代发地方债2000亿元并纳入地方财政预算。二是继续实施结构性减税政策，促进扩大内需和经济结构调整。三是优化财政支出结构，有保有压，继续向“三农”、民生、社会事业等领域倾斜，支持节能环保、自主创新和欠发达地区的建设。严格控制一般性支出，大力压缩公用经费。四是切实加强政府性债务管理，增强内外部约束力，有效防范和化解潜在财政风险。

要继续实施适度宽松的货币政策。一是保持货币信贷合理充裕。今年广义货币M2增长目标为17%左右，新增人民币贷款7.5万亿元左右。这两个指标虽然都低于去年实际执行结果，但仍然是一个适度宽松的政策目标，能够满足经济社会发展的合理资金需求。同时也有利于管理好通胀预期、提高金融支持经济发展的可持续性。二是优化信贷结构。落实有保有控的信贷政策，加强对重点领域和薄弱环节的支持，有效缓解农户和小企业融资难问题，严格控制对“两高”行业和产能过剩行业的贷款。强化贷后管理，确保信贷资金支持实体经济。三是积极扩大直接融资。完善多层次资本市场体系，扩大股权和债券融资规模，更好地满足多样化投融资需求。四是加强风险管理，提高金融监管有效性。探索建立宏观审慎管理制度，强化对跨境资本流动的有效监控，防范各类金融风险。继续完善人民币汇率形成机制，保持人民币汇率在合理、均衡水平上的基本稳定。

要积极扩大居民消费需求。

要着力优化投资结构。

要加快转变经济发展方式调整优化经济结构

今年要加快转变经济发展方式，调整优化经

济结构，大力推动经济进入创新驱动、内生增长的发展轨道。

今年要继续推进重点产业调整振兴。一是加大技术改造力度。二是促进企业兼并重组。三是全面提升产品质量。

今年要大力培育战略性新兴产业。要大力发展新能源、新材料、节能环保、生物医药、信息网络和高端制造产业。积极推进新能源汽车、“三网”融合取得实质性进展，加快物联网的研发应用。加大对战略性新兴产业的投入和政策支持。

要进一步促进中小企业发展。一是建立和完善中小企业服务体系。二是继续落实财政对中小企业支持政策。三是加强对中小企业的金融支持。

要加快发展服务业。

要打好节能减排攻坚战和持久战。一要以工业、交通、建筑为重点，大力推进节能，提高能源效率。二要加强环境保护。三要积极发展循环经济和节能环保产业。四要积极应对气候变化。

要努力建设以低碳排放为特征的产业体系和消费模式，积极参与应对气候变化国际合作，推动全球应对气候变化取得新进展。

要推进区域经济协调发展。继续深入推进西部大开发，全面振兴东北地区等老工业基地，大力促进中部地区崛起，积极支持东部地区率先发展。

要加大统筹城乡发展力度强化农业农村发展基础

今年要加大统筹城乡发展力度，强化农业农村发展基础。要按照统筹城乡发展的要求，坚持把解决好“三农”问题作为全部工作的重中之重，进一步强化强农惠农政策，协调推进工业化、城镇化和农业农村现代化，巩固和发展农业农村好形势。

要促进农业稳定发展和农民持续增收。

要加强农业基础设施建设。坚持财政支出优先支持农业农村发展，预算内固定资产投资优先投向农业基础设施和农村民生工程，土地出让收益优先用于农业土地开发和农村基础设施建设。

要深化农村改革。毫不动摇地坚持农村基本经营制度，加快完善有关法律法规和政策，现有土地承包关系要保持稳定并长久不变。加强土地承包经营权流转的管理和服务，在依法自愿有偿流转基础上发展多种形式规模经营。继续推进农村综合改革。完善集体林权制度改革配套政策。启动国有林场改革。继续推进草原基本经营制度改革。发展农民专业合作社，提高农业组织化程度。加快培育小型农村金融机构，积极推广农村小额信用贷款，切实改善农村金融服务。深入推进乡镇机构改革。

要统筹推进城镇化和新农村建设。

要全面实施科教兴国战略和人才强国战略

要优先发展教育事业。抓紧启动实施国家中长期教育改革和发展规划纲要。着重抓好五个方面：一是推进教育改革。二是促进义务教育均衡发展。三是继续加强职业教育。四是推进高等学校管理体制和招生制度改革。五是加强教师队伍建设。

要大力发展科学技术。

要加快人才资源开发。

要大力加强文化建设

新的一年，我们要更加重视和大力加强文化建设。继承和弘扬中华民族优秀传统文化，吸收和借鉴世界各国文明成果，建设中华民族共有精神家园。

政府要更好地履行发展公益性文化事业的责任，保障人民群众的基本需求和权益。

千方百计扩大就业

今年就业形势依然严峻，工作上不能有丝毫

松懈。要继续实施积极的就业政策。

要通过持之以恒的努力，创造更多的就业机会，让广大劳动者各尽所能、各得其所。

要加快完善覆盖城乡居民的社会保障体系

要加快构建更加完善的社会保障安全网，使人民生活有基本保障、无后顾之忧。

要加快完善覆盖城乡居民的社会保障体系。

各级政府要进一步增加社会保障投入，中央财政拟安排 3185 亿元。要多渠道增加全国社会保障基金，加强监管，实现保值增值。

改革收入分配制度

我们不仅要通过发展经济，把社会财富这个“蛋糕”做大，也要通过合理的收入分配制度把“蛋糕”分好。一要抓紧制定调整国民收入分配格局的政策措施，逐步提高居民收入在国民收入分配中的比重，提高劳动报酬在初次分配中的比重。加大财政、税收在收入初次分配和再分配中的调节作用。创造条件让更多群众拥有财产性收入。二要深化垄断行业收入分配制度改革。完善对垄断行业工资总额和工资水平的双重调控政策。严格规范国有企业、金融机构经营管理人员特别是高管的收入，完善监管办法。三要进一步规范收入分配秩序。坚决打击取缔非法收入，规范灰色收入，逐步形成公开透明、公正合理的收入分配秩序，坚决扭转收入差距扩大的趋势。

要促进房地产市场平稳健康发展

坚决遏制部分城市房价过快上涨势头，满足人民群众的基本住房需求。

一是继续大规模实施保障性安居工程。中央财政拟安排保障性住房专项补助资金 632 亿元，比上年增加 81 亿元。建设保障性住房 300 万套，各类棚户区改造住房 280 万套。扩大农村危房改造试点范围。各级政府要切实负起责任，严格执行年度建设计划，确保土地、资金和优惠政策落实到位。二是继续支持居民自住性住房消费。增加中低价位、中小套型普通商品房用地供应，加快普通商品房项目审批和建设进度。规范发展二手房市场，倡导住房租赁消费。盘活住房租赁市场。三是抑制投机性购房。加大差别化信贷、税收政策执行力度。完善商品房预售制度。四是大力整顿和规范房地产市场秩序。完善土地收入管理使用办法，抑制土地价格过快上涨。加大对圈地不建、捂盘惜售、哄抬房价等违法违规行为的查处力度。

要加快推进医药卫生事业改革发展

积极稳妥推进医药卫生体制改革，全面落实五项重点工作。继续扩大基本医疗保障覆盖面。

今年要把城镇居民基本医保和新农合的财政补助标准提高到 120 元，比上年增长 50%，并适当提高个人缴费标准。

要开展公立医院改革试点，坚持基本医疗的公益性方向，创新体制机制，充分调动医务人员积极性，提高服务质量，控制医疗费用，改善医患关系。大力支持社会资本兴办医疗卫生机构，在服务准入、医保定点等方面一视同仁。扶持和促进中医药、民族医药事业发展。

医药卫生事业改革发展关系人民身体健康和家庭幸福，我们要克服一切困难，把这个世界性难题解决好。

要做好人口和计划生育工作

继续稳定低生育水平。

要做好流动人口计划生育服务工作。

要切实保护好妇女和未成年人权益。加强应对人口老龄化战略研究，加快建立健全养老社会服务体系，让老年人安享晚年生活。

坚定不移推进改革，进一步扩大开放

今年要继续深化重点领域和关键环节改革，

努力实现新的突破。

要继续推进国有经济布局和结构战略性调整。加快大型国有企业特别是中央企业母公司的公司制改革，实现产权多元化，完善法人治理结构。加快推进垄断性行业改革，推进公用事业改革，切实放宽市场准入，积极引入竞争机制。着力营造多种所有制经济公平竞争的市场环境，更好地促进非公有制经济发展。

深化资源性产品价格和环保收费改革，是节约能源资源、保护环境、实现可持续发展的重要举措。

要继续推进财税体制改革。健全公共财政体系。完善财政转移支付制度，加大一般性转移支付，增强地方政府提供基本公共服务的能力。

要继续完善国有控股金融机构公司治理，改善经营管理机制，提高风险管控能力。

要按照政事分开、事企分开和管办分离的要求，在科学分类的基础上，积极稳妥推进事业单位改革。

我们的改革是全面的改革，包括经济体制改革、政治体制改革以及其他各领域的改革。没有政治体制改革，经济体制改革和现代化建设就不可能成功。要发展社会主义民主，切实保障人民当家作主的民主权利，特别是选举权、知情权、参与权、表达权和监督权。进一步扩大基层民主，健全基层自治组织和民主管理制度，让广大群众更好地参与管理基层公共事务。要坚持依法治国、依法行政。进一步健全法制，特别要重视那些规范和监督权力运行的法律制度建设。创新政府立法工作的方法和机制，扩大立法工作的公众参与。

要全面适应国际形势变化和国内发展要求，拓展对外开放的广度和深度。

要稳定发展对外贸易。今年的主要着力点是拓市场、调结构、促平衡。

要推动利用外资和对外投资协调发展。

要深化多边双边经贸合作。

努力建设人民满意的服务型政府

要以转变职能为核心，深化行政管理体制改革，大力推进服务型政府建设，努力为各类市场主体创造公平的发展环境，为人民群众提供良好的公共服务，维护社会公平正义。

要全面正确履行政府职能，更加重视公共服务和社会管理。

要适应新形势，推进社会管理体制改革和创新，合理调节社会利益关系。

要努力提高执行力和公信力。

要把反腐倡廉建设摆在重要位置。

我们所做的一切都是要让人民生活得更加幸福、更有尊严，让社会更加公正、更加和谐。

巩固和发展平等、团结、互助、和谐的民族关系

要认真落实中央支持少数民族和民族地区发展的政策措施，优先支持边疆民族地区加快发展。

要旗帜鲜明地反对民族分裂，维护祖国统一，让少数民族和民族地区各族群众充分感受到祖国大家庭的温暖。

要全面贯彻党的宗教工作基本方针，依法管理宗教事务。发挥宗教界人士和信教群众在促进经济发展和社会和谐中的积极作用。

要认真贯彻党的侨务政策。维护海外侨胞、归侨侨眷的合法权益，支持他们传承中华文化，参与祖国现代化建设和促进和平统一大业。

要加强军队全面建设

新的一年，要紧紧围绕党和国家工作大局，着眼全面履行新世纪新阶段军队历史使命，按照革命化现代化正规化相统一的原则，加强军队全面建设。

今年要以增强打赢信息化条件下局部战争能力为核心，提高应对多种安全威胁、完成多样化军事任务的能力。

各级政府要一如既往地关心支持国防和军队建设，巩固和发展军政军民团结。

全力支持香港澳门保持长期繁荣稳定

将坚定不移地贯彻“一国两制”、“港人治港”、“澳人治澳”、高度自治的方针，全力支持香港、澳门保持长期繁荣稳定。

要认真实施珠江三角洲地区改革发展规划纲要，积极推进港珠澳大桥等大型跨境基础设施建设和珠海横琴岛开发，深化粤港澳合作，密切内地与港澳的经济联系。

不断开创两岸关系和平发展新局面

在新的一年里，我们要继续坚持发展两岸关系、促进祖国和平统一的大政方针，牢牢把握两岸关系和平发展的主题，不断开创两岸关系和平发展新局面。

要推动建设持久和平、共同繁荣的和谐世界

中国将始终高举和平、发展、合作旗帜，坚持独立自主的和平外交政策，坚持走和平发展道路，奉行互利共赢的开放战略，推动建设持久和平、共同繁荣的和谐世界。

中国政府和人民愿与国际社会携手努力，共同应对风险挑战，共同分享发展机遇，为世界和平与发展作出新贡献！

关于2009年国民经济和社会发展计划执行情况与2010年国民经济和社会发展计划草案的报告（摘要）

国家发展和改革委员会

一、2009年国民经济和社会发展计划执行情况

——内需扩大有效拉动经济增长。消费持续较旺，社会消费品零售总额125343亿元，比上年增长15.5%，超过计划1.5个百分点，剔除价格因素，实际增长16.9%。投资快速增长。全社会固定资产投资224846亿元，比上年增长30.1%，超过计划10.1个百分点。城镇固定资产投资194139亿元，增长30.5%。经济增速逐季加快。四个季度的当季同比增幅分别为6.2%、7.9%、9.1%和10.7%，全年国内生产总值335353亿元，比上年增长8.7%，超过计划0.7个百分点。

——农业基础进一步巩固。农业保持稳定发展。粮食生产实现连续六年增产，全年总产量53082万吨，比上年增长0.4%，超过计划3082万吨。强农惠农政策继续完善，出台了《关于当前稳定农业发展促进农民增收的意见》。“三农”投入大幅增加，全年中央财政用于“三农”的支出达7253.1亿元，比上年增长21.8%。农村生产生活条件继续改善。

——结构调整取得新进展。重点行业结构优化升级积极推进，钢铁、汽车、造船、石化、轻工、纺织、有色金属、装备制造、电子信息、物流十大产业调整振兴规划以及相关细则有序实施。产能过剩行业调整工作稳步推进。自主创新步伐加快。基础设施和基础产业不断加强。服务业稳定发展。

——节能环保和应对气候变化工作进一步加强。节能减排取得新成效。生态建设和环境保护力度加大。应对气候变化取得新进展。

——区域协调发展迈出新步伐。区域发展总体战略深入实施。区域发展的协调性继续增强。

——改革开放继续深化。重点领域和关键环节改革取得新进展。对外开放取得积极成效。全年进出口总额22072.2亿美元，其中，出口12016.6亿美元，进口10055.6亿美元。年末国家外汇储备23992亿美元，比上年末增加4531亿美元。

——惠民生促和谐成效明显。就业和社会保障工作进一步加强。人民生活继续改善。各项社会事业全面进步。汶川地震灾后恢复重建规划实施取得重大阶段性成果。

二、2010年经济社会发展的总体要求和主要目标

2010年经济社会发展的主要预期目标是：

——保持经济稳定增长，国内生产总值增长8%左右。8%左右的目标比去年实际增长率略低一些，这样的安排主要是强调经济工作的着力点不在于盲目追求更高的速度，而在于下更大的功

夫推动经济发展方式转变和经济结构调整，下更大的功夫提高经济发展质量和效益、增强发展的可持续性，实现又好又快发展。

——优化经济结构。农业发展基础进一步加强，战略性新兴产业和服务业发展加快，一、二、三次产业增加值占国内生产总值的比重分别为10.1%、46.6%、43.3%；研究与试验发展经费支出占国内生产总值比例提高到1.75%以上；抑制盲目重复建设、推动兼并重组和淘汰落后产能取得积极成效；单位GDP能耗力争实现“十一五”规划目标，主要污染物排放总量继续下降；城镇化率达到47%，区域发展更趋协调。

——保障和改善民生。城镇新增就业900万人以上，城镇登记失业率控制在4.6%以内；城乡居民收入稳定增长，其中农民人均纯收入实际增长6%以上；各项社会保障制度进一步完善，保障性安居工程建设和棚户区改造加快推进；人口自然增长率控制在7‰以内。

——保持价格总水平基本稳定，居民消费价格涨幅3%左右。此目标既有利于管理好通胀预期，也为推进改革留有一定空间。

——改善国际收支状况。外贸进出口总额增长8%左右，贸易顺差有所缩小，服务贸易发展加快；利用外资质量提升、结构优化；对外投资稳步扩大、效益提高。

三、2010年经济社会发展的主要任务和措施

——进一步提高宏观调控水平，努力实现经济平稳较快发展。保持宏观经济政策的连续性和稳定性，把握好政策实施的力度、节奏、重点。继续实施积极的财政政策。保持适度的财政赤字和发债规模，建议今年全国财政赤字规模10500亿元，赤字率与去年基本持平，控制在3%以内。继续实施适度宽松的货币政策。合理增加货币供应和信贷规模，综合运用多种货币政策工具加强流动性管理，保持银行体系流动性合理充裕。今年广义货币供应量M2增长17%左右，新增人民币贷款规模7.5万亿元左右。防范财政、金融风险。进一步扩大消费需求。社会消费品零售总额增长15%。加快调整国民收入分配格局。完善促进消费的各项政策措施。促进合理的住房消费。发展服务消费。优化消费环境。保持合理的投资规模，优化投资结构。全社会固定资产投资增长20%。切实抓好政府投资项目建设。积极扩大民间投资。加强和改进投资管理。稳定粮油等重要商品的市场供应和价格。搞好经济运行调节。

——加快产业优化升级和战略性新兴产业发展，促进发展方式转变和结构调整。大力增强自主创新能力。培育和发展战略性新兴产业。继续推进重点产业的调整振兴。压缩和疏导过剩产能，加快淘汰落后产能。促进服务业加快发展。抓好重要通道和关键枢纽建设，提高交通运输综合效能。积极支持中小企业特别是小企业发展。

——加大统筹城乡发展力度，增强农业农村经济发展和农民增收的基础。抓好主要农产品生产。2010年，力争粮食产量稳定在5亿吨水平；棉花、油料、糖料产量分别达到670万吨、3150万吨、12500万吨，增长4.7%、1.6%和2.5%。努力促进农民持续增收。扎实推进新农村建设。积极推进城镇化。

——认真落实促进区域发展的各项规划和政策，增强区域发展的协调性。深入推进西部大开发。全面振兴东北地区等老工业基地。扎实推进中部崛起。积极支持东部地区率先发展。加强区域合作。

——抓好节能减排和应对气候变化工作，加快建设资源节约型环境友好型社会。强化目标责任和监督检查。完善相关政策、标准。加快重点工程建设。加强建筑节能。全面实施节能产品惠民工程。大力发展循环经济。加强生态建设和环境保护。积极应对气候变化。

——加快重点领域和关键环节改革，增强经济社会发展的动力和活力。深入推进医药卫生体制改革。稳步推进资源性产品价格和环保收费改革。深化国有企业改革。毫不动摇地鼓励、支

持、引导非公有制经济发展。健全有利于农业农村发展的体制机制。加快财税体制改革步伐。继续推进金融体制改革。深化投资体制改革。

——更加注重统筹国内国际两个大局，稳定发展开放型经济。促进对外贸易稳步回升。提高利用外资水平。支持和规范企业对外投资合作。

——加强以改善民生为重点的社会建设，全力维护社会和谐稳定。实施更加积极的就业政策。完善社会保障体系。优先发展教育。加强公共医疗卫生工作。加强住房保障。大力加强文化建设。重视发展老龄事业，切实保障妇女和未成年人权益，关心和支持残疾人事业。继续抓好汶川地震灾后恢复重建工作。

——继续加强内地与香港、澳门两个特别行政区在经贸、科技、教育、文化、卫生、体育等领域的交流合作，支持香港、澳门克服国际金融危机不利影响、促进经济发展。抓住历史机遇，积极推动两岸经济文化合作与交流，扩大两岸直接“三通”。支持海峡西岸经济区在两岸交流合作中发挥先行先试作用。

今年还要切实做好“十二五”规划的编制工作。

关于2009年中央和地方预算执行情况与2010年中央和地方预算草案的报告（摘要）

财 政 部

一、2009年中央和地方预算执行情况

2009年，全国财政收入68476.88亿元，比2008年（下同）增加7146.53亿元，增长11.7%。全国财政支出75873.64亿元，增加13280.98亿元，增长21.2%。

中央财政收入35896.14亿元，完成预算的100.1%，增加3215.58亿元，增长9.8%。从中央预算稳定调节基金调入505亿元，中央财政使用的收入36401.14亿元。中央财政支出43901.14亿元，完成预算的100.1%，增加8512.58亿元，增长24.1%。中央财政收支相抵，赤字7500亿元，与预算持平。2009年末中央财政国债余额60237.68亿元，控制在年度预算限额62708.35亿元以内。

中央对地方税收返还和转移支付情况。2009年中央对地方税收返还和转移支付28621.3亿元，完成预算的99.1%。

地方财政收入61202.04亿元，增加10507.86亿元，增长20.7%。地方财政支出60593.8亿元，增加11345.31亿元，增长23%。地方财政收支相抵，差额2000亿元，经国务院同意由财政部代理发行地方政府债券弥补。

2009年预算具体执行的主要情况如下：

（一）中央财政收入预算执行情况

中央财政主要收入项目。国内增值税13915.99亿元，完成预算的95.6%，增长3.1%，未完成预算主要是工业品出厂价格水平下降减少了收入。国内消费税4759.12亿元，完成预算的107.3%，增长85.3%，比预算超收主要是执行中提高烟产品消费税税率增加了收入。进口货物增值税、消费税7729.15亿元，完成预算的96.7%，增长4.6%；关税1483.57亿元，完成预算的78.1%，下降16.2%，主要是进口额比预计减少较多。出口货物退增值税、消费税6486.56亿元（账务上作冲减收入处理），完成预算的96.7%，增长10.6%，未完成预算主要是出口额比预计减少较多。企业所得税7618.82亿元，完成预算的100.2%，增长6.2%。个人所得税2366.72亿元，完成预算的99%，增长5.9%。证券交易印花税495.04亿元，完成预算的202.1%，下降47.9%，超过预算主要是股票交易量比预计数增加。车辆购置税1163.17亿元，完成预算的119.9%，增长17.5%，主要是汽车销售量增长较快。非税收入2536.66亿元，完成预算的123.6%，增长48.2%，主要是清缴企业欠缴的石油特别收益金等增加了收入。

（二）中央财政主要支出项目执行情况

农林水事务支出3501.24亿元，完成预算的101.6%，增加792.93亿元，增长29.3%。教育支出1981.39亿元，完成预算的100%，增加377.69亿元，增长23.6%。医疗卫生支出1277.14亿元，完成预算的108.2%，增加422.69亿元，增长49.5%。社会保障和就业支出3296.66亿元，完成预算的98.4%，增加553.07亿元，增长20.2%。保障性住房支出550.56亿元，完成预算的111.7%，增加368.66

亿元，增长202.7%。文化体育与传媒支出320.73亿元，完成预算的114.6%，增加67.92亿元，增长26.9%。粮油物资储备等事务支出1746.62亿元，完成预算的98.1%，增加647.89亿元，增长59%。科学技术支出1512.02亿元，完成预算的103.5%，增加348.79亿元，增长30%。环境保护支出1151.8亿元，完成预算的93.1%，增加111.5亿元，增长10.7%。公共安全支出1287.45亿元，完成预算的110.9%，增加414.41亿元，增长47.5%。地震灾后恢复重建支出969.99亿元（不含用车辆购置税、彩票公益金等安排的地震灾后恢复重建支出），完成预算的100%。国防支出4829.85亿元，完成预算的102.1%，增加728.44亿元，增长17.8%。交通运输支出2178.71亿元，完成预算的115.4%，增加606.77亿元，增长38.6%。一般公共服务支出1326.63亿元，完成预算的101%，增加111.45亿元，增长9.2%。国债付息支出1320.7亿元，完成预算的96.3%，增加42.01亿元，增长3.3%。

汇总以上各项支出，2009年中央财政用在与人民群众生活直接相关的教育、医疗卫生、社会保障和就业、保障性住房、文化方面的民生支出合计7426.48亿元，增长31.8%。中央财政用于“三农”的支出合计7253.1亿元，增长21.8%。

（三）政府性基金收支情况

2009年全国政府性基金收入18335.04亿元，全国政府性基金支出16118.79亿元。其中，中央政府性基金收入2507.67亿元，完成预算的108.8%，增加0.82亿元。地方政府性基金本级收入15827.37亿元。

（四）积极的财政政策落实情况

一是增加政府公共投资，加强各项重点建设。二是优化税制，实行结构性减税。三是增加城乡居民收入，增强居民消费能力。

（五）财税及相关改革进展情况

全面实施增值税转型改革，消除重复征税因素，优化税收制度。顺利推进成品油税费改革，进一步理顺税费关系，规范政府收费行为，建立筹集公路发展资金的长效机制和税收引导能源消费的新机制。完善企业所得税法相关配套政策。全面实施修订后的营业税暂行条例及其实施细则，健全营业税相关政策。调整烟产品消费税政策。统一内外资企业和个人的房产税制度。完善民族地区转移支付制度，改进资源枯竭城市转移支付办法，健全重点生态功能区转移支付办法。探索建立县级基本财力保障机制，稳步推进省直管县财政管理方式改革。深化预算管理制度改革，继续推进部门预算、国库集中收付和政府采购制度改革。集体林权制度改革全面推开。支持14个试点省份偿还农村义务教育“普九”债务493亿元。村级公益事业建设一事一议财政奖补试点范围扩大到17个省份，带动村级公益事业建设总投入600多亿元，2.6亿农民受益。

（六）落实全国人大预算决议有关情况

认真执行税费改革政策，加强收入征管；落实惠农政策，用好支农资金；着力保障和改善民生；提高政府投资效益；推进公共财政体制改革。加强财政科学化精细化管理。预算法修订取得重要进展，彩票管理条例颁布实施，财政法制建设不断推进。研究建立完整的政府预算体系，进一步健全政府性基金预算管理制度和国有资本经营预算制度，启动试编社会保险基金预算。预算支出执行进度加快，预算执行的均衡性和效率逐步提高。实施新增资产配置预算专项审核，推进资产管理与预算管理有机结合。中央部门预算支出绩效评价试点，从2008年的74个部门108个项目扩大到94个部门167个项目。建立健全收费基金管理制度和政策，将全国性及中央部门和单位行政事业性收费纳入预算管理，全面推进非税收入收缴管理改革。继续完善基本支出定员定额标准体系，扎实推进实物费用定额试点，加快项目支出定额标准体系建设。开展项目清理工作，加强项目库建设。强化基层财政建设，保障各项民生政策的有效落实。加大财政监督检查力度，重点加强扩大内需促进经济增长政策落实和资金监管工作，督促地方加快中央政府公共投资预算执行进度，确保财政资金安全有效。继续推进财政信息化建设和会计等基础管理工作。财政政务公开力度进一步加大，及时性和透明度逐步提高。密切监控地方融资平台公司债务情况，研究提出切实防范地方政府性债务风险的政策措施。“小金库”专项治理取得阶段性成果。

二、2010 年中央和地方预算草案

（一）当前我国财政形势

总体上看，2010 年财政面临的环境好于上年，但形势仍极其复杂。收入方面，宏观经济形势和企业经营状况好转，价格水平回升，将有利于财政收入增长。但执行结构性减税政策以及上年提高部分产品出口退税率等因素，将影响财政收入增长。外贸进出口短期内难以恢复到危机前的水平，进出口环节税收增加不多。部分行业企业效益较低，企业所得税增长困难。上年一些特殊增收措施也将影响今年财政收入增长。支出方面，在建项目需要继续投入大量资金。增加低收入群体收入，加强“三农”、教育、科技、社会保障和就业、医疗卫生、保障性住房、节能减排等经济社会发展关键环节，以及对民族地区、边疆地区的支持，需要进一步加大财政投入，且基数大、刚性强。支持地震灾后恢复重建，开展新型农村社会养老保险试点，推进医药卫生体制等各项改革，也需要增加大量财政投入。因此，2010 年仍是财政非常困难的一年。

（二）财政预算编制和财政工作总体要求

2010 年财政预算编制和财政工作的指导思想是：认真贯彻党的十七大、十七届三中、四中全会以及中央经济工作会议精神，以邓小平理论和“三个代表”重要思想为指导，深入贯彻落实科学发展观，继续实施积极的财政政策，着力调整国民收入分配格局，推进财税制度改革，优化财政支出结构，加大对“三农”、教育、科技、医疗卫生、社会保障、保障性住房、节能减排以及欠发达地区的支持力度，促进经济增长、结构调整、地区协调和城乡统筹发展，切实保障和改善民生。坚持依法理财和统筹兼顾、增收节支的方针，加强财政科学管理，从严控制一般性支出，提高财政资金使用效益，促进经济平稳较快发展。

根据这一指导思想，2010 年财政工作将更加注重推进结构调整，切实提高经济发展的质量和效益；更加注重扩大内需特别是消费需求，切实保持经济平稳较快增长；更加注重保障和改善民生，切实推动经济社会协调发展；更加注重深化财税改革，切实增强经济财政发展的内在动力和活力；更加注重加强财政科学化精细化管理，切实提高财政资金绩效。继续实施积极的财政政策，主要体现在以下几个方面：一是提高城乡居民收入，扩大居民消费需求。二是安排使用好政府公共投资，着力优化投资结构。三是落实结构性减税政策，引导企业投资和居民消费。四是优化财政支出结构，保障和改善民生。五是大力支持区域协调发展和经济结构调整，推动经济发展方式转变。

2010 年公共财政预算主要指标拟安排如下：

中央财政收入 38060 亿元，比 2009 年执行数（下同）增加 2163.86 亿元，增长 6%。从中央预算稳定调节基金中调入 100 亿元。合计收入为 38160 亿元。中央财政支出 46660 亿元，增加 2758.86 亿元，增长 6.3%。中央财政收支相抵，赤字 8500 亿元，增加 1000 亿元。相应增加国债发行规模，中央财政国债余额限额 71208.35 亿元。

地方本级收入 35870 亿元，增长 10.1%，加上中央对地方税收返还和转移支付收入 30611 亿元，地方财政收入合计 66481 亿元，增加 5278.96 亿元，增长 8.6%。地方财政支出 68481 亿元，增加 7887.2 亿元，增长 13%。地方财政收支相抵，差额 2000 亿元，国务院同意由财政部代理地方发行债券弥补，并列入省级预算管理。

汇总中央预算和地方预算安排，全国财政收

入73930亿元，增长8%，加上从中央预算稳定调节基金调入100亿元，可安排的收入为74030亿元；全国财政支出84530亿元，增长11.4%。全国财政收支差额10500亿元。

2010年全国财政收支差额预计占GDP的2.8%，与上年基本持平。主要考虑：我国经济虽呈现回升向好势头，但基础还不稳固，需要保持财政政策的连续性、稳定性。财政收入增长较低，支出压力又很大，财政收支矛盾突出，2010年财政赤字仍需保持适度规模。同时，促进财政可持续发展，积极防范财政风险，为以后年度逐步缩减赤字留有余地，要将赤字率控制在3%以内。

中央预算稳定调节基金情况。2009年底余额为119亿元，2010年预算调入使用100亿元，剩余19亿元。

（三）中央财政主要收入项目安排情况

国内增值税15350亿元，增加1434.01亿元，增长10.3%。国内消费税5241亿元，增加481.88亿元，增长10.1%。关税和进口货物增值税、消费税9650亿元，增加437.28亿元，增长4.7%。企业所得税8061亿元，增加442.18亿元，增长5.8%。个人所得税2542亿元，增加175.28亿元，增长7.4%。证券交易印花税516亿元，增加20.96亿元，增长4.2%。出口退税7070亿元，增加583.44亿元，增长9%，相应冲减财政收入。车辆购置税1338亿元，增加174.83亿元，增长15%。非税收入2077亿元（含从中央国有资本经营预算调入10亿元），减少459.66亿元，下降18.1%。

（四）中央财政主要支出项目安排情况

2010年中央财政可用收入增加较少，中央财政支出比上年增长6.3%。

教育支出2159.9亿元，增加178.51亿元，增长9%，高于中央财政支出平均增幅2.7个百分点。科学技术支出1632.85亿元，增加120.83亿元，增长8%，高于中央财政支出平均增幅1.7个百分点。文化体育与传媒支出314.49亿元，下降1.9%。医疗卫生支出1389.18亿元，增加112.04亿元，增长8.8%，高于中央财政支出平均增幅2.5个百分点。社会保障和就业支出3582.25亿元，增加285.59亿元，增长8.7%，高于中央财政支出平均增幅2.4个百分点。住房保障支出992.58亿元，增长1.4%。农林水事务支出3778.94亿元，增加267.7亿元，增长7.6%，高于中央财政支出平均增幅1.3个百分点。国土气象等事务支出336.25亿元，增加91.87亿元，增长37.6%。环境保护支出1412.88亿元，增加261.08亿元，增长22.7%。交通运输支出2119.19亿元，下降2.7%，主要是铁路、高速公路、机场建设资金减少。资源勘探电力信息等事务支出696.12亿元，下降18.2%，主要是用电力资产出售变现收入安排的支出减少。粮油物资储备管理等事务支出1078.41亿元，下降4.4%，主要是推迟消化粮食政策性财务挂账。商业服务业等事务支出852.58亿元，增加234.55亿元，增长38%，主要是为进一步扩大居民消费，增加了补贴支出。地震灾后恢复重建支出780.01亿元。国防支出5190.82亿元，增加360.97亿元，增长7.5%。公共安全支出1390.69亿元，增加103.24亿元，增长8%。一般公共服务支出1014.95亿元，减少67.3亿元。国债付息支出1535.16亿元，增加214.46亿元，增长16.2%。

汇总以上各项支出，2010年中央财政用在与人民群众生活直接相关的教育、医疗卫生、社会保障和就业、保障性住房、文化方面的民生支出安排合计8077.82亿元，增加651.34亿元，增长8.8%。中央财政用于“三农”方面的支出安排合计8183.4亿元，增加930.3亿元，增长12.8%。

汇总公共财政预算安排的资金，加上政府性基金收入、国有资本经营收益用于公共投资的部分，2010年中央政府公共投资安排9927亿元，比2008年预算增加5722亿元。加上2008年第四季度新增的1040亿元和2009年新增的5038亿元，可以实现中央政府新增公共投资1.18万亿元的计划。

（五）中央对地方税收返还和转移支付支出安排情况

2010年中央对地方税收返还和转移支付30611亿元，增加1989.7亿元，增长7%。

（六）其他政府预算收支安排情况

1. 政府性基金预算收支安排。2010年中央政府性基金预算收入2554.49亿元，增加46.82亿元，增长1.9%。地方政府性基金本级收入16150亿元，增加322.63亿元，增长2%。

汇总中央和地方政府性基金收支，全国政府性基金收入18704.49亿元，增加369.45亿元，增长2%，加上中央政府性基金上年结转收入655.71亿元，可安排的全国政府性基金收入总量为19360.2亿元；全国政府性基金支出19360.2亿元，增加3241.41亿元，增长20.1%。

2. 中央国有资本经营预算收支安排。2010年中央国有资本经营预算编制范围，包括国务院国有资产监督管理委员会监管企业、中国烟草总公司、中国邮政集团公司，以后还将逐步扩大。预计收取中央企业国有资本收益421亿元，增加32.26亿元，增长8.3%。加上上年结转收入19亿元，可安排的预算收入440亿元。中央国有资本经营预算支出440亿元。

三、依法理财，科学管理，确保完成2010年预算

一是扎实实施积极的财政政策。二是完善有利于科学发展的财税体制机制。三是大力推进财政科学化精细化管理。四是努力增收节支。

2010年中国货币政策大事记

中国人民银行

1月

1月12日，中国人民银行决定从2010年1月18日起上调存款类金融机构人民币存款准备金率0.5个百分点，农村信用社等小型金融机构暂不上调。

1月13日，中国人民银行办公厅印发《关于进一步做好大学生“村官”创业富民金融服务工作的通知》（银办发［2010］5号），提出积极加强信贷政策指导，有针对性地创新金融产品和服务方式，为大学生“村官”创业富民及时提供有效融资支持，并做好专项监测。

2月

2月1日至2日，召开2010年中国人民银行货币信贷与金融市场工作会议。

2月3日，中国人民银行向全国人大财经委员会汇报2009年货币政策执行情况。

2月11日，发布《2009年第四季度中国货币政策执行报告》。

2月12日，中国人民银行决定从2010年2月25日起上调存款类金融机构人民币存款准备金率0.5个百分点，农村信用社等小型金融机构暂不上调。

3月

3月4日，中国人民银行召开信贷形势座谈会。按照宏观调控的总体部署和要求，引导金融机构贷款合理均衡增长，同时着力优化信贷结构，增强风险防范意识。

3月8日，中国人民银行发布《人民币跨境收付信息管理系统管理暂行办法》（银发［2010］79号），加强人民币跨境收付信息管理系统的管理，保障人民币跨境收付信息管理系统安全、稳定、有效运行，规范银行业金融机构的操作和使用。

3月19日，中国人民银行会同中共中央宣传部等八个部委出台《关于金融支持文化产业振兴和发展繁荣的指导意见》（银发［2010］94号），督促金融机构认真落实金融支持文化产业发展振兴的政策措施，进一步改进和提升对我国文化产业的金融服务，促进文化产业的振兴和发展繁荣。

3月24日，中国人民银行与白俄罗斯国家银行签署《中白双边本币结算协议》。该协议是我国与非接壤国家签订的第一个一般贸易本币结算协议，也是人民币跨境贸易结算试点实施后的区域金融合作的新进展，有利于进一步推动中白两国经济合作，便利双边贸易投资。

3月29日，中国人民银行印发《关于做好春季农业生产和西南地区抗旱救灾金融服务工作的紧急通知》（银发［2010］100号），要求加大政策支持力度，确保金融机构支持春季农业生产和抗旱救灾必须的流动性需求，切实加大对春季农业生产和抗旱救灾的有效信贷投入。

3月30日，中国人民银行货币政策委员会召开2010年第一季度例会。

4 月

4 月 14 日，中国人民银行向全国人大财经委员会汇报 2010 年第一季度货币政策执行情况。

4 月 21 日，中国人民银行会同中国银行业监督管理委员会、中国证券监督管理委员会、中国保险监督管理委员会出台《关于全力做好玉树地震灾区金融服务工作的紧急通知》（银发［2010］121 号），及时出台支持灾区抗震救灾的特殊金融服务措施，要求加强灾区现金调拨和供应，确保支付清算、国库等系统通畅运营，引导金融机构切实加大对抗震救灾和灾区重建的信贷投入，满足灾区群众的基本生活需求。

5 月

5 月 2 日，中国人民银行决定从 2010 年 5 月 10 日起，上调存款类金融机构人民币存款准备金率 0.5 个百分点，农村信用社、村镇银行暂不上调。

5 月 10 日，发布《2010 年第一季度中国货币政策执行报告》。

5 月 19 日，中国人民银行、中国银行业监督管理委员会、中国证券监督管理委员会、中国保险监督管理委员会联合印发《关于全面推进农村金融产品和服务方式创新的指导意见》（银发［2010］198 号），要求以创新农村金融产品和服务方式为突破口，大力推广普及在实践中经被证明是行之有效的金融产品；根据农村发展的新形势，积极研发和推出一些适合农村和农民实际需求特点的创新类金融产品；通过完善农村金融服务流程，再造农村金融服务模式，让广大农村和农民得到更多便捷和优质的现代化金融服务。

5 月 28 日，中国人民银行会同中国银行业监督管理委员会出台《关于进一步做好支持节能减排和淘汰落后产能金融服务工作的意见》（银发［2010］170 号），要求金融机构进一步加强和改进信贷管理，多方面改进和完善金融服务，密切跟踪监测并有效防范信贷风险，做好金融支持节能减排工作。

6 月

6 月 8 日，发布《2009 年中国区域金融运行报告》。

6 月 9 日，经国务院批准，中国人民银行与冰岛中央银行签署了金额为 35 亿元人民币的双边本币互换协议，以推动双边贸易和投资，加强双边金融合作。

6 月 19 日，根据国内外经济金融形势和我国国际收支状况，中国人民银行决定进一步推进人民币汇率形成机制改革，增强人民币汇率弹性。改革重在坚持以市场供求为基础，参考一篮子货币进行调节。中国人民银行将继续按照已公布的外汇市场汇率浮动区间，对人民币汇率浮动进行动态管理和调节。

6 月 21 日，中国人民银行会同中国银行业监督管理委员会、中国证券监督管理委员会、中国保险监督管理委员会出台《关于进一步做好中小企业金融服务工作的若干意见》（银发［2010］193 号），提出加强中小企业信贷管理制度的改革创新，完善中小企业金融服务的多层次金融组织体系，拓宽符合中小企业资金需求特点的多元化融资渠道，发展中小企业信用增强体系，多举措支持中小企业“走出去”开拓国际市场。

6 月 22 日，中国人民银行、财政部、商务部、海关总署、国家税务总局、中国银行业监督管理委员会联合下发了《关于扩大跨境贸易人民币结算试点范围有关问题的通知》（银发［2010］186 号），扩大跨境贸易人民币结算试点范围，增加国内试点地区，不再限制境外地域，试点业务范围扩展到货物贸易之外的其他经常项目结算，以进一步满足企业对跨境贸易人民币结算的实际需求，发挥跨境贸易人民币结算的积极作用。

7月

7月7日，中国人民银行货币政策委员会召开2010年第二季度例会。

7月15日，中国人民银行向全国人大财经委员会汇报2010年上半年货币政策执行情况。

7月23日，为推动双边贸易和直接投资，中国人民银行和新加坡金融管理局签署了规模为1500亿元人民币/约300亿新加坡元的双边本币互换协议。

7月26日，中国人民银行、国家发展和改革委员会、工业和信息化部、财政部、国家税务总局和中国证券监督管理委员会联合发布《关于促进黄金市场发展的若干意见》（银发[2010]211号），明确了黄金市场未来发展的总体思路和主要任务。

7月30日，财政部、国家发展和改革委员会、中国人民银行、中国银行业监督管理委员会联合印发《关于贯彻国务院关于加强地方政府融资平台公司管理有关问题的通知相关事项的通知》（财预[2010]412号），对《国务院关于加强政府融资平台公司管理有关问题的通知》（国发[2010]19号）有关内容进行解释说明，并要求各地上报地方政府融资平台公司债务清理核实情况。

8月

8月5日，发布《2010年第二季度中国货币政策执行报告》。

8月15日，中国人民银行和中国银行业监督管理委员会联合印发《关于全力做好甘肃、四川遭受特大山洪泥石流灾害地区住房重建金融支持和服务工作的指导意见》（银发[2010]226号），提出落实好灾前住房重建贷款因灾延期偿还政策、对灾区实行住房信贷优惠政策、加强贷款管理、加大支农再贷款支持力度、加快恢复灾区各项金融服务功能等意见。

8月16日，中国人民银行发布《关于境外人民币清算行等三类机构运用人民币投资银行间债券市场试点有关事宜的通知》（银发[2010]217号），允许境外中央银行或货币当局、港澳人民币业务清算行和跨境贸易人民币结算境外参加银行使用依法获得的人民币资金投资银行间债券市场。

8月30日，中国人民银行农村信用社改革试点专项中央银行票据发行兑付考核评审委员会第19次例会决定，对四川等8个省（区）辖内喜德等27个县（市）农村信用社兑付专项票据，额度为9.61亿元。

9月

9月2日，中国人民银行发布《境外机构人民币银行结算账户管理办法》（银发[2010]249号），明确境外机构可申请在银行开立人民币银行结算账户，用于依法开展的各项跨境人民币业务，该办法自2010年10月1日起实施。

9月21日，中国人民银行、中国银行业监督管理委员会、中国证券监督管理委员会、中国保险监督管理委员会联合印发《关于进一步做好汶川地震灾后重建金融支持与服务工作的指导意见》（银发[2010]271号），强调保持对灾区金融支持政策的连续性和稳定性，进一步增强对灾区金融服务的针对性和有效性。

9月28日，中国人民银行货币政策委员会召开2010年第三季度例会。

9月29日，为进一步贯彻落实《国务院关于坚决遏制部分城市房价过快上涨的通知》（国发[2010]10号）的有关精神，巩固房地产市场调控成果，促进房地产市场健康发展，中国人民银行会同中国银行业监督管理委员会印发《关于完善差别化住房信贷政策有关问题的通知》（银发[2010]275号），要求商业银行更加严格地执行贷款购买商品住房的首付款比例及贷款利率等相关政策，明确了暂停发放第三套及以上住房贷款等相关规定，坚决遏制房地产市场投机行为。同时，要求商业银行继续支持保障性住房建设贷款需求，支持中低价位、中小套型商品住房项目建设，引导房地产市场健康发展。

9月30日，中国证券监督管理委员会、中国人民银行、中国银行业监督管理委员会联合发布了《关于上市商业银行在证券交易所参与债券交易试点有关问题的通知》（证监发［2010］91号）。

10月

10月14日，中国人民银行向全国人大财经委员会汇报2010年前三季度货币政策执行情况。

10月20日，中国人民银行决定上调金融机构人民币存贷款基准利率，其中，一年期存款基准利率上调0.25个百分点，由2.25%提高到2.50%；一年期贷款基准利率上调0.25个百分点，由5.31%提高到5.56%；其他期限档次存贷款基准利率作相应调整。

11月

11月2日，发布《2010年第三季度中国货币政策执行报告》。

11月9日，为防范跨境资本流动带来的金融风险，国家外汇管理局发布《关于加强外汇业务管理有关问题的通知》（汇发［2010］59号）。

11月10日，中国人民银行决定从2010年11月16日起，上调存款类金融机构人民币存款准备金率0.5个百分点。

11月11日，《中国人民银行关于印发〈农村信用社改革试点专项中央银行票据兑付后续监测考核办法〉的通知》（银发［2010］316号）发布，明确中国人民银行各分支行要认真履行专项票据兑付后续监测考核工作职责，准确把握监测考核重点，坚持激励与约束并举原则，充分发挥货币政策工具和金融市场准入政策的作用，促进农村信用社巩固前期改革成果，增强可持续发展能力，提高农村金融服务水平。

11月19日，中国人民银行决定从2010年11月29日起，上调存款类金融机构人民币存款准备金率0.5个百分点。

11月22日，为促进中国与俄罗斯之间的双边贸易，便利跨境贸易人民币结算业务的开展，满足经济主体降低汇兑成本的需要，经中国人民银行授权，中国外汇交易中心在银行间外汇市场开办人民币对俄罗斯卢布交易。12月15日，俄罗斯莫斯科货币交易所正式挂牌人民币对俄罗斯卢布交易。

11月23日，中国人民银行召开信贷形势座谈会，分析经济金融和货币信贷形势，引导金融机构保持贷款合理适度增长，加强优化信贷结构，提升风险抵御能力。

12月

12月10日，中国人民银行决定从2010年12月20日起，上调存款类金融机构人民币存款准备金率0.5个百分点。

12月13日，银行间外汇市场收市时间调整为16:30。

12月15日，中国人民银行召开信贷形势座谈会，传达中央经济工作会议精神，引导金融机构执行好稳健的货币政策，按照宏观审慎要求，加强自我调整信贷行为，保持信贷适度增长，增强风险防范能力。

12月24日，中国人民银行货币政策委员会召开2010年第四季度例会。

12月26日，中国人民银行决定上调金融机构人民币存贷款基准利率。其中，一年期存款基准利率上调0.25个百分点，由2.50%提高到2.75%；一年期贷款基准利率上调0.25个百分点，由5.56%提高到5.81%；其他期限档次存贷款基准利率作相应调整。同时，上调中国人民银行对金融机构贷款利率，其中一年期流动性再贷款利率由3.33%上调至3.85%；一年期农村信用社再贷款利率由2.88%上调至3.35%；再贴现利率由1.80%上调至2.25%。

中国货币政策执行报告（2010年第四季度）（节选）

中国人民银行货币政策分析小组

第一部分 货币信贷概况

2010年，国民经济保持平稳较快发展，货币信贷增长从上年高位逐步向常态回归，银行体系流动性总体充裕，人民币汇率弹性增强，金融运行平稳。

一、货币供应量增长趋稳

2010年年末，广义货币供应量M2余额为72.6万亿元，同比增长19.7%，增速比上年末低8.0个百分点。狭义货币供应量M1余额为26.7万亿元，同比增长21.2%，增速比上年末低11.2个百分点。流通中现金M0余额为4.5万亿元，同比增长16.7%，增速比上年末高4.9个百分点。全年现金净投放6381亿元，同比多投放2354亿元。

货币总量增长从上年高位总体回落。其中，M2和M1增速分别于前7个月和前9个月呈下降态势，但之后受信贷增长持续较快、外汇流入增多的影响，货币总量有所反弹。M2和M1年末增速分别比年内最低点回升2.1个和0.3个百分点。

二、金融机构存款增长放缓

2010年年末，全部金融机构（含外资金融机构，下同）本外币各项存款余额为73.3万亿元，同比增长19.8%，增速比上年末低8.1个百分点，比年初增加12.1万亿元，同比少增1.1万亿元。其中，人民币各项存款余额为71.8万亿元，同比增长20.2%，增速比上年末低8.0个百分点，比年初增加12.0万亿元，同比少增1.1万亿元。外币存款余额为2287亿美元，同比增长9.5%，比年初增加200亿美元，同比多增39亿美元。

从人民币存款的部门分布和期限看，住户存款平稳增长，活期占比稳步提高；非金融企业存款增速上半年回落，下半年大体趋稳，总体呈活期化态势。年末住户存款余额为30.8万亿元，同比增长16.5%，增速比上年末低2.8个百分点，比年初增加4.4万亿元，同比多增972亿元。非金融企业人民币存款余额为30.5万亿元，同比增长21.5%，增速比上年末低16.0个百分点，比年初增加5.3万亿元，同比少增2.0万亿元。非金融企业人民币存款增速上半年回落较为明显，6月末增速比上年末低18个百分点，主要与上年基数较高有关。目前，非金融企业人民币存款增速仍保持相对较高水平，企业支付能力依然较强。受通货膨胀预期等因素影响，存款总体呈活期化态势。其中，全年新增住户存款中活期占比为56%，四个季度的活期存款占比分别为42%、51%、55%和135%，呈逐步上升态势；非金融企业全年活期存款占比为55%。年末财政存款余额为2.5万亿元，同比增长13.6%，比年初增加3045亿元，同比少增1322亿元。

三、金融机构人民币贷款增速从高位回落

2010年年末，全部金融机构本外币贷款余

额为 50.9 万亿元，同比增长 19.7%，增速比上年末低 13.3 个百分点，比年初增加 8.4 万亿元，同比少增 2.2 万亿元。

人民币贷款增速高位回落后总体走稳。年末人民币贷款余额为 47.9 万亿元，同比增长 19.9%，增速比上年末低 11.8 个百分点，比年初增加 7.95 万亿元，同比少增 1.65 万亿元。贷款节奏更加均衡，各季新增贷款分别为 2.60 万亿元、2.03 万亿元、1.67 万亿元和 1.64 万亿元。从部门分布看，住户贷款增长稳步回落，非金融企业及其他部门贷款增速相对平稳。年末住户贷款余额同比增长 37.6%，增速比 9 月末和 6 月末分别低 4.6 个和 11.7 个百分点，目前仍保持较快增长，比年初增加 2.9 万亿元，同比多增 4125 亿元。非金融企业及其他部门贷款余额同比增长 15.3%，比年初增加 5.1 万亿元，同比少增 2.1 万亿元。其中，中长期贷款比年初增加 4.2 万亿元，同比少增 7938 亿元。票据融资比年初减少 9051 亿元，同比多减 1.4 万亿元。总体看，2010 年金融机构大体保持着压票据融资增一般贷款的态势。

由于人民币汇率预期总体平稳、人民币跨境贸易结算发展以及境外企业资金状况好转导致境内外企业贸易信贷增加等因素，2010 年企业外币贷款需求下降。2010 年年末，金融机构外币贷款余额为 4534 亿美元，同比增长 19.5%，比年初增加 740 亿美元，同比少增 618 亿美元。从投向上看，进出口贸易融资增加 177 亿美元，同比少增 410 亿美元，增量占比为 24.0%。境外贷款和中长期贷款共增加 457 亿美元，同比少增 133 亿美元，增量占比为 61.8%。

四、银行体系流动性总体充裕

2010 年年末，基础货币余额为 18.5 万亿元，同比增长 28.7%，比年初增加 4.1 万亿元。年末货币乘数为 3.92，比上年末低 0.19。年末金融机构超额准备金率为 2.0%，比上年下降 1.13 个百分点。其中，中资大型银行为 0.9%，中资中型银行为 1.8%，中资小型银行为 4.4%，农村信用社为 7.7%。

五、金融机构贷款利率稳步上升

2010 年，金融机构对非金融性企业及其他部门贷款利率总体小幅上升。其中，第四季度受两次上调存贷款基准利率等因素影响，利率上升速度有所加快。12 月份，贷款加权平均利率为 6.19%，比年初上升 0.94 个百分点。其中，一般贷款加权平均利率为 6.34%，比年初上升 0.46 个百分点；票据融资加权平均利率为 5.49%，比年初上升 2.75 个百分点。个人住房贷款利率稳步上升，12 月份加权平均利率为 5.34%，比年初上升 0.92 个百分点。

从利率浮动情况看，执行下浮和基准利率的贷款占比下降，执行上浮利率的贷款占比上升。12 月份，执行下浮、基准利率的贷款占比分别为 27.80% 和 29.16%，比年初分别下降 5.39 个和 1.10 个百分点，执行上浮利率的贷款占比为 43.04%，比年初上升 6.49 个百分点。

受境内资金供求关系变动以及国际金融市场利率走势影响，外币存贷款利率波动上升。12 月份，活期、3 个月以内大额美元存款加权平均利率分别为 0.33% 和 1.84%，比年初分别上升 0.16 个和 1.38 个百分点；3 个月以内、3（含 3 个月）~6 个月美元贷款加权平均利率分别为 2.57% 和 2.85%，比年初分别上升 0.98 个和 1.19 个百分点。

六、人民币汇率弹性明显增强

2010 年 6 月进一步推进人民币汇率形成机制改革以来，人民币小幅升值，双向浮动特征明显，汇率弹性明显增强，人民币汇率预期总体平稳。2010 年年末，人民币对美元汇率中间价为 6.6227 元，比上年末升值 2055 个基点，升值幅度为 3%；人民币对欧元、日元汇率中间价分别为 1 欧元兑 8.8065 元人民币、100 日元兑

8.1260元人民币，分别较2009年末升值11.25%和贬值9.20%。2005年人民币汇率形成机制改革以来至2010年年末，人民币对美元汇率累计升值24.97%，对欧元汇率累计升值13.71%，对日元汇率累计贬值10.09%。根据国际清算银行的计算，2010年，人民币名义有效汇率升值1.8%，实际有效汇率升值4.7%；2005年人民币汇率形成机制改革以来至2010年12月，人民币名义有效汇率升值14.7%，实际有效汇率升值23.2%。

2010年，人民币对美元汇率中间价最高为6.6227元，最低为6.8284元，242个交易日中133个交易日升值、6个交易日持平、103个交易日贬值。全年最大单日升值幅度为0.43%（295点），最大单日贬值幅度为0.36%（247点）。

第二部分　货币政策操作

2010年，中国人民银行按照党中央、国务院的决策部署，继续实施适度宽松的货币政策，着力提高政策的针对性和灵活性，处理好保持经济平稳较快发展、调整经济结构和管理通胀预期的关系，逐步引导货币条件从反危机状态向常态水平回归。

一、灵活开展公开市场操作

2010年以来，中国人民银行加强对国内外经济金融形势和银行体系流动性变化的分析监测，按照货币调控的要求灵活开展公开市场操作，不断优化操作工具组合，促进银行体系流动性总体适度。一是灵活把握公开市场操作力度和节奏。与存款准备金政策相配合，灵活开展公开市场操作，进一步加大了流动性回收力度。全年累计发行中央银行票据4.2万亿元，开展正回购操作2.1万亿元；截至2010年年末，中央银行票据余额约为4万亿元。二是优化公开市场操作工具组合。在对各阶段市场环境和流动性供求情况科学分析的基础上，不断丰富和优化公开市场操作工具组合。4月初及时重启3年期央行票据发行，进一步提高了流动性冻结深度，同时灵活安排短期正回购操作期限品种，通过长、短期操作工具的合理搭配，灵活调节银行体系流动性。三是增强公开市场操作利率弹性，有效引导市场预期。根据货币政策调控要求，结合市场环境和市场利率走势变化，中国人民银行适时增强了公开市场操作利率弹性。上半年，顺应货币市场利率总体上行走势，1年期以下短期操作利率适当上行；下半年，与存贷款基准利率调整相配合，各期限公开市场操作利率均有所上行。截至2010年年末，3个月期和1年期央行票据的发行利率分别为2.0156%和2.5115%，较年初各上升64.72个和75.10个基点。四是适时开展国库现金管理商业银行定期存款业务。加强与财政政策的协调配合，适当提高了中央国库现金管理商业银行定期存款业务的操作频率及规模。全年共开展12期中央国库现金管理商业银行定期存款业务，操作规模共计4000亿元，年末余额为1600亿元。

二、适时上调存款准备金率

受全球流动性宽松和中国国际收支顺差仍然较大影响，2010年总体上仍面临银行体系流动性供给偏多的格局。同时，公开市场对冲操作在一定程度上受到商业银行购买意愿的制约。因此，为增强中央银行流动性管理的主动性，引导货币信贷增长向常态回归，管理好通货膨胀预期，在灵活开展公开市场操作的同时，中国人民银行较多地使用了存款准备金率工具，发挥其深度冻结流动性的作用。2010年，中国人民银行分别于1月18日、2月25日、5月10日、11月16日、11月29日和12月20日6次上调存款类金融机构人民币存款准备金率各0.5个百分点，累计上调3个百分点。搭配使用存款准备金率和公开市场操作等工具是对冲银行体系部分过剩流动性的需要，是货币政策针对性、灵活性的体现。

三、发挥利率杠杆的调控作用

2010年前三季度，利率政策保持稳定。第四季度以来，为稳定通货膨胀预期，抑制货币信贷快速增长，中国人民银行于10月20日、12月26日两次上调金融机构人民币存贷款基准利率。其中，1年期存款基准利率由2.25%上调至2.75%，累计上调0.5个百分点；1年期贷款基准利率由5.31%上调至5.81%，累计上调0.5个百分点。12月26日同时上调中国人民银行对金融机构贷款利率，其中1年期流动性再贷款利率由3.33%上调至3.85%；1年期农村信用社再贷款利率由2.88%上调至3.35%；再贴现利率由1.80%上调至2.25%。

2010年，货币市场基准利率建设以产品创新为切入点，加大对以Shibor为基准产品研究开发力度，并不断扩大其在拆借、回购、债券发行、同业融资业务以及衍生品交易等市场化产品定价中的应用。Shibor的基准性不断提高，较好地反映了资金成本、市场供求和货币政策预期，已逐步成为金融市场上重要的指标性利率和金融机构的内外部定价基准。

四、引导金融机构合理把握投放节奏，优化信贷结构

加强对金融机构的窗口指导，不断改进信贷政策指导，鼓励和引导金融机构合理调整信贷结构和投放节奏，加大金融支持经济结构调整和经济发展方式转变的力度。按照区别对待、有扶有控的原则，引导金融机构加大对国家重点产业调整振兴、节能环保、战略性新兴产业、服务业、经济社会薄弱环节、就业、消费、区域经济协调发展、巨灾应对和灾后重建等重点产业、重点领域和重点地区的金融支持与服务，积极改进和完善涉农和中小企业金融服务。保证在建重点项目贷款需要，严格控制对“两高”行业、产能过剩行业以及不符合国家政策规定的地方政府融资平台公司贷款。执行好差别化房贷政策，促进房地产市场健康平稳发展。引导金融机构改进考核机制，相对均衡地安排贷款投放节奏，减缓贷款季度、月度间起落的程度。发挥再贴现促进优化信贷结构、支持扩大“三农”和中小企业融资的引导作用。2010年，累计办理再贴现1712.0亿元，同比增加1463.2亿元。再贴现年末余额791.0亿元，同比增加609.8亿元。从投向看，再贴现总量中涉农票据占32%，中小企业签发、持有的票据占87%。

总体看，信贷结构继续优化。金融机构对“三农”和中小企业的信贷支持进一步增强，个人住房贷款增长明显回落。2010年年末，主要金融机构及农村合作金融机构、城市信用社、村镇银行和财务公司农村贷款本外币余额9.8万亿元，同比增长31.5%，高出同期本外币各项贷款增速11.9个百分点。银行业机构中小企业人民币贷款比年初增加3.3万亿元，年末余额同比增长22.4%，其中，小企业贷款比年初增加1.7万亿元，年末余额同比增长29.3%，增速比中型企业高11.5个百分点，比大型企业高16.0个百分点。个人住房贷款年初投放较多，前5个月月均增量超过1800亿元，随着房地产调控政策效应逐步显现，6月份以后出现明显回落。2010年年末，个人住房贷款比年初增加1.3万亿元，在住户贷款中占比为45%。同时也要看到，近期部分地区房地产交易有所活跃，对下阶段住房贷款增长走势仍需关注。

五、跨境人民币结算业务取得突破性进展

跨境贸易人民币结算试点范围扩大，跨境贸易人民币结算业务快速增长，各项试点配套政策日趋完善，人民币跨境投融资个案试点稳步开展。2010年6月，经国务院批准，中国人民银行、财政部、商务部、海关总署、税务总局和银监会联合发布《关于扩大跨境贸易人民币结算

试点工作有关问题的通知》（银发［2010］186号），将境内试点地区由上海和广东省的4个城市扩大到20个省（自治区、直辖市），将境外地域范围由港澳和东盟扩大到所有国家和地区，明确试点业务范围包括跨境货物贸易、服务贸易和其他经常项目人民币结算。2010年12月，出口试点企业从试点初期的365家扩大到67724家。自试点扩大以来，各试点地区跨境贸易人民币结算业务稳定增长。2010年银行累计办理跨境贸易人民币结算业务5063.4亿元。为配合跨境贸易人民币结算试点工作，支持企业“走出去”领域的大型项目，中国人民银行以个案方式开展了人民币跨境投融资试点。截至2010年年末，各试点地区共办理人民币跨境投融资交易386笔，金额701.7亿元。2010年10月，新疆率先开展跨境直接投资人民币结算试点。

六、完善人民币汇率形成机制

2010年6月，根据国内外经济金融形势和我国国际收支状况，中国人民银行进一步推进人民币汇率形成机制改革，重在坚持以市场供求为基础，参考一篮子货币进行调节，增强人民币汇率弹性，保持人民币汇率在合理均衡水平上的基本稳定。

财政部李勇副部长在2010年11月30日香港人民币国债发行仪式上的致辞

尊敬的曾荫权先生

女士们，先生们，朋友们：

大家下午好！

非常感谢各位来宾参加人民币国债发行仪式。在此，我谨代表中华人民共和国财政部，对香港特区政府和中联办等各方面的大力支持表示衷心的感谢，对各位嘉宾的到来表示热烈的欢迎。

大家知道，今年是全面实现“十一五”规划目标，为“十二五”发展打好基础的重要一年。中央政府继去年在香港首次成功发行人民币国债后，今年再次在香港发行人民币国债，具有重要而深远的意义，既体现了中央政府对香港经济社会发展给予的一贯支持，也体现了“十二五”规划建议中“加强和香港交流合作，支持香港巩固和提升国际金融中心地位”的总体要求，并必将进一步增进内地和香港的财政金融交流与合作，密切内地与香港的经贸联系。

回顾过去的5年，我国经济社会发展取得了举世瞩目的成就，奠定了内地与香港共同繁荣发展的坚实基础。“十一五”期间，我们有效应对“百年一遇”国际金融危机的巨大冲击，保持了经济平稳较快发展的良好态势，我们战胜了汶川特大地震等重大自然灾害，成功举办了北京奥运会和上海世博会，胜利完成了“十一五”规划确定的主要目标和任务，为长远可持续发展奠定了良好基础。“十一五”时期，为支持香港应对国际金融危机冲击，保持香港经济社会繁荣发展，在内地与香港签订的《关于建立更紧密经贸关系的安排》的基础上，每年签署一次补充协议，不断深化两地的经济金融合作。与此同时，香港也为祖国现代化建设做出了努力，香港同胞在用自己的聪明才智促进香港经济腾飞的同时，也促进了内地的经济发展。

在看到国家“十一五”取得巨大成就的同时，也要清醒地认识当前国内外环境的复杂性。从国际上来看，世界经济不确定性仍然较大，国际金融危机的深层次影响依然存在，各国经济复苏仍不平衡，贸易保护主义有所抬头，我国发展的外部环境更趋复杂。尤其值得关注的是，欧洲债务危机一波未平，一波又起，年初爆发的希腊债务危机，至今余波未平；时近岁末，爱尔兰债务问题又浮出水面。从国内看，我国经济发展中不平衡、不协调、不可持续问题依然突出，未来物价上涨的压力不容忽视，加快转变经济发展方式、调整经济结构的任务依然任重道远。

综合判断国内外形势的新变化、新特征，虽然我国“十二五”将面临诸多可以和难以预见的风险挑战，但仍然处于可以大有作为的重要战略机遇期，我相信，在党中央、国务院的正确领导下，“十二五”时期我国改革开放和现代化建设必将取得新的更大的成就，并能够为香港的长期繁荣稳定提供更加强有力的支持。特别是人民币国债在香港的发行，作为内地支持香港的一项具体措施，也必将更加紧密内地与香港的联系，促进香港人民币债券市场的发展，巩固和提升香港的国际金融中心地位，为香港与内地的共同繁荣发展奠定良好的基础。

女士们，先生们，朋友们，在中央政府的正确领导下，在香港特区政府和中联办等各方面的大力支持下，本次在香港发行人民币国债的各项准备工作已经顺利完成。总的看，此次人民币国债发行在总结2009年经验的基础上，做了一些探索和创新：一是充分考虑香港人民币债券市场的需求，将人民币国债发行规模提高至80亿元；二是着眼于拓宽市场的深度和广度，在品种期限、发行对象和发行方式上做了一些调整，比如使用香港债务工具中央结算系统面向机构投资者招标发行；三是充分考虑了个人投资者对人民币国债的需求，根据个人投资者的偏好发行2年期国债，体现了中央政府对香港民众的关怀。

我相信，在有关部门的通力合作下，在承销商和发行代理与机构投资者、配售银行的充分交流和沟通下，安全和稳健的人民币国债一定会再次受到香港投资者的青睐。各位来宾，让我们预祝人民币国债在香港发行取得圆满成功！

谢谢大家！

求真务实，推进政府债务科学化、精细化管理

——财政部国库司翟钢司长在2010年度国债发行工作总结暨表彰大会上的讲话

各位代表：

上午好！很高兴新年伊始和大家相聚在一起，共同总结过去一年来政府债务管理取得的成绩，表彰在国债发行工作中表现优秀的国债承销团成员，探讨2011年工作思路。首先，我要向长期以来支持财政部政府债务管理工作的中国人民银行、中国证监会、中央国债登记结算公司、中国证券登记结算公司、中国外汇交易中心、上海证券交易所、深圳证券交易所和国债承销团成员致以诚挚的谢意，向协办本次会议的中国国债协会表示衷心的感谢。

2010年国内外经济金融形势极为复杂，社会各界对经济增长、通货膨胀和宏观调控的预期不断变化，国债市场起伏较大。国债、地方债发行连续第二年保持在两万亿元左右的较高水平。在党中央、国务院的正确领导下，在有关部门和国债承销团成员的大力支持下，国债、地方债发行任务圆满完成，保障了积极财政政策实施，促进了国债、地方债市场发展。下面，我讲几点意见，供大家参考。

一、2010年财政工作取得新成绩

在党中央、国务院的坚强领导下，2010年各级财政部门充分发挥财政职能作用，落实和完善积极的财政政策，促进了经济平稳较快发展，进一步保障和改善了民生，全年预算任务圆满完成，各方面财政工作取得新的成绩。

一是认真落实扩大内需的财政政策。中央政府公共投资完成两年新增1.18万亿元的目标。重点支持农业农村基础设施建设，保障性住房、教育和医疗卫生等社会事业，节能减排、环境保护和自主创新方面。发行2000亿元地方政府债券，优先用于公益性项目续建和收尾。

二是切实加大“三农”投入力度。增加对农民的各项补贴，推进农业综合开发，加大对产粮（油）大县的奖励力度，支持农民专业合作组织发展、农业产业化经营和农业技术推广，推动现代农业生产和农村各项社会事业加快发展。

三是大力支持社会事业发展。对1.3亿农村中小学生免除学杂费并免费发放教科书。免除城市义务教育阶段学生学杂费，2900多万学生受益。新型农村合作医疗、城镇居民基本医疗保险财政补助标准由人均80元提高到120元。全国开工建设城镇保障性住房320万套，改造各类棚户区265万户。向社会免费开放的公共博物馆、纪念馆达到1743家。

四是积极推动经济结构调整。推动发展战略性新兴产业，落实重点产业调整振兴规划。大力促进中小企业技术创新、结构调整和专业化发展。支持十大重点节能工程，在5个城市启动私人购买新能源汽车补贴试点，重点减排项目和重金属污染治理加快实施，国家重点生态功能区转移支付范围扩大到451个县。

五是深入推进财税改革。24个省份875个县实行了省直管县财政管理方式改革。部门预算、国库集中收付等预算管理制度改革深入开展。资源税改革相继在新疆和整个西部地区试

点，统一内外资企业和个人城市维护建设税和教育费附加制度。积极推动收入分配制度改革。

上述成绩的取得离不开资金支持。发行债券是政府筹资的重要手段。2010年国债、地方债发行任务圆满完成为实施积极财政政策、推动经济发展和社会进步提供了坚实的保障。

二、2010年政府债券发行站稳新台阶

2010年对债券市场发行人、监管部门以及投资者来说，都是不平凡的一年。这一年，经济金融环境复杂多变，债券市场跌宕起伏，商业银行重返交易所债券市场迈出实质性步伐。这一年，政府债券发行继续维持在两万亿元左右的较高水平，平均发行期限达到历史最长，二级市场换手率首次达到1倍以上。

（一）债券市场环境较为复杂

2010年我国经济形势总体向好，但国内外不确定因素较多，对债券市场的影响较为复杂。一是投资者对经济金融形势的预期不稳定。国内方面，年初部分投资者存在经济过热的担忧，年中转变为对经济回落的担忧，四季度以后对经济增长的信心再次增强。物价走势与年初投资者预期的前高后低也有较大差异。国际方面，欧洲主权债务危机、美国二次量化宽松政策等，彰显了世界经济复苏的前景仍然不甚明朗。二是货币政策更具针对性和灵活性。全年人民银行加息两次，上调存款准备金率6次，央票发行利率多次上升，年末货币政策取向由适度宽松转变为稳健。相关操作前后，债券市场气氛较为谨慎。三是债券市场资金面波动较大，部分时期出现阶段性紧张，年末7天回购利率达到6%以上。四是个人理财投资市场竞争日趋激烈，储蓄国债发行难度明显增加。

（二）政府债券发行规模维持历史高位

2010年财政部发行国债1.78万亿元，代理发行地方债2000亿元，合计1.98万亿元，连续第二年接近两万亿元，是2008年的2.3倍。从期次上看，全年发行国债76期，代理发行地方债10期，是2008年的2.5倍。基本上每月都组织储蓄国债发行，多数时期每周有两个工作日为记账式国债招标日。两年来，各交易场所、登记托管机构和国债承销团成员的工作量大幅增加。绝大多数国债承销团成员都能够克服困难，较好地履行国债承销团义务，同时建言献策，帮助财政部进一步完善有关政策。在此，我代表财政部再次向大家表示衷心的感谢。

（三）国债加权平均发行期限达到历史最长

为了进一步完善国债收益率曲线，并满足投资者需要，2009年财政部首次发行50年期国债，把我国单期国债的最长期限延长至50年。2010年全部国债加权平均发行期限达到7.9年，为历史最长。其中记账式附息国债达到11.52年。

（四）记账式贴现国债、储蓄国债发行难度仍然较大

从记账式国债发行情况看，超长期国债需求较为稳定，而全年发行的19期记账式贴现国债中有7期流标，此外，还有1期1年期记账式附息国债流标。全年储蓄国债售出百分比约68.7%，其中，凭证式国债售出百分比约88.2%，储蓄国债（电子式）售出百分比约42.2%。

（五）继续代理发行2000亿元地方债

2010年6月18日至11月12日期间，财政部代理全国35个省区市（西藏自治区未安排发债）发行10期共计2000亿元地方债。其中3年期6期共1384亿元，平均利率2.56%，5年期4期共616亿元，平均利率为2.94%。

（六）政府债券二级市场流动性有所提高

2010年政府债券二级市场现券交易量约8.04万亿元，换手率达到1倍以上。其中全国银行间债券市场约7.87万亿元，交易所债券市场约0.18万亿元。12月，上市商业银行重返交易所债券市场进行首单交易，标志着两个市场统一互联迈出重要一步。

三、政府债券发行管理取得新进展

经过30年的发展，我国国债管理市场化程

度不断提高，在发行技术、期限品种结构、承销团管理等方面形成了较为成熟的体系，并且经受住了2007年特别国债、2009年以来2万亿左右大规模发行的考验。在大家共同努力下，2010年政府债券发行管理在保持持续性和稳定性的同时，更具针对性和灵活性，取得一些新进展。

（一）保持国债发行管理策略的持续性和稳定性

一是坚持公开、透明、市场化的原则。严格按照《国债承销主协议》规定，年初公布关键期限品种记账式国债全年发行计划，每季度初公布当季全部国债发行计划，提前5个工作日公布当期国债发行通知。二是坚持发展机构投资者，同时鼓励居民投资储蓄国债。三是坚持期限完整、关键突出的记账式国债期限结构，增强国债收益率曲线在金融市场中的基准地位。2010年发行关键期限国债8732.5亿元，占记账式国债的60%，占记账式附息国债的76%。同时保持3个月至50年丰富的国债发行期限。

（二）提高国债发行管理策略的针对性和灵活性

为了应对经济金融环境的变化，2010年我们主要采取了以下措施：一是加大超长期国债发行量，减少记账式贴现国债发行量，延长国债发行期限。一方面满足投资者对超长期国债的需求，另一方面有利于筹集长期资金、降低再融资风险。二是根据国债承销团成员建议，增加春节前到期的记账式贴现国债发行量，满足商业银行春节前备付资金和流动性管理需要。三是适应储蓄存款利率调整，恢复5年期储蓄国债发行。低利率时期，居民储蓄短期化明显，我们于2009年8月起停发5年期储蓄国债，增加1年期储蓄国债。2010年10月首次加息后，5年期品种对居民吸引力有所恢复，为此我们于2010年11月适量恢复了5年期储蓄国债发行。四是简化资金拨付流程，降低操作风险。国债发行费由实拨改为直接支付，减少资金在途时间，实现发行费当天拨出当天到达承销商账户。在人民银行国库局支持下，规范国债发行缴款账号，使当期国债发行缴款账号与国债期次相同，有利于降低操作风险。

（三）统筹规划2011年一季度国债发行规模

根据国债余额管理制度，一季度国债发行额度受到期还本量制约。2009年后国债发行规模迅速扩大到万亿元以上，但一季度国债到期还本量明显偏小，制约了全年均衡发债。2009年通过合理安排国债发行期限，增加2010年一季度国债发行额度1328亿元至约2340亿元。2010年继续通过在一、二、三、四季度分别发行1年、9个月、6个月和3个月期国债，增加2011年一季度国债发行额度约2662亿元至约3300亿元。

（四）完善代理发行地方债制度

在总结2009年经验的基础上，2010年代理发行地方债制度进一步完善。一是增加5年期品种，满足地方政府多样化筹资需要。二是实施多省（区、市）地方债合并命名、合并招标、合并托管交易，发行期次由去年50期缩减为10期。三是承销机构由记账式国债承销团甲类成员扩大为全部记账式国债承销团成员。这些措施提高了地方债发行效率，并在控制发行风险、推动地方债一、二级市场协调发展等方面发挥了积极作用。

（五）加强国债承销团管理，密切与投资人关系

一是通过国债季度筹资会、座谈会等方式，及时就有关政策与国债承销团沟通，组织国债承销团成员进行交流，增强国债投资者对经济金融形势和债券市场的理解。二是继续对国债承销团评优表彰、对记账式国债承销团成员进行综合排名，切实发挥国债承销团成员骨干作用。三是制定颁布《凭证式国债承销团考评办法》，首次对凭证式国债承销团成员进行考评，促进储蓄国债发行。四是通过多种渠道及时、准确的宣传国债相关政策。

四、推进政府债务管理向科学化、精细化纵深发展

2011年是“十二五规划”开局之年，我国

将继续实施积极的财政政策，国债管理面临的主要形势，一是我国国债发行规模已经站稳在两万亿元左右的新台阶上；二是后金融危机时期国内外经济金融环境对债券市场的影响更加复杂。新形势下，我们将继续以科学发展观统领全局，开拓进取，扎实工作，推进政府债务管理向科学化、精细化纵深发展。

（一）统筹国债发行策略的稳定性和灵活性，平稳完成全年国债发行任务

一是继续坚持公开、透明、市场化的原则，进一步完善记账式国债招标发行规则、储蓄国债管理办法等制度。二是均衡国债发行节奏，继续增加今后年度一季度国债到期额度。三是加强对经济金融环境和债券市场的分析研究，提高国债发行管理的应变能力。四是定期滚动发行关键期限国债，及时、灵活调整其他期限国债发行。

（二）进一步提高国债发行管理水平，适应两万亿元左右发行规模的要求

一是加强运用续发行技术，完善做市安排，提高记账式国债二级市场流动性。二是研究规划国债到期日，形成有序的到期时间，便利投资者资金安排。三是按照积极、稳妥、规范的原则，在储蓄国债承销机构中逐步推广网上银行渠道办理储蓄国债相关业务。四是丰富储蓄国债宣传手段。除继续做好纸质宣传材料发放工作外，研究通过多种渠道开展宣传。

（三）夯实国债市场基础，促进国债市场发展

一是抓住商业银行进入交易所市场的契机，促进国债市场统一互联。二是继续推进记账式国债发行与分销缴款实施券款对付（DVP）、记账式国债发行延迟缴款、记账式国债预发行、国债收益率曲线等项工作。

（四）做好地方债有关工作，深入开展地方债研究

财政部将严格按照有关规定，与地方财政部门通力合作，认真做好代办地方债还本付息工作。同时，借鉴发达国家地方债管理经验和我国国债管理经验，完善我国地方债管理制度，逐步建立公开透明、管理规范、运行高效的地方政府举债融资机制。

（五）加强国债承销团管理，促进国债承销团成员可持续发展

国债承销团是财政部开展国债管理的重要伙伴，是国债管理战略与政策制定重要的参与者和执行者，是国债创新重要的推动者，是国债市场的中流砥柱和最活跃的部分，为我国国债管理和国债市场发展做出了非常重要的贡献。财政部始终注重加强国债承销团权利与义务的匹配，已经实施了评优表彰、承销团成员获得中央国库现金管理交易资格等措施。今后我们将继续完善制度，优化机制，深化财政部与国债承销团之间的交流，加强合作，共同促进政府债券市场发展。2011年是本届国债承销团最后一年，今年年底我们将着手组建新一届的国债承销团。

同志们，新的一年已经开始。按照年初公布的一季度国债发行计划，1月12日我们招标发行了2011年记账式附息（一期）国债，3月将开始发行第一期储蓄国债。希望国债承销团成员珍惜荣誉，认真行使权利、履行义务，不断提高业务水平和研究能力，一如继往地支持国债发行和改革工作，积极参与国债市场建设，为积极财政政策实施和国债市场发展作出新的贡献。

在新春佳节即将来临之际，我代表财政部向各位代表致以诚挚的祝福，祝大家新春快乐，阖家幸福。

中国人民银行金融市场司霍颖励副司长在2010年度国债发行工作总结暨表彰大会上的讲话

各位代表：

上午好！

很高兴和大家见面，在座不少是老朋友，也有一些新面孔，新朋旧友在此相聚，总结过去一年工作，展望今后市场发展是一件非常有意义的事情。

在此，我谨代表中国人民银行金融市场司和国库局两个司局向参加会议的各位领导和代表们表示热烈的欢迎！借此机会，对财政部、中国证监会以及国债承销团成员、有关中介机构长期以来对我们工作的支持表示衷心的感谢！

2010年，为贯彻落实中央部署，中国人民银行配合财政部，圆满完成了国债与地方政府债券的发行工作，在座的广大承销团成员能够认真履行承销团成员义务，积极参与国债招投标活动和国债的宣传、分销活动，为保障国债顺利发行作出了积极贡献。2010年，面对复杂的市场形势，财政部会同有关部门坚持市场化发行方式和公开、透明的发行策略，积极推动国债创新，顺应市场需求不断优化国债期限结构和品种结构，确保了国债发行工作的顺利进行。全年，财政部总计发行债券19778亿元，其中，记账式国债60期14581.9亿元，储蓄国债3196亿元，代发地方政府债券10期2000亿元，为投资者提供了安全的投资工具，也为积极财政政策的顺利实施和国家宏观调控措施的落实奠定了基础，支持了我国社会经济又好又快发展。同时，国债品种结构进一步完善，拓宽了我国债券市场的深度和广度，截至2010年末，国债余额6.7万亿元，约占债券市场债券存量的33%，国债期限从91天到50年，均衡覆盖了短期、中期和长期债券品种，期限结构进一步完整，促进了国债基准收益率曲线的改进与完善，为债券市场其他各类债券合理定价提供了基础。2010年，储蓄国债改革顺利推进，在充分征求意见的基础上，颁布了《凭证式国债承销团成员考评办法（试行）》，并完成了首次考评工作。

近年来，我国债券市场取得长足进步，为实施积极财政政策、顺利增加国债发行规模、发行地方政府债券提供了条件。我国债券市场的发展，主要体现在以下几个方面：

一是市场总体规模迅速扩大，成为世界上债券市场发展速度最快的国家。1997年到2010年，我国债券余额从4781亿元迅速增加到20.4万亿元，增长42倍。根据BIS统计，我国债券市场排名已从世界第25位、亚洲第5位大幅提升至世界第6位、亚洲第2位，成为债券市场发展速度最快的国家。

二是公司信用类债券市场实现跨越式发展。2004年以来，我国公司信用类债券市场快速发展，2010年末公司信用类债券的余额达3.6万亿元，占GDP比重由不到1%上升到接近10%。根据BIS统计，我国公司信用债券市场排名从世界第23位、亚洲第6位大幅提升至世界第7位、亚洲第3位。债券融资已成为我国直接融资的主渠道之一，债券市场的快速发展便利了企业债券融资，降低了融资成本，直接服务于实体经济发展，对于扩内需、促增长、调结构、惠民生等发挥了直接作用，在国际金融危机期间对于国民经济稳定增长发挥了重要作用。

三是债券市场交易量每年快速增加，流动性明显提高，公司信用类债券流动性在亚洲国家位于前列。2010年，我国债券市场债券交易量达到158.8万亿元，年平均增速30%以上；债券换手率大幅提高，在亚洲国家位于前列。

国际金融危机爆发后，有关金融市场问题引发了广泛讨论，如监管问题、影子银行、杠杆率和流动性、评级等。对此，我们也进行了深刻的反思。金融市场发展的目的是服务于实体经济，而不能只是简单的进行自我循环。总体来看，我国债券市场能够保持快速、健康发展态势，有力地支持国民经济建设，主要得益于坚持了科学的发展思路，按照市场发展规律，有效推动市场发展。

一是按照市场化方向进一步创新债券管理体制，顺应企业市场化融资需求。企业短期融资券和中期票据发行实行注册制，企业债券和上市公司债券都实行核准制。这些措施得到了市场和企业的肯定，推动公司信用债券实现了快速发展。

二是坚持面向合格机构投资者的市场定位。合格机构投资者风险识别、承担和处置能力较强。银行间债券市场成立之初即定位于合格机构投资者，并得以快速发展。

三是坚持场外市场为主的发展模式。债券交易主要是机构投资者大宗交易，加之债券创新活跃，难以标准化，更适宜场外市场交易。

四是强化市场化约束机制，建立市场化风险分担机制。信息披露、信用评级等市场化约束机制能更有效地揭示风险，形成合理风险溢价。近年来银行间市场本着投资者风险自担原则，强化信息披露、信用评级要求，不再强制要求担保，同时探索建立外部增信机制等市场化的风险分担机制。

2011年是“十二五”开局之年，人民银行将积极采取多种措施，继续推动债券市场规范发展，保持合理的社会融资规模，防范系统性金融风险。一方面，加大债券市场支持实体经济发展力度。充分发挥债券市场在资源配置中的作用，进一步扩大直接融资渠道，引导金融机构将资金投向实体经济，服务于经济机构调整与转变经济发展方式。另一方面，继续推动产品创新，以创新促发展。在此前工作基础上，继续推动符合市场需求的、适合机构投资者交易的债务融资工具创新和交易避险工具创新，丰富我国债券市场的产品体系，为企业尤其是中小企业融资提供更多便利，并为市场参与者管理各类风险提供工具。

2011年，人民银行将继续配合财政部等部门，为国债顺利发行做好各项金融服务工作，我们也将继续与国债承销团成员加强交流沟通，发挥市场主体的主观能动性，共同推动我国债券市场的持续健康发展。

最后，祝大家在新的一年里身体健康，工作顺利，并预祝本次大会取得圆满成功！

中国国债协会张秉国常务副会长在2010年度国债发行工作总结暨表彰大会上的讲话

各位领导、各位代表：

上午好！值此新年之际，财政部、中国人民银行、中国证监会共同在此召开年度国债发行工作总结大会，总结过去一年国债发行管理工作，表彰成绩突出的国债承销团成员，探讨2011年国债市场的改革与发展思路。这是切实贯彻中央经济工作会议精神，确保积极财政政策和稳健货币政策有效实施，促进我国国债市场稳步健康发展的重要举措。受财政部、人民银行和证监会委托，中国国债协会协办本次会议。在此，我谨代表国债协会，向会议的召开表示热烈祝贺！向财政部、中国人民银行和中国证监会的领导一直以来对协会工作的重视和支持表示衷心感谢！向与会代表表示热烈欢迎！向即将受到表彰的国债承销团成员表示由衷的敬意！

2010年，面对极其复杂经济金融形势和较为复杂的债券市场环境，在财政部、中国人民银行和中国证监会的通力配合下，在国债承销团成员的共同努力下，国债发行工作和国债市场改革依然取得了令人瞩目的成绩。一是政府债券发行稳居高位，继续保持近2万亿元较高水平；国债加权平均发行期限达到历史最长。二是政府债券发行管理取得新的进展，保持国债发行管理策略的持续性和稳定性，提高国债发行管理策略的针对性和灵活性；完善代理发行地方债制度，大大提高了地方债发行效率；加强国债承销团管理，密切与投资人关系，促进政府债券管理的长期、稳定、健康发展。三是政府债券二级市场流动性有所提高，换手率首次达到1倍以上。所有这些，在扩大内需、支持三农，支持社会事业发展和推动经济结构调整，深入推进财税体制改革等方面发挥了重要作用，有力地保障了积极财政政策和适度宽松货币政策的有效实施，促进了经济社会的发展。上述成绩的取得，对债券发行监管部门、投资者、特别是债券发行人来说，功不可没。

特别值得一提的是，以国债承销团成员为代表的国债协会会员，认真履行国债承销义务，积极参与国债招投标工作，很好地按期完成国债发行任务，为国家经济建设和宏观调控提供了资金保障，为促进国债市场化改革的稳步推进，作出了重要贡献。协会为拥有这样的会员队伍感到骄傲和自豪！

过去的一年，中国国债协会在各主管部门的重视和关心下，在全体会员的支持和配合下，坚持贯彻“讲正气、促和谐、求发展”的思想理念，紧密围绕财政金融中心工作，密切结合经济金融形势和国债市场改革发展任务，积极主动地为政府和会员服务，努力探索和拓展服务领域和业务范围，不断强化内部管理，在配合财政部深化政府债务管理改革、确保年度国债和地方债筹资任务圆满完成等方面做了大量工作，取得了可喜的成绩。全年举办报告会、形势分析会和协办业务工作会议以及组织的境内外培训考察，不仅次数增加，重要的是这些工作更加贴近政府相关主管部门的工作和会员单位的实际需要，受到政府主管部门和会员单位的认可和好评。编辑内部刊物、市场年报、工作简报十余期，网站发稿3000余篇，网站访问量达26万人次；解答广大群众国债咨询电话2000余次，宣传的范围、宣传的重点以及充分发挥中介组织的桥梁纽带作用都得到进一步加强。在做好原有工作基础上，协会还在拓展服务领域和业务范围方面做了一些积极探索。去年，配合中共中央颁布“一号文件”，协会组织了“农村金融机构座谈会”，为政府部门和农村金融机构搭建沟通交流的平台；配合国务院、财政部加强地方政府融资平台公司管理，协会举办了相关政策解读培训班，帮助地方债投资和管理人员提高理论和政策水平。上述工作，都得到财政部、人民银行、银监会、证监会相关领导的高度重视，均派人参加会议悉心指导，对此，协会深表感谢！

今年是“十二五”开局之年。中央作出明确部署将继续实施积极财政政策和稳健货币政策，国债发行任务依然较重，国债市场改革仍将坚实推进。我们号召国债承销团成员和国债协会会员一如既往地支持政府各主管部门做好国债发行工作，确保积极财政政策和稳健货币政策的有效实施和各项改革措施的顺利推进。

今年，时逢协会成立20周年和我国国债恢复发行30周年。协会将以此为契机，以科学发展观思想为指导，按照中央经济工作会议的总体要求，紧密围绕财政金融中心工作的主线，密切结合宏观经济和金融形势，积极配合政府主管部门做好国债发行管理工作，积极探索新的服务领域和业务范围，继续做好为政府和会员的服务，巩固和发展开拓创新取得的成果，推动协会工作再上一个新台阶，为国债市场的长期、稳定、健康发展，作出新的贡献！

各位领导、各位代表，新春佳节即将到来。在此，我代表国债协会，向大家致以新春的祝福！祝大家在新的一年，事业顺心顺意，身体健健康康，家庭和和美美，春节快快乐乐！

祝大会圆满成功！

2010年国债管理工作回顾及2011年展望

——财政部国库司周成跃副司长在2011年国债发行计划工作会议上的讲话（摘要）

2010年国债承销团成员承销了近1.8万亿元国债和2000亿元地方债。这近20000亿元政府债务资金的成功筹集对于我国抵御国际金融危机冲击，促进经济社会持续发展，特别是保障中央重点建设支出发挥了重要作用。在此，我代表财政部国库司感谢国债承销团成员一年来对国债管理工作和国家建设作出的积极努力和贡献。

一、2010年国债管理工作回顾

2010年共发行国债70余次（包括附息国债、贴现国债和储蓄国债），地方债10次。2010年债券发行期限长、中、短期兼备，发行频率因地方债合并招标较2009年略低，但是发行总次数仍然较高。

2010年国债市场具有以下三个特征：一是国债发行继续遵循市场化原则。2010年国民经济持续稳定增长，通货膨胀压力有所显现，相应的国债利息成本较2009年有所上升，这是正常的变化。今后财政部仍然会坚持市场化原则，按照市场规律办事。对于债务成本问题，会与承销团成员一样，尊重市场，认可市场。二是国债市场成熟度明显增强。以前年度，凡遇到消费价格指数变动以及利率波动的阶段，市场往往比较迷茫、缺乏信心。反映在国债发行环节，会出现定价困难，承销团成员投标不积极的现象。2010年国债市场成熟度有了明显增强，市场波动较往年相对缩小。我国国债投资者队伍对市场的判断能力、把握程度和参与定价的积极性都明显提高，这是一个可喜的进步。三是承销团成员参与国债定价的自觉性明显提高。在目前的承销考核机制下，财政部对贴现国债和地方债的考核要求较低，未对承销团成员构成严格约束。但从2010年招投标情况看，承销团成员参与贴现债和地方债承销的自觉性明显提高。在大家的共同努力和协作下，贴现债和地方债发行也取得了积极的进展。

2010年，财政部在国债发行中主要延续以往做法，这主要是为了能够较为平稳地度过近几年国债发行规模迅速扩大的时期。当然，我们在2010年国债发行期间也采取了一些新的措施：一是财政部和中国人民银行首次对储蓄国债承销团成员进行考评。实施考评有利于规范市场行为，促进储蓄国债管理工作长期可持续发展。二是凭证式国债承销团成员全部加入储蓄国债（电子式）的销售行列。储蓄国债（电子式）具有很强的生命力，随着投资者金融意识的逐步提高，将会有越来越多的投资者采用现代化的技术手段投资国债。因此，今后一个时期我们会重点推进储蓄国债（电子式）发行工作，以适应储蓄国债管理从单一的凭证式过渡到凭证式、电子式并行，再到以电子式为主的发展趋势。三是规范国债手续费支付和账户管理。2010年财政部将国债手续费支付流程从“财政部通过商业银行过渡账户支付给承销团成员”变更为“财政部直接向承销团成员支付”，提高了国库资金支付效率和使用效益。四是改进地方债代理发行机制。2010年财政部对地方债招标发行方式作出一定改进，实行合并命名、合并招标、合并上市的发行交易方式，招标对象从仅面向承销团甲类成员扩大到面向全体承销团成员等等。这些改进措施无论对于投资方还是发行方都是有利的。

二、2011年国债发行计划及国债管理措施

2011年国债和地方债的具体发行规模尚未确定，但中央已提出将继续实施积极的财政政策。因此，我们预计2011年仍将会有一定规模的财政赤字。据我们统计，2011年全年国债还本额大约11000亿元，比2010年增加1000亿元，增幅不大。2011年第一季度的国债还本额约3260亿元，占全年还本额30%左右，这一比重为历年最高。这主要是通过2010年贴现债的发行安排调整过来的，有利于2011年全年国债的均衡发行。2011年财政部将继续滚动发行关键期限国债。关键期限国债的期限结构仍为1、3、5、7、10年，各品种的具体发行力度和规模可能会有所调整。

总体来看，在2011年连续第三年实施积极财政政策背景下，我们认为，2011年国债发行筹资任务和国债管理工作面对的机遇和挑战与前两年相比，差异不会太大，仍将会是一个稳步发展的年度。

2011年国债管理将重点推进以下几项工作：一是财政部将与中国人民银行、中国证监会共同努力，以商业银行进入交易所债券市场这一政策措施为契机，着力提高二级市场流动性，推进国债市场持续稳定发展。二是开展储蓄国债网上认购试点工作。2011年，我们将在部分商业银行试点储蓄国债网上认购，同时，通过电视、网络、报纸等媒体加大对储蓄国债的宣传力度，特别是加强公益宣传，以期进一步扩大个人投资者队伍。三是借鉴国际通行做法，更加科学地安排国债到期日。2011年财政部将在制定国债发行计划时充分考虑国债到期日的安排，尽量做到国债发行的标准化。这将有利于投资者进行新、旧债券的更换，也有利于国库资金的合理调度和高效使用。四是加强运用国债续发行技术。为活跃二级市场，从2011年第二季度开始，我们会较多地采用续发行技术手段。五是进一步加强承销团成员管理。过去一年里，国债承销团成员的承销业绩差距较大，有些机构表现不甚理想。按照财政部、中国人民银行和中国证监会联合发布的《国债承销团成员资格审批办法》有关规定，我们将进行2010年国债承销团成员的个别调整及2011年国债承销团成员的确认工作。

发扬成绩 积极进取 不断促进国债市场健康稳步发展

——中国国债协会杨政副会长在2011年国债发行计划工作会议上的讲话（摘要）

很高兴参加财政部2011年国债发行计划工作会议。这次会议，既要全面总结2010年国债发行情况，又要认真分析明年经济形势发展及对国债市场的影响，还要直接听取各位代表对明年国债发行计划的建议，共同展望和探讨新的一年国债市场的发展。这是认真贯彻中央经济工作会议精神，促进我国国债市场平稳、健康有序发展的具体举措。

2010年中国国债市场依然是不平凡的一年，全球金融危机导致国际经济动荡不安，我国通胀压力持续增大，货币政策连续收紧，在这种复杂多变的经济形势下，伴随着我国国债市场的不断成熟，我国的国债市场依然取得了令人瞩目的成绩。国债发行量继续创历史新高，国债品种结构不断完善，地方政府债的代理发行工作高效完成。这些成就的取得，体现了财政部、人民银行和证监会等政府主管部门在深化国债管理改革，完善国债、地方债发行技术，促进国债承销团成员可持续发展等方面取得了新突破；体现了国债承销团等广大会员单位及各地财政厅局艰辛的努力和为国债市场作出的新的贡献；体现了我国国债市场化程度进一步增强；反映了协会广大会员适应市场的能力和自觉参与的程度不断提升。在此，我谨代表中国国债协会向大家表示由衷的敬意。

多年来，中国国债协会秉承为政府服务、为会员服务的宗旨，配合政府各主管部门在国债政策宣传、开展理论研究和市场调研、组织业务培训、进行国债投资咨询等方面，做了许多有意义的工作。特别是在2010年，在国库司的指导下，我们进一步加强了对储蓄国债的宣传和国债政策的咨询。在业务主管部门的支持下，根据市场的需求发展，我们多层次多领域地组织业务培训，将培训的范围扩大到农村金融机构和地方债管理人员。我们还在财政部相关司局的关怀下，开展理论研究和市场调研，牵头组织《国债条例》制订课题研究。将内部刊物《国债与金融》更名为《政府债务与金融》，并由季刊改为双月刊，扩大宣传重点，提升宣传质量。我们所取得的这些成绩，离不开财政部、人民银行、证监会等相关部门领导的指导和帮助，离不开广大会员单位的支持与配合，更离不开与会代表们长期以来扎扎实实的工作与付出，我们在此深表感谢！

2011年国债发行任务依然较重，国际国内经济形势复杂多变，国债市场的发展将面临更大的挑战。我们将在全面总结中国国债恢复发行30周年、中国国债协会成立20周年的经验基础上，继续团结广大会员，积极发挥行业组织作用，坚持为政府为会员提供更加优质高效的服务，不断进取，开拓创新，为保证国债和地方债的顺利发行，促进国债市场健康稳步发展作出新的贡献。我们相信，在财政部、中国人民银行、中国证监会等政府主管部门的有力领导和精心指导下，在承销团成员及全国各地财政厅局的积极配合踊跃参与下，明年的国债地方债市场一定会更加繁荣兴旺！

切实加强融资平台公司管理 有效防范化解财政金融风险

——中国国债协会张秉国常务副会长在“加强地方政府融资平台公司管理相关政策解读培训班”上的讲话（摘要）

地方政府融资平台公司起源已久。早在20世纪80年代末期，就有“城市建设投资公司”、“市政公司”建立。亚洲金融危机促使地方政府融资平台公司的发展，而全球金融危机则使地方政府融资平台公司的数量急剧增加、融资规模迅速扩张。省、市、县各级政府都设立各自的融资平台公司。地方政府融资平台公司设立，从当时经济环境来看是有一定理由的，从历史的角度来看，其存在也有一定的合理性。可以肯定的是，从总体来看，地方政府融资平台公司在为地方经济和社会发展筹集资金、加强基础设施建设、应对国际金融危机冲击、拉动地方经济增长等方面，发挥了积极作用。但由于地方政府融资平台公司也有一些与生俱来的先天性不足。比如，融资平台公司的职能不清、法人治理结构不健全、经管管理不规范、资本金不到位等。融资平台公司为了加快发展，利用地方财政的信誉，超过风险承担能力举债融资。另一方面，部分银行为了发展自身信贷业务，忽视“担保法”有关规定，对融资平台公司信贷管理不到位等。因此，一些地方政府融资平台公司积累了较大的隐患。

中央政府对地方政府融资平台管理工作高度重视。今年6月份，国务院于下发了“关于加强地方政府融资平台公司管理有关问题的通知”（国发［2010］19号）。财政部、国家发展改革委、中国人民银行和中国银监会随后印发了《关于贯彻国务院关于加强地方政府融资平台公司管理有关问题的通知相关事项的通知》（财预［2010］412号）。中央政府要求地方各级政府抓紧清理核实并妥善处理融资平台公司债务，规范对融资平台公司的管理，加强对融资平台公司的融资管理和银行业金融机构的信贷管理，并于今年底前将落实情况上报国务院。我们认为，国务院部署加强地方政府融资平台公司管理工作具有高瞻远瞩的战略性眼光，现实意义重大，历史意义深远。及时清理规范地方政府融资平台公司的管理，规避并有效化解其债务风险，不仅可以保证地方政府融资平台公司健康发展，促进银行业依法信贷并加强信贷管理、防范可能的金融风险，而且还可减少地方财政的隐性债务、有效化解地方财政风险、强化地方政府债务管理。事实证明，国务院政策出台及时、措施有效、方法灵活，将“疏”与“堵”有机地结合在一起，达到了“一石三鸟”的目的：不但有效防范地方政府融资平台公司的债务风险、金融机构的信贷风险和地方政府的财政风险，也为融资平台公司的发展指明了方向，还能有效发挥地方政府融资平台公司在促进经济发展、改善民生中的作用。

今年以来，财政部为切实贯彻落实国务院指示精神，把加强地方政府融资平台管理工作作为财政部中心工作之一狠抓落实。国债协会将围绕这一“中心工作”，通过网站、内部刊物大力宣传、举办培训班等形式，密切配合政府主管部门深入贯彻落实国务院指示精神，不断加强对地方政府融资平台公司管理；帮助相关金融机构、融资平台公司充分了解相关政策出台背景，正确理解并准确把握中央文件的精神实质，及时抓住机遇规范融资平台公司经营管理，有效防范并化解财政金融风险。这次培训班就是在财政部大力支持下举办的。培训班邀请国发［2010］19号文件和财预［2010］412号文件的主要起草者——财政部预算司的张志华处长出席培训班作专题报告，与大家座谈交流，并解答有关问题。今天的专题报告主要包括四个方面内容：一是介绍地方政府性债务管理理论及国际经验；二是详细介绍地方政府融资平台公司管理政策出台背景；三是详尽解读地方政府融资平台公司管理政策；四是对如何抓住机遇，规范对地方政府融资平台公司管理畅谈他的真知灼见。衷心希望各位代表认真听取报告，积极进行交流，勇于探讨问题，真正做到有所收获，不虚此行。希望本次培训能为金融机构改善对地方政府融资平台公司的信贷管理、为地方政府融资平台公司在规范自身管理的基础上健康发展、为中央政府加强对地方政府融资平台公司的管理，起到一定的积极作用。我相信，有授课专家的大力支持并付出的辛勤劳动，在参加培训的各位代表的热情支持和密切配合下，本次培训班一定能够取得圆满成功。

国债协会隶属于财政部，是经财政部、民政部批准和登记的非盈利性社团法人，是我国成立最早的财政金融协会，是财政金融领域重要行业组织。国债协会始终把服务会员、服务政府、服务社会公众工作摆在首位，通过实实在在的工作，以多种多样的方式，充分发挥协会特有的桥梁、纽带作用，为政府债券市场的稳健发展和金融业改革开放，作出自己的积极努力。这既是协会的义务，也是协会的责任。

加强地方政府融资平台公司管理并不是一项临时工作，而是一项长期任务。随着工作的深入进行，政府部门还将陆续出台并完善相应的政策和规章。届时，国债协会将利用自身的优势、多种方式，不遗余力地继续做好配合政府主管部门的政策解读宣传、文件精神贯彻、业务培训咨询等工作，为规范地方政府融资平台公司管理、防范地方财政金融风险工作，承担应尽义务，发挥应有作用，作出积极努力。

安全为本 创新为魂 努力提升服务竞争力

——中央国债登记结算有限责任公司吕世蕴总经理在2010年度全国银行间债券市场优秀结算成员表彰会上的讲话

尊敬的各位领导，尊敬的各位优秀结算成员代表，女士们，先生们，朋友们：

大家上午好！

今天我们召开2010年度全国银行间债券市场优秀结算成员表彰会，表彰先进、畅叙友情、共话未来。在此，我谨代表中央结算公司，向出席大会的管理部门的各位领导表示衷心的感谢！向获得优秀结算成员的机构代表表示热烈的祝贺！借此机会，我想向各位代表报告一下我们一年来的工作进展，以使大家保持对我们工作的了解和支持。

2010年对我公司来说是不平凡的一年。银行间债券市场格局出现调整变化，公司面临的市场竞争压力进一步加大。2010年清算所开始办理超短期融资券的发行、登记托管和结算，由于超短期融资券的替代性，企业债券和中期票据在我公司的发行托管量有较大幅度下降，结算量也相应少增。2010年商业银行开始进入交易所市场，相应的债券登记、托管及结算业务由中证登办理，托管业务分离、竞争的趋势进一步扩大。在这样的形势下，我们积极应对挑战，上下同心、开拓创新，实现了公司各项服务业务量的平稳增长。

一是支持债券发行的品种和数量不断增加。全年支持发行各类债券超过1100期，平均每周超过22期，发行量4.72万亿元，同比增长4.30%。二是债券登记托管和结算量继续增长。截至2010年年末，为金融机构等市场参与者保管债券资产余额达20.17万亿元，同比增长15.09%；全年办理债券交易结算量162.81万亿元，同比增长33.38%。三是资金业务量继续大幅增长。办理银行间债券本币资金结算203.31万亿元，同比增长33.25%；付息兑付资金额为7.78万亿元，同比增长15.95%。四是公司客户数量较快增长。全年新开债券账户1184户，年底直接客户数达10235户，同比增长10.68%。五是我公司为中心的债券柜台网络稳步扩展。柜台全年共发行31只记账式国债、11只电子式储蓄国债；到去年年末，柜台网点覆盖全国31个省、市、自治区，拥有客户877万。

登记托管结算作为我公司的基础性业务远远不够。我们必须积极竞争，顺应市场和客户需求的发展，积极开拓各种增值性业务，扩大客户数量，促进基础性业务的稳定。因此，近年来我们努力丰富相关的金融服务产品，提高服务水平，使客户享受到综合性的服务。2010年，我们在以下方面有了新的进展：

一是实现了非金融企业债券的市场化招标发行。去年我公司搬进了新办公楼，新建了两套发行室，平均每周支持债券招标发行5次。在做好国债和金融债券发行服务的同时，我们根据非金融企业债券的特点和需求，开发完成了非金融企业债券招标发行系统，有力地支持了公司债券市场的发展。截至年底共支持招标发行非金融企业债券14期，总额达2040亿元。同时，为满足超短期融资券的招标发行需求，我们在短时间内完成了各项准备并成功支持相关的发行工作。

二是全面推广DVP结算。DVP结算是国际证券结算标准的一项关键指标。为了满足市场成员提高结算效率、控制结算风险的要求，我们经过多年努力，在银行间市场全面实现了DVP结算，其中商业银行间的使用率已达95%以上。2010年，我公司积极宣传和推动非银行机构使用DVP结算，DVP资金专户开户数及结算量稳步增长，进一步促进了全市场DVP结算比重的提高。

三是精心打造新一代智能客户端。我们始终将客户的需求放在公司发展的首要位置。为了进一步提升公司服务水平，新一代智能客户端经过两年多的开发，于2010年10月正式上线运行。它不仅能为客户提供更完善的服务渠道和更人性化的服务界面，而且能够实现信息的双向传递，可以将已开发的、有较好市场口碑的产品便捷地提供给联网结算成员，实现客户与公司永不间断的信息交互与反馈。为了更好的让客户了解智能客户端，公司编写了客户端操作手册和培训教材，举办了5期专题培训班，培训近700家机构约1200名市场人员。

四是提升中债信息产品的竞争优势，使之脱颖而出。大家知道，信息服务市场一直是竞争激烈。8年前，我公司和路透、彭博、交易中心、交易所等十多家机构都在同一起跑线上开始编制债券信息产品，抢占市场。经过努力，我公司的中债信息产品（涵盖估值、收益率曲线和中债指数等）脱颖而出，得到了市场各类投资人和监管部门的广泛认同和使用，2010年我公司实现了信息产品的市场化运作，全年共有10家信息商和580家最终用户实现了有偿使用。

五是坚持“研究立司”。研究能力是我公司的核心竞争力之一，我们利用处于市场和主管部门之间的优势，积极研究市场创新发展问题。2010年，我们配合主管部门对国债直销、预发行、国债柜台市场发展、债券公允价值、结算失败处理等重大课题进行了研究，完成了相应的课题报告和方案建议。

六是强化系统安全和市场监测。我公司各项工作都事关国家30%以上金融资产的安全和保全，公司的电子网点覆盖全国各省、市、地，7×24小时全天候运营，系统安全维护任务责任重大。2010年，公司在市场检测和系统安全方面有了重大进展：一是完成新办公楼数据中心建设，初步形成了两地“三中心”的灾备体系，建立了由技术部门和主要业务人员构成的应急预警机制，提高了对突发事件的快速反应能力；二是债券业务实时监测系统正式上线运行，有效提高了对市场的风险预警和管理能力以及对主管部门工作的支持和服务能力；三是拟定了《业务监测管理办法》和《银行间债券市场境外机构结算额度监测预警方案》报央行，承担起相应的监测和报告工作。

七是不断完善中债培训和《中国债券》品牌。中债培训项目和《中国债券》是我公司与市场成员相互联系、交流的重要平台。经过多年努力，公司的培训和杂志在市场上积累了良好的口碑，影响力不断扩大，已成为公司的重要品牌项目。2010年，公司全年开办常规培训、境内外专题培训以及中债价格指标、中债非银DVP等新业务培训共28期，培训学员2096人，涉及970家机构，培训方式和内容进一步完善。《中国债券》作为我国唯一的债券市场专业期刊，在2010年继续提高杂志内容建设水平，发挥对公司服务的宣传和推广功能，杂志营销模式进一步完善，全年发行量达1890套，同比增加384套，增长25.5%。

八是接纳和服务境外客户。去年8月，中国人民银行发文允许三类境外机构进入银行间债券市场。为了满足境外客户的托管结算需求，我们编写了《境外机构投资者业务指引》，对《客户服务协议》进行了修订，同时为中国人民银行代理境外央行债券结算拟定“特殊服务承诺书”。经过大量的前期准备工作，截至今年2月底，共有7家境外机构在我公司开立了债券账户。

回顾2010年，我感觉我们有两大压力：一是来自国际的压力。近几年，日韩的托管结算机构以及欧洲的两家国际托管结算机构都花了很大的力气在亚洲区域债券市场上，以期占据有利位置。对此，我们不能只是关注，需要跟上中国金融市场对外开放、人民币国际化的发展步伐，努力开拓国际视野，按照国际结算标准做好自己的各项工作，向国际化的人民币债券市场托管结算中心的目标发展。目前，不少国家已将其金融基础设施建设上升到国家战略的层面，而我们目前仍是一个不能够集中所有资源的机构，面对各方面的竞争，我们深感责任重、压力大。二是来自于国内同行的压力。但在新的充满竞争的格局面前，我们仍然充满信心。企业不是官僚机构，也不是靠财政拨款的事业单位，成熟的企业有能力在竞争的市场环境下去做任何市场需要的事情。

下面我谈一下 2011 年的工作设想：总的思路，就是要研究国际经验，契合中国市场发展节奏，把握客户的现实的、潜在的需求，在基础设施建设和业务服务中体现安全性要求，以确保市场稳定运行；体现超前性要求，以支持市场持续创新；体现精细性要求，以满足市场日益复杂的运作需求。

第一，完善质押券管理服务，满足客户需求。现在银行间市场的质押式回购、保证金管理、央行的大小额质押等业务都大量使用债券作质押，截至 2011 年 2 月底，质押债券的规模已经有 2.8 万亿元，但是市场对质押券的管理仍然是分散的，效率不高，而且存在质押不足的风险。为此，我们在借鉴国外发达市场担保品管理的先进经验的基础上，整合完善质押券管理服务机制，力争为客户提供集中高效、精细化的质押券管理服务，并以此促进市场其他业务的创新发展。

第二，开发簿记建档系统，完善发行服务方式。簿记建档发行是招标发行方式的重要补充，比较适合中小发行人的特点和需求。2011 年我们计划开发建立簿记建档系统，向市场推出簿记建档发行服务，实现与招标发行方式优势互补。

第三，优化债券托管账户管理和转托管功能。根据市场的需求，做好对债券托管账户功能设置的研究，调研债券账户细分相关问题，实现一个账户、多个科目的功能设计和服务支持；争取与相关机构协同合作，进一步理顺转托管业务工作。

第四，拓展券款对付结算，完善结算代理服务。去年，我们已进行了非金融企业开展券款对付结算业务试点，做好了债券发行分销和缴款券款对付业务的准备，2011 年将积极推动券款对付结算服务向非金融企业扩展，逐步实现券款对付结算在一二级市场的全面覆盖。同时，研究开发结算代理业务公共服务平台，完善结算代理服务。

第五，大力推进智能客户端的覆盖面，提高客户服务水平。根据不同层次市场成员的需求，2011 年我们将继续完成网络和直联式智能客户端建设，向市场全面推广网络式智能客户端，并向一批重点结算成员推广直联式智能客户端。同时，整合客户服务渠道，完善集成化客户服务平台，实现坐席服务与系统操作的联动；完善客户分类和客户管理系统，探索完善全方位、一体化的客户服务体系。

第六，继续加强中债信息产品、中债培训以及《中国债券》的品牌建设，推动业务增殖。2011 年，我们将继续深化中债信息产品开发与市场化应用，探索建立信用债财务分析和信息产品服务计费等系统，进一步巩固中债信息产品的市场地位和影响力；继续打造常规精品培训，做强境内专题培训，积极探索网络培训等多种培训方式，及时推出创新业务培训和境外专题业务培训；继续提升《中国债券》质量和影响力，积极争取更独立的办刊途径，完善栏目内容，提高刊物质量，增强刊物的互动性、可读性和影响力。

第七，深入开展债券市场改革创新研究。2011 年，我们将配合主管部门承担多项创新性课题研究：一是承担世界银行课题“建立完善的中国国债二级市场”的研究，在主管部门的指导下，深入分析制约中国国债二级市场发展的重要因素，形成《中国国债二级市场总体发展战略报告》，并在加强国债市场监管协调、消除市场分割与促进统一互联、完善市场交易制度以及培育市场机构投资者等方面形成四份子报告。二是配合中国人民银行对中央自动借贷业务进行研究，提出创新方案设计，并分析制约自动借贷业务开展的法律和会计税收问题，提出解决建议。三是参与财政部财科所的《中国政府债券市场的发展研究》。此外，我们还将根据发行人和投资者的需求，对回转结算、结算代理、客户关系管理等专题进行研究，做好业务创新准备。

第八，加快两地三中心灾备体系建设，支持市场安全、稳定、连续运行。建设同城永久灾备中心，进一步优化异地灾备建设，建立两地三中心统一的应用系统运维管理平台，实现对事件的快速处置和对问题的有效管理。同时，进一步加强 IT 综合治理，探索建立业务需求和技术支持之间的快速响应机制；探索在新的技术架构下开发新一代发行系统。要根据央行二代支付系统项目安排，实现小额保证金替代系统、大额质押融资系统与支付系统的联网运行，优化完善相关应用系统功能。

朋友们！2011 年等着我们的仍然是挑战，仍然是机遇，我们将秉持“诚信、责任、服务”的公司核心价值观，与大家携手奋斗，共同推进中国债券市场更好、更快地发展和创新。

最后，再一次向长期以来领导、支持公司发展的管理部门的代表，向各结算成员机构的代表，表示衷心的感谢！预祝本次会议圆满成功！谢谢大家！

扎实做好各项准备工作，积极推进商业银行进入交易所债券市场

——深圳证券交易所刘慧清总经理助理在商业银行进入交易所债券市场技术培训班上的讲话

各位参加此次商业银行入市培训的代表，大家早上好，首先我代表深圳证券交易所对各位代表参加此次银行入市技术培训班表示热烈的欢迎！

自1997年商业银行退出交易所市场后，交易所和银行间债券市场形成相对分割的局面，迄今已达13年之久。国务院在《关于推进资本市场改革开放和稳定发展的若干意见》中提出："逐步建立集中监管、统一互联的债券市场"，将债券市场互联互通列入资本市场发展的重要方向之一，随着近年来债券市场的快速发展，商业银行重返交易所债券市场、建立统一互联债券市场的呼声和市场需求也日趋高涨。

经过多年来主管部门的艰苦努力和大力推动，近日中国证监会、中国人民银行、中国银监会联合发布了《关于上市商业银行在证券交易所参与债券交易试点有关问题的通知》，这标志着商业银行重返交易所债券市场进入了实质性阶段。根据通知精神，我们深交所联合上交所、中国证券登记结算有限责任公司联合发布了《关于试点期间上市商业银行在证券交易所参与债券交易相关事项的通知》，并且紧锣密鼓地做好了相关规则指南制订、技术系统开发测试等前期准备工作。

银行入市首先就是要为各家商业银行开通在交易所的交易单元和交易结算账户，建立起技术网络。为了充分了解商业银行的市场需求，我们最近还专门向各家上市商业银行发放了调查问卷，着重调查了解技术环节的市场情况。根据问卷的反馈信息，多数商业银行由于离开交易所时间较长，因此对交易所集中竞价系统、技术网络、交易规则等缺乏全面深入的了解，对此进行针对性的集中培训有非常强烈的需求。因此，我们经研究后，专门组织了此次技术培训，目的是为了为各家商业银行做好技术服务，积极推进商业银行尽快进入交易所债券市场。

商业银行重新进入交易所债券市场对于加速推进我国债券市场的发展有着非常重要的意义，深交所联合中国结算深圳分公司，组织成立了一个跨单位、跨部门的工作小组，所有与银行入市相关的业务和技术部门都参与进来，并且我们指定了各个环节的联络人，在培训资料上进行公布，方便各家银行与交易所进行顺畅的联系沟通。2011年，深交所将及时总结经验，努力为商业银行做好相关服务工作，积极推进债券市场的统一互联，促进交易所债券市场稳步健康发展。预祝各位代表培训顺利，谢谢大家！

上海证券交易所债券基金部王勇总监在2010年度国债发行工作总结暨表彰大会上的发言

（摘要）

2010年，国债市场在财政部国库司的领导下，在各市场成员的共同努力下，取得了长足进展。国债和地方政府债券的发行量达到1.78万亿元，比2009年1.62万亿元增长10%。全年现券交易量达到7.87万亿元，比上年4.13万亿元增长90%，超过全市场39%的平均增长率。这些数据一方面表明随着我国利率衍生品的逐步活跃，我国债券市场整体的广度和深度得到了提高，市场流动性大幅提升，传统的一加息就造成单边市的情况得到了有效改善。另一方面，自去年10月进入加息周期以来，国债在整个债券市场的基石地位越来越显著，国债收益率作为市场基准利率对市场参与者正确判断未来利率走势、调整资产配置结构，把握市场机会发挥了重要作用。

2010年，交易所国债市场也实施了一系列改革措施，市场交易逐步活跃，特别是债券回购市场稳定在日均交易量200亿元以上。交易所债券市场的现货交易量主要还是国债。在这里，我要感谢财政部国库司领导一如既往的大力支持，同时也要感谢市场成员尤其是固定收益平台做市商的共同努力。

去年年底，上市商业银行得以重返交易所债券市场，并于年底完成了首单交易。商业银行回归交易所市场，是我国建设互联互通的债券市场迈出的第一步，我国债券市场发展必将迎来新的局面。2011年，上交所将全力支持上市银行尽快全面开展试点工作，力争为商业银行提供有效的交易和结算服务，使商业银行能利用交易所债券市场的渠道和机制，更好的实现资产配置和头寸调整。此外，随着高等级信用债券发行规模的逐步饱和，2011年我国将迎来真正的信用债券市场。公司债券市场也将有一系列的改革措施。可以预见，在国债市场建设、利率市场化、市场互联互通、信用债券扩容四个主旋律的背景下，2011年的债券市场虽然面临一定的加息压力，交易需求小于配置需求，但必将是精彩纷呈、百花齐放的一年。我们期待着中国的债券市场取得新的突破。

预祝各位新年快乐。

2010年国内宏观经济与宏观调控若干情况纪实

中国国债协会秘书处整理

1月

1月7日，国务院办公厅发布《关于促进房地产市场平稳健康发展的通知》，提出要增加保障性住房和普通商品住房有效供给，合理引导住房消费抑制投资投机性购房需求，加强风险防范和市场监管，加快推进保障性安居工程建设和落实地方各级人民政府责任。

1月31日，新华社受权播发《中共中央 国务院关于加大统筹城乡发展力度 进一步夯实农业农村发展基础的若干意见》，这是新世纪以来连续第七个以“三农”为内容的中央一号文件。

2月

2月6日，国务院发布《关于进一步加强淘汰落后产能工作的通知》，提出淘汰落后产能的总体要求和目标任务，要求各地区、各部门进一步增强责任感和紧迫感，充分调动一切积极因素，抓住关键环节，突破重点难点，加快淘汰落后产能，大力推进产业结构调整和优化升级。

2月11日，人民银行发布《2009年第四季度中国货币政策执行报告》。

2月24日，国务院总理温家宝主持召开国务院常务会议，研究部署进一步贯彻落实重点产业调整和振兴规划。

3月

3月5日，第十届全国人民代表大会第三次会议在北京人民大会堂开幕。国务院总理温家宝作政府工作报告。报告指出，2010年要着力搞好宏观调控和保持经济平稳较快发展，着力加快经济发展方式转变和经济结构调整，着力推进改革开放和自主创新，着力改善民生和促进社会和谐稳定，全面推进社会主义经济建设、政治建设、文化建设、社会建设以及生态文明建设，加快全面建设小康社会进程，努力实现经济社会又好又快发展。2010年拟安排财政赤字10500亿元，其中中央财政赤字8500亿元，继续代发地方债2000亿元并纳入地方财政预算。

3月9日，财政部、国家税务总局发出《关于首次购买普通住房有关契税政策的通知》，规定对两个或两个以上个人共同购买90平方米及以下普通住房，其中一人或多人已有购房记录的，该套房产的共同购买人均不适用首次购买普通住房的契税优惠政策。

3月24日，国务院总理温家宝主持召开国务院常务会议，研究部署进一步鼓励和引导民间投资健康发展的政策措施。

3月31日，上海、深圳证券交易所开始接受券商的融资融券交易申报，标志着经过4年精心准备的融资融券交易正式进入市场操作阶段。

4月

4月6日，国务院发布《关于进一步做好利用外资工作的若干意见》，提出要优化利用外资结构，引导外资向中西部地区转移和增加投资，促进利用外资方式多样化，深化外商投资管理体制改革，营造良好的投资环境。

4 月 7 日，国务院总理温家宝主持召开国务院常务会议，研究深入实施西部大开发战略的重点任务和政策措施。

4 月 13 日，国家发展改革委发出通知，决定自 4 月 14 日零时起将汽、柴油价格每吨均提高 320 元。

4 月 14 日，国务院总理温家宝主持召开国务院常务会议，研究部署遏制部分城市房价过快上涨的政策措施。

4 月 16 日，中国内地首个金融期货品种沪深 300 股票指数期货合约在中国金融期货交易所上市。

4 月 17 日，国务院发布《关于件坚决遏制部分城市房价过快上涨的通知》，要求各地区、各有关部门要切实履行稳定房价和住房保障职责，坚决抑制不合理住房需求，增加住房有效供给，加快保障性安居工程建设，同时加强市场监管。

4 月 19 日，国务院总理温家宝主持召开国务院常务会议，研究部署进一步扶持农业生产的政策措施。会议讨论并原则通过《关于促进农业机械化和农机工业又好又快发展的意见》。

4 月 28 日，国务院总理温家宝主持召开国务院常务会议，部署进一步加大工作力度确保实现“十一五”节能减排目标。

4 月 29 日，国务院总理温家宝主持召开国务院常务会议，审议并原则通过《关于 2010 年深化经济体制改革重点工作的意见》。

5 月

5 月 7 日，国务院发布《关于鼓励和引导民间投资健康发展的若干意见》，进一步拓宽民间投资的领域和范围，鼓励和引导民间资本进入法律法规未明确禁止准入的行业和领域。

5 月 10 日，人民银行发布《2010 年第一季度中国货币政策执行报告》。

5 月 19 日，国务院总理温家宝主持召开国务院常务会议，研究部署玉树地震灾后恢复重建工作。

5 月 27 日，国务院总理温家宝主持召开国务院常务会议，部署加强地方政府融资平台公司管理和严厉打击囤积居奇哄抬农产品加工等违法行为。

5 月 26 日，国家发展改革委、商务部和工商总局发出《关于加强农产品市场监管 维护正常市场秩序的紧急通知》，严厉打击囤积居奇、哄抬农产品价格等炒作行为。

5 月 27 日，国务院发布《国务院批转发展改革委关于 2010 年深化经济体制改革重点工作意见的通知》。

5 月 31 日，国家发展改革委发出通知，决定自 6 月 1 日零时起将汽、柴油价格每吨分别降低 230 元和 220 元。

6 月

6 月 7 日，财政部印发《地方金融企业财务监督管理办法》。

6 月 10 日，国务院发布《关于加强地方政府融资平台公司管理有关问题的通知》，以有效防范财政金融风险，加强对地方政府融资平台公司管理，保持经济持续健康发展和社会稳定。

6 月 18 日，财政部、商务部和环境保护部发出通知，决定延长实施汽车以旧换新政策，实施期限由 2010 年 5 月 31 日延长至 2010 年 12 月 31 日。

6 月 19 日，根据国内外经济金融形势和我国国际收支状况，中国人民银行决定进一步推进人民币汇率形成机制改革，增强人民币汇率弹性。改革重在坚持以市场供求为基础，参考一篮子货币进行调节。中国人民银行将继续按照已公布的外汇市场汇率浮动区间，对人民币汇率浮动进行动态管理和调节。

6 月 21 日，商务部、财政部、发展改革委、工业和信息化部、环境保护部、国家工商总局和国家质检总局联合印发《家电以旧换新实施办法（修订稿）》，家电以旧换新政策推广实施期暂定为2010年6月1日至2011年12月31日。

6月22日，财政部、国家税务总局公布，自2010年7月15日起取消部分钢材，部分有色金属加工材，银粉，酒精、玉米淀粉，部分农药、医药、化工产品，部分塑料及制品、橡胶及制品、玻璃及制品的出口退税。

6月22日，中国人民银行、财政部、商务部、海关总署、国家税务总局、中国银监会联合下发了《关于扩大跨境贸易人民币结算试点范围有关问题的通知》，扩大跨境贸易人民币结算试点范围，增加国内试点地区，不再限制境外地域，试点业务范围扩展到货物贸易之外的其他经常项目结算，以进一步满足企业对跨境贸易人民币结算的实际需求，发挥跨境贸易人民币结算的积极作用。

7月

7月15日，中国农业银行正式在上海上市，至此，中国四大国有商业银行全部实现上市，中国金融改革开始新的一页。

7月22日，中国人民银行、发展改革委、工业和信息化部、国家税务总局、中国证监会联合发布《关于促进黄金市场发展的若干意见》，明确了黄金市场未来发展的总体思路和主要任务。

8月

8月5日，中国人民银行发布《2010年第二季度中国货币政策执行报告》。

8月18日，国务院总理温家宝主持召开国务院常务会议，研究部署进一步促进蔬菜生产、保障市场供应和价格基本稳定的政策措施。

8月28日，国务院发布《关于促进企业兼并重组的意见》，以深化企业改革，促进产业结构优化升级，加快转变发展方式，提高发展质量和效益，增强抵御国际市场风险能力，实现可持续发展。

9月

9月29日，中国人民银行会同中国银监会印发《关于完善差别化住房信贷政策有关问题的通知》，要求商业银行更加严格地执行贷款购买商品住房的首付款比例及贷款利率等相关政策，明确了暂停发放第三套及以上住房贷款等相关规定，坚决遏制房地产市场投机行为。

9月29日，住房和城乡建设部、财政部、发展改革委、工业和信息化部、国土资源部、商务部联合发出《关于开展推动建材下乡试点的通知》，在山东省、宁夏回族自治区开展推动建材下乡试点，支持农户依法依规建设自用住房，有效推动建材下乡，并由地方财政承担相关支出。

9月30日，中国证监会、中国人民银行、中国银监会联合发布《关于上市商业银行在证券交易所参与债券交易试点有关问题的通知》，商业银行在时隔13年之后重返交易所债券市场。

10月

10月10日，国务院发布《关于加快培育和发展战略性新兴产业的决定》，明确必须按照科学发展观的要求，抓住机遇，明确方向，突出重点，加快培育和发展战略性新兴产业。

10月11日，中国证监会公布《关于深化新股发行体制改革的指导意见》，自2010年11月1日起施行。

10月15～18日，中国共产党第十七届中央委员会第五次全体会议在北京举行。全会审议通过了《中共中央关于制定国民经济和社会发展第十二个五年规划的建议》。

10月25日，国家发展改革委发出通知，决定自10月26日零时起将汽、柴油价格每吨分别提高230元和220元。

11月

11月2日，中国人民银行发布《2010年第三季度中国货币政策执行报告》。

11 月 16 日，国务院办公厅发出《转发证监会等部门关于依法打击和防控资本市场内幕交易意见的通知》。

11 月 17 日，国务院总理温家宝主持召开国务院常务会议，分析当前价格形势，研究部署稳定消费价格总水平、保障群众基本生活的政策措施。

11 月 19 日，国务院发布《关于稳定消费价格总水平 保障群众基本生活的通知》，要求各地区、各部门及时采取有力措施，稳定市场价格，切实保障群众基本生活。

12 月

12 月 4 日，《国务院关于修改〈价格违法行为行政处罚规定〉的决定》公布，自公布之日起施行。

12 月 10 ~ 12 日，中央经济工作会议在北京举行。会议深刻总结了 2010 年及“十一五”时期我国经济社会发展取得的成就，全面分析当前国际国内经济形势，明确提出 2011 年经济工作的总体要求、重要原则、主要任务。

12 月 21 日，国家发展改革委发出通知，决定自 12 月 22 日零时起将汽、柴油价格每吨分别提高 310 元和 300 元。

12 月 29 日，国家发展改革委公布《反价格垄断规定》和《反价格垄断行政执法程序规定》，上述规定自 2011 年 2 月 1 日起施行。

第二篇

国 债 市 场

一、政府主管部门

2010年国债发行及市场运行情况

财政部国库司

在继续实施积极财政政策背景下，2010年国债预算筹资规模继续保持历史较高水平，国债筹资任务仍然较重。财政部努力克服宏观经济环境极为复杂、国债市场供求结构多变难测的实际困难，顺利完成了全年国债筹资任务。

一、2010年国债管理措施

2010年实际发行国债1.78万亿元，比2009年增加0.16万亿元。财政部在全年国债管理工作中主要采取了以下措施：

（一）储蓄国债管理措施

适当缩短储蓄国债发行期限。受通胀预期因素影响，个人等投资者期限偏好明显缩短。从3月份储蓄国债开始发行至10月份，发行1年、3年期两个品种，适当加大了1年期品种规模，暂停发行5年期品种。10月20日人民银行上调存款基准利率后，个人等投资者对5年期储蓄国债需求有所增强，11月、12月份恢复发行了5年期品种。全年发行1年期储蓄国债1514亿元，占储蓄国债发行总额的47%，比2009年提高28个百分点；3年期储蓄国债1533亿元，占48%，降低20个百分点；5年期储蓄国债150亿元，占5%，降低8个百分点。

采取包销方式发行，适当调减单次发行额。鉴于储蓄国债投资需求受通胀预期增强和银行理财产品规模增加影响而明显下降，2010年储蓄国债全部采取包销方式发行，发行期内未售出的储蓄国债由承销银行持有。同时适当调减储蓄国债单次发行额，3月份凭证式单次发行额为500亿元，5月份调减为400亿元，12月份减为200亿元；4月份电子式单次发行额为400亿元，6月份调减为300亿元，8月份减为200亿元，11月份适当调增为300亿元。

加强储蓄国债承销团考评管理。为提高储蓄国债承销团成员承销积极性，2010年11月份财政部和人民银行联合发布实施了储蓄国债承销团考评办法。根据办法规定，财政部和人民银行定期对储蓄国债承销团成员的国债销售表现进行打分和排名，并向社会公布排名情况；年末对全年排名居前的承销团成员进行表彰，并适当增加其下一年承销额度，对排名靠后的承销团成员，适当调减其承销额度等。

（二）记账式国债管理措施

合理安排记账式贴现国债发行节奏，促进2011年全年国债均衡发行。受市场资金面波动等因素影响，第二季度5次记账式贴现国债发行流标，下半年适当调减了记账式贴现国债发行次数，第三、四季度各由年初拟定的9次减为6次，降低发行风险。同时，第二、三、四季度分别加大了273天、182天、91天国债发行力度，以提高2011年第一季度国债到期还本即可发国债规模，均衡2011年全年发债节奏。

提高关键期限国债尤其是中长期品种发行规

模。2010年继续坚持滚动均衡发行关键期限国债的原则，并适当提高关键期限国债发行次数。全年共发行31次，比2009年增加4次；发行8733亿元，比2009年增加1321亿元。其中，7年、10年期品种发行力度较大，共发行15次计4295亿元，比2009年增加778亿元。加大关键期限国债尤其是中长期品种发行规模，有利于贯彻落实积极财政政策要求，促进全年国债筹资任务顺利完成。

适当增加超长期国债发行规模。2010年商业银行、保险公司等机构投资者对超长期国债的需求总体较为稳定，超长期国债市场收益率上升幅度不大，全年发行超长期国债9次计2480亿元，比2009年增加1060亿元。其中，发行20年期国债2次计560亿元，30年期国债5次计1360亿元，50年期国债2次计560亿元。这对于加快总体国债发行进度，以及满足机构投资者需求发挥了积极作用。

二、国债发行及执行数据

2010年实际发行储蓄国债0.32万亿元，发行记账式国债1.46万亿元（见表1）。2010年末实际国债余额为6.75万亿元。

表1　2010年国债发行概况（分品种）

	发行规模（万亿元）	规模占比（%）
储蓄国债	0.32	18
凭证式	0.19	11
电子式	0.13	7
记账式国债	1.46	82
附息	1.15	65
贴现	0.31	17
合　计	1.78	100

（一）储蓄国债发行

2010年凭证式国债发行1900亿元，储蓄国债（电子式）发行1297亿元。分期限看，1年期储蓄国债发行1514亿元，3年期储蓄国债发行1533亿元，5年期储蓄国债发行150亿元。

2010年10月份人民银行加息后，储蓄国债发行利率按同期限存款基准利率上调的百分点相应上调，其中1年期国债由2.6%升至2.9%，3年期国债由3.7%升至4.3%，11月份恢复发行的5年期国债利率由此前的4%升至4.6%。上调后的各期限储蓄国债发行利率均比当时同期限存款基准利率高出0.4个百分点，处于较为正常的水平。

（二）记账式国债发行

2010年记账式贴现国债发行3083亿元，记账式附息国债发行11473亿元，包括关键期限国债8733亿元和非关键期限国债2740亿元。2010年记账式国债发行额比2009年增加1858亿元，增长15%，发行次数与2009年持平。2010年记账式附息国债加权平均发行期限为11.5年，比2009年延长2.5年；加权平均发行利率为3.1%，比2009年上升0.3个百分点。

2010年记账式国债发行主要表现出以下特点：

一是记账式国债发行利率总体上升，其中记账式贴现国债发行利率走势分为小幅上升、略有回落、大幅攀升三个阶段，记账式附息国债发行利率先震荡下行、后小幅上升。4月份期限为91天的记账式贴现国债发行利率为1.3%，6月份升至1.9%，9月份微降至1.7%，12月份大幅升至3.7%，比4月份上升2.4个百分点。2月份10年期记账式附息国债发行利率为3.4%，9月份微降至3.3%，12月份升至3.8%，比2月份上升0.4个百分点（见图1）。

二是记账式国债购买需求小幅波动，其中记账式贴现国债购买需求先下降、再上升、后逐步回落，记账式附息国债购买需求呈震荡上升态势。4月份期限为91天的记账式贴现国债投标额占发行额的比率即投标比率为1.3，6月份降至0.8（比率小于1表示没有发完），9月份升至1.6，12月份降至1，比4月份下降0.3。2月份10年期记账式附息国债投标比率为1.6，6月份保持在1.6，12月份升至2.3，比2月份高0.7（见图2）。

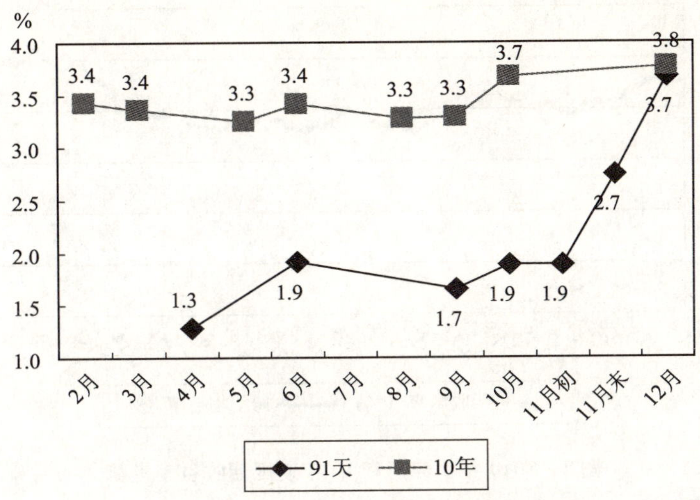

图 1 2010 年 91 天和 10 年期记账式国债发行利率

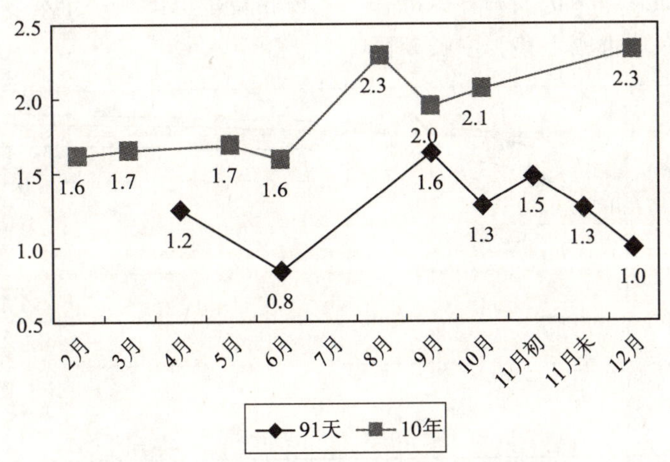

图 2 2010 年 91 天和 10 年期记账式国债投标倍数

三、国债市场运行

2010 年国民经济运行态势总体良好，货币政策逐步收进，通胀压力逐渐显现，国债市场资金面趋于紧张，市场收益率总体上升；国债交易基本正常，交易规模显著扩大，市场流动性略有提高。

（一）国债市场收益率变化

全年短期国债收益率大幅上升，中长期国债收益率稳中有升。前 4 个月短期国债收益率基本稳定，中长期国债收益率有所下降；5 月至 9 月国债收益率整体稳定；10 月至 12 月短期国债收益率大幅攀升，达到近年来高位水平，中长期国债收益率小幅上升。年初 1 年期、10 年期国债收益率分别为 1.5%、3.7%，年末为 3.3%、3.9%，比年初上升 1.8、0.2 个百分点；年初 1 年期、10 年期国债收益率的利差为 2.2 个百分点，年末为 0.6 个百分点，比年初缩小 1.6 个百分点（见图 3）。

全年国债收益率曲线总体上移，其中短期国债收益率大幅上移，中长期国债收益率上移幅度相对较小，曲线形态趋于平坦。前 4 个月人民银行 2 次上调存款准备金率，但债券市场资金面仍然较为宽裕，短期国债收益率变化不大。同时，通胀预期相对较弱，商业银行信贷投放规模受限，大量资金转投中长期债券，中长期国债收益率平稳下移。5 月至 9 月人民银行年内第三次上调存款准备金率，通胀压力有所显现，国债收益率曲线小幅震荡调整。10 月至 12 月物价指数连

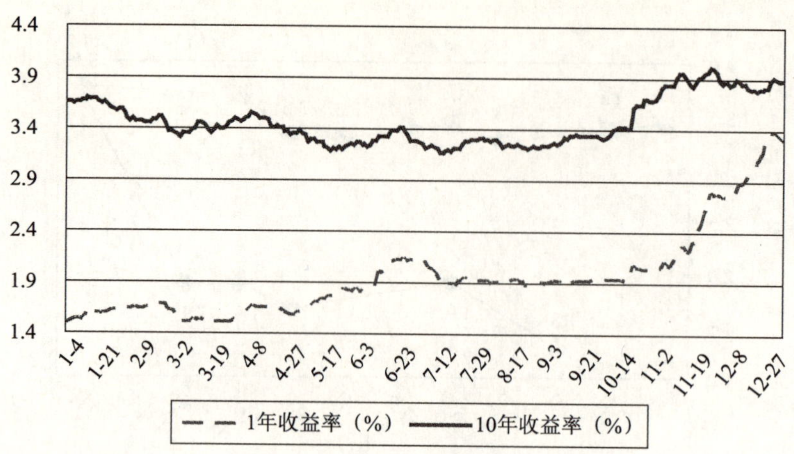

图3　2010年1年期和10年期国债收益率走势

数据来源：中央国债登记结算有限公司

续上涨，人民银行两次加息、两次上调存款准备金率，短期国债收益率快速大幅上移，中长期国债收益率也出现一定程度的上升（见图4）。

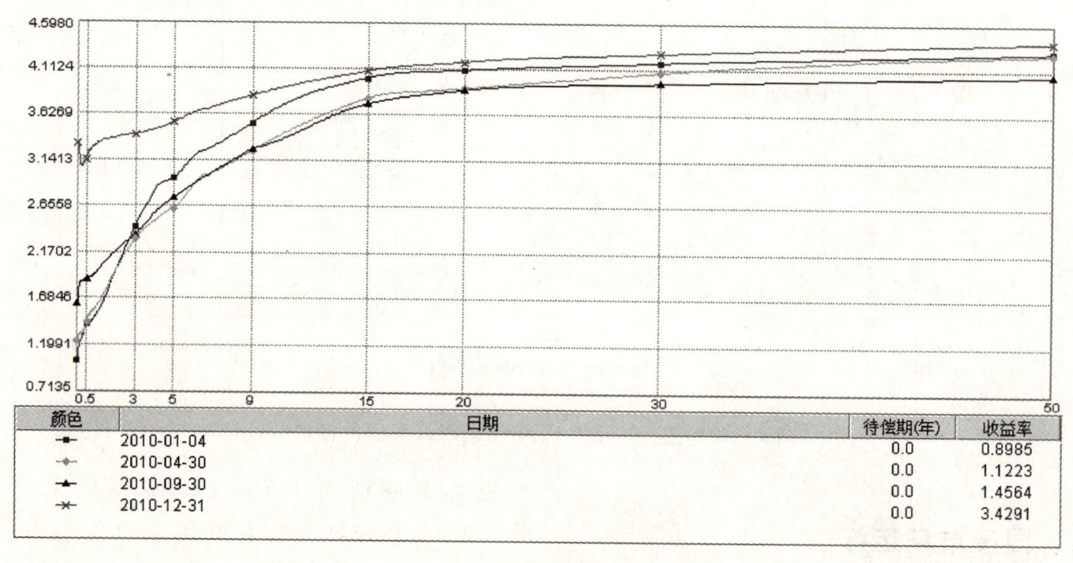

图4　2010年国债收益率曲线变化

数据来源：中央国债登记结算有限公司

（二）国债市场交易

2010年国债市场交易总额为37.28万亿元，比2009年增加9.97万亿元，增长37%。从交易场所分布看，银行间市场国债交易额为30.33万亿元，占国债市场交易总额的81%；交易所市场国债交易额为6.95万亿元，占国债市场交易总额的19%。从国债交易方式看，现券交易额为7.84万亿元，占国债市场交易总额21%，其中银行间批发市场7.67万亿元，银行间零售市场即商业银行柜台市场42亿元，交易所市场0.16万亿元；回购交易额为29.42万亿元，占国债市场交易总额的79%，其中银行间批发市场22.63万亿元，交易所市场6.79万亿元；远期交易额为246亿元，仅在银行间批发市场交易。2010年国债现券、回购、远期交易额分别比2009年增长85%、28%、35%。2010年国债现券交易额与可流通国债托管额的比率即现券换手率为1.3，比2009年0.8的换手率有所上升，国债市场流动性有所提高。

2010 年储蓄国债发行情况综述

中国人民银行国库局

2010 年以来，在国际金融危机缓解、全球流动性充裕的大环境下，国内经济也出现较快回升，劳动力成本和大宗商品价格出现上涨，通胀预期有所增强。为此，货币政策在保持政策连续性和稳定性的同时，根据新形势新情况着力提高了政策的针对性和灵活性，综合运用数量型工具和价格型工具，灵活开展公开市场操作，上调存款准备金率和存贷款基准利率，妥善处理经济平稳较快发展、调整经济结构和管理通胀预期的关系。在这种大背景下，2010 年以来，中国人民银行与财政部通力合作，全年共同组织国债承销机构顺利发行了五期凭证式国债和 11 期储蓄国债（电子式），圆满完成了全年发行计划。

一、发行的基本情况

（一）凭证式国债发行情况

2010 年凭证式国债计划发行总量为 1900 亿元，其中：一期 500 亿元、二期 400 亿元、三期 400 亿元、四期 400 亿元、五期 200 亿元。截至各期凭证式国债发行期结束，承销机构累计面向社会实际发售 1676.53 亿元，占承销机构 2010 年承销总额 1900 亿元的 88%，略高于 2009 年的 85.76%，剩余部分（约 223.47 亿元）由各承销机构作为投资。具体发行情况见表 1。

表 1　2010 年凭证式国债承销机构发售情况　单位：亿元；%

	1 年期			3 年期			5 年期			合计		
	实际	计划	完成率	实际	计划	完成率	实际	计划	完成率	实际	计划	完成率
一期	237	250	95	236	250	94	—	—	—	473	500	95
二期	184.91	200	92	179.24	200	90	—	—	—	364.15	400	91
三期	153.73	200	77	160.82	200	80	—	—	—	314.55	400	79
四期	171.11	200	86	176.91	200	88	—	—	—	348.02	400	87
五期	36.32	40	91	94.73	100	95	45.58	60	76	176.81	200	88
合计	783.07	890	88	847.7	950	89	45.58	60	76	1676.53	1900	88

（二）储蓄国债（电子式）发行情况

2010 年度共发行储蓄国债（电子式）11 期，发行计划为 1296.4 亿元①，各承销机构实际向社会发售 592.83 亿元，实际发售率为 45.7%，其中，中国工商银行、中国农业银行、中国银行、中国建设银行、中国交通银行和中国邮政储蓄银行分别发售 151.17 亿元、106.48 亿元、28.86 亿元、95.63 亿元、26.24 亿元和 54.64 亿元。

① 其中，第 7 期和第 8 期储蓄国债（电子式）在发行期内遇到利率调整，发行计划由 100 亿元和 100 亿元分别下调为 43.7 亿元和 52.7 亿元。

二、发行情况的基本特点

（一）凭证式国债发行特点

1. 整体发行情况呈现以下几个特点。一是全年发行态势“平稳有序”。全年计划完成率达88%，低于2008年的92.83%，但高于2009年的85.76%，总体处于较高水平；二是不同期次凭证式国债发行呈现先降后升态势，2010年凭证式国债发行计划完成率最高的是凭证式（一期）国债，最低的是凭证式（三期）国债，两者差异为16个百分点，介于2009年（21个百分点）和2008年（4.39个百分点）之间；三是不同期限凭证式国债发行计划完成率差异较小，全年来看，1年期国债的发行计划完成率为88%，与3年期国债发行计划完成率基本持平，比5年期国债发行计划完成率高12个百分点；四是尝试三个期限品种国债同时发行，在2010年凭证式（五期）国债发行中，首次同时发行了一年期、三年期和五年期三个国债品种。

2. 不同承销机构的发售情况。首先，从各期凭证式国债的承销额来看，工、农、中、建、交行累计承销量约为全年国债发行总量的72.8%，高于2009年（64.29%）和2008年（72.01%）；其次，从发售结果来看，工、农、中、建、交行的发售计划完成率略高于其他承销团成员（具体见表2）。

表2　　2010年凭证式国债发行情况——分机构发售情况　　单位：亿元;%

期次	发行情况	工行	农行	中行	建行	交行	其他	合计
凭证式（一期）国债	实际发行	141	58	54	77.7	14.3	128	473
	计划发行	148.5	60	60	80.5	15	136	500
	完成率（%）	95	97	90	96	95	94	95
凭证式（二期）国债	实际发行	113.96	45.71	35.8	61.16	11.64	95.88	364.15
	计划发行	118.8	48	48	64.4	12	108.8	400
	完成率（%）	96	95	75	95	97	88	91
凭证式（三期）国债	实际发行	99.97	41.09	28.62	58.6	11.25	75.02	314.55
	计划发行	118.8	48	48	64.4	12	108.8	400
	完成率（%）	84	86	60	91	94	69	79
凭证式（四期）国债	实际发行	107.79	47.31	32.78	58.2	11.51	88.43	348.02
	计划发行	118.8	48	48	64.4	12	108.8	400
	完成率（%）	92	99	68	90	96	81	87
凭证式（五期）国债	实际发行	54.62	22	15.81	29.45	5.88	48.87	176.81
	计划发行	59.4	24	24	32.2	6	54.4	200
	完成率（%）	92	92	66	91	98	90	88
合　计	实际发行	517.34	214.11	167.01	285.11	54.58	436.2	1674.35
	计划发行	564.3	228	228	305.9	57	516.8	1900
	完成率（%）	92	94	73	93	96	84	88

注：该表中的计划数是指承销机构的凭证式国债承销量；完成率是指实际销售数/计划销售数×100%。

3. 不同期次凭证式国债发售情况。第一，发行进度总体平稳有序。具体表现在：一是各期凭证式国债第一周发行量比较集中，各期凭证式国债的第一周发行量约占当期国债发行计划的76%，与2009年（77%）基本持平；二是发售计划完成率较高，平均各期凭证式国债的发行计划完成率在88%，处于近几年比较高的水平。第二，各地区间的发售差异有所缩小。以北京地区发行情况为例，以前年度北京市的凭证式国债发行量约占全国发行量的1/4，但2011年北京市的凭证式国债发行量仅占全发行量的15%左右。与此同时，西部地区的凭证式国债发行量占比有所增加。

（二）储蓄国债（电子式）发行特点

总体来看，储蓄国债（电子式）发行情况与凭证式国债发行情况类似。但限于投资群体和社会认知程度等方面的差异，储蓄国债（电子式）发售计划完成率相对较低，截至发行期结束，2010年储蓄国债（电子式）的发行计划完成率不到50%，处于相对较低水平。

从投资者投资情况看，约100万人次购买了2010年的储蓄国债（电子式），投资者数量比较稳定，投资金额比较小，54.74%的投资者投资金额在1至5万元之间，投资金额超过20万元的投资者人数占比不足10%。

三、主要影响因素分析

（一）市场资金供求对国债发行的影响

与其他金融投资产品相比，储蓄类国债发行市场是一个相对封闭的市场，其资金来源相对固定：主要是居民用于定期储蓄的资金和到期兑付的储蓄类国债款项，因此，以前年度到期兑付的储蓄类国债和持续增长的居民储蓄会有力促进储蓄类国债发售。2010年的储蓄类国债之所以能够顺利发行，主管部门将发行量与兑付量进行有效匹配是一个重要原因。据统计，2010年凭证式国债和储蓄国债（电子式）兑付本金约为2300亿元，约占凭证式国债和储蓄国债（电子式）发行总量的72%。

（二）收益率对储蓄类国债发行的影响

除了资金供求影响因素外，收益率也是影响储蓄类国债顺利发行的一个重要因素。一方面，自2010年3月开始，受“节后”资金回流和央行下调超额存款准备金利率的影响，银行间利率呈总体下行走势，另一方面，储蓄类国债票面利率基本上盯住同期限储蓄存款利率，实际收益率相对偏高，对社会各类投资者有较强的吸引力。

（三）期限品种对储蓄类国债发行的影响

鉴于金融市场利率波动和投资者预期的不确定性，2010年的较短期限储蓄类国债品种更受欢迎，因此，一年期国债替代五年期国债的发行方式变化，有力地促进了储蓄类国债的顺利发行。

总之，面临艰巨的发行任务和挑战，财政部、人民银行经过与广大国债承销机构的共同努力，储蓄类国债总体发行工作获得了较大成绩，取得了圆满成功。

2010年交易所债券市场回顾

中国证监会市场监管部

2010年，国债市场在主管部门和市场成员的共同努力下，取得了长足进展。国债和地方政府债券的发行量达到1.78万亿元，比2009年的1.62万亿元增长10%。全年现券交易量达到7.87万亿元，比上年的4.13万亿元增长90%，超过全市场39%的平均增长率。这些数据一方面表明随着我国国债市场的稳步推进和利率衍生品的逐步活跃，我国债券市场整体的广度和深度得到了提高，市场流动性大幅提升，传统的一加息就形成单边市的情况得到了有效改善。另一方面，自2009年10月进入加息周期以来，国债在整个债券市场的基石地位越来越显著，国债收益率作为市场基准利率对市场参与者正确判断未来利率走势、调整资产配置结构，把握市场机会发挥了重要作用。

2010年，交易所国债市场也实施了一系列改革措施，市场交易逐步活跃，特别是债券回购市场稳定在日均交易量200亿以上。2009年年底，商业银行在时隔13年之后将重返交易所债券市场，这是中国证监会、中国人民银行、中国银监会根据《国务院办公厅关于当前金融促进经济发展的若干意见》有关精神，推出的债券市场发展重要举措。商业银行正式进入交易所债券市场，对于促进我国债券市场发展具有积极的意义：一是上市商业银行进入证券交易所参与债券交易，打破了交易所和银行间市场的分割状态，有助于加快债券市场的发展速度，为建立全国统一互联的债券市场创造条。二是商业银行进入交易所债券市场将有助于我国直接融资市场的发展。我国企业直接融资比重还比较低，其中债权融资和股权融资发展不平衡，未来发展空间巨大。商业银行入市后，上市公司通过发行公司债券进行融资的比重有望显著提高，公司债券市场将与股票市场共同促进我国资本市场的发展和深化，服务国民经济发展和转型需要。三是上市商业银行进入证券交易所参与债券交易，有助于充分发挥交易所市场的价格发现机制，与银行间市场形成互补，形成较为客观的收益率曲线。四是上市商业银行入市后，银行增加了新的投资渠道和风险管理措施。交易所债券市场有着不同于银行间债券市场的债券品种、投资者群体和交易结算方式，有助于提高商业银行的资产配置和风险管理能力。下一阶段，三部门将进一步加强监管协作，总结试点经验，继续推进债券市场的互联互通，提升债券市场整体效率。

2011年公司债券市场也将有一系列的改革措施。可以预见，在利率市场化、信用债券市场建设、市场互联互通三个主旋律的背景下，2011年的债券市场虽然面临一定的加息压力，但必将是精彩纷呈、百花齐放的一年。我们期待着中国的债券市场取得新的突破。

二、市场中介机构

2010 年银行间债券市场年度统计分析报告

中央国债登记结算有限责任公司债券信息部

2010 年，全球经济冷暖互现，中国经济保持总体向好。然而，受到下半年通胀预期的不断增强，以及六次上调商业银行存款准备金率和两次加息等因素的影响，债券市场整年也经历了较大波折，整体走势先扬后抑。截至 12 月 31 日，收益率曲线平坦化调整贯穿全年，中债综合指数（净价）收于 99.7696 点，全年降幅为 1.31%，中债综合指数（财富）收于点 134.326 点，较上年末的 131.6269 点上涨 2.05%。

一、国内外宏观经济形势回顾

从国内环境来看，2010 年我国各项经济指标不断回暖，前三季度国内生产总值增速保持在 10.6%以上，预计全年增速也将超过 10%，消费、投资、进出口保持较高增速。而最引人注目的则是 CPI 的持续上涨，由年初的 1.5% 到 11 月份的 5.1%，CPI 增速的大小牵动着金融市场敏感的预期，也成为本年债市价格下挫的主要诱因。而与此同时，年内六次上调存款准备金率，总幅度达 3 个百分点，两次上调存贷款利率，总幅度达 0.5 个百分点。货币政策的转向使 M2 增速由 2009 年的大幅增长转为 20% 以下的常态增长，同时也回收了银行间市场过于宽裕的流动性。

从国际环境来看，全球主要经济体都在经济低迷的情况中挣扎。为了提振自次债危机以来一直低迷的经济，美国在 2010 年 11 月初重启量化宽松政策，给部分发展中国家带来了输入性通货膨胀的风险。同时以希腊、爱尔兰为首的欧债危机愈演愈烈，欧洲经济局势更加动荡。国际环境的恶化使人民币升值的预期不断增加，这给物价的调控带来更多不确定性因素。

整体来看，2010 年中国债券市场整体处于宏观经济环境不断回暖，货币政策开始转向的大背景下，这也奠定了债券价格不断走低的整体基调。

二、2010 年债券市场情况分析与回顾

（一）全年债券指数先扬后抑，收益率曲线平坦化调整

2010 年全年债券市场价格表现为先扬后抑，中债综合指数（净价）由年初的 101.0969 上涨为 8 月份下旬的 111.6992，后一路下降为年末的 99.7696，全年降幅为 1.31%。其中，受到资金面的支撑，前三季度债券指数基本处于震荡上行状态，而从 9 月开始，物价上涨势头加快，紧缩货币政策不断加码，债券市场经历了一个季度的深度下跌，随后才稍显企稳迹象。由于六次上调准备金率、两次加息，货币市场利率不断上涨，收益率曲线平坦化调整贯穿全年，银行间固定利率国债 1 年期与 10 年期的长短期利差由年初的 216BP 缩小到年底的 58BP。

（二）2010 年各阶段走势分析

从价格的走势特点来看，2010 年银行间债券市场运行可以划分为四个阶段。

第一阶段（1 月至 5 月下旬）：中债指数震荡上涨，收益率曲线平坦化下行。这一阶段经济回暖迹象显现，一季度国内生产总值增速回到

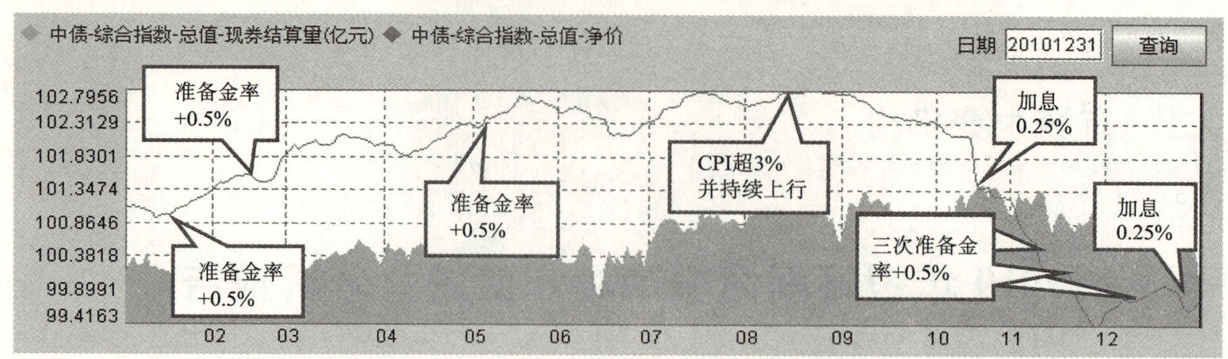

图 1　2010 年中债综合指数（净价）走势

数据来源：中国债券信息网

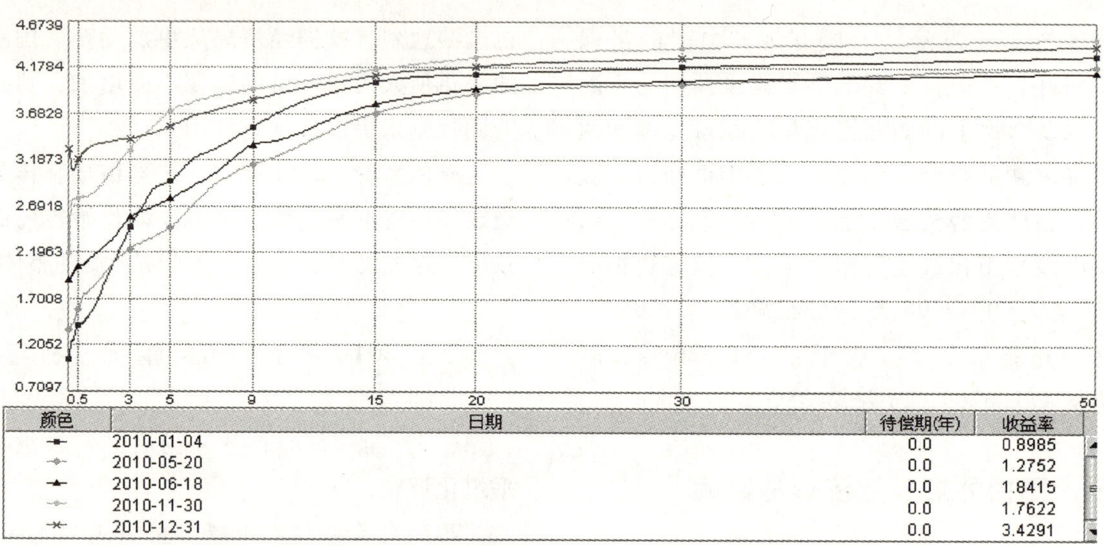

图 2　2010 年银行间固定利率国债收益率曲线时点图

数据来源：中国债券信息网

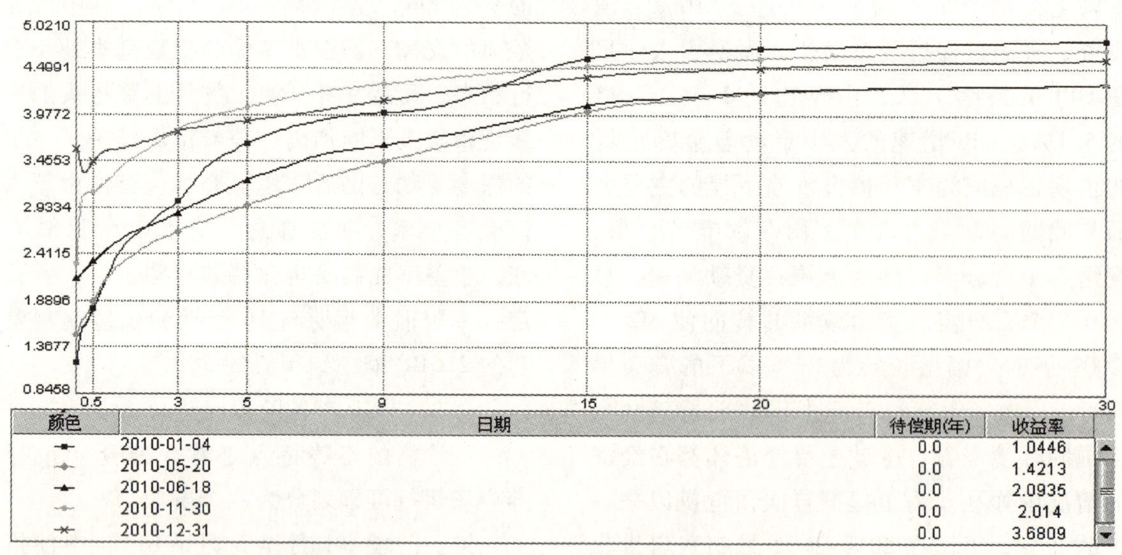

图 3　2010 年银行间政策性银行债收益率曲线时点图

数据来源：中国债券信息网

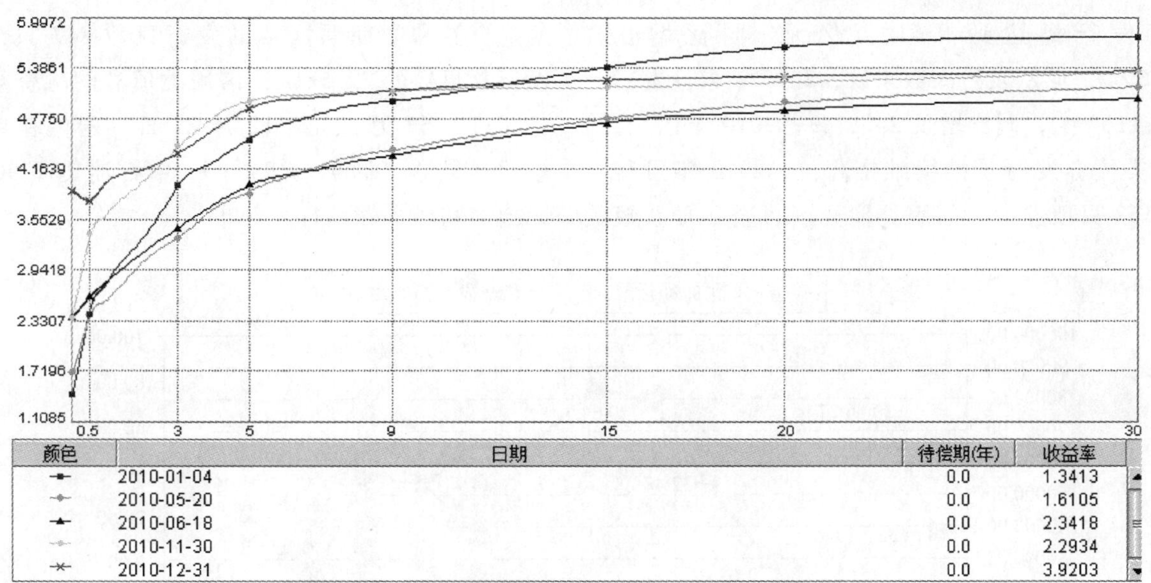

图4　2010年银行间企业债（AAA）收益率曲线时点图

数据来源：中国债券信息网

10%以上并达到了11.9%，CPI由1.5%上升到3%附近，但基本处于市场可接受的区间。4月中央出台楼市新政遏制房价过快上涨，使投资者对经济过热的担忧进一步减轻。资金面方面，银行在信贷规模的制约下，对债券资产配置需求十分旺盛，加之股市大幅下跌，使得银行间市场流动性充裕，中长期债券收益率不断走低，债券指数震荡上涨。所以即便这一阶段货币政策发生转向，准备金率出现三次总幅度达1.5个百分点的提高，也并没有影响到机构的配置热情，仅带动了短期利率的上涨。

第二阶段（5月下旬至6月下旬）：债券价格短暂回调。5月下旬开始，随着流动性回收效果显现，机构前期债券投资热情较高而年中考核时点将近，市场资金面紧张程度不断加剧，中债指数出现一次短暂回调，并且出现了罕见的包括全国性商业银行、城商行等在内的商业银行集体缺钱的状态，货币市场利率大幅上涨，3月期国库定存利率也飙升至3.48%，超过3年期存款利率。收益率曲线呈现平坦化走势，长短期收益率均有不同幅度的上涨，其中以1年以下超短期涨幅最大。

第三阶段（6月下旬至8月）：中债指数高位震荡上涨。虽然7月CPI创下年内新高，并再次突破3%的警戒线，但由于本国第二季度经济增速放缓和欧美经济清淡等内外因素的存在，投资者对于债市尤其是信用类债券的热情并没有因通货膨胀预期而受到影响。另外由于银信合作被叫停，银行间市场资金面仍维持宽松态势，债券价格整体表现为高位震荡上涨，收益率小幅走低。

第四阶段（9月至12月）：债券价格大幅下挫后略显企稳，短期利率继续攀升。

这一阶段，物价增速反弹到3%以上后便一路上涨到5.1%，市场通胀预期浓厚。与此同时，密集出台的三次上调准备金率和两次加息措施，年底货币市场利率达到6.3486%的历史高位。两方面因素使得银行间债券市场受到重创，资金面的宽裕状态得到抑制，市场利率体系中枢大幅上移，债券价格出现深度下跌，中债综合指数（净价）由9月初的102.7441下跌到11月底的99.4581，跌幅达3.2%。直到12月初，部分机构开始建仓，下跌趋势才有所缓解，债券价格企稳并出现小幅震荡。

（三）银行间债券市场发展规模及特点

1. 债券发行规模进一步扩大，增幅有所下降。2010年，银行间债券市场规模进一步扩大，全年发行量达到 9.51 万亿元，同比增长 10.06%，而从发行次数来看，2010 年累计发行债券 1167 次，同比增长 24.81%。2010 年以来，信用类债券发行量继续维持高位，2010 年发行的 1167 只债券中，信用类债券（含企业债、短期融资券和中期票据）的发行只数 847 只，占发行总只数的 72.58%，信用类债券的融资规模已超过 1.53 万亿元。12 月 27 日，国内首单超短期融资券（简称 SCP）——中石油集团 50 亿元超短期融资券发行。

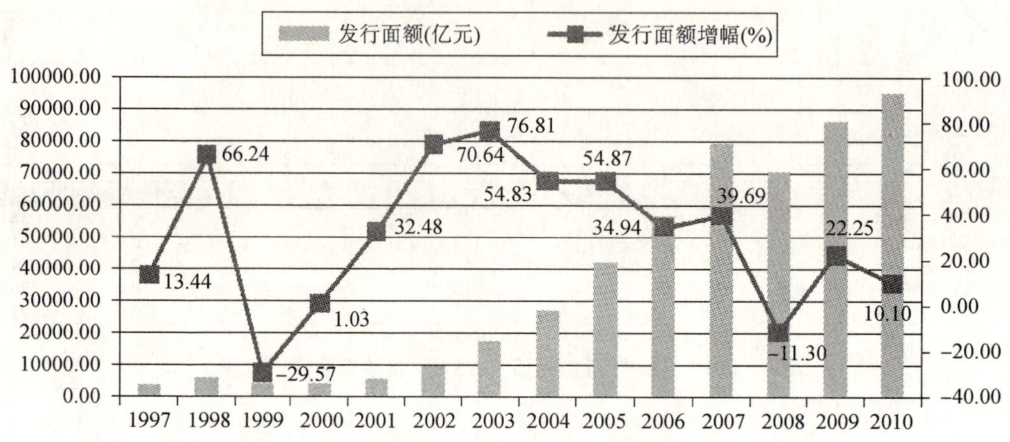

图 5　1997 年以来的债券发行面额及增幅

数据来源：中国债券信息网

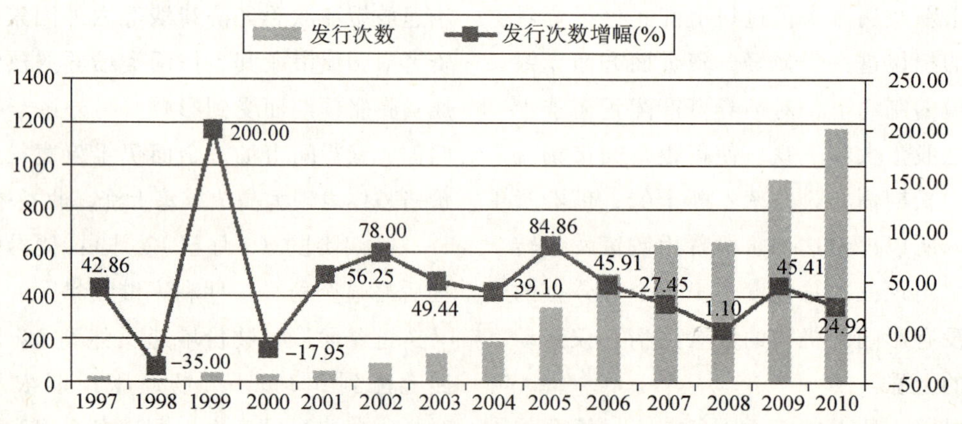

图 6　1997 年以来的债券发行次数及增幅

数据来源：中国债券信息网

从发行券种结构来看，央行票据、国债和政策性金融债三个券种仍在发行规模中占据主要地位，三者发行量合计约占发行总量的 80%，较 2009 年的 76% 提高 4%。扣除央票后，政府和企业今年通过银行间债券市场共筹资 48480.33 亿元，较 2009 年增加 1745.62 亿元。其中政府和政策性银行筹资规模 31070.88 亿元，占比 64.8%，较 2009 年的 59.68% 上涨 5 个百分点，企业类机构筹资规模 17409.45 亿元，占比 35.91%，较 2009 年的 40.32% 下降约 4 个百分点。

从发行期限的角度来看，占比结构呈现期限越长占比越小的规律。1 年以下短期债券发行规模最大，占比约为 50%，较 2009 年降低了 10 个百分点，其次为 1～3 年期的中期品种，占比为 19%，10 年期以上长期品种约占 6%，与 2009 年占比相当。

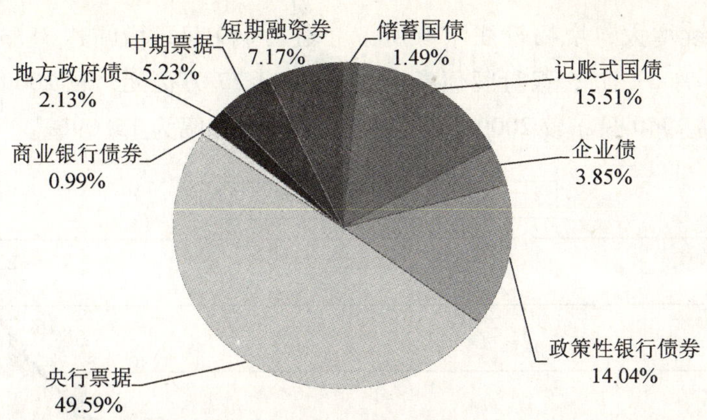

图 7　2010 年各券种累计发行量占比

数据来源：中国债券信息网

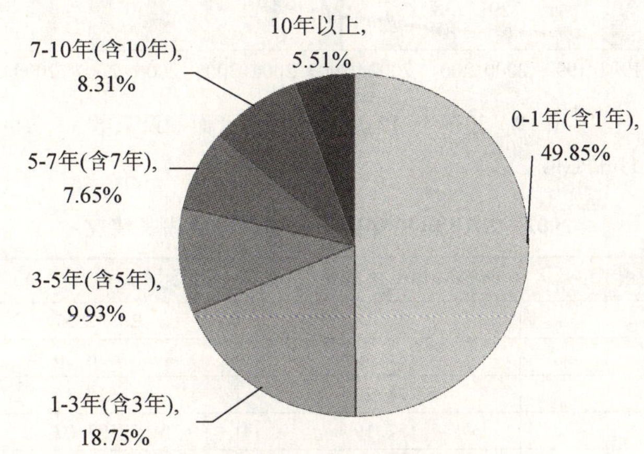

图 8　2010 年各期限债券发行量占比

数据来源：中国债券信息网

2. 债券兑付金额和次数明显增多。2010 年，银行间债券市场债券到期兑付和付息金额为 7.33 万亿元，同比增长 8.92%。

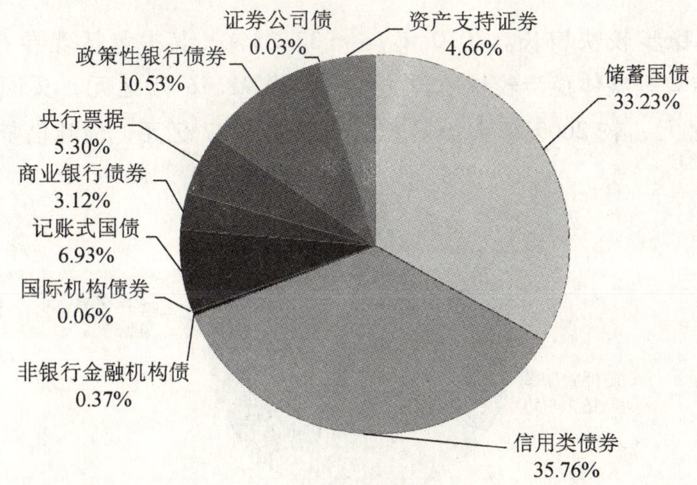

图 9　2010 年兑付和付息次数占比

数据来源：中国债券信息网

3. 债券托管量继续增大，增幅较往年有所回落。截至2010年12月31日，银行间债券市场托管的债券只数达到2340只，较2009年同期增加649只，增幅达38.38%。债券托管面额达到20.17万亿元，较2009年同期增长了2.64万亿元，涨幅为15.09%。

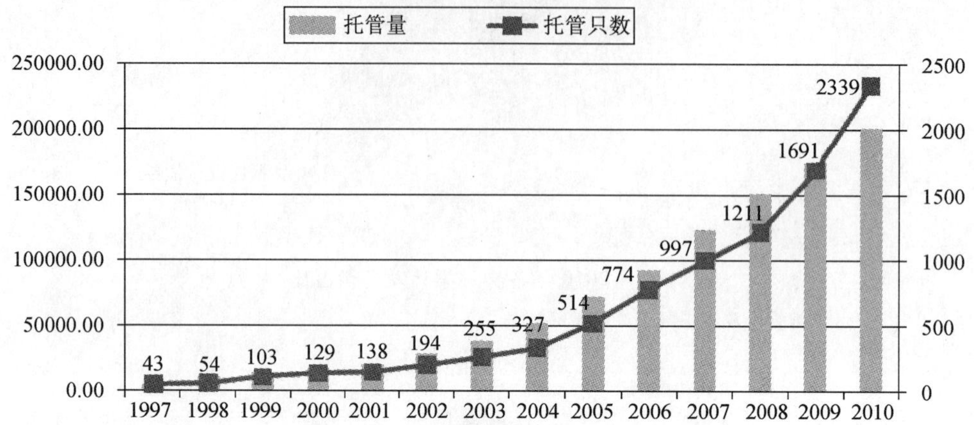

图10 2010年12月末债券托管面额及只数

数据来源：中国债券信息网

表1 **2002—2010年托管量和托管只数的增长情况**

年末	托管只数	托管只数同比增速（%）	托管面额（亿元）	托管面额同比增速（%）
2002	194	40.58	28332.57	43.62
2003	255	31.44	37476.09	32.27
2004	327	28.24	51625.16	37.75
2005	514	57.19	72592.07	40.61
2006	774	50.58	92452.08	27.36
2007	997	28.81	123338.6	33.41
2008	1211	21.46	151102.3	22.51
2009	1691	39.64	175294.7	16.01
2010	2340	38.38	201747.96	15.09

数据来源：中国债券信息网

4. 交易结算持续稳步较快增长。2010年，银行间债券市场交易结算呈整体稳步较快增长的趋势，面额达163万亿元，较2009年全年增长33.38%。其中包括现券67.69万亿元，质押式回购91.76万亿元，买断式回购3.03万亿元，远期3277亿元，债券借贷3亿元。

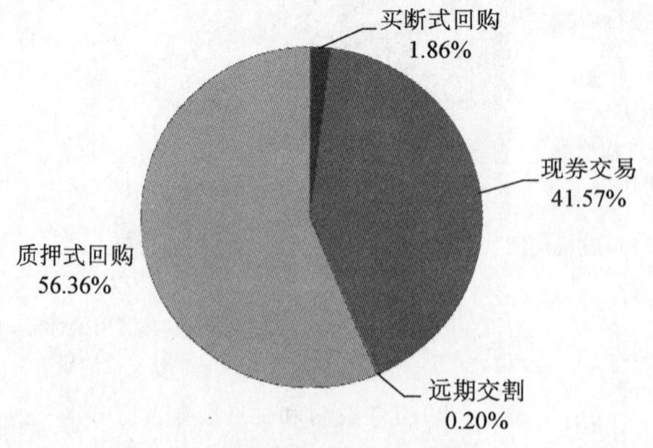

图11 2010年各类交易结算量

数据来源：中国债券信息网

表 2　　2002 年以来交易结算增长情况

年	结算笔数	笔数同比增幅（%）	结算面额（万亿元）	结算面额同比增幅（%）
2002	76396	103.66	10.63	159.13
2003	97514	27.64	15.14	42.37
2004	93034	-4.59	12.79	-15.51
2005	110604	18.89	22.99	79.75
2006	161388	45.92	38.39	67
2007	188706	16.93	63.13	64.46
2008	306638	62.5	101.33	60.5
2009	340430	11.05	122.08	20.49
2010	518189	52.22	162.81	33.38

数据来源：中国债券信息网

综合来看，银行间市场已成为政府、金融机构和企业的重要融资和投资平台，也是货币政策操作的重要平台，在有效配置金融资源、保障货币政策有效传导、维护宏观经济健康运行等方面发挥着越来越重要的作用。

表 3　　2010 年银行间债券市场相关业务总览

	2009 年	2010 年	增幅（%）
发行量（万亿元）	8.65	9.52	10.06
兑付量（万亿元）	6.73	7.33	8.92
托管量（万亿元）	17.53	20.17	15.09
交易结算量（万亿元）	122	163	33.38
交易结算笔数（万笔）	34	52	52.22

数据来源：中国债券信息网

三、2011 年宏观经济与债券市场走势前瞻

2010 年被称为新世纪以来中国经济最为复杂的一年，而为“十二五”规划开局的 2011 年则将面临新任务、新挑战。

（一）“控通胀，稳物价”将是明年宏观调控的重点

综合来看，2011 年物价的走势仍然是各方关注的焦点，而前期出台的一系列稳定物价的措施也正在面临挑战。2011 年我国通货膨胀的压力依然较大，一是我国处于工业化、城镇化的发展过程中，随着土地和劳动力成本价格的上涨，农产品价格的上涨将是一个长期的趋势；二是各地推行节能减排任务将进一步推高水电等资源性产品价格；三是房地产市场出现回暖迹象，将拉动相关产业链上产品出现上涨；四是美国可能会实行第三轮量化宽松，这给我国带来更大的热钱流入压力，输入型通货膨胀的风险依然存在；五是美元持续疲软将导致大宗商品价格居高不下。总之，全年通胀水平将高于今年，达到 4%～5%，受翘尾等因素影响，“前高”走势基本确立。

从历史各经济周期来看，CPI 从谷底到谷峰通常会经历 25～30 个月的爬升期。从目前的情况看，CPI 已经历 20 个月的爬坡期，在中央控通胀的决心之下，估计 2011 年第三季度物价有望出现平稳回落态势。

（二）“调结构、扩内需”将成为经济发展的主旋律

中共十七届五中全会通过的《中共中央关于制定国民经济和社会发展第十二个五年规划的建议》指出，制定“十二五”规划，必须以加快转变经济发展方式为主线。中央经济工作会议再度强调 2011 年的经济工作要以加快转变经济

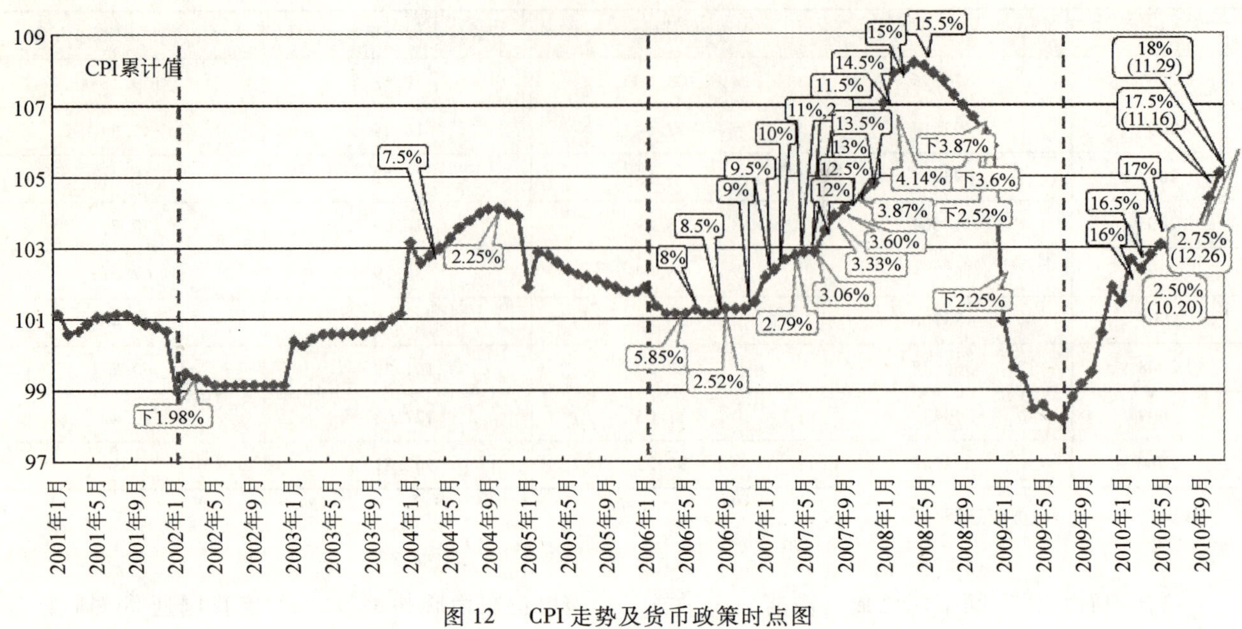

图 12 CPI 走势及货币政策时点图

数据来源：国家统计局、中国人民银行

发展方式为主线。因此，受国际国内环境的限制，“十二五”时期中国经济的增速可能会由过去30年的年均10%降至8%左右。在反通胀的压力下，上半年经济增长将受到一定的抑制，GDP增长将呈现前低后高走势。

2011年经济增长的动力将主要来自内需增长。由于2011年全球经济增长将比2010年有所降低，中国出口增速将有所下降，故出口对经济的贡献也将下降，尽管还存在较大规模顺差，但增长的贡献将转为负的。由于通胀压力较大，货币信贷政策将有所收紧，因此投资对经济增长的拉动将下降。由于鼓励消费的政策和消费潜能释放，消费增长对经济的拉动作用相对会有所提升。

（三）对货币信贷和货币政策的判断

从货币政策角度看，目前存款准备金率已到达历史高点，继续上调空间已经有限，再加上央票连续发行，其回收流动性的作用也有所下降，后期不排除连续加息的可能。货币信贷政策受通胀压力的加大，新增信贷将可能低于今年的7.5万亿元规模。

（四）2011年债券市场走势判断

对于债券市场而言，整体的收益率上涨是经济周期性复苏到繁荣过程中不可避免的现象，平坦化趋势亦是共同的特点。关键是判断收益率曲线平坦化上行态势何时终结。如果比照2008年上半年的情况，中债收益率曲线会继续在高位盘整一段时间，随着流动性的逐步释放，会有小幅的下探空间。2008年上半年，长短期利差（10年期国债和2年期国债的点差）平均为56BP，最低为21BP。截至2010年12月31日10年期国债和2年期国债利差大约为51BP，未来如果物价水平维持在4%以上，连续出台的紧缩性货币政策会促使长短期利差继续维持在一个较低的水平，甚至有继续缩小的可能，收益率曲线的陡峭化会伴随着CPI的回落而出现。

按照2002年以来，债券市场的涨跌规律（中债净价指数跌两年涨一年），2011年下半年可能会出现一股“小阳春”，中债净价指数止跌企稳，全年震荡走高。

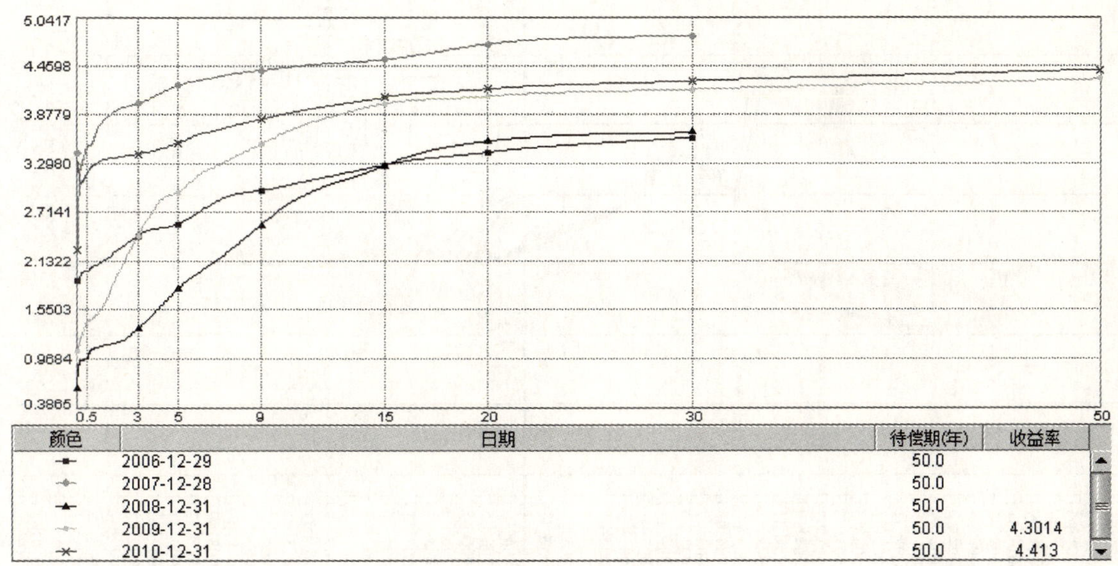

图 13　中债国债收益率曲线各年变化

数据来源：中国债券信息网

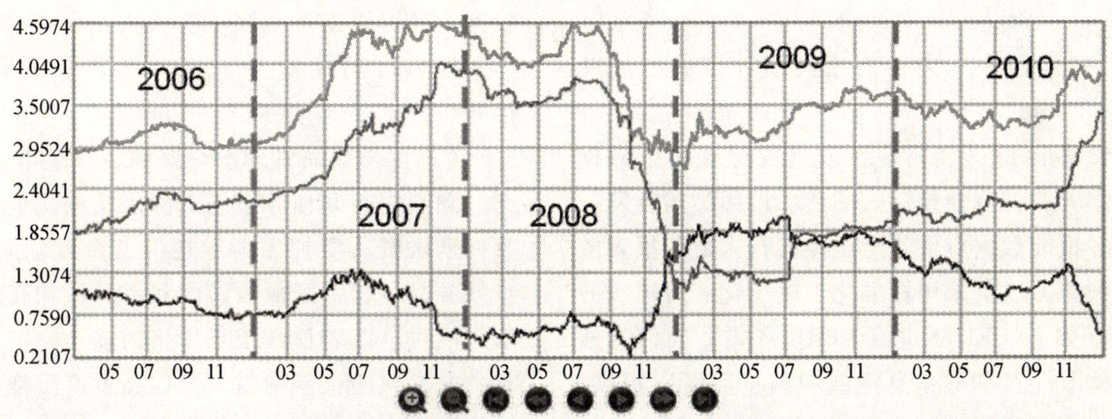

图 14　2010 年期和 2 年期国债收益率点差走势

数据来源：中国债券信息网

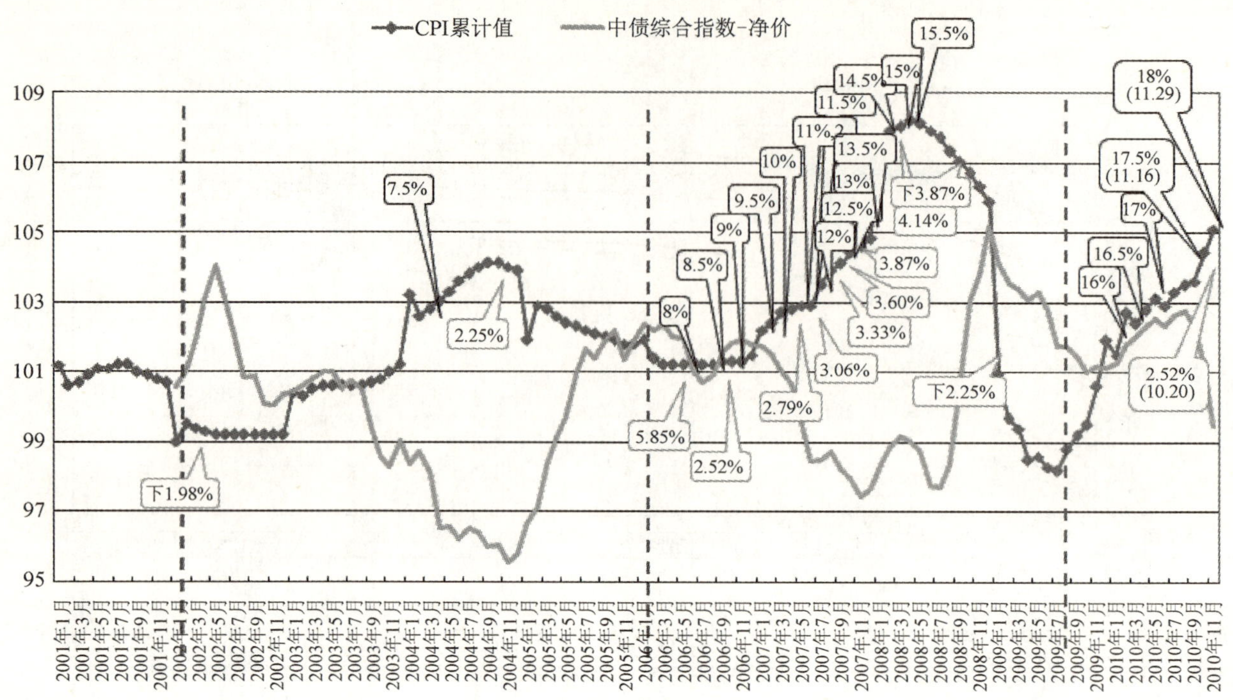

图15 CPI与中债净价指数

数据来源：国家统计局、中国人民银行、中国债券信息网

四、2011年债券市场发展建议

（一）进一步完善信用类债券市场的配套措施

1. 提高信息透明度，改进发行人财务数据的披露方式，方便投资人阅读。信用类债券发行人财务报表数据应借鉴金融债发行人财务报表的信息披露方法，采用标准化、电子化、可加工的格式（如EXCEL格式或XBRL格式）向信息披露机构（中国债券信息网或中国货币网）提供，进一步方便投资人对发行人的财务状况进行分析。

2. 信用类债券的发行方式可借鉴银行间市场的市场化形式，引入招标发行机制。通过招标式发行信用类债券，不仅可以为发行人节约发行成本，还可以发挥一级市场价格发现的“灯塔”作用，为信用类债券二级市场定价提供价格信号。

（二）担保品管理亟待实现逐日盯市机制

随着银行间债券市场的深入发展，全市场每日回购融资所质押的债券规模已在万亿元以上，且债券品种覆盖了低风险的利率品种和高风险的信用品种，随着债券市场价格的波动，担保品不足的交易风险极易暴露，担保品过度质押也不利于投资人充分利用账户债券。为此，建议尽快引入担保品的逐日盯市制度，每日对担保品市值进行检查，多退少补，提高担保品管理的效率。

上海证券交易所2010年债券市场综述

上海证券交易所债券基金部

2010年，上海证券交易所（下称上交所）债券市场持续快速健康发展，债券挂牌数量、托管量和交易规模均取得了突破性的增长。

截至2010年12月31日，上交所债券现券挂牌品种共478只，托管量为5495.77亿元，比2009年分别增加124只和1119.77亿元。其中，上交所国债139只，托管量1876.51亿元；地方债60只；公司债254只，托管量2044.84亿元；可转债7只，托管量712.75亿元，分离型的可转债18只，托管量分别为861.65亿元。2010年，财政部以跨市场方式共在交易所发行60期国债和10期地方政府债券，上交所新增4只可转债和96只公司债，其中发改委核准发行的公司债65只、保监会核准发行的公司债4只、证监会核准发行的公司债27只。

从债券二级市场来看，2010年上证国债指数继续保持2009年以来的上涨行情，从2010年的1月4日的122.33持续上行至2010年8月16日127.10的高位，随即出现下探行情，震荡下挫至125.83，之后再次出现窄幅上行，收于12月31日的126.30，年中最低点为122.28点，最高点为127.10点，这与2010年全年货币政策紧缩趋势明显、资金需求增加等政策因素相关。2010年上交所债券总成交7.08万亿元，比2009年增加3.13万亿元，增长达44%，其中国债现券成交1627.38亿元，公司债现券成交1494.86亿元，可转债现券成交1300.20亿元，分离型可转债成交512.04亿元，债券回购成交65877.79亿元。

2010年上交所积极推进债券市场发展，具体表现在：一是积极引入新的债券现券交易品种，包括保监会核发的保险公司债和证监会核发的证券公司债券；二是按照国家的相关法律法规的有关规定，为未上市的债券品种提供转让服务；三是按照证监会的统一部署，开展大量的商业银行参与上交所债券市场的准备工作，包括业务规则制定、成立债券一站式服务小组、恢复和降低债券的相关费用等；四是实现国债双边挂牌，2007年以来仅在固定收益平台挂牌的国债于2010年11月5日实现了在固定收益平台和竞价交易系统（含大宗交易系统）同时挂牌交易。目前仅在固定收益平台挂牌的债券主要是低等级公司债、非上市债券如保险公司债券、证券公司债券等。

截至2010年12月31日，固定收益平台全年成交1393.45亿元，比2009年增加28%，日均成交6亿元。其中国债成交820.17亿元、公司债512.88亿元、分离债59.65亿元。

深圳证券交易所 2010 年国债市场概述

深圳证券交易所公司管理部

在财政部和中国证监会的领导下，在证券市场经营机构和广大投资者的积极参与和大力支持下，2010 年深圳证券交易所继续致力于国债市场的基础性建设，积极从技术和业务两个方面为国债市场投资者提供优质市场服务，为国债的发行和交易流通提供高效的市场平台和良好的市场环境，同时积极强化国债市场监管，促进国债市场稳步健康发展。

一、积极推进上市商业银行进入交易所债券市场试点工作

2010 年 10 月，证监会、人民银行、银监会联合发布了《关于上市商业银行在证券交易所参与债券交易试点有关问题的通知》（证监发［2010］91 号），该通知的发布标志着商业银行重返交易所债券市场进入了实质性阶段。

上述通知发布后，深圳证券交易所会同上海证券交易所、中国证券登记结算有限公司发布了《关于试点期间上市商业银行在证券交易所参与债券交易相关事项的通知》，对商业银行进入交易所债券市场所必备的资格申请、交易单元开立、证券账户开立、试点范围等进行了原则性的规定。同时，积极走访相关上市商业银行，调研了解商业银行的市场需求和意见建议，根据市场反馈情况，深圳证券交易所还编制了债券法律法规汇编、商业银行入市指南等一系列材料，两所一司联合在北京举办了第一期培训班，结合银行入市业务办理、规则解读、技术架构建立等进行了针对性专业培训，各上市商业银行均积极参加了本次培训，取得了良好的市场效果，为商业银行进入交易所债券市场奠定了扎实基础。在深圳证券交易所的积极推动下，2010 年 12 月，促成了深圳发展银行、招商银行分别通过深圳证券交易所集中竞价系统完成了首笔债券交易。此举标志着上市商业银行已正式进入交易所债券市场，这对于引入具备雄厚实力的机构投资者，丰富完善交易所国债市场投资者结构，提高交易所国债市场流动性，建立统一互联债券市场具有非常重要的意义。

二、完善国债交易结算机制，优化交易平台运行环境

作为固定收益类产品，国债二级市场交易具有典型的大宗交易特点，针对该特点，深交所研究推出了综合协议交易平台，扩充完善了债券模块的交易功能，推出两年来运行平稳，为广大机构投资者提供了良好的二级市场协议交易平台。为进一步完善优化协议交易平台的功能，扩展交易所交易系统的深度和广度，2010 年，深交所除在协议交易平台为投资者提供查询、询价、意向报价、确定报价、双边报价、点击成交等丰富的交易功能外，还陆续研究推出了国债报价实时揭示对应到期收益率、提高报价和结算精度等，为投资者进行债券交易提供参考，以更好地满足广大投资者的交易习惯和市场需求。

三、强化债券市场监管，保障国债市场安全平稳运行

作为证券市场的一线监管机构，深交所一贯

高度重视保护投资者的合法权益，始终保障国债市场安全平稳运行。2010年深交所高度强化安全意识，组织研究梳理优化债券业务流程，开发国债业务电子化处理系统，减少人工干预环节，堵塞业务环节缺漏，做到全年国债发行、上市、派息、兑付等基础性业务及时准确无误完成，有效地杜绝了风险隐患事故的发生，很好地维护了国债“金边债券”的市场形象。与此同时，建立强化交易所相关部门的联合监管机制，通过电话质询、上门调查走访等多种方式，坚持“有质疑必有反应、有违规必有处理”的监管原则，杜绝国债市场风险的发生，保证全年深圳国债市场始终保持平稳运行，切实保护广大国债投资者的合法权益，促进国债市场的规范健康发展。

四、积极开展国债市场创新研究工作

产品和制度创新是资本市场可持续发展的源动力，2010年深交所继续加大国债的创新研究，广泛进行市场调查研究，学习借鉴国外成熟债券市场的发展经验，并结合我国资本市场的特点和现状，积极研究开发适应我国国债市场发展特点、满足市场各方参与者需求的国债创新制度和产品，对提高国债跨市场转托管效率和电子化程度、促进交易所和银行间债券市场连通、国债做市商制度、远期交易等创新工作进行了深入研究，未来将择机逐步推向市场，积极推动国债的市场化发展进程。

国债发行是配合国家宏观经济政策实施的重要金融产品，也是金融市场定价的基础性产品。展望新的一年，深圳证券交易所将在财政部和中国证监会的领导下，进一步提高服务质量和服务水平，优化国债市场运行环境，配合做好国债招标发行、上市交易、派息兑付工作，继续强化国债市场监管，有效防范化解市场风险，维护国债市场的健康稳定运行，做好市场宣传和服务工作，增强国债市场的影响力和吸引力。同时，深入推进债券市场产品和制度的创新研究，积极推动国债市场的市场化进程，促进国债市场快速健康发展。

中国国债协会2010年工作总结及2011年工作安排

2010年，我国经济形势回升向好，财政和金融改革积极推进，国债市场稳步发展。中国国债协会在财政部领导和各政府主管部门的重视和关心下，在会员单位的支持和配合下，积极宣传贯彻党和国家财经路线、方针、政策，紧密围绕财政金融中心工作，密切结合经济金融形势和国债市场改革发展任务，努力拓展服务领域和业务范围，不断强化内部管理，大力加强为政府和会员的服务，在配合财政部深化政府债务管理改革、确保年度国债和地方债筹资任务圆满完成，为会员提供更为优质的服务等方面做了大量的细致的工作，使协会工作跨入了一个新的时期。

一、三届三次理事会通过的协会年度工作计划圆满实现

2010年协会全年举办报告会、形势分析会、研讨会等7次，协办部机关业务工作会议1次；组织境内培训2次，境外培训、考察各1次；编辑内部刊物《国债与金融》（现更名为《政府债务与金融》）5期，出版国债市场年报1期；协会网站发稿3千余篇，网站访问量达26万人次；解答广大群众国债咨询电话2000余次；组织秘书处内部政治学习和业务培训11次；编写工作简报6期。具体完成以下几方面工作。

（一）紧密围绕财政中心工作，积极做好为政府部门的服务

1. 举办“加强地方政府融资平台公司管理相关政策解读培训班”。为了宣传贯彻国务院国发［2010］19号“关于加强地方政府融资平台公司管理有关问题的通知”文件精神，配合财政部加强对地方政府融资平台公司的管理，防范和化解财政金融风险，协会于9月27~28日，在云南省举办“加强地方政府融资平台公司管理相关政策解读培训班”。协会张秉国常务副会长出席培训班并讲话。他在讲话中指出，这次培训班是协会拓展为政府主管部门服务内容、拓展服务会员对象和协会业务范围的一次重要尝试。财政部预算司张志华处长应邀出席培训班并作专题报告。协会会员单位债券投资部门、信贷部门和风险管理部门的相关人员以及其他金融机构和部分地方政府融资平台公司（非会员单位）的代表共50余人参加培训班。培训班系统地讲解了地方政府性债务管理理论，介绍了地方政府融资平台公司管理政策出台背景，重点解读了地方政府融资平台公司管理政策，提出了规范地方政府融资平台公司管理的政策建议。

参加培训人员普遍认为，能够亲自聆听财政部专家的报告机会难得，既加深了对政策精神实质的理解，又增长了理论知识，增强了在实际工作中执行中央政策的坚定性、思考问题的前瞻性、把握问题的准确性、处理问题的灵活性。希望协会今后在财政部等主管部门出台新的财政金融政策时候，多举办相关的培训班和研讨会，多创造市场与政府部门沟通、交流的机会。

2. 组织赴我国台湾地区进行“公债管理体制与市场建设”考察。为了解并借鉴我国台湾地区公债管理与公债市场建设的有关经验，协会于6月5日至10日，组团赴台湾进行“台湾公债管理体制与市场建设”考察。通过考察，对台湾公债管理、公债二级市场建设、公债立法、公债交易税收以及行业自律等情况，有了较为深入的认识。考察团借鉴我国台湾地区的有关经验，就“加快国债立法步伐”、“加强对地方政

府债务的管理”、“大力促进国债二级市场发展”等问题提出相关政策建议。考察报告及时报送了财政部领导。李勇副部长、王保安部长助理对考察报告作出重要批示，认为考察准备工作精心充分，了解深入细致，建议有益且不乏新意，可送相关部门参阅研究。财政部领导的重要批示既是对本次考察工作的充分肯定，也是对协会工作的大力支持和有力鞭策。

3. 组织《国债条例》制订课题研究。1992年颁布的《中华人民共和国国库券条例》至今施行近20年了。随着国债市场的日益发展和国债发行改革的不断深化，该条例已不能适应当前国债管理工作和国债市场发展的需要。协会受财政部国库司委托，牵头组织《国债条例》制订课题研究。为搞好课题研究，协会于11月24日在京举办“《国债条例》课题研究座谈会”。会议邀请部分长期从事国债业务的机构和国债市场资深人士共20余人参加。协会张秉国常务副会长出席并主持座谈会议。财政部国库司国债管理处和国债发行兑付处有关负责人、财政科研所有关专家出席了会议。会议就有关问题进行了充分交流探讨，并在《国债条例》制订的重要性和必要性，条例的基本思路与方向，条例的基本框架和主要内容等几个方面达成初步共识，收到很好的效果。会议情况已以简报形式报送财政部领导。

4. 积极宣传国债政策，普及国债知识，促进国债发行。多年来，协会充分利用自身的网站、刊物和热线咨询电话，积极宣传国债政策，普及国债知识，有力促进了国债发行工作。2010年，由于市场加息预期较强、国债利率水平相对较低等原因，出现了储蓄国债销售不畅的情况。为此，协会积极配合国库司加大对储蓄国债的宣传力度，以促进储蓄国债销售，确保年度国债筹资任务顺利完成。一是协会配合国库司编辑制作了储蓄国债宣传单，投放到储蓄国债承销银行全国各营业网点，宣传和介绍储蓄国债的优势和投资方法，方便个人投资者了解和购买储蓄国债。二是协会通过咨询电话，耐心细致地解答投资者在购买国债过程中的各种疑问，全年累计解答电话咨询2000余次。三是协会在自身网站设立储蓄国债专栏，利用网络优势，扩大服务国债投资者的覆盖面。网站专栏组织了大量信息，以图文并茂的形式，宣传和普及储蓄国债的相关政策知识。

5. 协办“2009年国债发行工作总结暨表彰大会”。年度国债发行工作总结会是国债市场最重要的会议之一。长期以来，协会在各政府相关主管部门的信任和支持下，积极主动地参与会议的协办工作。1月14日，受财政部国库司委托，协会与广东省财政厅在广州共同协办了“2009年国债发行工作总结暨表彰大会”。财政部国库司詹静涛司长、人民银行国库局朱苏荣副局长、协会张秉国常务副会长及证监会的有关领导出席会议并讲话，财政部国库司副司长周成跃主持会议，中央国债登记公司、中国证券登记公司、外汇交易中心、上交所、深交所和记账式国债承销团、凭证式国债承销团成员近200位代表参加了会议。

会议总结了2009年国债发行工作，并对承销工作中表现突出的记账式国债承销团成员和凭证式国债承销团成员进行了表彰。与会代表还就2010年国债发行和国债管理改革的工作思路进行分组讨论，对进一步改进“国债招投标规则”、“国债品种设置”和“做市商制度”等问题提出了很好的意见和建议。会议开得紧张、务实，取得圆满成功。

（二）紧密结合经济金融形势和市场需求，积极做好为会员的服务

1. 根据市场形势和会员需求，举办形式多样的会议和培训。

（1）举办“宏观经济运行及相关政策分析报告会”。7月22日，协会在京举办“宏观经济运行及相关政策分析报告会”，邀请国务院发展研究中心卢中原副主任作报告。卢中原副主任在会上全面、系统分析了当前宏观经济形势和下半年宏观经济运行趋势及政策取向。关于当前经济运行中的突出矛盾和问题，他认为，一是经济增

长的内生动力不足。二是消费价格上涨使得消费的实际增幅回落。三是房地产市场存在资产泡沫，股市下跌幅度较大。四是旱涝灾害严重，导致农民持续增收困难。五是就业的总量压力较大，人才结构性短缺问题突出。六是粗放型经济发展方式造成的矛盾凸现，经济结构调整效果不够理想。关于后期宏观经济政策取向，他建议，一是保持政策的连续性和稳定性，同时短期内可根据经济形势的变化，采取相机抉择的策略，以增强针对性和灵活性。二是完善刺激和引导消费政策。三是积极抓改革、调结构、促转型。

110余名与会代表对本次报告会评价很高，普遍认为这是一次难得的高层次、高水平的报告会；报告会非常及时，报告内容针对性很强，符合广大会员的需求，不仅帮助会员了解了当前经济运行情况和下一阶段宏观经济政策走向，而且更重要的是为会员单位今后如何分析经济金融形势提供了一些重要的指导性意见和方法。大家纷纷表示，希望协会今后经常举办类似的报告会，为会员提供更多更好的学习机会。

（2）举办“部分农村金融机构座谈会”。协会于4月1日在广州市召开“部分农村金融机构座谈会”。财政部金融司、人民银行货币政策司、银监会合作金融监管部等有关部门领导应邀与会座谈，来自有关省市的农村金融机构代表10余人参加会议。会议座谈内容，一是解读中央“一号文件”。二是分析当前农村金融机构面临的形势和机遇。三是探索协会如何对农村金融机构提供更有针对性的服务。

与会的农村金融机构代表认为，经过近年来的改革、管理和发展，在向商业化转轨过程中，农村金融机构已逐步成为金融战线支农的主力军。因此，建议有关部门取消对农村金融机构的部分业务限制。一是建议取消或降低农村金融机构在业务资格和市场准入方面的限制。二是建议金融监管部门在信贷规模控制过程中对村金融机构区别对待。三是建议全国各地农村金融机构的监管标准应统一。四是建议适当降低农村金融机构在国债承销业务方面的“门槛”。

与会金融监管部门领导认为，协会将不同类别、不同地区的农村金融机构的业务管理人员召集在一起进行座谈，是一种很有意义、很有效率、很有效果的工作。由此使我们看出，协会举办这次座谈会是宣传贯彻党的“三农”政策、促进中央农村金融政策落实的重要体现；协会是真心实意地在为会员单位服务、为农村金融机构做实事。

张秉国常务副会长表示，这次座谈会是协会宣传党的“三农”政策，拓展服务内容的又一次重要尝试。协会将把代表们反映的情况整理出来，及时向相关主管部门反映，以供今后研究制定和调整完善农村金融政策时参考。今后，协会将不断增强对农村金融机构的服务力度，在农村金融政策制定部门、监管部门和农村金融机构之间，搭起一座沟通和交流的立交桥，以响应中央金融支农的号召，落实中央金融政策。

（3）组织赴加拿大培训团。按照财政部批准的外事计划，协会于10月17日至11月6日组团赴加拿大进行以“国债市场管理及应对金融危机策略”为主要内容的业务培训。通过学习考察，培训团成员对加拿大应对国际金融危机的政策措施及国债市场管理的框架体系有了较为深刻的认识，从中也获得了一些有益的启示。借鉴加拿大的有关经验，培训团就“控制债务风险”、“提高国债二级市场流动性”、“加强债券市场各政府主管部门的分工配合”等问题提出相关政策建议。培训总结报告及时报送财政部领导。这次参加培训的金融部门人员普遍反映，本次出国培训内容紧贴当前金融形势和我们从事的工作，针对性很强，收获大、效果好，目的完全达到了。

（4）举办“债券投资会计与税收实务培训班”。为进一步加强会员对“新会计准则”的理解和把握，促进会员单位财务管理水平和投资经营效益的提高，协会于6月24～25日，在湖南省举办“债券投资会计与税收实务操作培训班”。杨政副会长出席培训班并讲话。培训班邀请安永华明会计师事务所的资深专家授课。协会会员和其他金融机构的债券投资部门和财务部门的相关人员共130余人参加培训班。

安永华明会计师事务所的两位专家针对债券投资的确认、分类、重分类、计量、减值以及债券投资有关的营业税、所得税和印花等税收处理中的重点和难点问题，以分析具体案例的形式，进行了深入浅出的讲解。本次培训具有三个特点：一是注重培训师资的实践性。二是注重培训内容的实务性。三是注重培训过程的互动性。与会学员普遍反映，本期培训班是将债券会计与税收基础理论与实践经验紧密结合、重在实务操作的一次专业培训，专家讲课内容丰富多彩，我们（学员）收获颇多，不虚此行。

2. 努力提高协会网站、刊物质量。

（1）网站信息内容大大增加。今年，协会的办网思路进一步拓宽，采用“大金融”的思路，重新审视添加、扩充了网站的信息内容。一是密切关注市场情况，对宏观经济形势变化及债券市场运行情况进行及时准确报道。二是努力发挥“政策窗口”功能，积极宣传各项财政金融政策和宏观调控政策。三是在做好对国债发行、交易、兑付等政策信息发布的基础上，增加了对地方政府债券、国库现金管理以及央行公开市场业务等相关信息内容的关注，为市场提供较为全面的国债及“准国债”的数据信息。协会网站全年发稿3300余篇，网站访问量超25万人次。

（2）刊物内容更加贴近实际。①《政府债务与金融》。一是适应近年来财政金融出现的新情况，经报请财政部领导批准，协会将刊物《国债与金融》于7月更名为《政府债务与金融》，并由季刊改为双月刊。将刊物宣传报道重点之一的中央债务管理扩展到广义的政府债务管理领域，即增加了地方政府债务内容。在栏目设置方面，新增加了“高层声音”、“部门动态”、“地方债专栏”等栏目，及时报道宏观经济的现状与走势；积极反映财政、金融领域各业务部门的政策观点、动态表现；重点介绍各地方政府债务管理的情况和经验，规范地方融资平台的政策和措施，以及市场机构承销地方政府债券的体会和建议。二是协会对原有的刊物通讯员队伍进行了调整和扩充，加强了对通讯员的管理和培训。4月22日，协会举办刊物通讯员培训班，进一步明确了通讯员的主要职责，介绍了刊物组稿与编辑的特点与要求，提出了刊物2010年的宣传报道要点。培训班邀请中国财政杂志社秦中艮副总编辑，就刊物策划、经济类文章写作技巧、稿件政策把关等问题作业务培训，帮助通讯员提高政策水平和写作能力，增加他们写作组稿的技巧和积极性。②年报。2010年，协会编辑出版了《2009年中国国债市场年报》。2009年年报在原有篇章内容的基础上，新增加了国债承销团成员国债业务介绍、年度地方政府债券发行情况等相关数据信息，内容更加丰富，质量有所提高。年报连续出版8年来，市场知名度和影响力不断提升，越来越受到政府主管部门、会员和市场人士的欢迎和喜爱。

3. 加强协会组织建设，不断密切与会员的联系。2010年，有1家金融机构新加入协会成为会员，有3家普通会员升级为理事会员。还有一些非会员机构参加协会组织的有关培训和会议后，表达了加入协会的意愿。截至目前，协会共有会员184家，其中常务理事级会员41家，理事级会员51家，普通会员92家。会员队伍的逐步扩大，为协会事业的长期发展奠定了坚实基础。此外，协会还增补财政部金融司胡学好副司长、国库司周成跃副司长和财科所贾康所长为个人理事。

一年来，协会更加重视密切与会员的联系。一是平时注意保持与会员的联系沟通。协会不仅通过新闻媒体积极关注会员的动态和变化，而且注意保持与会员的日常电话及网络联系，及时了解会员业务开展情况，主动帮助会员向政府主管部门反映、协调和解决遇到的困难和问题，充分发挥中介组织桥梁纽带作用。二是协会重视与会员的感情交流。1月22日和1月29日，协会分别在上海和北京举办了会员新春座谈会。协会领导和财政部金融司、国库司有关领导出席会议，为会员送去亲切的慰问和新年的祝福。

4. 注意倾听会员呼声，设法满足会员意愿。今年初，证券公司类会员向协会反映，证券业协会对证券公司的年度业绩综合排名考核指标中，不包含国债承销和交易数量，不能全面、客观地反映公司经营业绩情况。希望协会与证券业协会协商，将证券公司经营国债业务的指标纳入综合排名考核中。此事引起协会领导的高度重视，立即责成协会秘书处与证券业协会联系，反映会员要求。经与证券业协会协商，得到了他们的理解和赞同。在财政部国库司的大力支持下，协会已将证券公司会员国债承销和交易的相关数据提供给证券业协会。

（三）成功召开协会三届三次理事会议

中国国债协会第三届理事会第三次会议4月22日在福建省召开。会议得到财政部领导的高度重视，李勇副部长在百忙之中为大会发来贺信，代表财政部对会议的召开表示热烈祝贺，并向全体与会代表表示诚挚问候。在贺信中，李勇副部长充分肯定了协会过去一年工作取得的成绩，认为协会在配合财政部应对金融危机、确保国债筹资任务圆满完成和深化国债管理改革，以及为会员提供更加符合需求的服务等方面，做了许多富有成效的工作，财政部领导对此是满意的。他勉励协会在新一年里，把握机遇，发扬成绩，再接再厉，更好地发挥行业组织的作用，为我国金融体制改革和国债市场的发展作出新的贡献。

张秉国常务副会长在会上作工作报告。他回顾了协会三届二次理事会议以来工作情况，提出了2010年工作计划。他强调，2010年协会工作将更加紧密结合宏观经济形势变化，配合财政金融政策措施实施和国债市场发展，努力做好为政府、为会员服务的各项工作。

会上，代表们表决通过了协会三届三次理事会议工作报告及组织机构建设的有关事项。代表们认为，2009年度协会工作深入细致，扎扎实实，富有成效，比上一年度又上了一个台阶；2010年度协会工作安排能够围绕财政金融工作大局，紧密结合国际国内经济金融形势和债券市场变化，符合会员和市场的需求，体现了协会要更加做好为政府服务、为会员服务的坚定意愿。

（四）积极筹备“中国国债协会20周年回顾与发展”相关活动

2011年，适逢协会成立20周年。为回顾总结协会20年来取得的成绩和经验，积极宣传协会在不同历史时期促进国债市场发展，深化金融体制改革的作用和贡献，提升协会在市场经济中的地位，扩大协会在社会上的影响，促进协会更好地为政府、为广大会员服务，协会拟组织相关活动。按照深入学习实践科学发展观的要求，组织纪念活动的原则是“高效廉洁”、“勤俭节约”。纪念活动既要热烈隆重，又要朴实有效；既要达到预期目的，又要节省经费。

（五）以积极姿态参与民政部组织的2010年全国性行业协会评估工作

按照民政部对全国行业性协会评估工作要求，协会领导召开办公会议，提高对这次评估工作重要性认识，并要求协会秘书处要积极配合民政部考察组做好评估工作。通过精心组织和认真准备，协会对自身的基础条件、内部治理、工作绩效和社会评价等各个方面进行了全面、系统的总结。7月份，协会向民政部提交了“评估申请报告”及相关材料。10月19日，民政部行业协会评估考察专家组和财政部人事教育司有关负责人对协会进行了实地考察。考察组认为协会基础工作比较扎实、完备，内部管理运作规范；在服务政府、服务会员方面工作业绩突出，市场影响力较大。同时，考察组从协会财务管理、内部治理和工作绩效三个方面，对协会工作提出一些宝贵意见和建议。对此，协会领导高度重视，第二天即组织召开专题会议，对考察组所提意见和建议逐条进行研究，并决定根据协会目前情况，凡是现在能够整改的，立即进行整改；整改条件尚不成熟的，要逐步创造条件进行整改。协会整改意见已于检查过后第六天报送民政部考察组。通过这次评估整改工作，将会有力地促进协会自身组织建设、制度建设和未来更好地发展。

（六）加强协会秘书处内部建设和管理，提高职工综合素质和工作水平

1. 积极参加财政部金融司党支部组织的创先争优等项活动。协会领导对创先争优活动高度重视，协会秘书处全体党员按照部党组和财政部金融司党支部的要求，积极投身于创先争优活动。一是党员同志认真撰写创先争优承诺书，就如何为财政部金融司党支部创建“五个好”先进基层党组织，以及如何落实“五带头”，争当优秀党员进行了郑重承诺。二是积极参与财政部金融司党支部组织的向沈浩同志学习的各项活动。学习沈浩同志牢记宗旨、一心为民，开拓进取、踏实干事，艰苦奋斗、无私奉献的先进精神。三是积极参与财政部金融司党支部组织的赴延安参观学习主题党日活动。学习解放思想、实事求是，自力更生、艰苦奋斗，全心全意为人民服务的延安精神。四是积极参与财政部金融司党支部组织的薪火相传活动，听取老党员、老同志姜洪南的报告，继承和弘扬财政优良传统作风，把心思用在干事创业上，把工作落在求真务实上。

通过参与创先争优活动，协会党员的政治思想和党性修养都有了明显提高。党员同志在日常工作中努力带头学习、带头争创佳绩、带头服务群众、带头遵纪守法、带头弘扬正气，较好地发挥了党员的先锋模范带头作用。

2. 认真实施“讲正气、促和谐、求发展”的思想理念。今年这一年，协会领导提出“讲正气、促和谐、求发展”的思想理念和新的工作思路得到有效实施，员工工作积极性明显增强，协会工作作风、工作水平有了明显改观和提高。一是员工事业心、责任心和工作积极性明显增强。二是各部门间的工作配合更加密切。三是员工的进取心和创新意识有所增强，各部门工作都有所开拓，工作业绩正在得到提升。今年，协会培训工作、网站和刊物宣传都有较大的开拓性，组织的各项会议和活动更加贴近市场，更加符合会员的需求。

3. 调整秘书处内设机构，完成岗位设置工作。为了更好地调动员工工作积极性，合理调配内设机构人员，提高工作效率，今年协会重新调整秘书处内设机构，将原会员部和培训部合并为会员管理部，合并后协会秘书处内设综合部、会员培训部、研发部和信息咨询部四个部门。与此同时，协会秘书处一方面抓紧修订了各部门职责规定，进一步明确各部门的职责分工；另一方面通过竞聘上岗，重新聘任秘书处各部门负责人。3 月初，按照部人事教育司关于《中国国债协会岗位设置管理实施方案》的批复意见，协会组织了秘书处相关管理岗位和技术岗位的竞聘上岗。竞聘工作本着透明公正、严格程序、严肃纪律的原则进行。通过竞聘，3 位同志被聘用到六级职员岗位，3 位同志被聘用到七级专业技术岗位，1 位同志被聘用到九级职员岗位。部门调整和岗位设置管理工作的加强，使协会积压多年的人员职业发展问题得到较好的解决，各部门职责分工更加明确，协会人事管理工作更加规范精细，岗位责任制得到进一步落实，人才潜力得到进一步挖掘，广大员工工作积极性得到较好的发挥，工作效率有了较大的提高。

4. 高度重视职工政治业务学习。强化员工政治业务学习，努力创建学习型团队。协会年初制定的学习计划，年终得到全面落实。本着“干什么学什么、缺什么补什么”的原则，协会结合工作实际，采取多种方式强化秘书处职工的政治业务学习。除参加财政部金融司统一组织的学习外，全年协会共组织科学发展观、中央经济工作会议精神、年度财政金融工作重点、国债市场改革措施、地方融资平台管理、财政公文写作、计算机网络安全知识等十余次专项集体学习。学习方式一是邀请财政部金融司、办公厅、预算司的有关专家讲解相关政策和业务知识，二是组织协会内部交流，请协会参加赴我国台湾地区考察和赴加拿大培训的同志介绍考察培训情况，畅谈收获和体会；请信息部同志讲解计算机和网络应用问题。建立学习制度不仅保证职工的集体学习时间，同时也调动了职工工作之余主动自学的积极性，整个协会内部基本形成了较为浓

厚的学习气氛。通过学习，员工的政治思想素质提升了，工作思路开阔了，创新意识增强了，工作能力和业务水平有了较大的提高。

5. 不断规范财务管理。2010年，按照财政部财务管理和民政部社团管理的有关要求，协会进一步建立健全了各项财务管理制度，使协会各项财务开支更加严格遵守国家规定。协会领导注意加强自身和相关人员财务政策和法规知识的学习，为使财务人员正确理解和严格执行财务制度规定，提高协会财务管理水平，在工作忙、时间紧的情况下合理安排工作，将会计和出纳人员同时派出，参加财政部举办的行政事业单位财务管理培训班学习。

2010年，协会在预算执行中，一方面在合理合法范围内努力抓好各项收入，使会费收缴超额完成计划，保证了协会各项工作开展的需要；另一方面严格控制支出，减少了一些不必要的开支。通过上述努力，协会年度经费在收支平衡基础上，做到略有节余。

6. 积极参加部里组织的各项公益和文体活动。2010年，青海玉树和甘肃舟曲的灾情牵动着协会每一位同志的心。协会积极参与部里组织的各种捐赠活动，为灾区捐款捐物，奉献爱心，支援灾区重建。

协会职工还积极参加财政部工会组织的各项文体活动，锻炼体魄，陶冶情操。在与财政部金融司同志的共同努力下，踢毽比赛和羽毛球比赛分别获得部里第一名和第二名的好成绩。

二、2010工作体会和不足之处

（一）2010年工作几点体会

1. 紧密围绕财政金融改革发展重点，不断开拓服务领域和业务范围，是协会事业发展的根本保障。2010年，协会在积极宣传贯彻党和国家财经政策、紧密围绕财政金融改革发展重点开展工作，努力做好为政府和会员服务方面，有了新的进展和突破。协会在做好原有工作基础上，围绕财经改革发展的主线，积极探索，努力拓展服务领域和业务范围，将以国债业务为主开展的工作拓展到包括地方政府债务在内的整个政府债务领域；将以面向会员为主的服务拓展到农村金融机构和地方政府债务管理部门和融资机构。年初中央1号文件下发后，为贯彻中央农村金融政策，落实金融支农的有关措施，协会及时召开农村金融机构会员座谈会；年度中期国务院［2010］19号文件下发后，为配合部里加强地方政府融资平台公司管理，协会及时举办政策解读培训班；为了加大对政府债务包括中央政府和地方政府债务的宣传力度，促进规范政府管理，协会将内部刊物《国债与金融》更名为《政府债务与金融》，并新增加“地方债专栏”等栏目；7月，针对后金融危机时期的一些疑难问题，协会及时组织宏观经济运行及相关政策分析报告会。以上四项工作具体做法及其各方反映，在前面2010年完成的主要工作中已经做了表述。实践证明，只有紧密围绕财政金融改革发展重点拓展协会工作，才能使协会组织的各项活动更加具有针对性和实效性，更加符合市场的需求，更加受到政府主管部门的高度重视和支持以及广大会员的热烈欢迎。

2. 健全制度，规范管理是协会持续发展的基础保障。2010年，协会进一步加强了内部制度建设和管理。一是协会调整了秘书处内设机构，完成了岗位设置工作，重新修订了“秘书处各部门职责规定”、“协会秘书处职工考核管理办法”等相关内部制度规定，进一步明确了各部门、各岗位职责，加强了对职工的考核，确保了岗位责任制的贯彻落实。二是协会规范了一些内部办事流程。如会长办公会决定的重要事项都通过会议纪要的形式及时向秘书处各部门进行传达，便于各部门准确把握协会近阶段的工作重心和工作思路，加以落实；各部门外派同志参加有关会议，回单位后要及时书面汇报，便于协会领导和员工了解相关政策和市场情况，做好各自的工作。目前，协会正在抓紧时间修订考核、考勤、财务等各方面规章制度，以期逐步实现用制度管人管事管物，强化监督，规范运行程序。上述措施，有效促进了协会各项工作正常运转，为协会未来坚实发展夯实了基础。

3. 坚持“讲正气、促和谐、求发展”的思想理念是促进协会工作的有力推手。一年来，通过树立“讲正气、促和谐、求发展”的思想理念，协会秘书处的思想观念和工作作风都有了明显的改观。协会员工的事业心和责任心增强，大局意识和团队意识有所提高。今年，为领导建言献策的人多了，协会上下级关系更加紧密了，各部门间的配合更加默契，员工间人际关系更加和谐。“讲正气、促和谐、求发展”的思想理念有力地推动了协会各项工作的开展，使协会工作在许多方面都有较大的改进。

（二）工作中存在的不足之处

一年来，协会虽然较好地完成了年度工作计划，取得了明显的成绩，但也应该清醒地认识到，面对新形势、新任务，协会工作与财政部领导、政府相关主管部门和会员的要求还有一定差距，有些方面的工作需要进一步加强。培训工作深度和广度与会员及市场需求还存在一定的差距；理论研究和市场调研工作不够活跃和深入，形成的研究成果和政策建议甚少；网站、刊物的覆盖面不够广泛，政策宣传力度有待加强；协会秘书处工作人员的综合素质和业务能力有待于进一步提高。这些都需要认真加以研究，并结合协会工作特点，制定切实可行的措施，努力加以改进和提高。

三、2011 年工作安排

2011 年是“十二五”开局之年。中央经济工作会议确定我国要实施积极的财政政策和稳健的货币政策，增强宏观调控的针对性、灵活性、有效性，保持经济平稳较快发展，以优异成绩迎接建党 90 周年。2011 年，时逢协会成立 20 周年，我国国债恢复发行 30 周年。协会将以此为契机，以科学发展观思想为指导，按照中央经济工作会议的总体要求，紧密围绕财政金融中心工作的主线，密切结合宏观经济和金融形势，积极探索新的服务领域和业务范围，继续做好为政府和会员的服务，巩固和发展开拓创新取得的成果，推动协会工作再上一个新台阶。重点抓好以下几项工作：

（一）组织“中国国债协会 20 周年回顾与发展”相关活动，筹备召开协会三届四次理事会议

按照“中国国债协会 20 周年回顾与发展活动筹备方案”，主要做好以下三项工作：

1. 召开纪念会议。纪念会议拟于 2011 年 4 月与协会三届四次理事会议同时召开，会议名称暂定为“中国国债协会 20 周年回顾与发展暨三届四次理事会议”。会议内容一是简要回顾协会 20 年发展历程；二是总结三届三次理事会以来协会工作并提出下一年度工作计划；三是报告协会财务状况。

2. 撰写纪念文章。文章将围绕协会 20 年来配合国债、金融改革和协会自身发展的主线，突出协会在不同历史阶段发挥的重要作用，全面总结协会 20 年来的主要成绩、经验和不足，提出协会今后一个时期的发展方向。

3. 编制纪念画册。画册将全面记录协会 20 年的发展历程，体现各级领导的关怀，展现协会主要工作业绩，反映协会员工和广大会员的精神风貌。

（二）积极配合财政部有关司局做好 2011 年国债和地方债发行和管理工作

按照中央继续实施积极财政政策的要求，2011 年的国债和地方债发行任务依然很重。协会将积极配合财政部国库司、预算司做好国债和地方债发行和管理工作，完成好各项委托业务，确保年度筹资任务顺利完成，并积极推动政府债务管理的改革与发展。

一是动员会员单位积极参与国债和地方债的发行，认真履行承销义务，严格执行招投标规则，保证各期债券的顺利发行。同时要组织会员积极参与国债、地方债各项管理改革措施的研究与实施，推动我国政府债务管理制度的不断完善。

二是配合财政部国库司办好“年度国债发行工作总结会”、“季度国债筹资市场分析会”及国债市场改革的各种会议。以细致周到的会务服务保障各次会议圆满成功，树立协会在市场中的良好形象。

三是配合国债管理改革，积极宣传国债政策，普及国债知识，促进国债发行。要配合储蓄国债电子式发行方式的改革，利用协会网站、刊物等媒体大力宣传通过网上银行发售国债的优越性。通过财政部国库司指定的协会国债投资咨询电话为投资者答疑解惑。配合财政部国库司印制国债宣传单和宣传册，加大宣传普及国债政策知识的力度。

四是探索做好地方财政部门政府债务管理相关业务的培训。中央代理发行地方政府债券的制度已实施两年，但一些地方财政部门对国债和地方债的相关政策和业务知识了解甚少。协会拟举办相关培训班，加大对地方财政部门的业务培训力度，提高地方政府债务管理水平。

（三）开展国债和地方政府债务相关课题研究和市场调研工作

1. 课题研究。首先，组织做好《国债条例》制订课题研究工作。协会作为课题牵头单位，要协调好各政府相关主管部门、各市场中介机构和各层次各类型国债投资者的关系，充分吸收市场各方意见。力争形成符合市场需要、内容全面、操作性强的课题成果。其次，拟组织关于地方政府债务管理的课题研究。借鉴国际经验，结合我国国情，研究探讨地方政府债务管理的发展思路。

2. 市场调研。①根据国债、地方债发行和管理中存在的问题，组织市场调研，了解情况，分析原因，向政府部门及时反映情况并提出政策建议，当好政府部门的参谋和助手，推动市场改革与发展。②配合财政部金融司研究建立完善财政促进金融支持“三农”的长效机制。一是完善农村金融机构定向费用补贴政策；二是完善县域金融机构涉农贷款增量奖励政策；三是完善农业保险保费补贴政策。

（四）认真细致地做好对会员的各项服务

1. 为会员提供更加符合需求的、更加优质的业务培训。①在国内培训方面，一是根据政府债务发行和管理改革的需要，组织金融企业债券投资业务相关培训，重点培训国债、地方债发行和管理的新制度、新产品和新业务。二是继续做好加强地方政府融资管理工作的培训，以及地方财政部门债务管理人员业务知识的培训。三是继续组织金融企业债券会计政策与实务的培训，重点培训新的政策法规、新的业务品种对会计处理的影响等问题。②在国外培训方面，协会已向部里申报组织“赴德国地方政府债务管理与债券市场建设培训团”。届时如获批准，将全力做好相关工作。德国是欧盟主要经济体，地方政府债务管理经验比较丰富，债券市场比较发达。通过培训学习，借鉴国际先进经验，使之有利于提高我国地方政府债务管理水平，增强地方财政和金融风险的防范能力，促进我国债券市场的长期健康稳定发展。

2. 举办经济形势和债券市场走势分析报告会，帮助会员做好债券投资业务。面对2011年更为复杂的经济金融形式和积极稳健、审慎灵活的宏观调控政策，首先，协会拟举办半年经济形势和债券市场走势分析报告会，邀请相关政府主管部门领导及知名业内专家学者，回顾上半年宏观经济形势和债券市场走势，分析和预测下半年宏观经济形势的变化及对债券市场的影响。其次，协会将根据市场变化和会员需要，适时召开相关的分析会、座谈会，研究问题。举办这些会议，以帮助会员分析经济形势、解读经济政策、预测市场走势、研究应对措施，做好债券投资业务。

3. 继续办好协会网站、内部刊物和年报，为会员提供更为全面、及时的政策精神和市场信息。一是继续做好协会网站改版工作，充实和完善现有栏目内容，突出和强化“政策窗口”功能，进一步提高信息数据的及时性和准确性，巩固和提高协会网站作为国债政策信息和市场数据发布渠道的权威性和影响力。要按照新版网站要求，密切关注宏观政策变化，跟踪市场动态，及时搜集发布相关信息。二是继续做好《政府债务与金融》编辑出版工作。刊物内容要紧跟财经形势，积极宣传中央各项财政金融政策精神和政府债务管理改革发展的相关政策制度。要不断提高刊物质量，扩大刊物影响力，努力创造条件，争取早日面向市场公开发行。三是继续做好《中国国债市场年报》编辑出版工作。年报将重点反映两个方面内容，一是宏观经济政策变化和国债市场改革发展情况，二是与国债市场以及债券市场相关的重要信息数据。同时，还要加大对国债承销团成员和协会会员的宣传力度，展现他们对债券市场作出的贡献，树立他们的良好形象。

4. 进一步密切与会员的关系，积极维护会员合法权利。一是通过多种方式进一步密切与会员的日常联系，及时掌握会员最新信息和动态，了解会员对协会工作意见和要求，不断改进协会工作。二是关注会员从事债券投资业务情况，积极向政府主管部门反映会员提出的有关意见和建议，尽力帮助会员协调解决债券业务中遇到的困难和问题，维护好会员的合法权益，当好会员的“代言人”。三是进一步加强与农村金融机构会员的联系，反映他们的意见和要求，为他们提供更加精细化的服务，促进其业务发展。

此外，要继续抓好协会组织建设，做好新会员的发展工作。要以协会良好的社会形象和优质的服务水平，吸引政策性金融机构、新成立的金融机构和广大农村金融机构入会，不断壮大协会队伍。

（五）进一步加强内部建设，完善制度，规范管理

1. 深入贯彻“讲正气、促和谐、求发展”的思想理念。“讲正气、促和谐、求发展”的思想理念符合财政科学化、精细化管理的要求，适应新时期社团管理工作的需要，也符合国债市场的发展和协会会员的需要，是协会事业进一步发展的重要保障。协会秘书处要坚持贯彻“讲正气、促和谐、求发展”的思想理念，要在各项工作、各个环节中注意以讲正气为抓手，培养职工爱岗敬业，无私奉献的信念；以促和谐为方向，不断增强团队的凝聚力、战斗力；以求发展为目的，不断开拓创新，拓展服务领域和业务范围。要努力打造政治思想过硬、综合素质较高、业务能力突出、工作业绩优良的员工队伍，创建一流的行业组织。

2. 完善制度，规范管理，建立科学化、精细化的内部管理机制。一是要高度重视员工政治业务学习和人才的培养，使每位职工都能够胜任岗位工作的要求。要制定完善职工学习制度和培训计划，建设学习型团队。培训学习要把集中培训与个人自学相结合，把在职培训与离岗进修相结合，把国内培训与国外学习相结合，全面提升职工的政治和业务素质。二是要不断完善协会秘书处内部的制度建设，用制度管人管事管物，形成科学、长效的管理机制。按照事业单位人事制度改革的总体要求，不断完善协会人事管理制度和岗位聘任制度，认真贯彻执行即将出台的《事业单位人员绩效工资管理办法》，使人才得以充分的施展和发挥。按照《劳动合同法》规定，不断完善聘用人员管理办法，建立符合市场规律的劳资关系。三是要严格执行国家财务规章制度，不断加强和规范协会财务管理。要按照财政部办公厅要求，科学合理编制协会年度财务预、决算，严格执行预算，并做好预算执行情况分析。积极配合主管部门做好财务审计工作。认真做好会员会费收缴管理工作。

2011 年仍将是一个不平凡之年，中国国债协会有决心、有信心在财政部领导和各政府主管部门的关心和指导下，在广大会员的共同配合下，以开拓创新的精神，以求真务实的作风，把各项工作做得更加深入、细致、扎实，在协会成立 20 周年取得成绩基础上，再创协会工作新佳绩。

2010年国债发行管理分月情况统计

中国国债协会秘书处整理

1月

1月4日，财政部公布2010年关键期限记账式国债和第一季度国债发行计划。

1月6日，财政部发布关于国债和地方政府债券2010年还本付息工作公告，2010年到期国债共计46期。

1月13日，财政部发布通知，公布2009年获奖国债承销团成员名单。其中：凭证式国债承销优秀奖10家机构；记账式国债承销优秀奖15家机构；记账式国债承销进步奖5家机构。

1月17日，财政部下发《2010年记账式国债招标发行规则》。

1月27日，财政部公布2009年记账式国债承销团成员国债现货交易量排名。

1月28日，财政部发行2010年记账式附息（一期）国债。本期国债为固定利率附息债，期限2年，每年付息一次，利息支付日为每年1月28日（节假日顺延），实际发行面值金额为260亿元，经投标确定票面年利率为2.01%。

2月

2月4日，财政部发行2010年记账式附息（二期）国债。本期国债为固定利率附息债，期限10年，每半年付息一次，利息支付日为每年2月4日和8月4日（节假日顺延），实际发行面值金额为260亿元，经投标确定票面年利率为3.43%。

2月8日，财政部发布通知，增补国家开发银行股份有限公司、齐鲁银行股份有限公司和第一创业证券有限责任公司为记账式国债承销团乙类成员，增补中国光大银行股份有限公司、上海银行股份有限公司为记账式国债承销团甲类成员。

3月

3月1日，财政部发行2010年记账式附息（三期）国债。本期国债为固定利率附息债，期限30年，每半年付息一次，利息支付日为每年3月1日和9月1日（节假日顺延），实际发行面值金额为240亿元，经投标确定票面年利率为4.08%。

3月1～21日，财政部发行2010年凭证式（一期）国债，发行总额500亿元。其中1年期为250亿元，票面年利率2.60%；3年期为250亿元，票面年利率3.73%。本期国债从购买之日开始计息，到期一次还本付息。

3月4日，财政部发行2010年记账式附息（四期）国债。本期国债为固定利率附息债，期限1年，到期一次还本付息，实际发行面值金额为260亿元，经投标确定票面年利率为1.44%。

3月11日，财政部发行2010年记账式附息（五期）国债。本期国债为固定利率附息债，期限7年，每年付息一次，实际发行面值金额为260亿元，经投标确定票面年利率为2.92%。

3月18日，财政部发行2010年记账式附息（六期）国债。本期国债为固定利率附息债，期限3年，每年付息一次，利息支付日为每年3月18日（节假日顺延），实际发行面值金额为260亿元，经投标确定票面年利率为2.23%。

3月25日，财政部发行2010年记账式附息（七期）国债。本期国债为固定利率附息债，期限10年，每半年付息一次，利息支付日为每年3月25日和9月25日（节假日顺延），实际发行面值金额为260亿元，经投标确定票面年利率为3.36%。

3月31日，财政部下发《财政部代理发行2010年地方政府债券招投标和考核规则》。

4月

4月1日，财政部公布2010年第二季度国债发行计划。

4月8日，财政部发行2010年记账式附息（八期）国债。本期国债为固定利率附息债，期限5年，每年付息一次，利息支付日为每年4月8日（节假日顺延），实际发行面值金额为280.4亿元，经投标确定票面年利率为2.70%。

4月10~25日，财政部发行2010年第一期储蓄国债（电子式）。本期国债为固定利率付息债，期限1年，按年付息，利息支付日为每年4月10日，发行总额为200亿元，票面年利率为2.60%。

同期，财政部发行2010年第二期储蓄国债（电子式）。本期国债为固定利率付息债，期限3年，按年付息，利息支付日为每年4月10日，发行总额为200亿元，票面年利率为3.73%。

4月12日，财政部发行2010年记账式贴现（一期）国债。本期国债期限91天，实际发行面值金额为142.5亿元，经投标确定的发行价格为99.690元，折合年收益率为1.28%。

同日，财政部发行2010年记账式贴现（二期）国债。本期国债期限273天，实际发行面值金额为158.10亿元，经投标确定的发行价格为98.868元，折合年收益率为1.54%。

4月15日，财政部发行2010年记账式附息（九期）国债。本期国债为固定利率附息债，期限20年，每半年付息一次，利息支付日为每年4月15日和10月15日（节假日顺延），实际发行面值金额为280亿元，经投标确定票面年利率为3.96%。

4月19日，财政部发行2010年记账式贴现（三期）国债。本期国债期限182天，实际发行面值金额为150亿元，经投标确定的发行价格为99.283元，折合年收益率为1.46%。

4月22日，财政部发行2010年记账式附息（十期）国债。本期国债为固定利率附息债，期限7年，每年付息一次，利息支付日为每年4月22日（节假日顺延），实际发行面值金额为305.2亿元，经投标确定票面年利率为3.01%。

4月29日，财政部发行2010年记账式附息（十一期）国债。本期国债为固定利率附息债，期限1年，到期一次还本付息，实际发行面值金额为266.7亿元，经投标确定票面年利率为1.49%。

5月

5月13日，财政部发行2010年记账式附息（十二期）国债。本期国债为固定利率附息债，期限10年，每半年付息一次，利息支付日为每年5月13日和11月13日（节假日顺延），实际发行面值金额为296亿元，经投标确定票面年利率为3.25%。

5月13~27日，财政部发行2010年凭证式（二期）国债，发行总额400亿元。其中1年期为200亿元，票面年利率2.60%；3年期为200亿元，票面年利率3.73%。本期国债从购买之日开始计息，到期一次还本付息。

5月17日，财政部发行2010年记账式贴现（四期）国债。本期国债期限182天，实际发行面值金额为150亿元，经投标确定的发行价格为99.246元，折合年收益率为1.54%。

同日，财政部发行2010年记账式贴现（五期）国债。本期国债期限273天，实际发行面值金额为173.7亿元，经投标确定的发行价格为98.738元，折合年收益率为1.72%。

5月20日，财政部发行2010年记账式附息（十三期）国债。本期国债为固定利率附息债，期限5年，每年付息一次，利息支付日为每年5月20日（节假日顺延），实际发行面值金额为280亿元，经投标确定票面年利率为2.38%。

5月24日，财政部发行2010年记账式附息（十四期）国债。本期国债为固定利率附息债，期限50年，每半年付息一次，利息支付日为每年5月24日和11月24日（节假日顺延），实际发行面值金额为280亿元，经投标确定票面年利率为4.03%。

5月27日，财政部发行2010年记账式附息（十五期）国债。本期国债为固定利率附息债，期限7年，每年付息一次，利息支付日为每年5月27日（节假日顺延），实际发行面值金额为283.10亿元，经投标确定票面年利率为2.83%。

6月

6月3日，财政部发行2010年记账式附息（十六期）国债。本期国债为固定利率附息债，期限3年，每年付息一次，利息支付日为每年6月3日（节假日顺延），实际发行面值金额为280亿元，经投标确定票面年利率为2.33%。

6月10日，财政部发行2010年记账式附息（十七期）国债。本期国债为固定利率附息债，期限5年，每年付息一次，利息支付日为每年6月10日（节假日顺延），实际发行面值金额为280亿元，经投标确定票面年利率为2.53%。

6月12~26日，财政部发行2010年第三期储蓄国债（电子式）。本期国债为固定利率付息债，期限1年，按年付息，利息支付日为每年6月12日，发行总额为200亿元，票面年利率为2.60%。

同期，财政部发行2010年第四期储蓄国债（电子式）。本期国债为固定利率付息债，期限3年，按年付息，利息支付日为每年6月12日，发行总额为100亿元，票面年利率为3.73%。

6月14日，财政部发行2010年记账式贴现（六期）国债。本期国债期限91天，实际发行面值金额为114.50亿元，经投标确定的发行价格为99.548元，折合年收益率为1.91%。

同日，财政部发行2010年记账式贴现（七期）国债。本期国债期限273天，实际发行面值金额为177.50亿元，经投标确定的发行价格为98.511元，折合年收益率为2.05%。

6月21日，财政部发行2010年记账式附息（十八期）国债。本期国债为固定利率附息债，期限30年，每半年付息一次，利息支付日为每年6月21日和12月21日（节假日顺延），实际发行面值金额为280亿元，经投标确定票面年利率为4.03%。

6月24日，财政部发行2010年记账式附息（十九期）国债。本期国债为固定利率附息债，期限10年，每半年付息一次，利息支付日为每年6月24日和12月24日（节假日顺延），实际发行面值金额为280.10亿元，经投标确定票面年利率为3.41%。

7月

7月2日，财政部公布2010年第三季度国债发行计划。

7月8日，财政部发行2010年记账式附息（二十期）国债。本期国债为固定利率附息债，期限5年，每年付息一次，利息支付日为每年7月8日（节假日顺延），实际发行面值金额为299.70亿元，经投标确定票面年利率为2.52%。

7月12日，财政部发行2010年记账式贴现（八期）国债。本期国债期限182天，实际发行面值金额为200亿元，经投标确定的发行价格为99.059元，折合年收益率为1.93%。

7月12~26日，财政部发行2010年凭证式（三期）国债，发行总额400亿元。其中1年期为200亿元，票面年利率2.60%；3年期为200亿元，票面年利率3.73%。本期国债从购买之日开始计息，到期一次还本付息。

7月15日，财政部发行2010年记账式附息（二十一期）国债。本期国债为固定利率附息债，期限1年，到期一次还本付息，实际发行面值金额为300.10亿元，经投标确定票面年利率为1.87%。

7月22日，财政部发行2010年记账式附息（二十二期）国债。本期国债为固定利率附息债，期限7年，每年付息一次，利息支付日为每年7月22日（节假日顺延），实际发行面值金额为281.90亿元，经投标确定票面年利率为2.76%。

7月26日，财政部发行2010年记账式贴现（九期）国债。本期国债期限182天，实际发行面值金额为200亿元，经投标确定的发行价格为99.121元，折合年收益率为1.8%。

7月29日，财政部发行2010年记账式附息（二十三期）国债。本期国债为固定利率附息债，期限30年，每半年付息一次，利息支付日为每年1月29日和7月29日（节假日顺延），实际发行面值金额为280亿元，经投标确定票面年利率为3.96%。

8月

8月5日，财政部发行2010年记账式附息（二十四期）国债。本期国债为固定利率附息债，期限10年，每半年付息一次，利息支付日为每年2月5日和8月5日（节假日顺延），实际发行面值金额为304.4亿元，经投标确定票面年利率为3.28%。

8月9日，财政部发行2010年记账式贴现（十期）国债。本期国债期限273天，实际发行面值金额为100亿元，经投标确定的发行价格为98.620元，折合年收益率为1.88%。

8月16~29日，财政部发行2010年第五期储蓄国债（电子式）。本期国债为固定利率付息债，期限1年，按年付息，利息支付日为每年8月16日，发行总额为120亿元，票面年利率为2.60%。

同期，财政部发行2010年第六期储蓄国债（电子式）。本期国债为固定利率付息债，期限3年，按年付息，利息支付日为每年8月16日，发行总额为80亿元，票面年利率为3.73%。

8月12日，财政部发行2010年记账式附息（二十五期）国债。本期国债为固定利率附息债，期限3年，每年付息一次，利息支付日为每年8月12日（节假日顺延），实际发行面值金额为280亿元，经投标确定票面年利率为2.30%。

8月16日，财政部发行2010年记账式附息（二十六期）国债。本期国债为固定利率附息债，期限30年，每半年付息一次，利息支付日为每年2月16日和8月16日（节假日顺延），实际发行面值金额为280亿元，经投标确定票面年利率为3.96%。

8月19日，财政部发行2010年记账式附息（二十七期）国债。本期国债为固定利率附息债，期限7年，每年付息一次，利息支付日为每年8月19日（节假日顺延），实际发行面值金额为280亿元，经投标确定票面年利率为2.81%。

8月23日，财政部发行2010年记账式贴现（十一期）国债。本期国债期限182天，实际发行面值金额为200亿元，经投标确定的发行价格为99.108元，折合年收益率为1.82%。

8月26日，财政部发行2010年记账式附息（二十八期）国债。本期国债为固定利率附息债，期限5年，每年付息一次，利息支付日为每年8月26日（节假日顺延），实际发行面值金额为282.20亿元，经投标确定票面年利率为2.58%。

9月

9月2日，财政部发行2010年记账式附息（二十九期）国债。本期国债为固定利率附息债，期限20年，每半年付息一次，利息支付日为每年3月2日和9月2日（节假日顺延），实际发行面值金额为280亿元，经投标确定票面年利率为3.82%。

9月9日，财政部发行2010年记账式附息（三十期）国债。本期国债为固定利率附息债，期限1年，到期一次还本付息，实际发行面值金额为205.40亿元，经投标确定票面年利率为1.87%。

9月13日，财政部发行2010年记账式贴现（十二期）国债。本期国债期限91天，实际发行面值金额为100亿元，经投标确定的发行价格为99.600元，折合年收益率为1.65%。

9月13～27日，财政部发行2010年凭证式（四期）国债，发行总额400亿元。其中1年期为200亿元，票面年利率2.60%；3年期为200亿元，票面年利率3.73%。本期国债从购买之日开始计息，到期一次还本付息。

9月16日，财政部发行2010年记账式附息（三十一期）国债。本期国债为固定利率附息债，期限10年，每半年付息一次，利息支付日为每年3月16日和9月16日（节假日顺延），实际发行面值金额为282.60亿元，经投标确定票面年利率为3.29%。

9月20日，财政部发行2010年记账式贴现（十三期）国债。本期国债期限182天，实际发行面值金额为200亿元，经投标确定的发行价格为99.074元，折合年收益率为1.89%。

9月27日，财政部公布2010年第四季度国债发行计划。

10月

10月14日，财政部发行2010年记账式附息（三十二期）国债。本期国债为固定利率附息债，期限7年，每年付息一次，利息支付日为每年10月14日（节假日顺延），实际发行面值金额为287.10亿元，经投标确定票面年利率为3.10%。

10月15～28日，财政部发行2010年第七期储蓄国债（电子式）。本期国债为固定利率付息债，期限1年，按年付息，利息支付日为每年10月15日，发行总额为100亿元，票面年利率为2.60%。

同期，财政部发行2010年第八期储蓄国债（电子式）。本期国债为固定利率付息债，期限3年，按年付息，利息支付日为每年10月15日，发行总额为100亿元，票面年利率为3.73%。

10月21日，财政部发行2010年记账式附息（三十三期）国债。本期国债为固定利率附息债，期限5年，每年付息一次，利息支付日为每年10月21日（节假日顺延），实际发行面值金额为280亿元，经投标确定票面年利率为2.91%。

10月25日，财政部发行2010年记账式贴现（十四期）国债。本期国债期限91天，实际发行面值金额为280亿元，经投标确定的发行价格为99.542元，折合年收益率为1.89%。

10月28日，财政部发行2010年记账式附息（三十四期）国债。本期国债为固定利率附息债，期限10年，每半年付息一次，利息支付日为每年4月28日和10月28日（节假日顺延），实际发行面值金额为299.90亿元，经投标确定票面年利率为3.67%。

同日，财政部公布2010年前三个季度记账式国债承销团成员国债现货交易量排名。

11月

11月1日，财政部发行2010年记账式贴现（十五期）国债。本期国债期限91天，实际发行面值金额为280亿元，经投标确定的发行价格为99.544元，折合年收益率为1.88%。

11月4日，财政部发行2010年记账式附息（三十五期）国债。本期国债为固定利率附息债，期限3年，每年付息一次，利息支付日为每年11月4日（节假日顺延），实际发行面值金额为280亿元，经投标确定票面年利率为2.68%。

11月11日，财政部发行2010年记账式附息（三十六期）国债。本期国债为固定利率附息债，期限1年，到期一次还本付息，实际发行面值金额为282.10亿元，经投标确定票面年利率为2.15%。

11月15日，财政部发行2010年记账式贴现（十六期）国债。本期国债期限182天，实际发行面值金额为100亿元，经投标确定的发行价格为99.005元，折合年收益率为2.04%。

11月15～28日，财政部发行2010年第九期储蓄国债（电子式）。本期国债为固定利率付息债，期限1年，按年付息，利息支付日为每年11月15日，发行总额为60亿元，票面年利率为2.85%。

同期，财政部发行2010年第十期储蓄国债（电子式）。本期国债为固定利率付息债，期限3年，按年付息，利息支付日为每年11月15日，发行总额为150亿元，票面年利率为4.25%。

同期，财政部发行2010年第十一期储蓄国债（电子式）。本期国债为固定利率付息债，期限5年，按年付息，利息支付日为每年11月15日，发行总额为90亿元，票面年利率为4.60%。

11月18日，财政部发行2010年记账式附息（三十七期）国债。本期国债为固定利率附息债，期限50年，每半年付息一次，利息支付日为每年5月18日和11月18日（节假日顺延），实际发行面值金额为280亿元，经投标确定票面年利率为4.40%。

11月25日，财政部发行2010年记账式附息（三十八期）国债。本期国债为固定利率附息债，期限7年，每年付息一次，利息支付日为每年11月25日（节假日顺延），实际发行面值金额为306.40亿元，经投标确定票面年利率为3.83%。

11月29日，财政部发行2010年记账式贴现（十七期）国债。本期国债期限91天，实际发行面值金额为115.50亿元，经投标确定的发行价格为99.337元，折合年收益率为2.74%。

12月

12月2日，财政部发行2010年记账式附息（三十九期）国债。本期国债为固定利率附息债，期限5年，每年付息一次，利息支付日为每年12月2日（节假日顺延），实际发行面值金额为321.40亿元，经投标确定票面年利率为3.64%。

12月6～20日，财政部发行2010年凭证式（五期）国债，发行总额200亿元。其中1年期为40亿元，票面年利率2.85%；3年期为100亿元，票面年利率4.25%；5年期为60亿元，票面年利率4.60%。本期国债从购买之日开始计息，到期一次还本付息。

12月9日，财政部发行2010年记账式附息（四十期）国债。本期国债为固定利率附息债，期限30年，每半年付息一次，利息支付日为每年6月9日和12月9日（节假日顺延），实际发行面值金额为280亿元，经投标确定票面年利率为4.23%。

12月13日，财政部发行2010年记账式贴现（十八期）国债。本期国债期限273天，实际发行面值金额为100亿元，经投标确定的发行价格为97.931元，折合年收益率为2.85%。

12月16日，财政部发行2010年记账式附息（四十一期）国债。本期国债为固定利率附息债，期限10年，每半年付息一次，利息支付日为每年6月16日和12月16日（节假日顺延），实际发行面值金额为307.80亿元，经投标确定票面年利率为3.77%。

12月27日，财政部发行2010年记账式贴现（十九期）国债。本期国债期限91天，实际发行面值金额为167.60亿元，经投标确定的发行价格为99.111元，折合年收益率为3.68%。

三、部分国债承销团成员国债业务介绍（排名不分先后）

中国工商银行股份有限公司

一、中国工商银行国债承销基本情况

1. 储蓄式国债承销情况。中国工商银行作为储蓄国债承销团成员之一，认真履行各项义务，借助中国工商银行网点众多的优势，依托中国工商银行先进的国债代销系统，加大营销力度，通过系统优化，制度建设，加强宣传等一系列有效措施，较好地完成了2010年的承销工作。全年中国工商银行共计承销储蓄国债16期，金额947.26亿元，市场占比29.64%，继续保持同业占比第一的地位。其中：凭证式国债5期，金额564.3亿元；储蓄国债（电子式）11期，金额382.96亿元。根据财政部、中国人民银行颁布的《凭证式国债承销团成员考评办法（试行）》的评分标准，中国工商银行2010年度储蓄国债考评得分位居同业第一。

2. 记账式国债承销情况。记账式国债作为一种低风险产品，对优化中国工商银行资产、收入结构，加强流动性管理有重要作用。中国工商银行高度重视记账式国债投资业务，国债投资余额，新增投资规模都处于同业领先地位。2010年，中国工商银行共计承销记账式国债54期，承销规模达到1226.03亿元，承销量位居同业前列。中国工商银行获得2010年记账式国债优秀承销商称号，并保持了自该奖项颁布以来连续获此荣誉的记录。

3. 参与国债市场建设情况。中国工商银行作为银行间市场做市商之一，发挥做市商的优势地位，通过双边报价交易，对话交易等多种方式积极参与国债二级市场交易，为促进国债市场发展做出了积极贡献。2010年中国工商银行记账式国债交易笔数达到1600笔，交易量达到1031.93亿元，市场排名位居同业前列。

二、中国工商银行开展国债承销的主要做法

1. 储蓄式国债。2010年，为做好储蓄国债承销工作，中国工商银行主要做了以下几项工作：一是及早部署。在年初工作会议上，将储蓄国债承销工作与其他业务工作一样做到同布置、同要求。二是深化服务。结合中国工商银行开展的服务价值年活动，将储蓄国债承销工作作为深化对客户服务的一项重要内容，深化服务内涵、抓好服务细节。三是扩大宣传。根据财政部、人民银行通知要求，在各营业网点做好承销的各项宣传工作。四是改进管理。制定相关奖惩机制，充分调动各分行承销储蓄国债的积极性。五是加强协作。每期储蓄国债发行前及发行过程中，相关部门密切协作，合理制定营销策略、销售方案、技术支持方案，并认真做好发行期内分行间发行任务的调剂工作。

2. 记账式国债。为做好2010年记账式国债承销工作，中国工商银行主要做了如下几个方面的工作：一是结合自身情况和市场情况提前准备好每一期记账式国债的投资方案，积极参与每一

期记账式国债一级市场投标；二是密切关注国债二级市场交易情况，从投资、交易等角度积极参与国债二级市场交易；三是利用国债承销团成员和银行间市场做市商的市场地位，积极加强与包括财政部、人民银行等部门的沟通，从主要投资人和市场参与者角度对国债发行、交易相关制度建设提出建议，促进国债市场的健康发展。

中国农业银行股份有限公司

2010年A+H股成功上市标志着中国农业银行踏上了新的起点。在新的起点上中国农业银行债券业务以本行“3510”发展战略为指引，以稳健经营为原则，在复杂多变的宏观经济环境和跌宕起伏的债券市场利率环境下，较为准确的把握住了全年经济金融运行大势。凭借前瞻性的研究分析、敏锐的投资决策和精细化组合管理水平，中国农业银行根据国内外经济环境和债券市场利率变动趋势及时调整了债券投资策略，合理地选择债券投资品种和把握债券投资节奏，进一步优化了投资组合结构，组合收益率较2009年大幅提高，中国农业银行债券投资业务保持了良好快速的发展态势。

作为银行间债券市场最主要的机构投资者之一，中国农业银行多年来积极开展国债承销、分销和交易等各项业务，国债承销规模和市场份额一直稳居同业前列，2010年全年中国农业银行记账式国债承销量为1088.3亿元（含地方债），做市报价活跃度持续保持较高水平，每年均获得记账式国债承销优秀奖。作为国债承销团的主力机构之一，中国农业银行也一直加大国债做市力度。中国农业银行国债做市业务符合交易商协会的规定，全年无违规事件，报价保持合理价差，在报价被点击后能迅速反应并及时补充债券数量，日常交易也尽量通过双边报价成交。中国农业银行对记账式国债柜台业务也非常重视，截至2010年底柜台国债报价数量达86只，所有关键期限国债均实现了柜台交易，并正在对现有交易系统进行升级改造来提高交易效率，以更好地服务投资者。

面对2010年国债收益率先降后升，紧缩政策执行力度远超市场预期的情况，中国农业银行根据资金状况、债市收益率变动速度和幅度加大债券配置力度，在控制风险的基础上有效调整投资组合结构。2010年中国农业银行国债交易持有期收益率超越中债银行间国债全价指数，始终保持银行间债券市场上最活跃的做市风格，充分显示了中国农业银行出色的前瞻性市场研判能力，进一步巩固了中国农业银行的市场领先地位。

中国银行股份有限公司

2010年，在财政部的领导下，通过国债承销团成员的共同努力，国债及地方债的发行工作得以顺利完成，相关规章制度得到了进一步完善，我国的国债市场继续健康发展。作为甲类承销团的一员，中国银行完成了当年国债及地方债的发行和承销工作，现将具体工作完成情况汇报如下：

一、记账式国债

1. 附息国债：中国银行积极参与了2010年全部41期记账式附息国债的承销工作，承销总量稳步增长，在全年记账式附息国债承销综合排名中位列第三。

2. 贴现国债：中国银行参与了2010年13期记账式贴现国债的承销工作，在全年记账式贴现国债承销综合排名中位列第四。

2010年，中国银行进一步加强了与市场成员的沟通，对工作中出现的问题不断改进完善，保质保量地完成了承销工作。同时中国银行按照相关规定报送国债市场运行分析报告，并就国债市场的稳定发展提出建议，较好地履行了承销团甲类成员的义务。

中国银行在国债承销工作方面所做的努力也得到了财政部的认可，最终获得了2010年度记账式国债承销优秀奖。

二、凭证式国债与储蓄国债

为了更好地完成凭证式国债发行工作，中国银行充分调动一线人员的积极性，加大了对凭证式国债的营销力度，同时加强了对国债手续费的管理。2010年度中国银行凭证式国债及储蓄国债（电子式）的全年包销额度均达到了发行总额的10%以上，较好地发挥了渠道销售的作用。中国银行最终获得了2010年凭证式国债承销优秀奖，受到财政部的表彰。

三、地方债

中国银行还积极参与了2010年全部10期地方政府债的承销工作，承销份额较高，极大地支持了地方建设。

在今后的工作中，中国银行将不断总结工作经验，更好地承担作为甲类承销团成员的职责，全力支持财政部的工作，保证国债及地方债的顺利发行，力争取得更加优异的成绩。

中国建设银行股份有限公司

一、记账式国债承销业务

记账式国债作为中国建设银行重要的业务品种，在中间业务及自营投资中始终占有重要地位，在保持中国建设银行利润平稳较快增长、合理利用避税功能等方面做出了重要贡献。中国建设银行作为财政部记账式国债承销团甲类成员，高度重视记账式国债承销工作，积极履行国债承销商的各项职责和义务。近几年中国建设银行记账式国债承销综合排名始终保持市场前列。

2010年面对复杂多变的经济环境和政策环境，中国建设银行不断加强记账式国债承销工作。一方面，继续推进投研一体化，加强对宏观经济形势和债券市场走势的研究，提高市场反应速度，增强投资分析与风险防范能力，进一步合理安排投资进度，不断提高投标准确度。另一方面，继续加大国债二级市场参与力度，通过二级市场调整投资组合配置结构，提高做市商做市能力，增加双边报价中国债的数量，为提高国债流动性、促进国债价格发现做出了应有的贡献。此外，中国建设银行还积极参加各类座谈会、研讨会，为促进国债市场健康发展积极建言献策。2010年中国建设银行圆满完成了记账式国债各项承销和投资任务，综合排名蝉联第一。

二、储蓄国债承销业务

中国建设银行是我国最早一批参与储蓄国债代理的商业银行，自开办此业务以来，中国建设银行一直高度重视国债代理工作，在配合财政顺利筹资的同时，为国债投资者提供多种服务，连续多年获得财政部、人民银行的表彰。

2010年，中国建设银行积极组织全行代理销售储蓄国债，在支持国家财政政策，做好国债销售的同时，充分利用网点、网络等资源，配合不断进行的国债发行改革，大力进行国债宣传，圆满完成了全年凭证式和电子式储蓄国债的包销任务。

中国邮政储蓄银行有限责任公司

2010年，在财政部、人民银行、国债协会等相关领导机构的关心指导下，在市场同仁的大力支持下，中国邮储银行在2009年国债工作的基础上，进一步加大工作力度，在承销及交易方面均取得了一定的进步。在财政部的年终评比中，中国邮储银行获得了“凭证式国债承销优秀奖”和“记账式国债承销优秀奖”，这是对中国邮储银行过去一年工作的肯定，同时也对中国邮储银行2011年国债工作提出了更高的要求。

在凭证式国债方面，2010年，中国邮储银行共承销16期国债，除第11期储蓄国债外，其余券种均在发行期前两天完成全部承销任务，承销速度在各家代销行中排名第一，受到财政部和人民银行的认可。为了更好地服务广大客户，中国邮储银行加大系统建设力度，2010年8月，机构凭证式国债系统上线；9月，国债质押系统上线，为业务发展提供了强有力的技术支持；为了强化内部管理，加大业务拓展力度，中国邮储银行组织了全国性的业务管理培训和系统升级培训，为下一步国债承销比例提高后代理国债业务的开展做好充足的准备。

在记账式国债方面，中国邮储银行高度重视国债的承销和交易工作，国债工作小组在以往年度工作的基础上，进一步加强国债一级市场承分销和二级市场交易工作。

首先，积极参与国债一级市场承分销。年初即制定了全年的投资计划，对国债的配置比例较以往年度有较大幅度的提升。2010年的新增债券投资中，国债的占比超过了30%，是近几年中最高的。

2010年记账式国债发行次数较多（60期次），发行量较大（1.46万亿）。对每次国债投标，国债工作小组都提前开会讨论市场形势、供需情况，形成投资方案。在投标过程中合理分布标位，提高了投标准确程度，并有效避免了技术违规情况的发生。

从承销结果来看，中国邮储银行的记账式附息国债承销排名第6位，记账式贴现国债承销排名第13位，综合排名第6位，记账式附息国债承销排名和综合排名均较2009年有所提高。

其次，提高国债二级市场交易参与力度。从二级市场的交易情况来看，国债品种的活跃度较高，主要标杆券种的交易量也较大。中国邮储银行作为报价商，也较为积极地参与了国债二级市场的报价与交易。2010年，中国邮储银行国债二级市场交易量和交易笔数均占到交易总量的较大比例。在当年记账式国债承销团成员中，中国邮储银行的国债现货交易量排名第21位。

中国民生银行股份有限公司

中国民生银行股份有限公司是2009—2011年度记账式国债承销团成员，凭证式国债以及储蓄国债（电子式）承销团成员。2010年民生银行全面拓展国债承销业务，积极参与承销工作，大幅提高国债承销规模，取得了较好的成绩。

2010年，民生银行主动认真履行记账式国债承销团成员义务，承销记账式附息国债面值规模总计230.45亿元，记账式贴现国债面值规模总计161.5亿元。在2010年记账式附息国债和贴现国债承销综合排名中，民生银行分别排名第12位和第5位，获得了2010年记账式国债承销优秀奖。民生银行在2010年国债承销工作取得较大进步，同时还获得了2010年度记账式国债承销进步奖。民生银行在一级市场履行好记账式国债承销团成员义务的同时，在二级市场也积极参与国债的买卖交易，为增强国债市场的流动性作出贡献，民生银行2010年度记账式国债现货交易量在承销团成员中排名第8。

在完成好记账式国债承销工作的同时，民生银行也积极参与凭证式国债和储蓄国债（电子式）的承销发行工作，2010年共承销凭证式国债11只，承销规模12.27亿元，承销储蓄国债（电子式）5只，承销规模19亿元，并科学高效的统筹全行销售情况，严格按照财政部的时间要求报送销售进度，在顺利完成包销规模的同时，以良好的服务为个人和机构投资者提供了公平透明、顺畅高效的投资渠道。同时，2010年民生银行大力促进记账式柜台国债业务的发展，通过多种渠道丰富报价国债，不断提升报价债券数量，2010年末较上年度末报价债券只数增加了44只。

2010年民生银行在国债承销工作中取得了一定的成绩和进步，展望2011年，面对复杂多变的金融市场形势，我们将继续积极进取，拓宽国债业务发展，以优异的表现履行好国债承销团成员的义务，为全年国债计划的顺利发行以及国债市场的良性发展作出贡献。

北京银行股份有限公司

北京银行作为凭证式国债承销团成员，首批储蓄国债代销试点银行，一直以来都高度重视国债的承销工作，积极履行承销团成员的职责与义务，不断推进国债承销工作，业务排名不断攀升，得到了管理层的认可与好评，连续五年获“凭证式国债承销优秀奖”荣誉称号。

2010年，在财政部、人民银行等主管部门的正确领导和大力支持下，北京银行的国债承销工作取得了较好的成绩。全年共承销凭证式国债22.8亿元，在财政部与人民银行营业管理部的年度考核排名中名列前列，并再次荣获“2010年凭证式国债承销优秀奖”这一殊荣。总结全年，北京银行着重在以下三个方面展开工作：

第一，加大宣传力度，精心组织营销。对于每一期国债的承销发行工作，北京银行都极为重视，行领导周密部署，总分行密切分工，做好宣传工作，精心组织营销。首先，在各期国债发行之前，全行营业网点统一时间对外张贴国债发行公告，明确销售时间、利率、单户购买上限等细则。同时，借助宣传折页、网上银行及网站等形式，让更多客户了解国债的发售详情。其次，深入社区，向社区居民发放国债宣传单、现场讲解国债知识，解答客户问题等，提高社区居民对凭证式国债的认知度。最后，通过组织“送国债下乡，帮助农民理财”等活动，扩大了农民朋友对国债的需求。一系列措施赢得了广大客户的认可，确保了国债承销工作的顺利完成。

第二，优化业务系统，提升服务质量。作为最早实现国债销售电子化管理的银行之一，近年来，北京银行依托自身科技平台，不断对国债承销、分销及管理的业务系统进行升级与优化。通过国债业务系统对国债额度进行统一管理，从而规避了网下不规范销售行为，避免了国债超额发售的风险，显著提高国债发售的工作效率。同时，实现了凭证式国债全国范围内“通售通兑”、减少了由于网点搬迁、撤销、合并等给客户带来的不便，提升了服务质量。

第三，深入分析市场形势，灵活制定销售策略。2010年国债的销售经历了由抑到扬的转变。北京银行深入分析市场形势，制定出了一套有效的应对国债需求变化的销售策略：在销售“平淡”期，加大承销拓展力度，采取提高投资者最高购买限额，允许全行各网点竞争性销售的策略；在销售“火爆”期，采取对各网点实行销售额度管理，优先满足个人投资者需求，限制机构投资者最高购买额度等强调公平的销售策略。

2011年北京银行资金交易部将在已有的良好国债承销基础上，积极增加国债一级市场承销数量和规模，大力拓展国债分销业务。开拓进取，迎接挑战，使北京银行的国债承销业务迈上新台阶，为我国国债市场的发展作出更大贡献！

上海银行股份有限公司

2010年，在财政部、中国人民银行等上级主管部门的大力帮助、指导和行领导高度重视下，上海银行通过全行上下的共同努力，在国债承销工作中取得了喜人的成绩，荣获了“凭证式国债承销优秀奖”。

一、凭证式国债承销业务

为做好国债发售工作，上海银行根据投资市场的变化，结合自身的市场定位、服务优势，针对不同国债品种、不同期次的国债，制定灵活可变的锁定额度和自由额度相结合的销售模式，最大程度发挥网点销售价值。2010年，上海银行把加大宣传、销售力度作为国债工作的重点，全年承销凭证式国债11.4亿元，销售量为11.23亿元，销售完成率达98.54%；承销电子式国债8.4亿元，销售量为7.95亿元，销售完成率达94.73%。

同时，为了使社会公众对国债知识有更具体的了解，提高客户对国债的认知度，进一步拓宽人们的理财渠道，上海银行还建立起多方位、多形式、多样化的宣传渠道，坚持国债的长效宣传，紧密联系社区，深入周边，开展多样、精彩、喜闻乐见的国债知识宣传，对各类特定群体进行了具有针对性的国债知识教育，帮助公众建立风险意识，维护金融政策、金融形式的稳定，并提高社会公众的金融素质。例如，根据对国债客户群体的特征分析，结合上海银行“百万老人刷卡无障碍活动计划”，自2010年3月起，该行对近300名导银志愿者进行了包括国债知识的金融培训。通过培训，志愿者更深入了解国债基础知识，对网点老年客户的宣传更加到位、有效。而在每次国债发售前夕，上海银行也充分利用短信、网点户外显示屏、柜面、网银等各种渠道宣传国债发售相关信息。

在系统功能优化上，2010年1月，上海银行TMIS系统上线成功，能及时关注到各期数据上报情况，加快了与人民银行数据核对。同年7月，为向客户提供方便快捷的自助服务，吸引更多的青年客户购买国债，上海银行在个人网银专业版上开通了凭证式国债购买、支取和查询功能。新功能开通后，通过网银销售凭证式国债达130万元。同月，对储蓄国债（电子式）系统进行升级，对代销机构设计、用户密码设置等客户管理问题进行了进一步完善，提高了该系统的管理效能。

此外，为切实维护储蓄国债信誉，保护投资人合法权益，防范凭证式国债资金风险，更好地规范与指导储蓄国债业务和管理，上海银行还高度重视储蓄国债业务的检查工作。2010年上海银行成立储蓄国债业务检查专项工作小组，总行各相关管理部门积极参与，进行抽查；各分支行组成由分管行长任组长、相关条线业务骨干为组员的检查小组，认真完成储蓄国债各条线的业务自查工作。

二、记账式国债承销业务

在记账式国债方面，上海银行高度重视每期记账式国债和地方政府债券的承销工作。国债投资业务作为重要的业务品种，在上海银行的投资组合中始终占有较高比重，在保持利润平稳较快增长、合理利用避税功能等方面作出了重要贡献。上海银行历年来十分重视国债的承销业务，年初制定全年的投资计划，加强对债券市场的分析研判，合理安排投资进度，结合自身实际情况制定每期国债认购规模，并在投标过程中合理分布标位，提高了投标准确度，稳步推进国债的投资业务发展。2010 年上海银行参与承销附息国债 39 期，共计 199.5 亿元，承销贴现国债 9 期，共计 31.6 亿元；承销地方国债 10 期，共计 53.4 亿元。

其次，上海银行作为全国银行间债券市场做市商，长期坚持对各期限品种国债进行连续真实报价，通过真实成交揭示市场收益率水平，对活跃国债二级市场交易做出了积极努力。

附录：2010 年各期国债销售情况

2010 年凭证式国债销售情况

期次	发行时间	期限	总承销额度（万元）	销售量（万元）	销售占比
（一期）	3 月 1 日 ~3 月 21 日	一年期	15000	15000	100.00%
		三年期	15000	15000	100.00%
（二期）	5 月 13 日 ~5 月 27 日	一年期	12000	11996	99.96%
		三年期	12000	11979	99.83%
（三期）	7 月 12 日 ~7 月 26 日	一年期	12000	12000	100.00%
		三年期	12000	11995	99.96%
（四期）	9 月 13 日 ~9 月 27 日	一年期	12000	12000	100.00%
		三年期	12000	12000	100.00%
（五期）	12 月 6 日 ~12 月 20 日	一年期	2400	2400	100.00%
		三年期	6000	6000	100.00%
		五年期	3600	1970	54.72%
合　计			114000	112340	98.54%

2010 年电子式国债销售情况

期次	发行时间	期限	总承销额度（万元）	销售量（万元）	销售占比
101701	4 月 10 日 ~4 月 25 日	一年期	12000	11999	99.99%
101702		三年期	12000	11996	99.97%
101703	6 月 12 日 ~6 月 26 日	一年期	12000	12000	100.00%
101704		三年期	6000	6000	100.00%
101705	8 月 16 日 ~8 月 29 日	一年期	7200	7200	100.00%
101706		三年期	4800	4800	100.00%
101707	10 月 15 日 ~10 月 28 日	一年期	6000	6000	100.00%
101708		三年期	6000	5999	99.99%
101709	11 月 15 日 ~11 月 28 日	一年期	3600	3600	100.00%
101710		三年期	9000	9000	100.00%
101711		五年期	5400	976	18.07%
合　计			84000	79570	94.73%

江苏银行股份有限公司

2007年1月，江苏银行整合江苏省内无锡、苏州、南通等10家城商行发展十余年而积淀起的实力，在南京盛大开业。经过四年的发展，截至2010年，江苏银行资产总额达4299亿元，本外币各项存款达3594亿元，本外币各项贷款达2397亿元，三项核心指标均达到成立之初的2.7倍；实现净利润41.8亿元，是成立之初的9倍多。目前，全行营业网点440多家，不仅覆盖江苏省内所有地级市，且已在北京、上海、深圳成立三家省外分行，杭州分行也已获批筹建中。

江苏银行作为国债承销团重要成员之一，在承销国债方面也取得了突出进步和良好业绩。2010年全行共承销国债33亿元，其中凭证式国债19亿元、储蓄国债（电子式）14亿元；对外销售29.64亿元，其中凭证式国债18.72亿元，储蓄国债（电子式）10.92亿元；国债销售完成率达90%，其中凭证式国债为99%，储蓄国债（电子式）为78%；销售量在江苏省同业排名第一，销售任务完成率名列前茅。在由财政部、中国人民银行评选的全国“2010年度凭证式国债承销优秀奖”12家获奖成员中，排名第8。

一、江苏银行国债发行总体情况

2007年4月，江苏银行经财政部、中国人民银行批准成为国债承销团成员，在总行营业部、无锡分行、南通分行率先开始办理凭证式国债销售等业务。

2009年3月，江苏银行承销额度由0.8%升至1%，首次在全行430多个网点全面开办凭证式国债销售业务。

2009年11月，江苏银行作为财政部第五批储蓄国债（电子式）试点银行，顺利通过了财政部和人民银行的验收，取得销售资格，首次销售即在第五批上线的13家银行中名列第一。

2010年江苏银行荣获由财政部、中国人民银行评选的“2010年度凭证式国债承销优秀奖”。

二、业务开展情况

（一）全行高度重视，提升国债销售水平

江苏银行高度重视国债销售工作，为加强国债销售管理，促进国债销售，制订了国债销售考评办法。总行多次组织员工集中授课培训，了解产品特点，熟悉操作流程。各分行积极组织推动，开展销售竞赛，采取形式多样的激励措施，大大提高了柜面营销的主动性和积极性，促进了网点销售量的提升。

（二）强化国债营销宣传，提高市场声誉度

在国债发售期间，总行及各分行加大宣传力度，采取各种方式进行国债宣传，除在网点摆放宣传折页、海报、展架和通过LED显示屏进行宣传外，还通过网站、报刊、电台、短信等渠道进行广泛宣传。部分分行还组织网点进行社区宣传、广场宣传，获得了良好的反响。通过持续、密集、形式多样的宣传和营销活动，提高了江苏银行的知名度，树立了江苏银行在国债销售方面的崭新市场形象。

（三）发挥渠道优势，有效拓展客户资源

江苏银行网点具有强大的地域优势，在省内覆盖所有地级市及绝大部分县城，针对国债安全保障、收益稳健的产品特点，采取“送债下乡、送债到县”等措施，创新了国债销售模式，提升了服务质量，有效地拓展了江苏银行客户群体。

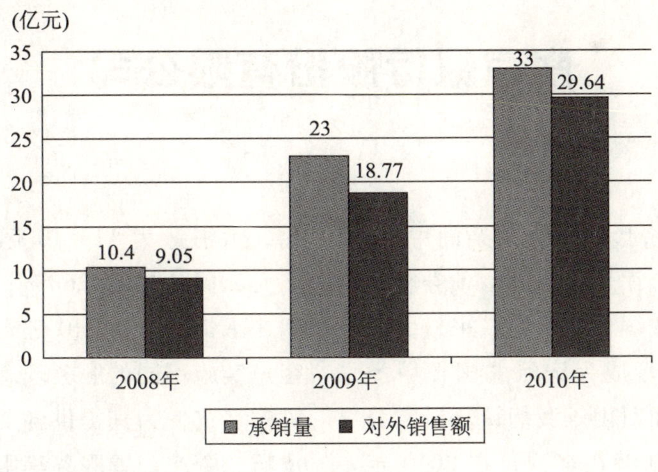

图 1

南京银行股份有限公司

2010年对于我国经济形势最为复杂的一年，货币政策转为稳健、资金面风生水起、债券收益率节节走高，都给记账式国债的承销带来较大的难度。2010年是南京银行成为记账式国债甲类承销团成员的第二年，面对困难我们认真研究分析市场，积极应对，挖掘潜在客户，在2010年度记账式国债承销团评比中南京银行获得了优秀奖。以下主要从几个方面对南京银行2010年国债市场工作加以总结，以督促自己不断地提高、进步。

第一，国债一级市场承销工作方面。多年来南京银行一直认真履行承销团成员的责任和义务，努力做好国债的承分销工作。从2010年国债发行情况来看，一级招标利率基本是符合二级市场利率水平的，且一级利率常起着引导二级市场利率走势。全年二级市场收益率曲线处于整体上行态势，宏观面紧缩预期、回购利率的攀升等都抑制了机构的投资意愿，国债有效投标倍数明显下降，特别是短期国债品种受影响最为剧烈。2010年面对不利的市场环境与债券承销业务的激烈竞争，作为一家规模不大的城商行，南京银行正视难题，积极寻找对策，除了南京本部负责债券承销的团队对各类型客户进行深入挖掘、细分外，我们继续细化了内部的专业化分工，在人力、物力上加大投入，在上海分部新设了营销团队，有利于加强对新客户的覆盖度，增加营销触角。通过一系列努力培养了一支能打硬仗的销售团队，为南京银行国债承销打下坚实基础。在市场同仁的大力支持下2010年记账式国债南京银行共承销452.60亿元，其中承销附息国债41期，承销量为339.5亿元，较上年增加105.10亿元，同比增长144.84%；承销贴现国债19期，承销量为113.10亿元，较上年增加70.90亿元，同比增长268%；承销地方政府债券10期，承销量为28.40亿元。我们注重对于不同的客户实施不同的服务理念，尤其是立足中小金融机构客户，为其提供各期国债的投资分析、投标技巧、资产配置服务等服务，以债券业务为纽带也加深大家在同业业务、理财业务、票据业务等方面的合作，应该说通过全方位的综合服务，实现合作共赢。

在凭证式和储蓄国债方面，作为承销团成员，南京银行认真履行承销团成员的责任和义务，做好凭证式国债和储蓄国债的承销和销售工作。为了增加投资者对凭证式国债和储蓄国债的了解，南京银行通过多种方式加强宣传和促销，除了通过报纸媒体宣传以外，还开通了网站和电话银行咨询系统，在销售期间，每一家营业网点还会悬挂凭证式国债和储蓄国债销售的横幅。由于宣传得力，南京银行凭证式国债销售在南京地区已经形成了一定的品牌效应，积累了一批自己的忠实客户，南京银行也被投资者誉为“债券特色银行”，历年历次的销售情况都比较理想。2010年全年电子储蓄国债共开户4682户，储蓄类国债共包销22.26亿元，实际销售量为15.95亿元，柜台完成率为71.65%。其中凭证式国债包销量为13.30亿元，实际销售量为12.50亿元，柜台销售完成率为94%，电子式国债包销量为8.96亿元，实际销售量为3.45亿元，柜台完成率为38.50%。

第二，积极推动国债市场的流动性建设。首先作为做市商，二级市场方面南京银行注重国债现货交易，积极对国债进行双边报价和做市，全年国债报价笔数2303笔，买入283.40亿元，卖出253.90亿元。报价券种只数共23只。成交国债238笔，成交量48.14亿元，2010年南京银行被评为了优秀做市商。可以看到虽然经历了2010年的熊市，国债市场依然保持连续有效的成交，国债的流动性明显高于其他券种。其次，通过柜台国债对各期限品种国债的滚动报价，通过银行柜面向投资者宣传了记账式国债，积极参与中央国债登记结算公司的柜台记账式国债课题，为推动该项业务的发展积极出谋划策。此外维护和扩大南京银行的债券结算代理业务，通过结算代理业务积极引导各类中小金融机构和企事业单位等非金融机构投资国债和参与国债市场交易，为国债流动性的提高和投资者结构的多元化做了一些具体工作。

第三，南京银行关于继续完善国债发行工作，推进国债市场发展的相关建议。一是，建议继续积极推进国债收益率曲线构建、国债做市商工作，适时推出国债预发行制度，积极推进国债市场的活跃。二是，在国债发行方面，关于发行招标适度放宽利率上下限、国债发行日与上市日错开安排、柜台国债允许承销团成员相互分销、增加高票息国债的价格招标等具体操作建议的讨论，建议召开专题会议进行讨论。三是，在附息国债的发行中，各家投资机构对各期限品种国债的需求偏好均有所不同，但每期的最低中标量都是一定的，对于承销商尤其是甲类成员的承分销压力较大，因而建议取消最低中标量的限制，可设置全年最低中标量的总量限制，既能完成全年的承销任务，也能适当减轻各家承销团成员的承销压力。

回顾2010年，我们取得了一定的进步，但展望未来，我们的担子更重。2011年在紧缩货币政策预期下，债券收益率继续上行和资金面偏紧的局面有望持续，商业银行面对着更加复杂多变的经济金融形势。南京银行将拓展业务思路，积极创新，加强同业合作，灵活应对，争取国债承分销工作再上新台阶！南京银行也十分珍惜记账式国债甲类承销团资格这一荣誉，再接再厉，为国债承销工作和国债市场发展作出更大的贡献！

富滇银行股份有限公司

国债是利国利民的一项国策，富滇银行作为国债承销团成员，长期以来，在财政部、人民银行、国债登记公司等相关机构的关心和指导下，一直认真履行承销团成员的义务，积极的开展好国债的代理业务。在日常工作中，富滇银行行领导十分重视国债业务的建设，不断完善技术系统，并发动全行共同努力，长期坚持做好10多年来各期国债的承销、兑付及宣传、营销与服务等各项工作，并在市场上建立了好的口碑，业务规模持续增长。为市民提供了优质的金融服务，同时培养了较稳定的国债客户群。

一、从体系与制度上加强国债业务管理

为规范、高效的开展国债业务，富滇银行制定了相应的国债业务管理办法和操作流程，使国债业务规范化、制度化。为鼓励和提高支行的业务积极性，制定了国债业务的奖励办法，鼓励网点销售国债，提升服务。针对国债业务品种的不断丰富，特别是在推出电子国债业务后，富滇银行每年组织专题的业务培训，每期国债发行都会比较国债业务不同品种、期限的特点，锁定特定客户群体，制定不同的营销方案，有效地推广了电子国债，客户对电子国债的接受度逐步提高。

二、重视信息系统建设

富滇银行凭证式国债业务纳入了核心业务系统，通过网络系统分配和调剂销售指标，实现了从指标分配到售卖、兑付全面计算机管理。并通过系统支持的全行竞售和指标分配两种销售模式的有效结合，使富滇银行近几年的国债销售在昆明地区处于领先地位。目前富滇银行已实现了通过网上银行渠道销售凭证式国债，免去客户到网点排队购买的不便。2009年11月富滇银行电子国债业务系统通过了人民银行、财政部的验收并上线，一直运行正常。2009年末，人民银行TMIS系统上线，上线以来富滇银行按时发送相关报文。

三、多元化的开展国债宣传与营销活动

富滇银行一直十分重视国债的组织和发行工作，每期国债发行前，积极组织全行学习国债发行文件。针对国债客户群体在各销售网点现场配备咨询人员，宣传凭证式国债投资特点，解答群众关心的问题。另一方面，在销售之前及期间积极通过报纸、广播、短信、网点电子滚动屏、富滇银行门户网站等渠道进行宣传，基本保证每期国债都有新颖、广泛的宣传效果，使国债销售逐步成为富滇银行的一个服务品牌。

2010年，我们面对这样的一个市场，市民市场投资渠道比较丰富，如股票、基金、理财产品以及房地产市场的火热，一定程度分流了部分原有国债客户的资金，加之升息预期强烈，所以2010年持币观望气氛浓厚。对此，富滇银行加大了国债销售的营销力度，针对电子国债客户开展了两期“轻松购买，好礼相送”的营销活动，一定程度上加快了电子国债的销售进度。

随着我国国民经济的不断发展，国债事业必将迎来新一轮的在发展。相信在财政部、人民银行等相关部门的领导与帮助下，富滇银行将会继续努力，认真履行承销团成员的义务，不断完善自身建设，加快发展，争取早日成为更优秀的商业银行中一员。

北京农村商业银行股份有限公司

在财政部及人民银行的大力指导与支持下，北京农村商业银行分别于2006年、2008年先后获得凭证式国债、储蓄国债（电子式）代销资格。业务开展四年多以来，北京农村商业银行不断完善业务流程和加强风险控制，逐步提升了在京郊地区的营销力度，在代理发行、兑付国债业务中取得了良好业绩，在客户中树立了良好的形象。

2010年，北京农村商业银行充分挖掘京郊客户资源，采取多种措施拓展农村销售市场，取得了一定成果。截至12月末，全行累计承销国债25.35亿元，其中凭证式国债15.2亿元，储蓄国债（电子式）10.18亿元，占全行投资产品销售额的24.18%，实现代理手续费收入1700万元。具体情况如下：

一、发挥地缘、人缘优势，确定京郊客户核心定位

（一）以分布广泛的郊区营业网点为基础，稳定客户资源

遍布京郊的网点资源是北京农村商业银行国债承销的良好基础。北京农村商业银行694家营业网点中，近80%分布于京郊，长期为当地居民提供全方位的金融服务，培养了忠实的客户群体，客户资源比较稳定。

（二）以京郊客户投资需求为重点，确定核心营销群体

北京农村商业银行客户以京郊地区的居民为主，此类客户群体投资水平、风险抵御能力较弱，绝大部分没有接受过投资理财的专业培训。这种情况下，国债风险偏低、收益稳定，可以作为重点投资产品加强营销。北京农村商业银行国债销售金额中城乡结合圈客户购买金额占77.27%，农村发展圈客户购买金额占14.62%，内城发展圈客户购买金额占8.11%，城郊客户是购买国债的核心群体。

（三）以储蓄存款增长为契机，平衡客户资产配置

截至2010年末，北京农村商业银行储蓄存款余额1302亿元，在全市17家金融机构中排名第5位，城乡结合圈储蓄存款余额占全行储蓄存款余额的76.55%，农村发展圈储蓄存款余额占全行储蓄存款余额的22.46%，为国债销售奠定了充实的资金基础；同时，京郊客户资金充足但资产配置失衡。从平衡客户资产配置角度出发，结合京郊客户的投资特点及风险承受能力，2010年，北京农村商业银行加大了对京郊网点的国债投放力度，尽量满足客户购买需求。

二、结合区域特点，制定针对性销售措施

北京农村商业银行对北京国债市场及客户投资理财需求进行了分析，结合北京农村商业银行客户特点，制定国债销售措施，有计划地组织各期国债承销工作。

（一）加强在京郊地区有关国债政策、知识的营销宣传力度

北京农村商业银行取得财政部国债承销资格后，从总行到各级支行都在农村地区对国债销售进行了大量宣传工作。一是发放宣传折页，举办国债宣传活动，以使广大京郊居民深入了解国债相关常识，提高国债投资意识，推动国债在京郊

地区的销售。二是及时公布发售网点、发行期限、发行利率等信息，使客户提早获悉有关销售信息，及早做好购买准备。在每期国债发行前和发行中，北京农村商业银行均在营业网点进行公示，提示客户国债的发行起始、截止日期，公布北京农村商业银行代理发行、兑付营业网点地址、联系电话，传达国债发行、兑付工作的有关事项，并在各营业网点配备宣传资料及专职咨询人员，以便客户咨询。三是通过营业网点悬挂条幅、客户服务热线等渠道对国债的发行、兑付业务进行宣传，对有关问题进行解释。四是利用北京农村商业银行短信平台向中高端客户发送国债销售通知，进行重点营销。

（二）合理调配国债承销额度，建立便利化销售渠道

结合农村发展圈、城乡结合圈、内城发展圈存款规模、客户数量、历次销售的情况，北京农村商业银行每期国债在分配承销额度时，均适当向京郊网点倾斜。并要求所有销售网点均对外公示网点全部销售额度，并统一时间对外销售，做到公开、公正、透明，得到了广大客户的认可。

考虑到京郊客户业务办理的便利性，北京农村商业银行694家营业网点在代理发行凭证式国债的同时，均跨网点提供凭证式国债兑付业务，并受理国债的挂失、查询、开立存款证明及质押贷款等相关业务。

（三）维护代理网点秩序，平稳有序销售

在国债发行期间，总行、各级支行业务主管部门均指派专人指导、协调相关业务。各代理网点业务人员须提前30分钟到位，做好各项营业准备工作，对于客户排队较多的网点，提前维护好购买秩序同时启动应急预案，做到购买平稳有序。郊区客户量较大的代销网点均配备专职咨询人员进行答疑，疏导客户。

（四）抓住重点村拆迁机遇，抢占销售先机

2010年，北京农村商业银行各级支行抓住重点村拆迁改造的有利时机，将国债作为拆迁客户的主要资产配置产品，积极组织销售。其中，北京农村商业银行朝阳金盏支行组织专业团队，制定针对性营销方案，率先抢占了时机，取得了一定成果；怀柔支行针对拆迁客户的需求特点，组织拆迁客户理财沙龙活动，重点推介国债产品，向拆迁客户销售了近4000万元国债。

（五）锻炼专业化队伍，提升营销水平

北京农村商业银行于2010年10月开始建设个人客户经理队伍，提升专业化队伍营销水平，国债作为北京农村商业银行客户重要的投资产品，成为个人理财客户经理的主要营销工具之一。目前，北京农村商业银行部分支行个人理财客户经理队伍已初步形成，个人理财客户经理对客户已经开始进行专业化管理，每期国债销售前都与有需求的客户进行联系，主动营销，效果比较明显。

（六）加强检查监督，实行全程立体督导

“全程立体督导”主要是指按不同管理层次对营销工作进行多线条并行督导的方式。北京农村商业银行在国债销售期间，各分支机构负责人及客户经理每日下到基层网点进行巡回督导；总行根据营销业绩完成情况每日选择部分基层网点进行电话督导或现场督导；对营销力度不够的分支机构，由相关负责人员提交书面营销推广改进方案；全行范围内召开专项例会，对每期营销业绩进行通报总结。这种全程立体督导的进程管理模式，使全行各机构在国债销售过程中能够对营销组织管理工作进行有针对性的局部调整，从而使各分支机构在国债销售期间能全程保持营销工作的持续性。

（七）规范业务管理，严控内部风险

北京农村商业银行在制度建设、系统开发、人员培训等方面强化业务管理，防控内部风险。先后制定了《北京农村商业银行代理发行、兑付凭证式国债业务管理办法》、《北京农村商业银行代理发行、兑付凭证式国债业务操作规程》、《北京农村商业银行代理发行、兑付储蓄国债（电子式）业务管理办法》、《北京农村商业银行代理、发行兑付储蓄国债（电子式）业务操作规程》，严格各项业务操作，从制度上规

范业务管理；分别开发凭证式国债、储蓄国债（电子式）业务操作系统，实行前台操作、中台控制、后台清算相互分离相互制约的管理体系，并按业务发展要求，及时进行优化；采取总行集中培训、支行自我培训和员工自我学习相结合的方式普及国债业务知识，提高员工业务操作水平，加强各级员工的业务培训，防范操作风险；制定风险防范预案、应急预案及安全保卫规定，并层层落实。

2010年国债承销和兑付工作已经圆满结束，面对新的年度，新的形势，新的工作任务，2011年北京农村商业银行将坚持“服务三农”的策略，把北京市国债销售的“农”字品牌打好。同时不断总结工作中的经验及不足，从系统优化、队伍建设等各方面入手，着力改善北京农村商业银行代理发行兑付国债的各项工作，为北京市农村地区和农民客户购买国债创造更加优异的条件，提供更好的金融服务。同时也希望财政部能逐步提高向农民销售比例，最大程度满足客户投资理财需求。

上海农村商业银行股份有限公司

在2010年宏观经济调控的背景下，资本市场活跃程度有所下降，低风险、收益稳定的储蓄类国债受到客户的广泛关注。在全年储蓄国债承销工作中，上海农村商业银行积极把握举办世博会的契机和上海新农村建设等区域经济发展热点，加大对储蓄国债业务的营销宣传力度，加强管理，确保业务稳健发展。

在对储蓄国债营销推进工作中，上海农村商业银行根据客户的风险承受度与风险偏好，通过对客户分层和需求细分，开展针对性营销，合理引导储蓄国债与其他投资产品等分流，累积形成稳定的客户资源。同时，上海农村商业银行充分利用市郊300余家的网点规模及人脉优势，通过网点营销、人员营销及口碑营销为主的营销网络进行市场拓展和培育，日常深入社区和村镇，组织各种形式的业务宣传和推广；在宣传渠道中充分利用营业网点公告、电子滚动屏、短信和电话银行等及时向客户提供相关询息，并由客服热线（021—962999）提供24小时咨询服务。

值得一提的是，作为全国首创，上海农村商业银行2010年推出的30家新一代金融便利店为储蓄国债业务的发展起到了推波助澜的作用。通过错时经营，为客户提供人性化、便利化、差异化及增值化的服务，方便广大市民下班后至上海农村商业银行办理储蓄国债业务，其贴心周到的服务受到客户群体的普遍好评。

截至12月末，上海农村商业银行共承销储蓄国债13.2亿元，实际发售125509.45万元。其中，凭证式国债75993.30万元，储蓄国债（电子式）49516.15万元，总体发售完成率达95.08%。具体情况如下：

2010年度储蓄国债承销情况一览

种类		承销额度（万元）	承销量（万元）	完成占比
凭证式国债	一年期	35600	35600	100%
	三年期	38000	37993.30	99.98%
	五年期	2400	2400	100%
	小计	76000	75993.30	99.99%
储蓄国债（电子式）	一年期	27200	24973.83	91.81%
	三年期	25200	24177.31	95.94%
	五年期	3600	365.01	10.14%
	小计	56000	49516.15	88.42%
合计		132000	125509.45	95.08%

此外，为切实维护储蓄国债信誉，保护投资人合法权益，防范凭证式资金风险，上海农村商业银行根据财政部及人民银行相关工作要求，认真贯彻和落实凭证式国债年度自查工作。同时，为保证规章制度的科学性、系统性和完整性，提高内控制度的质量和水平，有效防范各类风险，上海农村商业银行于2010年进一步完善储蓄国债业务的相关制度，并通过培训和竞赛等方式，提升全行员工储蓄国债业务知识和技能，规范业务操作。

中信证券股份有限公司

中信证券是我国最早从事国债承销业务的证券公司之一。多年来，中信证券一直高度重视国债承销业务。在主管机构各级领导的指导下，凭借公司全方位的金融服务平台，我们认真对待并顺利完成每期国债的承销工作，连续多年承销量排名居同业前列，多次获得财政部“国债优秀承销商”称号。

中信证券积极参与建设并长期活跃于中国的债券市场。围绕着固定收益产品的销售、交易、产品设计及报价、做市，中信证券积极履行着做市商、公开市场业务一级交易商、记账式国债承销团甲类成员的责任和义务。2010 年中信证券承销附息国债 41 期，地方政府债 10 期，附息国债承销综合排名券商第一，全场第四。在国债定价方面，通过时时跟踪市场动态、充分沟通市场成员意见后形成“国债投标分析报告”，对国债发行的利率以及后续市场的走势进行预测，预测的准确度得到市场的认可。2011 年，中信证券的国债销售群体不仅仅局限在银行、保险、基金等传统的投资者，借助中信证券全方位的金融服务平台，我们不断拓宽销售渠道，开发了外资行、QFII 等合格的机构投资者。

回顾 2010 年，财政部在增加承销团成员权利、完善国债发行制度等方面作出了很多卓有成效的工作，受到市场成员的一致高度认同。中信证券也尽力配合财政部国债发行各项相关工作，在产品的丰富、招投标规则完善、地方政府债发行方式、预发行制度等问题上均审慎地提出了自己的建议，并得到了财政部的认可。

展望 2011 年，国家将继续推行积极的财政政策，国债发行工作的重要性不言而喻。中信证券会一如既往高度重视国债承销业务，认真履行承销商的义务，充分发挥甲类承销团成员带头作用，为国家财政政策的顺利实施、资本市场的健全和发展奉献自己的力量。

中银国际证券有限责任公司

一、国债和地方债承销业务介绍

中银国际证券作为记账式国债甲类承销团成员，多年以来一直高度重视国债承销、分销工作。凭借较为稳定的客户群体和成熟的销售渠道，国债承销量和综合排名多年以来一直位居同业前列，在债券市场建立了良好的声誉。

2010年，财政部共发行了41期附息国债，发行总量11472.4亿元。中银国际证券对41期国债全部进行了承销，共计承销407.1亿元，占比3.55%，被财政部评为记账式国债优秀承销团成员。2010年财政部还发行了19期贴现国债，发行总量3109.4亿元。中银国际证券对其中的8期进行了承销，共计承销24.3亿元。

2010年财政部代理地方发行地方政府债2000亿元，共发行了10期。与2009年相比，地方债增加了5年期品种，单期发行量明显增加，平均发行规模达到200亿元，二级市场流动性有所改善。在发行的10期地方债中，中银国际证券参与了其中7期的承销，共计承销29.5亿元。

2011年我国将继续实施积极财政政策，估计国债和地方债发行量将会突破2万亿元，较去年略有增加。中银国际证券将会积极创新、拓展工作思路、加强与客户沟通合作，再接再厉，争取国债和地方债承销业务取得更好的发展！

二、市场回顾及展望

2010年我国实施了积极财政政策和适度宽松货币政策，全年国债和地方债发行规模近2万亿元，全年新增贷款7.95万亿元，超出7.5万亿元的信贷目标。在积极财政政策和适度宽松货币政策支持下，2010年GDP同比增长9.8%，超出8%的政策目标。2010年CPI呈现前低后高走势，6月份以后CPI保持在3%以上，11月CPI更创出5.1%的阶段性新高，随着通胀预期的逐步增强，央行的货币政策取向逐步发生变化，2010年央行5次上调存款准备金率，并且加息两次，其中两次加息和3次准备金调整都发生在10月份以后，显示出政府对通胀及通胀预期管理的担忧，而货币政策实际也已经从“适度宽松”转变为“稳健”，12月份的中央政治局会议明确了2011年的政策基调为“积极财政政策和稳健货币政策”。

回顾2010年债券市场走势，大致可分为两个阶段——年初到8月底收益率的震荡下行阶段和9月份之后收益率的大幅回升阶段。其中两大预期因素主导了全年行情变化：上半年的“经济二次探底”预期和9月份之后持续升温的通胀以及紧缩的货币政策预期。这种利率走势在一级市场上反应明显，以7年期国债为例，3月份发行利率为2.92%，7月份发行利率低至2.76%，而11月份发行利率大幅上扬至3.83%。

展望2011年，在“十二五规划”开年之际，财政政策维持积极的基调，货币政策由“适度宽松”调整为“稳健”，服从于转变经济增长模式的总纲领。2010年以来央行已经上调了一次存贷款基准利率，并且两次上调存款准备金率，大行存款准备金率达到19.5%的历史新高，受货币政策收紧预期影响，年初以来债券收益率出现较大幅度上行。

年初以来的中东和北非地缘政治冲突推动了全球大宗商品价格上涨，食品和原油价格上涨已经成为近期全球通胀上行的压力，美国和欧元区的加息预期也显著升温。2011 年国内外经济形势将更为复杂，各种不确定因素也将给国内债券市场的发展带来挑战。中银国际证券将会一如既往地支持财政部的发债工作，与其他承销团成员一起共同努力，为推动我国债券市场的发展贡献力量！

平安证券有限责任公司

2010年平安证券共计参与41期附息国债、19期贴现国债以及10期地方政府债的发行，合计承销总量为312.3亿元，较2009年的承销总量大幅增长，获得了2010年全年记账式附息国债承销总排名第十三，券商排名第五的成绩，并荣获2010年度财政部颁发的国债承销团优秀成员奖。

2010年平安证券将国债承销工作列为重中之重，并成立了专门的国债承销业务线，由专人进行管理，对客户的需求分布进行深入分析，对国债销售线人员进行统筹部署，由所辖区域的交易员一对一的进行跟踪挖掘。我们特别针对中小机构的客户进行大面积的开发和维护，通过一些主动营销的方式，挖掘客户需求，帮助客户进行国债投资，积累合作客户达50多家，对我们国债的承销工作起到了较为关键的作用。此外，在每一期国债投标前，我们例行安排投资及市场分析会议，组织研究人员进行分析研究，通过横向（同期限金融债近期发行情况）和纵向（同期限国债的历史发行情况）的分析比较，合理预测该期国债定价区间，制定当期的投资策略建议，积极引导中小机构进行国债投资。新的一年我们面临的国债承销任务将更加艰巨，我们会着力于进一步提升市场研判能力，积极的挖掘市场需求，作出更好的成绩，为国债市场的繁荣贡献一份自己的力量。

第三篇

数据统计

历年国家内债发行条件一览表（一）

<table>
<tr><th rowspan="2">发行年度</th><th rowspan="2">类 别</th><th rowspan="2">计息日</th><th colspan="2">票面利率（%）</th><th rowspan="2">百元发行价格（元）</th><th rowspan="2">期限（年）</th><th rowspan="2">备 注</th></tr>
<tr><th>单位</th><th>个人</th></tr>
<tr><td rowspan="4">1981</td><td colspan="7">无记名国债</td></tr>
<tr><td rowspan="3">其中：</td><td>7月1日</td><td>4</td><td>4</td><td>100</td><td>5—9</td><td>单位购买的于1988年以前到期部分，最长计息期9年（截至1990年6月30日），年利率4%，于1990年7月1日全部到期。到期券面尾号共60个：01—09. 12—15. 19. 22. 25—30. 34. 36. 40. 41. 43—46. 51. 53—58. 63. 65—72. 74—78. 80. 81. 84. 86. 89. 90. 93—95. 99。个人购买部分到期一次还本付息，最长计息期9年（截至1990年6月30日），年利率4%，于1990年7月1日全部到期。</td></tr>
<tr><td>7月1日</td><td>4</td><td></td><td>100</td><td>11</td><td>单位购买的于1989年到期部分，推迟3年偿还，于1992年7月1日到期，计息期11年，年利率4%。到期券面尾号共20个：00. 10. 11. 16. 20. 21. 24. 31. 35. 39. 52. 59. 62. 64. 73. 79. 82. 87. 88. 91。</td></tr>
<tr><td>7月1日</td><td>4、8</td><td></td><td>100</td><td>12</td><td>单位购买的于1990年到期部分，转为1990年转换债，转换债期限5年，年利率8%，该部分债券于1993年7月1日提前偿还，计息期共计12年，利息分段计付：前9年（1981.7.1—1990.6.30）年利率4%，后3年（1990.7.1—1993.6.30）年利率8%。到期券面尾号共20个：17. 18. 23. 32. 33. 37. 38. 42. 47—50. 60. 61. 83. 85. 92. 96. 97. 98。</td></tr>
<tr><td rowspan="6">1982</td><td colspan="7">无记名国债</td></tr>
<tr><td rowspan="5">其中：</td><td>7月1日</td><td></td><td>8</td><td>100</td><td>5—9</td><td>个人购买部分最长计息期为9年（截至1991年6月30日），年利率8%，于1991年7月1日全部到期。</td></tr>
<tr><td>7月1日</td><td>4</td><td></td><td>100</td><td>5—9</td><td>单位购买的于1988年以前到期的40%部分，最长计息期9年（截至1991年6月30日），年利率4%，于1991年7月1日全部到期。</td></tr>
<tr><td>7月1日</td><td>4</td><td></td><td>100</td><td>10</td><td>单位购买的于1989年到期的20%部分，推迟3年偿还，于1992年7月1日到期，计息期10年，年利率4%。</td></tr>
<tr><td>7月1日</td><td>4、8</td><td></td><td>100</td><td>11</td><td>单位购买的于1990年到期的20%部分，转为1990年转换债，转换债期限5年，年利率8%，该部分债券于1993年7月1日提前偿还，计息期共计11年，利息分段计付：前8年（1982.7.1—1990.6.30）年利率4%，后3年（1990.7.1—1993.6.30）年利率8%。</td></tr>
<tr><td>7月1日</td><td>4、8</td><td></td><td>100</td><td>11</td><td>单位购买的于1991年到期的20%部分，转为1991年转换债，转换债期限5年，年利率8%，该部分债券于1993年7月1日提前偿还，计息期共计11年，利息分段计付：前9年（1982.7.1—1991.6.30）年利率4%，后2年（1991.7.1—1993.6.30）年利率8%。</td></tr>
</table>

续表

发行年度	类别	计息日	票面利率（%）		百元发行价格（元）	期限（年）	备注
			单位	个人			
1983	无记名国债						
	其中：	7月1日		8	100	5—9	个人购买部分最长计息期为9年（截至1992年6月30日），年利率8%，于1992年7月1日全部到期。
		7月1日	4		100	5—9	单位购买的于1988年以前到期的20%部分，最长计息期9年（截至1992年6月30日），年利率4%，于1992年7月1日全部到期。
		7月1日	4		100	9	单位购买的于1989年到期的20%部分，推迟3年偿还，于1992年7月1日到期，计息期9年，年利率4%。
		7月1日	4、8		100	10	单位购买的于1990年到期的20%部分，转为1990年转换债，转换债期限5年，年利率8%，该部分债券于1993年7月1日提前偿还，计息期共计10年，利息分段计付：前7年（1983.7.1—1990.6.30）年利率4%，后3年（1990.7.1—1993.6.30）年利率8%。
		7月1日	4、8		100	10	单位购买的于1991年到期的20%部分，转为1991年转换债，转换债期限5年，年利率8%，该部分债券于1993年7月1日提前偿还，计息期共计10年，利息分段计付：前8年（1983.7.1—1991.6.30）年利率4%，后2年（1991.7.1—1993.6.30）年利率8%。
		7月1日	4、8		100	10	单位购买的于1992年到期的20%部分，转为1992年转换债，转换债期限5年，年利率8%，该部分债券于1993年7月1日提前偿还，计息期共计10年，利息分段计付：前9年（1983.7.1—1992.6.30）年利率4%，后1年（1992.7.1—1993.6.30）年利率8%。
1984	无记名国债						
	其中：	7月1日		8	100	5—9	个人购买部分最长计息期为9年（截至1993年6月30日），年利率8%，于1993年7月1日全部到期。
		7月1日	4		100	8	单位购买的于1989年到期的20%部分，推迟3年偿还，于1992年7月1日到期，计息期8年，年利率4%。
		7月1日	4、8		100	9	单位购买的于1990年到期的20%部分，转为1990年转换债，转换债期限5年，年利率8%，该部分债券于1993年7月1日提前偿还，计息期共计9年，利息分段计付：前6年（1984.7.1—1990.6.30）年利率4%，后3年（1990.7.1—1993.6.30）年利率8%。
		7月1日	4、8		100	9	单位购买的于1991年到期的20%部分，转为1991年转换债，转换债期限5年，年利率8%，该部分债券于1993年7月1日提前偿还，计息期共计9年，利息分段计付：前7年（1984.7.1—1991.6.30）年利率4%，后2年（1991.7.1—1993.6.30）年利率8%。
		7月1日	4、8		100	9	单位购买的于1992年到期的20%部分，转为1992年转换债，转换债期限5年，年利率8%，该部分债券于1993年7月1日提前偿还，计息期共计9年，利息分段计付：前8年（1984.7.1—1992.6.30）年利率4%，后1年（1992.7.1—1993.6.30）年利率8%。
		7月1日	4		100	9	单位购买的于1993年到期的20%部分，计息期9年，年利率4%，于1993年7月1日全部到期。

续表

发行年度	类　别	计息日	票面利率（%） 单位	票面利率（%） 个人	百元发行价格（元）	期限（年）	备　　注
1985	无记名国债						
		7月1日		9	100	5	到期一次还本付息。
	其中：	7月1日	5、8		100	10	单位购买的于1990年到期后转为1990年转换债，转换债期限5年，年利率8%，该债券于1995年7月1日到期偿还，计息期共10年，利息分段计付：前5年（1985.7.1—1990.6.30）年利率5%；后5年（1990.7.1—1995.6.30）年利率8%。
1986	无记名国债						
		7月1日		10	100	5	到期一次还本付息。
	其中：	7月1日	6、8		100	10	单位购买的于1991年到期后转为1991年转换债，转换债期限5年，年利率8%，该债券于1996年7月1日到期偿还，计息期共10年，利息分段计付：前5年（1986.7.1—1991.6.30）年利率6%；后5年（1991.7.1—1996.6.30）年利率8%。
1987	无记名国债						
		7月1日		10	100	5	到期一次还本付息。
	其中：	7月1日	6、8		100	10	单位购买的于1992年到期后转为1992年转换债，转换债期限5年，年利率8%，该债券于1997年7月1日到期偿还，计息期10年，利息分段计付：前5年（1987.7.1—1992.6.30）年利率6%；后5年（1992.7.1—1997.6.30）年利率8%。
	国家重点建设债券	交款日		10.5	100	3	到期一次还本付息。
		7月1日	6、8		100	8	单位购买的于1990年到期后转为1990年转换债，转换债期限5年，年利率8%，该债券于1995年7月1日到期偿还，计息期共8年，利息分段计付：前3年（1987.7.1—1990.6.30）年利率6%；后5年（1990.7.1—1995.6.30）年利率8%。
1988	无记名国债						
		7月1日		10	100	3	到期一次还本付息。
	其中：	7月1日	6、8		100	8	单位购买的于1991年到期后转为1991年转换债，转换债期限5年，年利率8%，该债券于1996年7月1日到期偿还，计息期共8年，利息分段计付：前3年（1988.7.1—1991.6.30）年利率6%；后5年（1991.7.1—1996.6.30）年利率8%。
	财政债券（五年期）	7月15日	7.5		100	5	到期一次还本付息。
	财政债券（二年期）	7月15日	8		100	7	该债券在1990年到期后延期偿还，推迟期为5年，于1995年7月15日到期偿还，计息期共7年，年利率8%。
	国家建设债券	交款日	9.5	9.5	100	2	到期一次还本付息。

续表

发行年度	类别	计息日	票面利率（%）		百元发行价格（元）	期限（年）	备注
			单位	个人			
1989	无记名国债	7月1日	14		100	3	到期一次还本付息。
	保值公债	9月1日	14.14		100	3	到期一次还本付息，到期保值贴补率为零。
	特种国债	交款日	15		100	5	到期一次还本付息。
1990	无记名国债	7月1日	14		100	3	到期一次还本付息。
	财政债券	8月15日	10		100	5	到期一次还本付息。
	特种国债	交款日	15		100	5	到期一次还本付息。
1991	无记名国债	7月1日	10		100	3	到期一次还本付息。
	财政债券	10月15日	9		100	5	到期一次还本付息。
	特种国债	交款日	9		100	5	到期一次还本付息。
1992	无记名国债（一期）	4月1日	10.5		100	5	从1993年7月11日起保值，每百元利息为60元整。
	无记名国债（二期）	7月1日	9.5		100	3	从1993年7月11日起保值，每百元利息为65.74元。
	财政债券	10月15日	9		100	5	到期一次还本付息。
1993	无记名国债（一期）	3月1日	15.86		100	5	从1993年7月11日起保值，到期保值贴补率为零。
	无记名国债（二期）	3月1日	13.96		100	3	从1993年7月11日起保值，每百元利息为71.99元。
	非实物国债	7月1日	15.86		100	5	按年支付利息。
	财政债券	10月15日	14		100	5	到期一次还本付息。
1994	记账式国债	1月25日	9.8		100	半年	不计入年度规模。
	记账式国债	2月7日	11.98		100	1	到期一次还本付息。
	无记名国债	4月1日	13		100	2	到期一次还本付息。
	凭证式国债	交款日	13.96		100	3	到期一次还本付息，到期保值贴补率为零。
	特种定向债券	4月1日	15.86		100	5	到期一次还本付息，到期保值贴补率为零。
1995	无记名国债	3月1日	14.5		100	3	到期一次还本付息。
	凭证式国债						到期一次还本付息。
	（一期）	交款日	14		100	3	
	（二期）	交款日	14		100	3	
	记账式国债	8月26日	11.98		100	1	
	特种定向债券	7月1日	15.86		100	5	到期一次还本付息，到期保值贴补率为零。
1996	无记名国债（一期）	3月10日	14.5		100	3	到期一次还本付息。
	无记名国债（二期）	8月6日	10.96		100	3	到期一次还本付息。
	凭证式国债	交款日	13.06		100	5	到期一次还本付息。
	记账式国债						
	（一期）	1月12日			89.2	1	贴现。

续表

发行年度	类别	计息日	票面利率（%）		百元发行价格（元）	期限（年）	备注
			单位	个人			
1996	（二期）	2月12日			95	半年	贴现，不计入年度规模。
	（三期）	3月15日			97.58	3个月	贴现，不计入年度规模。
	（四期）	4月2日			89.25	1	贴现。
	（五期）	6月14日	11.83		100	10	按年支付利息。
	（六期）	11月1日	8.56		100	7	按年支付利息。
	特种定向债券	9月3日	8.8		100	5	按年支付利息。
1997	无记名国债（一期）	5月1日	9.18		100	3	到期一次还本付息。
	凭证式国债						
		购买日	8.64		100	2	到期一次还本付息。
		购买日	9.18		100	3	
		购买日	10.17		100	5	
	记账式国债						
	（一期）	1月22日			82.39	2	贴现。
	（二期）	9月5日	9.78		100	10	按年支付利息。
	特种定向债券	9月22日	8.8		100	5	按年支付利息。
1998	凭证式国债						
		购买日	7.11 5.85		100	3	到期一次还本付息。 2月20日（含本日）至7月2日（含本日）购买的凭证式国债利率为：三年期7.11%；五年期7.86%。 7月3日（含本日）至11月30日（含本日）购买的凭证式国债利率为：三年期5.85%；五年期6.42%。
			7.86 6.42		100	5	
	记账式国债	12月23日	5.01		100	7	按年支付利息。
	专项国债（记账一期）	5月18日	6.8		100	7	按年支付利息。
	附息国债						
	（一期）	9月4日	5.5		100	10	按年支付利息。
	（二期）	12月25日	5.2		100	10	按年支付利息。
	定向债券	11月4日	5.68		100	5	按年支付利息。
	特种定向债券	11月20日	5.85		100	5	按年支付利息。
1999	凭证式国债						
	（一期）						到期一次还本付息。
		购买日	4.72		100	3	
		购买日	5.13		100	5	
	（二期）						
		购买日	3.02		100	3	
		购买日	3.25		100	5	
	（三期）						

续表

发行年度	类别	计息日	票面利率（%） 单位	票面利率（%） 个人	百元发行价格（元）	期限（年）	备注
1999		购买日	2.78		100	3	到期一次还本付息。
		购买日	2.97		100	5	到期一次还本付息。
	记账式国债						
	（一期）	2月26日	4.88		100	7	按年支付利息。
	（二期）	4月29日	4.72		100	10	按年支付利息。
	（三期）	6月18日	3.2		100	7	按年支付利息。
	（四期）	7月13日	2.72		100	3	按年支付利息。
	（五期）	8月20日	3.28		100	8	按年支付利息。
	（六期）	9月3日	△+0.3		100	10	浮动利率，按年支付利息。
	（七期）	9月23日	2.6		100	2	按年支付利息。
	（八期）	9月23日	3.3		100	10	按年支付利息。
	（九期）	10月25日	3.31		100	5	按年支付利息。
	（十期）	11月10日	△+0.6		100	7	浮动利率，按年支付利息。
	（十一期）	11月25日	3.32		100	5	按年支付利息。
	（十二期）	12月17日	2.92		100	3	按年支付利息。
	定向国债						
	（一期）	8月13日	△+0.5		100	7	浮动利率，按年支付利息。
	（二期）	10月15日	3.5		100	5	按年支付利息。

注：△=本付息期起息日当日1年期银行存款利率

数据来源：根据历年国债发行文件整理

历年国家内债发行条件一览表（二）

发行年度	品 种	面 值（亿元）	期 限	发行价格（元）	票面利率（%）	发行时间	发行场所
2000年	实际发行	4657.00					
	一、凭证式	1900.00					
	（一期）	100.00	2年	100.000	2.55	3月1日—4月20日	全社会
		350.00	3年	100.000	2.89		
		50.00	5年	100.000	3.14		
	（二期）	120.00	2年	100.000	2.55	5月1日—6月30日	
		300.00	3年	100.000	2.89		
		180.00	5年	100.000	3.14		
	（三期）	480.00	3年	100.000	2.89	9月15日—12月15日	
		320.00	5年	100.000	3.14		
	二、记账式	2519.50					
	（一期）	200.00	7年	100.000	△+0.65	2月24日	银行间
	（二期）	280.00	10年	100.000	△+0.55	4月18日	银行间
	（三期）	200.00	2年	100.000	2.44	5月18日	银行间
	（四期）	140.00	10年	100.000	△+0.62	5月23日	交易所
	（五期）	200.00	5年	100.000	3.00	6月21日	银行间
	（六期）	125.50	7年	100.000	3.50	8月17日	银行间
	（七期）	200.00	10年	100.000	△+0.47	9月21日	银行间
	（八期）	102.00	5年	100.000	3.40	10月20日	银行间
	（九期）	500.00	10年	100.000	△+0.3	10月31日	国有独资银行
	（十期）	120.00	7年	100.000	△+0.38	11月14日	交易所
	（十一期）	200.00	1年	100.000	2.35	11月24日	银行间
	（十二期）	252.00	7年	100.000	△+0.6	12月20日	银行间
	三、定向国债	237.50					
	（一期）	37.50	5年	100.000	3.50	8月8日	两金
	（二期）	200.00	2年	100.000	2.42	12月2日	社保基金

注：△=本付息期起息日当日1年期银行存款利率

续表

发行年度	品 种	面 值（亿元）	期 限	发行价格（元）	票面利率（%）	发行时间	发行场所
2001年	实际发行	4883.50					
	一、凭证式	1800.00					
	（一期）	480.00	3年	100.000	2.89	3月1日—4月30日	全社会
		120.00	5年	100.000	3.14		
	（一期续发）	200.00	5年	100.000	3.14	4月10日—4月30日	
	（二期）	350.00	3年	100.000	2.89	5月15日—7月14日	
		150.00	5年	100.000	3.14		
	（三期）	350.00	3年	100.000	2.89	9月14日—11月13日	
		150.00	5年	100.000	3.14		
	二、记账式	3083.50					
	（一期）	200.00	10年	100.000	△+0.57	3月21日	银行间
	（二期）	200.00	3年	100.000	2.88	4月18日	银行间
	（三期）	120.00	7年	100.000	3.27	4月22日	交易所
	（四期）	120.00	15年	100.000	4.69	6月4日	银行间
	（五期）	180.00	7年	100.000	3.71	6月20日	银行间
	（六期）	200.00	5年	100.000	3.36	7月11日	银行间
	（七期）	240.00	20年	100.000	4.26	7月29日	交易所
	（八期）	200.00	2年	100.000	2.46	8月3日	银行间
	（九期）	200.00	10年	100.000	△+0.52	8月30日	银行间
	（十期）	200.00	10年	100.000	2.95	9月22日	交易所
	（十一期）	160.00	20年	100.000	3.85	10月22日	银行间
	（十二期）	200.00	10年	100.000	3.05	10月28日	交易所
	（十三期）	200.00	5年	100.000	2.86	11月26日	银行间
	（十四期）	200.00	7年	100.000	2.90	12月10日	银行间
	（十五期）	200.00	7年	100.000	3.00	12月16日	交易所
	（十六期）	263.50	3年	100.000	2.51	12月19日	银行间

注：△=本付息期起息日当日1年期银行存款利率

续表

发行年度	品　种	面　值（亿元）	期　限	发行价格（元）	票面利率（%）	发行时间	发行场所
2002年	实际发行	5934.40					
	一、凭证式	1473.00					
	（一期）	420.00	3年	100.000	2.42	3月10日—5月9日	全社会
		180.00	5年	100.000	2.74		
	（二期）	150.00	3年	100.000	2.07	7月16日—8月15日	
		150.00	5年	100.000	2.29		
	（三期）	167.50	3年	100.000	2.12	9月1日—9月30日	
		167.50	5年	100.000	2.36		
	（四期）	123.00	3年	100.000	2.22	11月1日—11月30日	
		115.00	5年	100.000	2.48		
	二、记账式	4461.40					
	（一期）	200.00	10年	100.000	2.70	3月18日	银行间
	（二期）	360.00	5年	100.000	2.22	4月10日	银行间
	（三期）	200.00	10年	100.000	2.54	4月18日	交易所
	（四期）	260.00	2年	100.000	1.90	5月10日	银行间
	（五期）	260.00	30年	100.000	2.90	5月24日	银行间
	（六期）	255.00	7年	100.000	2.00	6月6日	银行间
		205.00	7年	100.000	2.00		银行柜台
	（七期）	260.00	3年	100.000	1.90	6月20日	银行间
	（八期）	265.00	1年	98.130	贴现	7月12日	银行间
	（九期）	173.30	10年	100.000	2.70	7月19日	银行间
	（十期）	200.00	7年	100.000	2.39	8月16日	交易所
	（十一期）	200.00	7年	100.000	2.64	8月23日	银行间
	（十二期）	191.00	3年	100.000	2.30	9月18日	银行间
	（十三期）	240.00	15年	100.000	2.60	9月20日	交易所
	（十四期）	224.00	5年	100.000	2.65	10月24日	交易所
	（十五期）	340.00	7年	100.000	2.93	12月6日	银行间、交易所
		260.00	7年	100.000	2.93		银行柜台
	（十六期）	368.10	2年	99.880	2.30	12月16日	银行间

续表

发行年度	品种	面值（亿元）	期限	发行价格（元）	票面利率（%）	发行时间	发行场所
2003年	实际发行	6283.40					
	一、凭证式	2504.60					
	（一期）	300.00	3年	100.000	2.32	2月20日—3月31日	全社会
		300.00	5年	100.000	2.63		
	（二期）	450.00	3年	100.000	2.32	4月1日—7月31日	
		450.00	5年	100.000	2.63		
	（三期）	250.00	3年	100.000	2.32	9月1日—11月30日	
		250.00	5年	100.000	2.63		
	（四期）	203.40	1年	100.000	1.98	11月20日—12月20日	
		301.20	2年	100.000	2.25		
	二、记账式	3778.80					
	（一期）*	700.00	7年	100.000	2.66	2月19日	跨市场
	（二期）	260.00	10年	100.000	2.80	4月9日	银行间
	（三期）	260.00	20年	102.140	3.40	4月17日	交易所
	（四期）	260.00	5年	100.000	2.45	4月24日	银行间
	（五期）*	260.00	3年	100.340	2.32	6月23日	银行间
	（六期）	260.00	5年	100.000	2.53	7月25日	银行间
	（七期）	460.00	7年	100.000	2.66	8月20日	跨市场
	（八期）	163.80	10年	98.000	3.02	9月17日	交易所
	（九期）	220.00	15年	100.000	4.18	10月24日	银行间
	（十期）	220.00	2年	100.000	2.77	11月10日	银行间
	（十一期）	360.00	7年	100.000	3.50	11月19日	跨市场
	（十二期）	255.00	1年	97.510	贴现	12月11日	银行间
	（十三期）	100.00	3个月	99.410	贴现	12月29日	银行间

注：1. 记账式（一期）国债于5月22日续发行350亿元（面值），加权平均承销价格为每百元面值100.92元。

2. 记账式（五期）国债缴款日为9月23日，承销价格为含息全价。

续表

发行年度	品 种	面 值（亿元）	期 限	发行价格（元）	票面利率（%）	发行时间	发行场所
2004年	实际发行	6924.30					
	一、凭证式	2510.40					
	（一期）	315.00	3年	100.000	2.52	3月1日—3月31日	社会
		135.00	5年	100.000	2.83		
	（二期）	679.40	3年	100.000	2.52	4月1日—5月31日	社会
		286.10	5年	100.000	2.83		
	（三期）电子	237.00	2年	100.000	2.40	6月10日—6月25日	个人
	（四期）	350.00	3年	100.000	2.65	7月1日—8月31日	社会
		150.00	5年	100.000	3.00		
	（五期）电子	157.90	2年	100.000	2.40	9月6日—9月17日	个人
	（六期）*	140.00	3年	100.000	2.65/3.37	10月1日—11月30日	社会
		60.00	5年	100.000	3.00/3.81		
	二、记账式	4413.90					
	（一期）	381.60	1年	97.700	贴现	3月15日	跨市场
	（二期）	267.60	3年	100.000	3.20	4月9日	银行间
	（三期）	304.60	5年	100.000	4.42	4月20日	跨市场
	（四期）	367.50	7年	100.000	4.89	5月25日	跨市场（柜台）
	（五期）	332.30	2年	93.760	贴现	6月15日	跨市场
	2001年（五期）续发	270.00	3年11个月	98.660	3.71	7月8日	银行间
	2004年（三期）续发	337.00	4年9个月	101.530	4.42	7月19日	跨市场
	（六期）	242.40	10年	100.000	4.86	8月10日	银行间
	（七期）	372.90	7年	100.000	4.71	8月25日	跨市场（柜台）
	2004年（五期）续发	303.00	1年9个月	94.590	贴现	9月20日	跨市场
	（八期）	336.10	5年	100.000	4.30	10月20日	跨市场
	（九期）	253.20	3个月	99.414	贴现	11月4日	银行间
	（十期）	389.10	7年	100.000	4.86	11月25日	跨市场（柜台）
	（十一期）	256.60	2年	100.000	2.98	12月15日	跨市场

注：由于人民银行10月29日上调金融机构存贷款利率，2004年凭证式（六期）国债的票面利率调整如下：10月29日（含当日）后购买的本期国债，其持有到期票面利率3年期上调至3.37%，5年期上调至3.81%；10月29日（不含当日）前购买的本期国债，其持有到期票面利率仍按原规定执行，即3年期2.65%，5年期3.00%。

续表

发行年度	品 种	面 值（亿元）	期 限	发行价格（元）	票面利率（%）	发行时间	发行场所
2005年	实际发行	7042.00					
	一、凭证式	2000.00					
	（一期）	245.00	3年	100.000	3.37	3月1日—3月31日	全社会
		105.00	5年	100.000	3.81		
	（二期）	245.00	3年	100.000	3.37	4月10日—4月30日	
		105.00	5年	100.000	3.81		
	（三期）	350.00	3年	100.000	3.37	5月1日—6月30日	
		150.00	5年	100.000	3.81		
	（四期）	210.00	3年	100.000	3.24	8月1日—9月30日	
		90.00	5年	100.000	3.60		
	（五期）	350.00	3年	100.000	3.24	10月15日—11月30日	
		150.00	5年	100.000	3.60		
	二、记账式	5042.00					
	（一期）	300.00	10年	100.000	4.44	2月28日	跨市场
	（二期）	300.00	1年	97.930	贴现	3月15日	跨市场
	（三期）	333.90	5年	100.000	3.30	4月26日	跨市场
	（四期）	339.20	20年	100.000	4.11	5月15日	跨市场
	（五期）	337.80	7年	100.000	3.37	5月25日	跨市场（柜台）
	（六期）	353.80	1年	98.619	贴现	6月15日	跨市场
	（七期）	350.80	2年	100.000	1.58	7月15日	跨市场
	（八期）	324.50	3年	100.000	1.93	8月15日	跨市场
	（九期）	319.40	7年	100.000	2.83	8月25日	跨市场（柜台）
	（十期）	331.70	1年	98.870	贴现	9月15日	跨市场
	（十一期）	333.50	5年	100.000	2.14	10月20日	跨市场
	（十二期）	344.10	15年	100.000	3.65	11月15日	跨市场
	（十三期）	328.40	7年	100.000	3.01	11月25日	跨市场（柜台）
	（十四期）	333.90	2年	100.000	1.75	12月15日	跨市场
	（十五期）	411.00	3个月	99.662	贴现	12月26日	跨市场

续表

发行年度	品 种	面 值（亿元）	期 限	发行价格（元）	票面利率（%）	发行时间	发行场所
2006年	实际发行	8883.30					
	一、凭证式	1950.00					
	（一期）	420.00	3年	100.000	3.14	3月1日—3月31日	全社会
		180.00	5年	100.000	3.49		
	（二期）	280.00	3年	100.000	3.14	4月1日—4月30日	
		120.00	5年	100.000	3.49		
	（三期）	280.00	3年	100.000	3.14	6月1日—6月30日	
		120.00	5年	100.000	3.49		
	（四期）	280.00	3年	100.000	3.39	9月1日—9月30日	
		120.00	5年	100.000	3.81		
	（五期）	105.00	3年	100.000	3.39	11月10日—11月30日	
		45.00	5年	100.000	3.81		
	二、记账式	6533.30					
	（一期）	330.00	7年	100.000	2.51	2月27日	跨市场（含柜台）
	（二期）	330.00	3个月	99.665	贴现	3月16日	跨市场
	（三期）	340.00	10年	100.000	2.80	3月27日	跨市场
	（四期）	309.60	3年	100.000	2.12	4月17日	跨市场
	（五期）	308.00	5年	100.000	2.40	5月16日	跨市场
	（六期）	305.60	7年	100.000	2.62	5月25日	跨市场（含柜台）
	（七期）	300.00	3个月	99.597	贴现	6月6日	跨市场
	（八期）	325.70	1年	100.000	1.92	6月15日	跨市场
	（九期）	310.90	20年	100.000	3.70	6月26日	跨市场
	（十期）	319.80	3年	100.000	2.34	7月17日	跨市场
	（十一期）	300.00	6个月	98.941	贴现	7月25日	跨市场
	（十二期）	300.00	5年	100.000	2.72	8月15日	跨市场
	（十三期）	331.10	7年	100.000	2.89	8月31日	跨市场（含柜台）
	（十四期）	300.00	3个月	99.558	贴现	9月5日	跨市场
	（十五期）	306.10	1年	100.000	1.96	9月15日	跨市场
	（十六期）	300.00	10年	100.000	2.92	9月26日	跨市场
	（十七期）	310.60	3年	100.000	2.29	10月16日	跨市场
	（十八期）	300.00	5年	100.000	2.48	10月25日	跨市场
	（十九期）	300.00	15年	100.000	3.27	11月15日	跨市场
	（二十期）	345.90	7年	100.000	2.91	11月27日	跨市场（含柜台）
	（二十一期）	260.00	3个月	99.492	贴现	12月14日	跨市场
	三、储蓄国债（电子式）	400.00					
	（一期）	150.00	3年	100.000	3.14	7月1日—7月15日	个人
	（二期）	250.00	3年	100.000	3.39	10月16日—10月31日	

续表

发行年度	品 种	面 值（亿元）	期 限	发行价格（元）	票面利率（%）	发行时间	发行场所
2007年	实际发行	23483.44					
	一、凭证式	1600.00					
	（一期）	210.00	3年	100.000	3.39/3.66	3月1日—3月17日/3月18日—3月31日	全社会
		90.00	5年	100.000	3.81/4.08		
	（二期）	350.00	3年	100.000	3.66	4月1日—4月30日	
		150.00	5年	100.000	4.08		
	（三期）	210.00	3年	100.000	3.66/4.11	5月10日—5月18日/5月19日—5月31日	
		90.00	5年	100.000	4.08/4.62		
	（四期）	160.00	3年	100.000	5.2/5.47	9月6日—9月14日/9月15日—9月30日	
		40.00	5年	100.000	5.74/6.01		
	（五期）	240.00	3年	100.000	5.74	12月5日—12月20日	
		60.00	5年	100.000	6.34		
	二、记账式	6347.20					
	（一期）	300.00	7年	100.000	2.93	2月6日	银行间、交易所（柜台）
	（二期）	260.00	1年	100.000	2.10	3月15日	银行间、交易所（柜台）
	（三期）	300.00	10年	100.000	3.40	3月22日	银行间、交易所（柜台）
	（四期）	306.00	3年	100.000	2.77	4月16日	银行间、交易所（柜台）
	（五期）	300.00	5年	100.000	3.18	4月23日	银行间、交易所
	（六期）	300.00	30年	100.000	4.27	5月17日	银行间、交易所
	（七期）	337.80	7年	100.000	3.74	5月24日	银行间、交易所（柜台）
	（八期）	300.00	3个月	99.440	贴现	6月7日	银行间、交易所
	（九期）	301.50	1年	100.000	2.61	6月14日	银行间、交易所（柜台）
	（十期）	350.70	10年	100.000	4.40	6月25日	银行间、交易所（柜台）
	（十一期）	383.80	3年	100.000	3.53	7月16日	银行间、交易所（柜台）
	（十二期）	280.00	6个月	98.653	贴现	7月26日	银行间、交易所
	（十三期）	280.00	20年	100.000	4.52	8月16日	银行间、交易所
	（十四期）	326.90	7年	100.000	3.90	8月23日	银行间、交易所（柜台）
	（十五期）	280.00	3个月	99.411	贴现	9月6日	银行间、交易所
	（十六期）	280.00	1年	100.000	2.95	9月13日	银行间、交易所（柜台）

续表

发行年度	品 种	面 值（亿元）	期 限	发行价格（元）	票面利率（%）	发行时间	发行场所
2007年	（十一期）续发	295.80	3年	100.900	3.53	10月15日	银行间、交易所（柜台）
	（十七期）	280.00	5年	100.000	4.00	10月22日	银行间、交易所
	（十八期）	324.70	7年	100.000	4.35	11月26日	银行间、交易所（柜台）
	（十九期）	300.00	3个月	99.203	贴现	12月6日	银行间、交易所
	（二十期）	260.00	1年	100.000	3.66	12月13日	银行间、交易所（柜台）
	三、特别国债	15502.28					
	（一期）	6000.00	10年	100.000	4.30	8月29日	银行间
	（二期）	319.70	15年	100.000	4.68	9月18日	银行间（柜台）
	（三期）	350.90	10年	100.000	4.46	9月24日	银行间（柜台）
	（四期）	363.20	15年	100.000	4.55	9月29日	银行间（柜台）
	（五期）	349.70	10年	100.000	4.49	11月5日	银行间（柜台）
	（六期）	355.60	15年	100.000	4.69	11月19日	银行间（柜台）
	（七期）	7500.00	15年	100.000	4.45	12月11日	银行间
	（八期）	263.18	10年	100.000	4.41	12月17日	银行间（柜台）
	四、储蓄国债（电子式）	33.96					
	（一期）	33.96	2年	100.000	3.42	6月11日—6月30日	个人

注：1. 由于人民银行3月18日上调金融机构存贷款利率，2007年凭证式（一期）国债的票面利率调整如下：3月18日（含当日）后购买的本期国债，其持有到期票面利率3年期上调至3.66%，5年期上调至4.08%；3月18日（不含当日）前购买的本期国债，其持有到期票面利率仍按原规定执行，即3年期3.39%，5年期3.81%。

2. 由于人民银行5月19日上调金融机构存贷款利率，2007年凭证式（三期）国债的票面利率调整如下：5月19日（含当日）后购买的本期国债，其持有到期票面利率3年期上调至4.11%，5年期上调至4.62%；5月19日（不含当日）前购买的本期国债，其持有到期票面利率仍按原规定执行，即3年期3.66%，5年期4.08%。

3. 由于人民银行9月15日上调金融机构存贷款利率，2007年凭证式（四期）国债的票面利率调整如下：9月15日（含当日）后购买的本期国债，其持有到期票面利率3年期上调至5.47%，5年期上调至6.01%；9月15日（不含当日）前购买的本期国债，其持有到期票面利率仍按原规定执行，即3年期5.2%，5年期5.74%。

续表

发行年度	品种	面值（亿元）	期限	发行价格（元）	票面利率（%）	发行时间	发行场所
2008年	实际发行	8558.21					
	一、凭证式	1300.00					
	（一期）	240.00	3年	100.000	5.74	3月1日—3月15日	社会
		60.00	5年	100.000	6.34		
	（二期）	320.00	3年	100.000	5.74	4月15日—4月30日	社会
		80.00	5年	100.000	6.34		
	（三期）	140.00	3年	100.000	5.74	6月10日—6月30日	社会
		60.00	5年	100.000	6.34		
	（四期）	140.00	3年	100.000	5.74	8月1日—8月10日	社会
		60.00	5年	100.000	6.34		
	（五期）	140.00	3年	100.000	5.53/5.17	10月20日—10月29日/10月30日—11月4日	社会
		60.00	5年	100.000	5.98/5.53		
	二、储蓄国债（电子式）	593.21					
	（一期）	243.21	3年	100.000	5.74	5月16日—5月31日	个人
	（二期）	150.00	3年	100.000	5.74	9月16日—9月30日	个人
	（三期）	200.00	3年	100.000	5.17	11月25日—12月4日	个人
	三、记账式	6665.00					
	（一期）	289.70	7年	100.000	3.95	2月13日	银行间、交易所（柜台）
	（二期）	280.00	15年	100.000	4.16	2月28日	银行间、交易所
	（三期）	279.40	10年	100.000	4.07	3月20日	银行间、交易所（柜台）
	（四期）	260.70	3年	100.000	3.56	4月14日	银行间、交易所（柜台）
	（五期）	280.00	5年	100.000	3.69	4月21日	银行间、交易所
	（六期）	280.00	30年	100.000	4.50	5月8日	银行间、交易所
	（七期）	271.50	7年	100.000	4.01	5月19日	银行间、交易所（柜台）
	（八期）	280.00	3个月	99.222	贴现	5月26日	银行间、交易所
	（九期）	271.10	1年	100.000	3.42	6月10日	银行间、交易所（柜台）

续表

发行年度	品 种	面 值（亿元）	期 限	发行价格（元）	票面利率（%）	发行时间	发行场所
2008年	（十期）	266.50	10年	100.000	4.41	6月23日	银行间、交易所（柜台）
	（十一期）	245.90	3年	100.000	3.92	7月14日	银行间、交易所（柜台）
	（十二期）	260.00	6个月	98.348	贴现	7月24日	银行间、交易所
	（十三期）	240.00	20年	100.000	4.94	8月11日	银行间、交易所
	（十四期）	266.00	7年	100.000	4.23	8月18日	银行间、交易所（柜台）
	（十五期）	200.00	3个月	99.216	贴现	8月25日	银行间、交易所
	（十六期）	259.90	1年	100.000	3.34	9月8日	银行间、交易所（柜台）
	（十七期）	260.00	5年	100.000	3.69	9月16日	银行间、交易所
	（十八期）	243.60	10年	100.000	3.68	9月22日	银行间、交易所（柜台）
	（十九期）	233.80	3年	100.000	2.64	10月13日	银行间、交易所（柜台）
	（二十期）	240.00	30年	100.000	3.91	10月23日	银行间、交易所
	（二十一期）	240.00	3个月	99.515	贴现	11月13日	银行间、交易所
	（二十二期）	225.00	7年	100.000	2.71	11月24日	银行间、交易所（柜台）
	（二十三期）	240.00	15年	100.000	3.62	11月26日	银行间、交易所
	（二十四期）	238.20	1年	100.000	1.28	12月8日	银行间、证交所（柜台）
	（二十五期）	253.70	10年	100.000	2.90	12月15日	银行间、证交所（柜台）
	（二十六期）	260.00	5年	100.000	1.77	12月18日	银行间、交易所

注：由于人民银行10月30日下调金融机构存贷款利率，2008年凭证式（五期）国债的票面利率调整如下：10月30日（含当日）后购买的本期国债，其持有到期票面利率3年期下调至5.17%，5年期下调至5.53%；10月30日（不含当日）前购买的本期国债，其持有到期票面利率仍按原规定执行，即3年期5.53%，5年期5.98%。

续表

发行年度	品 种	面 值（亿元）	期 限	发行价格（元）	票面利率（%）	发行时间	发行场所
2009年	实际发行	16229.21					
	一、凭证式	2000.00					
	（一期）	210.00	3年	100.000	3.73	3月16日—3月25日	社会
		90.00	5年	100.000	4.00		
	（二期）	400.00	3年	100.000	3.73	5月11日—5月25日	社会
		100.00	5年	100.000	4.00		
	（三期）	400.00	3年	100.000	3.73	6月15日—6月30日	社会
		100.00	5年	100.000	4.00		
	（四期）	200.00	1年	100.000	2.60	8月17日—8月31日	社会
		200.00	3年	100.000	3.73		
	（五期）	150.00	1年	100.000	2.60	10月15日—10月31日	社会
		150.00	3年	100.000	3.73		
	二、储蓄国债（电子式）	1511.11					
	（一期）	258.98	3年	100.000	3.73	4月10日—4月19日	个人
	（二期）	52.13	5年	100.000	4.00	4月10日—4月19日	个人
	（三期）	400.00	3年	100.000	3.73	7月15日—7月31日	个人
	（四期）	100.00	5年	100.000	4.00	7月15日—7月31日	个人
	（五期）	200.00	1年	100.000	2.60	9月15日—9月29日	个人
	（六期）	200.00	3年	100.000	3.73	9月15日—9月29日	个人
	（七期）	150.00	1年	100.000	2.60	11月20日—12月6日	个人
	（八期）	150.00	3年	100.000	3.73	11月20日—12月6日	个人
	三、记账式附息	8831.70					
	（一期）	269.30	7年	100.000	2.76	2月12日	银行间、交易所（柜台）
	（二期）	220.00	20年	100.000	3.86	2月19日	银行间、交易所
	（三期）	260.00	10年	100.000	3.05	3月12日	银行间、交易所（柜台）
	（四期）	273.10	5年	100.000	2.29	4月2日	银行间、交易所（柜台）
	（五期）	220.00	30年	100.000	4.02	4月9日	银行间、交易所
	（六期）	252.10	7年	100.000	2.82	4月16日	银行间、交易所（柜台）
	（七期）	277.60	10年	100.000	3.02	5月7日	银行间、交易所（柜台）
	（八期）	285.90	1年	100.000	0.89	5月14日	银行间、交易所（柜台）
	（九期）	273.00	3年	100.000	1.55	5月21日	银行间、交易所（柜台）
	（十期）	295.00	5年	100.000	2.26	6月4日	银行间、交易所（柜台）
	（十一期）	280.00	15年	100.000	3.69	6月11日	银行间、交易所

续表

发行年度	品 种	面 值（亿元）	期 限	发行价格（元）	票面利率（%）	发行时间	发行场所
2009年	（十二期）	282.70	10年	100.000	3.09	6月18日	银行间、交易所（柜台）
	（十三期）	280.00	7年	100.000	2.82	6月25日	银行间、交易所（柜台）
	（四期）（续）*	291.20	5年	100.000	2.29	7月6日	银行间、交易所（柜台）
	（十四期）	275.20	1年	100.000	1.06	7月9日	银行间、交易所（柜台）
	（十五期）	280.00	3年	100.000	2.22	7月16日	银行间、交易所（柜台）
	（十六期）	283.00	10年	100.000	3.48	7月23日	银行间、交易所（柜台）
	（十七期）	260.00	7年	100.000	3.15	7月30日	银行间、交易所（柜台）
	（十八期）	275.80	5年	100.000	2.97	8月6日	银行间、交易所（柜台）
	（十九期）	267.30	7年	100.000	3.17	8月20日	银行间、交易所（柜台）
	（二十期）	260.00	20年	100.000	4.00	8月27日	银行间、交易所
	（二十一期）	285.40	1年	100.000	1.46	9月3日	银行间、交易所（柜台）
	（二十二期）	268.60	3年	100.000	2.18	9月10日	银行间、交易所（柜台）
	（二十三期）	266.40	10年	100.000	3.44	9月17日	银行间、交易所（柜台）
	（二十四期）	268.00	5年	100.000	2.90	9月24日	银行间、交易所（柜台）
	（二十五期）	240.00	30年	100.000	4.18	10月15日	银行间、交易所
	（二十六期）	274.90	7年	100.000	3.40	10月22日	银行间、交易所（柜台）
	（二十七期）	272.40	10年	100.000	3.68	11月5日	银行间、交易所（柜台）
	（二十八期）	273.40	1年	100.000	1.44	11月12日	银行间、交易所（柜台）
	（二十九期）	276.30	3年	100.000	2.42	11月19日	银行间、交易所（柜台）
	（三十期）	200.00	50年	100.000	4.30	11月30日	银行间、交易所
	（三十一期）	273.90	5年	100.000	2.90	12月3日	银行间、交易所（柜台）
	（三十二期）	271.20	7年	100.000	3.22	12月17日	银行间、交易所（柜台）

续表

发行年度	品　种	面　值（亿元）	期　限	发行价格（元）	票面利率（%）	发行时间	发行场所
2009年	四、记账式贴现	3886.40					
	（一期）	150.00	91天	99.795	贴现	4月13日	银行间、交易所
	（二期）	200.00	273天	99.314	贴现	4月13日	银行间、交易所
	（三期）	150.00	91天	99.789	贴现	4月27日	银行间、交易所
	（四期）	150.00	182天	99.552	贴现	4月27日	银行间、交易所
	（五期）	150.00	91天	99.793	贴现	5月11日	银行间、交易所
	（六期）	150.00	91天	99.799	贴现	5月25日	银行间、交易所
	（七期）	150.00	182天	99.582	贴现	5月25日	银行间、交易所
	（八期）	150.00	91天	99.801	贴现	6月8日	银行间、交易所
	（九期）	200.00	273天	99.349	贴现	6月8日	银行间、交易所
	（十期）	150.00	91天	99.797	贴现	6月22日	银行间、交易所
	（十一期）	150.00	182天	99.581	贴现	6月22日	银行间、交易所
	（十二期）	124.80	91天	99.720	贴现	7月13日	银行间、交易所
	（十三期）	126.50	273天	99.077	贴现	7月13日	银行间、交易所
	（十四期）	185.10	182天	99.217	贴现	7月20日	银行间、交易所
	（十五期）	100.00	91天	99.674	贴现	8月10日	银行间、交易所
	（十六期）	150.00	273天	98.796	贴现	8月10日	银行间、交易所
	（十七期）	150.00	182天	99.313	贴现	8月24日	银行间、交易所
	（十八期）	100.00	91天	99.710	贴现	9月7日	银行间、交易所
	（十九期）	150.00	273天	98.992	贴现	9月7日	银行间、交易所
	（二十期）	150.00	182天	99.344	贴现	9月21日	银行间、交易所
	（二十一期）	150.00	91天	99.697	贴现	10月12日	银行间、交易所
	（二十二期）	150.00	182天	99.337	贴现	10月26日	银行间、交易所
	（二十三期）	150.00	91天	99.702	贴现	11月9日	银行间、交易所
	（二十四期）	150.00	273天	98.979	贴现	11月23日	银行间、交易所
	（二十五期）	150.00	91天	99.708	贴现	12月7日	银行间、交易所
	（二十六期）	150.00	182天	99.355	贴现	12月21日	银行间、交易所

数据来源：根据历年国债发行文件整理

2010年国债发行情况表

品　种	面值（亿元）	期　限	发行价格（元）	票面利率（%）	发行时间	发行场所
实际发行	17778．17					
一、储蓄国债（凭证式）	1900．00					
（一期）	250.00	1年	100.000	2.60	3月1日—3月21日	社会
	250.00	3年	100.000	3.73		
（二期）	200.00	1年	100.000	2.60	5月13日—5月27日	社会
	200.00	3年	100.000	3.73		
（三期）	200.00	1年	100.000	2.60	7月12日—7月26日	社会
	200.00	3年	100.000	3.73		
（四期）	200.00	1年	100.000	2.60	9月13日—9月27日	社会
	200.00	3年	100.000	3.73		
（五期）	40.00	1年	100.000	2.85	12月6日—12月20日	社会
	100.00	3年	100.000	4.25		
	60.00	5年	100.000	4.60		
二、储蓄国债（电子式）	1296.27					
（一期）	200.00	1年	100.000	2.60	4月10日—4月25日	个人
（二期）	200.00	3年	100.000	3.73		
（三期）	200.00	1年	100.000	2.60	6月12日—6月26日	个人
（四期）	100.00	3年	100.000	3.73		
（五期）	120.00	1年	100.000	2.60	8月16日—8月29日	个人
（六期）	80.00	3年	100.000	3.73		
（七期）	43.66	1年	100.000	2.60	10月15日—10月19日	个人
（八期）	52.61	3年	100.000	3.73		
（九期）	60.00	1年	100.000	2.85	11月15日—11月28日	个人
（十期）	150.00	3年	100.000	4.25		
（十一期）	90.00	5年	100.000	4.60		
三、记账式附息	11472.50					
（一期）	260.00	2年	100.000	2.01	1月28日	银行间、交易所
（二期）	260.00	10年	100.000	3.43	2月4日	银行间、交易所（柜台）
（三期）	240.00	30年	100.000	4.08	3月1日	银行间、交易所
（四期）	260.00	1年	100.000	1.44	3月4日	银行间、交易所（柜台）
（五期）	260.00	7年	100.000	2.92	3月11日	银行间、交易所（柜台）
（六期）	260.00	3年	100.000	2.23	3月18日	银行间、交易所（柜台）
（七期）	260.00	10年	100.000	3.36	3月25日	银行间、交易所（柜台）
（八期）	280.40	5年	100.000	2.70	4月8日	银行间、交易所（柜台）
（九期）	280.00	20年	100.000	3.96	4月15日	银行间、交易所
（十期）	305.20	7年	100.000	3.01	4月22日	银行间、交易所（柜台）
（十一期）	266.70	1年	100.000	1.49	4月29日	银行间、交易所（柜台）
（十二期）	296.00	10年	100.000	3.25	5月13日	银行间、交易所（柜台）
（十三期）	280.00	5年	100.000	2.38	5月20日	银行间、交易所（柜台）
（十四期）	280.00	50年	100.000	4.03	5月24日	银行间、交易所
（十五期）	283.10	7年	100.000	2.83	5月27日	银行间、交易所（柜台）

续表

品　种	面值（亿元）	期　限	发行价格（元）	票面利率（%）	发行时间	发行场所
（十六期）	280.00	3年	100.000	2.33	6月3日	银行间、交易所（柜台）
（十七期）	280.00	5年	100.000	2.53	6月10日	银行间、交易所（柜台）
（十八期）	280.00	30年	100.000	4.03	6月21日	银行间、交易所
（十九期）	280.10	10年	100.000	3.41	6月24日	银行间、交易所（柜台）
（二十期）	299.70	5年	100.000	2.52	7月8日	银行间、交易所（柜台）
（二十一期）	300.10	1年	100.000	1.87	7月15日	银行间、交易所（柜台）
（二十二期）	281.90	7年	100.000	2.76	7月22日	银行间、交易所（柜台）
（二十三期）	280.00	30年	100.000	3.96	7月29日	银行间、交易所
（二十四期）	304.40	10年	100.000	3.28	8月5日	银行间、交易所（柜台）
（二十五期）	280.00	3年	100.000	2.30	8月12日	银行间、交易所（柜台）
（二十六期）	280.00	30年	100.000	3.96	8月16日	银行间、交易所
（二十七期）	280.00	7年	100.000	2.81	8月19日	银行间、交易所（柜台）
（二十八期）	282.20	5年	100.000	2.58	8月26日	银行间、交易所（柜台）
（二十九期）	280.00	20年	100.000	3.82	9月2日	银行间、交易所
（三十期）	205.40	1年	100.000	1.87	9月9日	银行间、交易所（柜台）
（三十一期）	282.60	10年	100.000	3.29	9月16日	银行间、交易所（柜台）
（三十二期）	287.10	7年	100.000	3.10	10月14日	银行间、交易所（柜台）
（三十三期）	280.00	5年	100.000	2.91	10月21日	银行间、交易所（柜台）
（三十四期）	299.90	10年	100.000	3.67	10月28日	银行间、交易所（柜台）
（三十五期）	280.00	3年	100.000	2.68	11月4日	银行间、交易所（柜台）
（三十六期）	282.10	1年	100.000	2.15	11月11日	银行间、交易所（柜台）
（三十七期）	280.00	50年	100.000	4.40	11月18日	银行间、交易所
（三十八期）	306.40	7年	100.000	3.83	11月25日	银行间、交易所（柜台）
（三十九期）	321.40	5年	100.000	3.64	12月2日	银行间、交易所（柜台）
（四十期）	280.00	30年	100.000	4.23	12月9日	银行间、交易所
（四十一期）	307.80	10年	100.000	3.77	12月16日	银行间、交易所（柜台）
四、记账式贴现	3109.40			折合年收益率（%）		
（一期）	142.50	91天	99.690	1.28	4月12日	银行间、交易所
（二期）	158.10	273天	98.868	1.54	4月12日	银行间、交易所
（三期）	150.00	182天	99.283	1.46	4月19日	银行间、交易所
（四期）	150.00	182天	99.246	1.54	5月17日	银行间、交易所
（五期）	173.70	273天	98.738	1.72	5月17日	银行间、交易所
（六期）	114.50	91天	99.548	1.91	6月14日	银行间、交易所
（七期）	177.50	273天	98.511	2.05	6月14日	银行间、交易所
（八期）	200.00	182天	99.059	1.93	7月12日	银行间、交易所
（九期）	200.00	182天	99.121	1.80	7月26日	银行间、交易所
（十期）	100.00	273天	98.620	1.88	8月9日	银行间、交易所
（十一期）	200.00	182天	99.108	1.82	8月23日	银行间、交易所
（十二期）	100.00	91天	99.600	1.65	9月13日	银行间、交易所
（十三期）	200.00	182天	99.074	1.89	9月20日	银行间、交易所
（十四期）	280.00	91天	99.542	1.89	10月25日	银行间、交易所
（十五期）	280.00	91天	99.544	1.88	11月1日	银行间、交易所
（十六期）	100.00	182天	99.005	2.04	11月15日	银行间、交易所
（十七期）	115.50	91天	99.337	2.74	11月29日	银行间、交易所
（十八期）	100.00	273天	97.931	2.85	12月13日	银行间、交易所
（十九期）	167.60	91天	99.111	3.68	12月27日	银行间、交易所

数据来源：根据国债发行文件整理

2010年到期国债情况表

类别	国债名称	期限	年利率（%）	到期日（对月对日）	发行额（亿元）
凭证式	2005年凭证式（一期）国债	5年	3.81	3月1日—3月31日	105.00
	2005年凭证式（二期）国债	5年	3.81	4月10日—4月30日	105.00
	2005年凭证式（三期）国债	5年	3.81	5月1日—6月30日	150.00
	2005年凭证式（四期）国债	5年	3.60	8月1日—9月30日	90.00
	2005年凭证式（五期）国债	5年	3.60	10月15日—11月30日	150.00
	2007年凭证式（一期）国债	3年	3.39/3.66	3月1日—3月17日/3月18日—3月31日	210.00
	2007年凭证式（二期）国债	3年	3.66	4月1日—4月30日	350.00
	2007年凭证式（三期）国债	3年	3.66/4.11	5月10日—5月18日/5月19日—5月31日	210.00
	2007年凭证式（四期）国债	3年	5.20/5.47	9月6日—9月14日/9月15日—9月30日	160.00
	2007年凭证式（五期）国债	3年	5.74	12月5日—12月20日	240.00
	2009年凭证式（四期）国债	1年	2.60	8月17日—8月31日	200.00
	2009年凭证式（五期）国债	1年	2.60	10月15日—10月31日	150.00
储蓄国债（电子式）	2009年储蓄国债（电子式）（五期）	1年	2.60	9月15日	200.00
	2009年储蓄国债（电子式）（七期）	1年	2.60	11月20日	150.00
记账式（附息）	2000年记账（二期）＊F	10年	2.80	4月18日	280.00
	2000年记账（四期）F	10年	2.87	5月23日	140.00
	2000年记账（七期）＊F	10年	2.72	9月21日	200.00
	2000年记账（九期）＊F	10年	2.55	10月31日	500.00
	2003年记账（一期）	7年	2.66	2月19日	700.00
	2003年记账（七期）	7年	2.66	8月20日	460.00
	2003年记账（十一期）	7年	3.50	11月19日	360.00
	2005年记账（三期）	5年	3.30	4月26日	333.90
	2005年记账（十一期）	5年	2.14	10月20日	333.50
	2007年记账（四期）	3年	2.77	4月16日	306.00
	2007年记账（十一期）	3年	3.53	7月16日	679.60
	2009年记账式附息（八期）	1年	0.89	5月14日	285.90
	2009年记账式附息（十四期）	1年	1.06	7月9日	275.20
	2009年记账式附息（二十一期）	1年	1.46	9月3日	285.40
	2009年记账式附息（二十八期）	1年	1.44	11月12日	273.40
记账式（贴现）	2009年记账式贴现（二期）	273天	贴现	1月11日	200.00
	2009年记账式贴现（九期）	273天	贴现	3月8日	200.00
	2009年记账式贴现（十三期）	273天	贴现	4月12日	126.50
	2009年记账式贴现（十四期）	182天	贴现	1月18日	185.10
	2009年记账式贴现（十六期）	273天	贴现	5月10日	150.00
	2009年记账式贴现（十七期）	182天	贴现	2月22日	150.00
	2009年记账式贴现（十九期）	273天	贴现	6月7日	150.00
	2009年记账式贴现（二十期）	182天	贴现	3月22日	150.00
	2009年记账式贴现（二十一期）	91天	贴现	1月11日	150.00
	2009年记账式贴现（二十二期）	182天	贴现	4月26日	150.00
	2009年记账式贴现（二十三期）	91天	贴现	2月8日	150.00
	2009年记账式贴现（二十四期）	273天	贴现	8月23日	150.00
	2009年记账式贴现（二十五期）	91天	贴现	3月8日	150.00
	2009年记账式贴现（二十六期）	182天	贴现	6月21日	150.00

注：1. "＊"为在银行间市场托管的国债。

2. "F"为浮动利率国债，表中标明利率为2010年计息利率。

数据来源：根据国债兑付文件整理

2010年全国银行间债券市场国债现券日交易量统计表

日　期	面额（亿元）
2010-1-4	101.60
2010-1-5	23.59
2010-1-6	57.80
2010-1-7	31.50
2010-1-8	42.09
2010-1-11	51.71
2010-1-12	29.58
2010-1-13	50.89
2010-1-14	95.50
2010-1-15	45.00
2010-1-18	27.90
2010-1-19	43.03
2010-1-20	89.21
2010-1-21	83.21
2010-1-22	70.60
2010-1-25	178.63
2010-1-26	143.20
2010-1-27	149.50
2010-1-28	137.90
2010-1-29	161.22
2010-2-1	103.70
2010-2-2	196.65
2010-2-3	95.81
2010-2-4	121.99
2010-2-5	71.22
2010-2-8	78.87
2010-2-9	68.56
2010-2-10	212.96
2010-2-11	89.59
2010-2-12	0.70
2010-2-21	15.90
2010-2-22	65.57
2010-2-23	121.20

续表

日　　期	面额（亿元）
2010－2－24	139.90
2010－2－25	142.18
2010－2－26	169.44
2010－3－1	118.48
2010－3－2	79.30
2010－3－3	118.08
2010－3－4	229.84
2010－3－5	247.82
2010－3－8	197.60
2010－3－9	181.32
2010－3－10	312.74
2010－3－11	210.95
2010－3－12	261.48
2010－3－15	247.36
2010－3－16	291.48
2010－3－17	369.20
2010－3－18	304.64
2010－3－19	241.45
2010－3－22	206.90
2010－3－23	264.60
2010－3－24	465.55
2010－3－25	240.60
2010－3－26	250.20
2010－3－29	258.85
2010－3－30	115.30
2010－3－31	319.94
2010－4－1	160.60
2010－4－2	159.49
2010－4－6	196.89
2010－4－7	238.80
2010－4－8	240.08
2010－4－9	203.90
2010－4－12	219.32
2010－4－13	209.80
2010－4－14	387.90
2010－4－15	306.02
2010－4－16	328.70

续表

日　　期	面额（亿元）
2010－4－19	137.90
2010－4－20	157.85
2010－4－21	285.71
2010－4－22	193.45
2010－4－23	154.30
2010－4－26	142.10
2010－4－27	160.97
2010－4－28	338.75
2010－4－29	246.50
2010－4－30	105.45
2010－5－4	139.30
2010－5－5	164.30
2010－5－6	384.20
2010－5－7	239.60
2010－5－10	253.70
2010－5－11	246.52
2010－5－12	240.56
2010－5－13	223.12
2010－5－14	270.15
2010－5－17	225.10
2010－5－18	232.15
2010－5－19	411.74
2010－5－20	353.91
2010－5－21	340.15
2010－5－24	282.90
2010－5－25	279.64
2010－5－26	421.36
2010－5－27	262.33
2010－5－28	337.35
2010－5－31	291.74
2010－6－1	235.69
2010－6－2	335.11
2010－6－3	296.06
2010－6－4	205.95
2010－6－7	230.50
2010－6－8	285.30
2010－6－9	494.79

续表

日　期	面额（亿元）
2010 - 6 - 10	231.20
2010 - 6 - 11	243.70
2010 - 6 - 12	85.90
2010 - 6 - 13	65.15
2010 - 6 - 17	122.56
2010 - 6 - 18	258.26
2010 - 6 - 21	206.40
2010 - 6 - 22	348.05
2010 - 6 - 23	217.50
2010 - 6 - 24	249.19
2010 - 6 - 25	403.20
2010 - 6 - 28	307.30
2010 - 6 - 29	263.15
2010 - 6 - 30	365.90
2010 - 7 - 1	288.80
2010 - 7 - 2	269.50
2010 - 7 - 5	228.95
2010 - 7 - 6	226.60
2010 - 7 - 7	270.45
2010 - 7 - 8	192.30
2010 - 7 - 9	217.40
2010 - 7 - 12	251.66
2010 - 7 - 13	259.96
2010 - 7 - 14	473.23
2010 - 7 - 15	308.62
2010 - 7 - 16	287.62
2010 - 7 - 19	249.39
2010 - 7 - 20	274.69
2010 - 7 - 21	433.82
2010 - 7 - 22	282.22
2010 - 7 - 23	237.56
2010 - 7 - 26	263.04
2010 - 7 - 27	283.71
2010 - 7 - 28	402.56
2010 - 7 - 29	297.64
2010 - 7 - 30	353.81
2010 - 8 - 2	271.07

续表

日　　期	面额（亿元）
2010 - 8 - 3	230.96
2010 - 8 - 4	486.40
2010 - 8 - 5	321.91
2010 - 8 - 6	302.36
2010 - 8 - 9	296.65
2010 - 8 - 10	325.77
2010 - 8 - 11	412.32
2010 - 8 - 12	351.37
2010 - 8 - 13	330.06
2010 - 8 - 16	329.46
2010 - 8 - 17	336.01
2010 - 8 - 18	484.00
2010 - 8 - 19	369.39
2010 - 8 - 20	553.06
2010 - 8 - 23	360.10
2010 - 8 - 24	270.50
2010 - 8 - 25	386.42
2010 - 8 - 26	302.80
2010 - 8 - 27	301.70
2010 - 8 - 30	190.60
2010 - 8 - 31	261.90
2010 - 9 - 1	313.55
2010 - 9 - 2	305.20
2010 - 9 - 3	393.20
2010 - 9 - 6	312.50
2010 - 9 - 7	368.64
2010 - 9 - 8	454.42
2010 - 9 - 9	344.30
2010 - 9 - 10	393.05
2010 - 9 - 13	329.18
2010 - 9 - 14	363.90
2010 - 9 - 15	397.69
2010 - 9 - 16	331.04
2010 - 9 - 17	331.40
2010 - 9 - 19	103.00
2010 - 9 - 20	187.20
2010 - 9 - 21	423.29

续表

日 期	面额（亿元）
2010-9-25	175.20
2010-9-26	227.00
2010-9-27	280.00
2010-9-28	357.70
2010-9-29	240.45
2010-9-30	184.95
2010-10-8	167.65
2010-10-9	144.10
2010-10-11	161.00
2010-10-12	318.50
2010-10-13	353.65
2010-10-14	426.60
2010-10-15	471.52
2010-10-18	397.30
2010-10-19	408.20
2010-10-20	452.00
2010-10-21	469.80
2010-10-22	433.14
2010-10-25	483.54
2010-10-26	499.30
2010-10-27	573.50
2010-10-28	462.37
2010-10-29	461.39
2010-11-1	519.90
2010-11-2	564.41
2010-11-3	663.95
2010-11-4	505.50
2010-11-5	533.60
2010-11-8	564.35
2010-11-9	562.25
2010-11-10	659.10
2010-11-11	554.80
2010-11-12	517.00
2010-11-15	495.90
2010-11-16	552.80
2010-11-17	740.41
2010-11-18	520.36

续表

日　期	面额（亿元）
2010 - 11 - 19	542.85
2010 - 11 - 22	587.60
2010 - 11 - 23	502.15
2010 - 11 - 24	635.56
2010 - 11 - 25	537.28
2010 - 11 - 26	556.15
2010 - 11 - 29	393.88
2010 - 11 - 30	505.62
2010 - 12 - 1	639.46
2010 - 12 - 2	531.05
2010 - 12 - 3	616.30
2010 - 12 - 6	588.34
2010 - 12 - 7	629.20
2010 - 12 - 8	857.46
2010 - 12 - 9	732.56
2010 - 12 - 10	678.95
2010 - 12 - 13	668.00
2010 - 12 - 14	696.99
2010 - 12 - 15	546.73
2010 - 12 - 16	459.14
2010 - 12 - 17	614.50
2010 - 12 - 20	512.90
2010 - 12 - 21	508.50
2010 - 12 - 22	633.07
2010 - 12 - 23	532.80
2010 - 12 - 24	409.69
2010 - 12 - 27	379.10
2010 - 12 - 28	345.56
2010 - 12 - 29	488.56
2010 - 12 - 30	414.40
2010 - 12 - 31	235.60
合　计	76729.80

数据来源：中央国债登记结算有限责任公司

2010年全国银行间债券市场国债指数统计表

日 期	财 富	全 价	净 价	平均到期收益率（%）	平均待偿期（年）
2010－1－4	129.8345	117.1463	116.1530	3.5993	8.7632
2010－1－5	129.8495	117.1598	116.1548	3.5992	8.7627
2010－1－6	129.9110	117.2153	116.1986	3.5938	8.7599
2010－1－7	129.8433	117.1542	116.1257	3.6027	8.7572
2010－1－8	129.7721	117.0900	116.0496	3.6119	8.7544
2010－1－11	129.7914	117.1074	116.0318	3.6140	8.7462
2010－1－12	129.7661	117.0846	115.9972	3.6182	8.7434
2010－1－13	129.5948	116.9300	115.8306	3.6386	8.7407
2010－1－14	129.6232	116.9556	115.8445	3.6369	8.7379
2010－1－15	129.6318	116.9634	115.8405	3.6374	8.7352
2010－1－18	129.6897	117.0157	115.8576	3.6352	8.7270
2010－1－19	129.7893	117.1055	115.9358	3.6255	8.7242
2010－1－20	129.9109	117.2152	116.0340	3.6135	8.7215
2010－1－21	129.9186	117.2221	116.0292	3.6140	8.7187
2010－1－22	129.9919	117.2884	116.0837	3.6073	8.7160
2010－1－25	130.1064	117.3775	116.1518	3.5988	8.7078
2010－1－26	130.2260	117.4854	116.2481	3.5870	8.7050
2010－1－27	130.3316	117.5807	116.3319	3.5767	8.7023
2010－1－28	130.4030	117.6451	116.3847	3.5702	8.6996
2010－1－29	130.5647	117.7910	116.5190	3.5537	8.6968
2010－2－1	130.7875	117.9920	116.6851	3.5333	8.6886
2010－2－2	130.9414	118.1308	116.8123	3.5177	8.6858
2010－2－3	131.1637	118.3313	117.0014	3.4920	8.6400
2010－2－4	131.0847	118.2601	116.9183	3.5021	8.6373
2010－2－5	131.2685	118.4259	117.0727	3.4832	8.6346
2010－2－8	131.3060	118.4348	117.0714	3.4831	8.6263
2010－2－9	131.3288	118.4553	117.0803	3.4820	8.6240
2010－2－10	131.3708	118.4764	117.1065	3.4788	8.6213
2010－2－11	131.4442	118.5259	117.1611	3.4719	8.6277
2010－2－12	131.4629	118.5218	117.1662	3.4712	8.6250
2010－2－20	131.3623	118.3698	116.9816	3.4933	8.6031
2010－2－21	131.3104	118.3231	116.9231	3.5004	8.6003
2010－2－22	131.2811	118.2966	116.8848	3.5051	8.5976
2010－2－23	131.2774	118.2933	116.8698	3.5068	8.5948
2010－2－24	131.3877	118.3927	116.9576	3.4960	8.5921

续表

日　期	财　富	全　价	净　价	平均到期收益率（%）	平均待偿期（年）
2010－2－25	131.6264	118.6078	117.1613	3.4710	8.5894
2010－2－26	132.1537	119.0829	117.6254	3.4142	8.5866
2010－3－1	132.3878	118.8552	117.8004	3.3926	8.5784
2010－3－2	132.5049	118.9603	117.8940	3.3811	8.5753
2010－3－3	132.7664	119.1951	118.1173	3.3539	8.5726
2010－3－4	132.5907	119.0373	117.9476	3.3744	8.5698
2010－3－5	132.7044	119.1395	118.0381	3.3633	8.5671
2010－3－8	132.8475	119.2679	118.1315	3.3629	8.6866
2010－3－9	132.8761	119.2936	118.1455	3.3611	8.6838
2010－3－10	132.9058	119.3202	118.1604	3.3592	8.6811
2010－3－11	132.7024	119.1377	117.9659	3.3825	8.6783
2010－3－12	132.6764	119.1032	117.9307	3.3867	8.6756
2010－3－15	132.6454	119.0754	117.8676	3.3940	8.6674
2010－3－16	132.6621	119.0904	117.8709	3.3935	8.6647
2010－3－17	132.9422	119.3289	118.1109	3.3645	8.6620
2010－3－18	133.0477	119.3876	118.1939	3.3526	8.6484
2010－3－19	133.0520	119.3914	118.1861	3.3535	8.6455
2010－3－22	132.9575	119.2641	118.0660	3.3676	8.6373
2010－3－23	132.9250	119.2192	118.0251	3.3725	8.6346
2010－3－24	132.9839	119.2500	118.0662	3.3687	8.6698
2010－3－25	132.8796	119.1565	117.9609	3.3786	8.6305
2010－3－26	132.7452	119.0238	117.8286	3.3946	8.6278
2010－3－29	132.6910	118.9390	117.7448	3.4045	8.6196
2010－3－30	132.5178	118.7837	117.5777	3.4247	8.6169
2010－3－31	132.6439	118.8967	117.6791	3.4123	8.6141
2010－4－1	132.6904	118.9385	117.7092	3.4090	8.6201
2010－4－2	132.6111	118.8314	117.6262	3.4190	8.6174
2010－4－6	132.7025	118.9134	117.6615	3.4144	8.6064
2010－4－7	132.5063	118.7375	117.4737	3.4372	8.6037
2010－4－8	132.2789	118.5338	117.2580	3.4635	8.6009
2010－4－9	132.2671	118.4908	117.2358	3.4662	8.5982
2010－4－12	132.3156	118.5342	117.2441	3.4650	8.5899
2010－4－13	132.4730	118.6752	117.3736	3.4490	8.5872
2010－4－14	132.4509	118.6304	117.3421	3.4528	8.5844
2010－4－15	132.4922	118.6534	117.3674	3.4483	8.6043
2010－4－16	132.5536	118.6888	117.4109	3.4430	8.6016
2010－4－19	132.8543	118.9580	117.6454	3.4141	8.5934

续表

日 期	财 富	全 价	净 价	平均到期收益率（%）	平均待偿期（年）
2010－4－20	133.0117	119.0989	117.7748	3.3983	8.5906
2010－4－21	133.0308	119.0874	117.7802	3.3975	8.5879
2010－4－22	133.0882	119.1388	117.8200	3.4005	8.6628
2010－4－23	133.2238	119.2125	117.9298	3.3871	8.6601
2010－4－26	133.4295	119.3839	118.0790	3.3689	8.6519
2010－4－27	133.4579	119.4093	118.0928	3.3671	8.6491
2010－4－28	133.5531	119.4945	118.1664	3.3581	8.6464
2010－4－29	133.5736	119.5128	118.1730	3.3553	8.6314
2010－4－30	133.6356	119.5683	118.2169	3.3499	8.6287
2010－5－4	133.5953	119.5323	118.1341	3.3595	8.6177
2010－5－5	133.5615	119.4668	118.0922	3.3645	8.6149
2010－5－6	133.6453	119.5418	118.1555	3.3567	8.6122
2010－5－7	134.0502	119.8925	118.5064	3.3143	8.6094
2010－5－10	134.0277	119.8555	118.4513	3.3206	8.6012
2010－5－11	134.0714	119.8946	118.4787	3.3172	8.5984
2010－5－12	134.2188	120.0263	118.5990	3.3026	8.5957
2010－5－13	134.3009	120.0998	118.6608	3.2951	8.5929
2010－5－14	134.3096	120.1075	118.6569	3.2954	8.5902
2010－5－17	134.6111	120.3113	118.8916	3.2686	8.6389
2010－5－18	134.8432	120.5188	119.0875	3.2451	8.6362
2010－5－19	135.1216	120.7146	119.3248	3.2168	8.6334
2010－5－20	134.9753	120.5839	119.1824	3.2333	8.6403
2010－5－21	135.0426	120.6325	119.2309	3.2274	8.6375
2010－5－24	134.9071	120.4667	119.0748	3.2456	8.6293
2010－5－25	134.9816	120.4354	119.1296	3.2389	8.6266
2010－5－26	134.9907	120.4435	119.1261	3.2408	8.6872
2010－5－27	134.9273	120.3751	119.0579	3.2454	8.6593
2010－5－28	134.8672	120.3215	118.9926	3.2530	8.6566
2010－5－31	134.8659	120.3203	118.9566	3.2570	8.6484
2010－6－1	134.6197	120.1006	118.7251	3.2844	8.6456
2010－6－2	134.6858	120.1597	118.7725	3.2787	8.6429
2010－6－3	134.8124	120.2726	118.8739	3.2642	8.6292
2010－6－4	134.8648	120.3011	118.9091	3.2599	8.6265
2010－6－7	134.9667	120.3844	118.9653	3.2528	8.6182
2010－6－8	134.9225	120.3450	118.9142	3.2588	8.6155
2010－6－9	134.7887	120.2256	118.7831	3.2744	8.6128
2010－6－10	134.7172	120.1619	118.7077	3.2810	8.5724

续表

日　期	财　富	全　价	净　价	平均到期收益率（%）	平均待偿期（年）
2010-6-11	134.5926	119.5859	118.5857	3.2956	8.5697
2010-6-12	134.5976	119.5903	118.5786	3.2964	8.5670
2010-6-13	134.5834	119.5778	118.5544	3.2992	8.5642
2010-6-17	134.6289	119.5926	118.5486	3.2994	8.5533
2010-6-18	134.0693	119.0839	118.0397	3.3610	8.5505
2010-6-21	134.0732	119.0873	118.0085	3.3617	8.5136
2010-6-22	134.1701	119.1733	118.0831	3.3525	8.5109
2010-6-23	134.0889	119.0855	117.9994	3.3626	8.5081
2010-6-24	134.1256	119.1180	118.0204	3.3599	8.5054
2010-6-25	134.2645	119.1993	118.1322	3.3462	8.5026
2010-6-28	134.5488	119.4363	118.3501	3.3313	8.6364
2010-6-29	134.7477	119.6128	118.5152	3.3114	8.6336
2010-6-30	134.8662	119.7180	118.6089	3.3000	8.6309
2010-7-1	134.9584	119.7999	118.6792	3.2902	8.6255
2010-7-2	134.9871	119.8253	118.6932	3.2884	8.6227
2010-7-5	135.0191	119.8538	118.6870	3.2889	8.6145
2010-7-6	135.3993	120.1912	119.0131	3.2497	8.6118
2010-7-7	135.4335	120.2216	119.0319	3.2473	8.6090
2010-7-8	135.4393	120.2268	119.0256	3.2480	8.6062
2010-7-9	135.4080	120.1990	118.9862	3.2525	8.6034
2010-7-12	135.5232	120.3012	119.0539	3.2441	8.5952
2010-7-13	135.8318	120.5752	119.3165	3.2126	8.5925
2010-7-14	135.9093	120.6188	119.3738	3.2056	8.5898
2010-7-15	135.9091	120.6186	119.3620	3.2061	8.6132
2010-7-16	135.9407	120.6304	119.3786	3.2040	8.6105
2010-7-19	136.0313	120.6983	119.4244	3.1982	8.6022
2010-7-20	135.9705	120.6444	119.3589	3.2059	8.5995
2010-7-21	135.9569	120.6324	119.3354	3.2086	8.5968
2010-7-22	135.9327	120.6109	119.3024	3.2124	8.5941
2010-7-23	135.8237	120.5011	119.1941	3.2252	8.5913
2010-7-26	135.7164	120.4059	119.0642	3.2404	8.5831
2010-7-27	135.6554	120.3518	118.9986	3.2480	8.5791
2010-7-28	135.5777	120.2829	118.9181	3.2575	8.5763
2010-7-29	135.6258	120.3255	118.9493	3.2517	8.5632
2010-7-30	135.5599	120.2455	118.8793	3.2600	8.5604
2010-8-2	135.5805	120.2637	118.8630	3.2616	8.5522
2010-8-3	135.5158	120.2064	118.7942	3.2698	8.5495

续表

日 期	财 富	全 价	净 价	平均到期收益率（%）	平均待偿期（年）
2010-8-4	135.6389	120.3038	118.8919	3.2579	8.5467
2010-8-5	135.6761	120.3368	118.9134	3.2672	8.6825
2010-8-6	135.7813	120.4086	118.9952	3.2573	8.6798
2010-8-9	135.8154	120.4388	118.9909	3.2575	8.6715
2010-8-10	135.8333	120.4393	118.9953	3.2569	8.6688
2010-8-11	135.9506	120.5278	119.0879	3.2458	8.6661
2010-8-12	136.1670	120.7196	119.2683	3.2247	8.6725
2010-8-13	136.1957	120.7451	119.2822	3.2229	8.6698
2010-8-16	136.1845	120.7196	119.2377	3.2290	8.7147
2010-8-17	136.1966	120.7303	119.2369	3.2290	8.7120
2010-8-18	136.2248	120.7259	119.2504	3.2273	8.7093
2010-8-19	136.2207	120.7112	119.2353	3.2267	8.6697
2010-8-20	136.2493	120.7144	119.2491	3.2250	8.6669
2010-8-23	136.2925	120.7201	119.2529	3.2364	8.7950
2010-8-24	136.3299	120.7532	119.2745	3.2337	8.7917
2010-8-25	136.3505	120.7079	119.2813	3.2328	8.7889
2010-8-26	136.3025	120.6654	119.2273	3.2383	8.8340
2010-8-27	136.3114	120.6597	119.2237	3.2387	8.8312
2010-8-30	136.3547	120.3310	119.2276	3.2379	8.8230
2010-8-31	136.3700	120.3058	119.2297	3.2375	8.8203
2010-9-1	136.3506	120.2765	119.2011	3.2416	8.8535
2010-9-2	136.3497	120.2756	119.1888	3.2405	8.8262
2010-9-3	136.3361	120.2636	119.1654	3.2431	8.8235
2010-9-6	136.2854	120.2190	119.0864	3.2521	8.8154
2010-9-7	136.1405	120.0911	118.9471	3.2684	8.8127
2010-9-8	136.1450	120.0951	118.9396	3.2691	8.8100
2010-9-9	136.0795	120.0373	118.8703	3.2842	8.8781
2010-9-10	135.9528	119.9105	118.7472	3.2985	8.8753
2010-9-13	135.7937	119.7599	118.5725	3.3188	8.8671
2010-9-14	135.7652	119.7348	118.5358	3.3230	8.8644
2010-9-15	135.7083	119.6847	118.4743	3.3302	8.8616
2010-9-16	135.6911	119.6448	118.4476	3.3332	8.8588
2010-9-17	135.6741	119.6181	118.4212	3.3363	8.8561
2010-9-19	135.6697	119.5949	118.3944	3.3393	8.8507
2010-9-20	135.6774	119.5871	118.3897	3.3398	8.8479
2010-9-21	135.7000	119.6070	118.3982	3.3387	8.8452
2010-9-25	135.7262	119.5541	118.3755	3.3407	8.8297

续表

日期	财富	全价	净价	平均到期收益率（%）	平均待偿期（年）
2010-9-26	135.7441	119.5587	118.3798	3.3401	8.8269
2010-9-27	135.7446	119.5470	118.3688	3.3413	8.8315
2010-9-28	135.7491	119.5509	118.3613	3.3421	8.8288
2010-9-29	135.7820	119.5588	118.3788	3.3400	8.8264
2010-9-30	135.8418	119.6114	118.4200	3.3350	8.8237
2010-10-8	135.9150	119.6759	118.3928	3.3376	8.8018
2010-10-9	135.7914	119.5557	118.2725	3.3518	8.7991
2010-10-11	135.4915	119.2916	117.9855	3.3859	8.7936
2010-10-12	135.3506	119.1676	117.8500	3.4021	8.7909
2010-10-13	135.3224	119.1269	117.8137	3.4064	8.7884
2010-10-14	135.3443	119.1463	117.8215	3.4064	8.8269
2010-10-15	135.3504	119.1248	117.8155	3.4071	8.8241
2010-10-18	135.4388	119.2025	117.8588	3.4017	8.8159
2010-10-19	135.4049	119.1727	117.8175	3.4066	8.8130
2010-10-20	133.8340	117.7901	116.4233	3.5749	8.8102
2010-10-21	133.5491	117.5394	116.1611	3.6060	8.7957
2010-10-22	133.6398	117.5667	116.2295	3.5976	8.7930
2010-10-25	133.6933	117.5631	116.2421	3.5961	8.7848
2010-10-26	133.3864	117.2933	115.9607	3.6318	8.8349
2010-10-27	133.3340	117.2472	115.9032	3.6389	8.8323
2010-10-28	133.3646	117.2741	115.9186	3.6351	8.8053
2010-10-29	133.4066	117.3110	115.9440	3.6320	8.8026
2010-11-1	133.3666	117.2759	115.8745	3.6406	8.7944
2010-11-2	132.9979	116.9516	115.5387	3.6820	8.7916
2010-11-3	132.4471	116.4672	115.0429	3.7435	8.7890
2010-11-4	132.1865	116.2381	114.8022	3.7741	8.7943
2010-11-5	132.1028	116.1318	114.7172	3.7847	8.7915
2010-11-8	132.1209	116.1214	114.6987	3.7872	8.7833
2010-11-9	132.0242	116.0364	114.6022	3.7993	8.7807
2010-11-10	131.4726	115.5516	114.1059	3.8618	8.7780
2010-11-11	131.1542	115.2717	113.8146	3.8961	8.7395
2010-11-12	131.0985	115.2228	113.7543	3.9039	8.7368
2010-11-15	131.1254	115.1906	113.7434	3.9055	8.7286
2010-11-16	131.3659	115.4019	113.9432	3.8802	8.7259
2010-11-17	131.6983	115.6779	114.2237	3.8446	8.7231
2010-11-18	131.9410	115.8911	114.4254	3.8192	8.7204
2010-11-19	131.7148	115.6546	114.2153	3.8458	8.7176

续表

日 期	财 富	全 价	净 价	平均到期收益率（%）	平均待偿期（年）
2010－11－22	131.3634	115.3460	113.8723	3.8897	8.7098
2010－11－23	131.1517	115.1602	113.6751	3.9150	8.7071
2010－11－24	130.9420	114.9511	113.4795	3.9402	8.7044
2010－11－25	130.8655	114.8131	113.4008	3.9504	8.7016
2010－11－26	130.5810	114.5279	113.1398	3.9854	8.7641
2010－11－29	130.6730	114.5720	113.1862	3.9798	8.7562
2010－11－30	130.8404	114.7187	113.3215	3.9626	8.7538
2010－12－1	131.3274	115.1457	113.7370	3.9097	8.7511
2010－12－2	131.5438	115.3355	113.9153	3.8863	8.7363
2010－12－3	131.5539	115.3242	113.9127	3.8867	8.7335
2010－12－6	131.7076	115.4518	114.0130	3.8742	8.7253
2010－12－7	131.8947	115.6158	114.1656	3.8549	8.7226
2010－12－8	131.8807	115.6035	114.1418	3.8580	8.7198
2010－12－9	131.7699	115.5064	114.0333	3.8711	8.6907
2010－12－10	131.7895	115.5236	114.0390	3.8704	8.6881
2010－12－13	132.0298	115.3005	114.2139	3.8484	8.6798
2010－12－14	132.0420	115.3111	114.2130	3.8486	8.6771
2010－12－15	132.2171	115.4548	114.3545	3.8307	8.6744
2010－12－16	132.3271	115.5509	114.4390	3.8267	8.8026
2010－12－17	132.3546	115.5386	114.4515	3.8252	8.7999
2010－12－20	132.5416	115.6798	114.5803	3.8092	8.7917
2010－12－21	132.4890	115.6198	114.5229	3.8165	8.7889
2010－12－22	132.4811	115.6129	114.5046	3.8188	8.7862
2010－12－23	132.3797	115.5098	114.4046	3.8313	8.7915
2010－12－24	132.3615	115.4821	114.3772	3.8348	8.7887
2010－12－27	131.8340	114.9886	113.8828	3.8976	8.7805
2010－12－28	131.7198	114.8890	113.7718	3.9118	8.7778
2010－12－29	131.8134	114.9707	113.8419	3.9029	8.7750
2010－12－30	131.9627	115.1008	113.9606	3.8879	8.7723
2010－12－31	132.0284	115.1582	114.0064	3.8822	8.7696
平 均	133.5063	118.6359	117.3560	3.4567	8.6882

数据来源：中央国债登记结算有限责任公司

2010年全国银行间债券市场国债现券交易结算情况统计表

债券简称	债券代码	面额（亿元）
00国债07	000007	16.80
01国债01	010001	0.30
01国债04	010004	41.70
01国债09	010009	0.50
01国债11	010011	9.80
02国债01	020001	230.90
02国债05	020005	20.70
02国债09	020009	152.60
03国债01	030001	409.97
03国债02	030002	221.20
03国债07	030007	37.54
03国债09	030009	92.70
03国债11	030011	34.09
04国债04	040004	116.20
04国债06	040006	2.80
04国债07	040007	6.20
04国债10	040010	53.14
05国债01	050001	9.70
05国债03	050003	0.70
05国债04	050004	121.40
05国债05	050005	11.80
05国债09	050009	38.42
05国债11	050011	42.60
05国债12	050012	1681.19
05国债13	050013	230.65
06国债01	060001	337.04
06国债03	060003	2.50
06国债05	060005	21.81
06国债06	060006	172.88
06国债09	060009	167.70
06国债12	060012	4.62
06国债13	060013	18.15
06国债16	060016	1144.10
06国债18	060018	5.56
06国债19	060019	137.15

续表

债券简称	债券代码	面额（亿元）
06 国债 20	060020	7.54
07 国债 01	070001	39.74
07 国债 03	070003	9.84
07 国债 04	070004	10.27
07 国债 05	070005	28.70
07 国债 06	070006	15.90
07 国债 07	070007	14.74
07 国债 10	070010	35.76
07 国债 11	070011	1839.34
07 国债 13	070013	3.50
07 国债 14	070014	32.95
07 国债 17	070017	10.00
07 国债 18	070018	87.86
07 特别国债 02	0700002	0.02
07 特别国债 03	0700003	1.39
07 特别国债 04	0700004	1.02
07 特别国债 05	0700005	1.71
07 特别国债 06	0700006	14.72
07 特别国债 08	0700008	3.92
08 国债 01	080001	1826.35
08 国债 02	080002	83.70
08 国债 03	080003	76.77
08 国债 04	080004	224.25
08 国债 05	080005	16.50
08 国债 06	080006	32.80
08 国债 07	080007	57.14
08 国债 10	080010	23.09
08 国债 11	080011	31.86
08 国债 13	080013	4.20
08 国债 14	080014	34.17
08 国债 17	080017	106.80
08 国债 18	080018	354.32
08 国债 19	080019	182.57
08 国债 20	080020	64.10
08 国债 22	080022	548.97
08 国债 23	080023	2256.72
08 国债 25	080025	284.59

续表

债券简称	债券代码	面额（亿元）
08国债26	080026	1921.61
09附息国债04	090004	588.77
09附息国债05	090005	1424.85
09附息国债06	090006	9.25
09附息国债07	090007	6.31
09附息国债08	090008	1.80
09附息国债09	090009	274.07
09附息国债10	090010	30.65
09附息国债11	090011	48.70
09附息国债12	090012	44.58
09附息国债13	090013	136.42
09附息国债14	090014	11.75
09附息国债15	090015	53.90
09附息国债16	090016	466.66
09附息国债17	090017	112.30
09附息国债18	090018	246.57
09附息国债19	090019	51.60
09附息国债20	090020	14.65
09附息国债21	090021	1808.40
09附息国债22	090022	161.32
09附息国债23	090023	55.95
09附息国债24	090024	40.11
09附息国债25	090025	64.46
09附息国债26	090026	37.01
09附息国债27	090027	57.62
09附息国债28	090028	5912.56
09附息国债29	090029	229.24
09附息国债30	090030	92.10
09附息国债31	090031	20.25
09附息国债32	090032	47.12
09国债01	090001	42.02
09国债02	090002	18.56
09国债03	090003	43.13
09贴现国债13	099913	2.00
09贴现国债16	099916	27.30
09贴现国债17	099917	12.50
09贴现国债19	099919	6.70

续表

债券简称	债券代码	面额（亿元）
09 贴现国债 20	099920	17.00
09 贴现国债 22	099922	166.00
09 贴现国债 24	099924	1273.90
09 贴现国债 25	099925	5.40
09 贴现国债 26	099926	3.10
10 附息国债 01	100001	228.20
10 附息国债 02	100002	461.74
10 附息国债 03	100003	402.03
10 附息国债 04	100004	147.03
10 附息国债 05	100005	429.42
10 附息国债 06	100006	1345.02
10 附息国债 07	100007	1812.68
10 附息国债 08	100008	185.12
10 附息国债 09	100009	290.80
10 附息国债 10	100010	209.35
10 附息国债 11	100011	1424.29
10 附息国债 12	100012	675.57
10 附息国债 13	100013	1360.87
10 附息国债 14	100014	207.20
10 附息国债 15	100015	197.37
10 附息国债 16	100016	5960.94
10 附息国债 17	100017	1273.52
10 附息国债 18	100018	487.90
10 附息国债 19	100019	2446.76
10 附息国债 20	100020	355.87
10 附息国债 21	100021	2689.09
10 附息国债 22	100022	672.64
10 附息国债 23	100023	499.10
10 附息国债 24	100024	684.99
10 附息国债 25	100025	569.55
10 附息国债 26	100026	328.50
10 附息国债 27	100027	792.94
10 附息国债 28	100028	697.92
10 附息国债 29	100029	164.22
10 附息国债 30	100030	123.64
10 附息国债 31	100031	563.69
10 附息国债 32	100032	234.32

续表

债券简称	债券代码	面额（亿元）
10附息国债33	100033	441.22
10附息国债34	100034	620.79
10附息国债35	100035	141.94
10附息国债36	100036	178.83
10附息国债37	100037	132.86
10附息国债38	100038	254.12
10附息国债39	100039	1077.12
10附息国债40	100040	110.30
10附息国债41	100041	248.17
10贴现国债01	109901	251.70
10贴现国债02	109902	49.68
10贴现国债03	109903	67.90
10贴现国债04	109904	58.20
10贴现国债05	109905	2499.50
10贴现国债06	109906	41.50
10贴现国债07	109907	895.60
10贴现国债08	109908	4346.20
10贴现国债09	109909	2615.10
10贴现国债10	109910	17.00
10贴现国债11	109911	3253.60
10贴现国债12	109912	15.00
10贴现国债13	109913	55.00
10贴现国债14	109914	24.40
10贴现国债15	109915	1755.50
10贴现国债16	109916	26.80
10贴现国债17	109917	42.90
10贴现国债18	109918	22.50
10贴现国债19	109919	13.00
合　计		76729.80

数据来源：中央国债登记结算有限责任公司

2010年全国银行间债券市场国债交易结算情况月度统计表

月份	现券交易面额（亿元）	远期交割面额（亿元）	质押式回购面额（亿元）	买断式回购面额（亿元）
01	1613.66	69.10	17744.95	156.21
02	1694.23	11.80	13557.87	84.45
03	5533.68	15.20	17888.11	223.48
04	4574.48	15.30	18294.26	241.88
05	5599.82	0.00	19154.66	134.37
06	5450.87	0.00	20796.80	239.91
07	6353.53	0.00	19417.19	261.09
08	7474.81	0.00	24405.75	244.93
09	6816.87	5.10	18924.17	103.82
10	6683.56	20.40	16666.67	104.93
11	12215.42	58.94	18556.44	163.40
12	12718.86	51.60	18689.13	234.34
合计	76729.80	247.44	224095.99	2192.80

数据来源：中央国债登记结算有限责任公司

2010 年全国银行间债券市场国债质押式回购交易结算情况统计表

回购品种	期初利率（%）	最高利率（%）	最低利率（%）	涨跌幅（%）	本期平均利率（%）	内含期限（天数）	本金额（万元）	面值额（万元）	资金额（万元）	结算笔数（笔）	平均每笔交割量（万元）	结算天数（天）
R01D	1.1200	6.0000	1.0000	61.427	1.6595	1.00	1435811156.645	1436212605.000	1426141599.148	46415	30942.855	199
R02D	1.1200	6.1700	1.1000	53.06	1.9469	2.00	28022624.350	28040068.000	27861712.635	945	29672.030	113
R03D	1.5000	6.5000	0.0000	60.429	1.6572	3.00	320297922.166	320386899.000	317897989.789	10486	30553.776	134
R07D	1.2500	8.5000	1.1000	95.445	2.3649	6.25	287995964.107	288236914.300	286609102.430	10920	26395.322	241
R14D	1.6946	7.4500	1.2000	99.680	2.4361	11.93	109217111.360	109231543.000	108706718.385	4075	26805.287	245
R21D		6.8000	1.3500	128.44	2.7915	18.78	15181931.870	15186488.000	15110245.102	888	17101.901	155
R01M	1.3000	7.0000	1.3000	121.382	2.7938	29.08	22850558.680	22857743.000	22572007.730	1171	19519.849	189
R02M		6.3000	1.5000	85.371	2.7027	39.30	9047048.000	9047048.000	8869551.652	415	21800.116	113
R03M	3.1000	6.0000	1.6500	77.934	2.8825	81.76	7712547.841	7717561.000	7642602.508	388	19890.621	133
R04M		4.5000	1.9800	66.169	3.1090	113.53	1495512.800	1497119.000	1488521.048	62	24147.081	30
R06M	2.9000	5.8000	1.3000	66.639	3.4556	167.31	2095941.000	2095941.000	2016113.970	118	17762.212	61
R09M		3.8500	2.1000	25.679	2.4244	270.75	202947.000	202947.000	192653.298	18	11274.833	9
R01Y		3.6000	2.5000	30.397	2.7814	344.96	247000.000	247000.000	242389.032	12	20583.333	7
全部							2240178265.82	2240959876.30	2225351206.73	75913.00	29520.11	

数据来源：中央国债登记结算有限责任公司

2010 年全国银行间债券市场国债买断式回购交易结算情况统计表

回购品种	最高利率（%）	最低利率（%）	本期平均利率（%）	涨跌（%）	内含期限（天数）	本金额（万元）	面值额（万元）	资金额（万元）	结算笔数（笔）	平均每笔交割量（万元）	结算天数（天）
R01D	4.5065	0.5938	1.6924	78.592	1.000	12236929.800	12237360.000	12167229.413	574	21319.443	172
R02D	5.0513	0.6028	2.1950	171.36	2.000	65000.000	65000.000	65181.240	5	13000.000	4
R03D	5.3023	0.7031	1.7075	90.297	3.000	3027000.000	3027000.000	3012814.637	130	23284.615	41
R07D	6.3984	0.5805	2.0888	72.627	6.567	3017846.300	3018480.000	3013873.565	290	10408.552	128
R14D	6.1988	0.5976	2.6382	117.040	12.769	1241659.200	1241900.000	1247350.558	138	8999.275	68
R21D	6.2194	1.0009	2.5962	101.137	19.306	412780.000	412780.000	417822.502	33	12508.485	20
R01M	4.3005	1.4987	2.5200	69.067	27.786	1079160.000	1079160.000	1088203.651	76	14199.474	47
R02M	6.0003	1.9501	2.6840	115.237	57.119	269000.000	269000.000	268723.621	8	33625.000	6
R03M	3.1999	1.6001	2.4337	5.161	78.568	577300.000	577300.000	588893.145	24	24054.167	18
R04M	—	—	—	—	—	—	—	—	—	—	—
R06M	—	—	—	—	—	—	—	—	—	—	—
R09M	—	—	—	—	—	—	—	—	—	—	—
R01Y	—	—	—	—	—	—	—	—	—	—	—
合 计						21926675.300	21927980.000	21870092.332	1278		

数据来源：中央国债登记结算有限责任公司

2010年末记账式国债余额剩余期限结构统计表
（按持有者结构划分）

机构类别	1—5年	10年以上	1年以下	5—10年	合计（亿元）
保险机构	530.96	2447.60	307.10	356.19	3641.85
信用社	170.74	160.24	81.66	240.14	652.78
商业银行	12246.64	7605.38	6036.85	10773.85	36662.72
基金	191.92	285.05	119.84	192.58	789.40
特殊结算成员	554.35	9855.05	784.31	6352.12	17545.82
证券公司	7.10	0.95	2.30	11.00	21.35
非金融机构	5.16	4.90	9.44	3.70	23.20
非银行金融机构	11.03	173.00	2.20	103.60	289.83
其他投资者			0.90		0.90
合　计	13717.90	20532.17	7344.60	18033.18	59627.85

数据来源：中央国债登记结算有限责任公司

2010年全国银行间债券市场机构投资者国债现券交易额排名

排　名	成员简称	总面额（亿元）	总笔数（笔）
1	交通银行	19769.34	4590
2	汇丰银行（中国）公司	14231.85	2426
3	杭州银行	11101.01	1827
4	法国巴黎银行（中国）	8092.08	1136
5	国家开发银行	6897.08	2609
6	国泰君安证券	6271.40	2486
7	上海银行	5005.85	1801
8	恒丰银行	4862.28	1616
9	鄞州银行	4320.20	629
10	花旗（中国）公司	3539.15	1840
11	中信证券	2970.85	1595
12	民生银行	2655.07	1471
13	郑州银行	2474.20	459
14	福建海峡银行	2369.55	826
15	宁波银行	1846.68	581
16	东方汇理银行（中国）	1749.00	717
17	哈尔滨银行	1571.90	756
18	潍坊市农联社	1548.84	553
19	江苏银行	1470.10	494
20	东亚银行中国公司	1429.90	298
21	河北银行	1426.60	975
22	南京银行	1359.41	1238
23	平安证券	1327.85	598
24	浙商银行	1270.40	193
25	重庆银行	1107.00	440
26	长沙银行	1084.50	364
27	乌市商行	1082.20	239
28	中国银行	1046.12	1980
29	大连银行	1038.50	259
30	建设银行	1037.77	1420
31	中银国际证券	1020.50	484
32	东莞银行	924.33	467
33	包商银行	919.52	591
34	农业银行	894.17	887
35	工商银行	883.83	1555
36	齐商银行	863.18	365
37	国海证券	857.92	412

续表

排　　名	成员简称	总面额（亿元）	总笔数（笔）
38	徽商银行	855.27	482
39	第一创业证券	795.68	758
40	瑞银证券	761.08	567
41	天津银行	759.27	552
42	杭州联合农合行	724.50	208
43	广西北部湾银行	722.60	223
44	邮储银行	701.90	275
45	摩根大通银行中国公司	692.35	1342
46	北京银行	624.70	204
47	盛京银行	622.32	387
48	光大证券	586.90	263
49	吉林银行	584.76	277
50	汉口银行	583.11	381
51	中航证券	544.60	331
52	张家口市商行	544.20	348
53	光大银行	543.68	1019
54	厦门银行	439.55	217
55	天津农商行	437.30	129
56	国信证券	432.44	342
57	兴业银行	431.50	950
58	美国银行上海分行	430.28	1398
59	国金证券	422.70	319
60	浦发银行	405.51	329
61	洛阳银行	401.44	242
62	泰安商行	393.46	249
63	招商银行	391.14	547
64	中山证券	380.00	112
65	富滇银行	376.46	310
66	齐鲁银行	348.40	215
67	成都农商行	339.60	66
68	渣打银行（中国）公司	321.38	954
69	黄石滨江农合行	312.90	142
70	中信银行	311.02	669
71	广州农商行	309.22	95
72	中信建投证券	290.01	220
73	上海农商行	285.56	119
74	银河证券	270.50	212

续表

排　名	成员简称	总面额（亿元）	总笔数（笔）
75	广发银行	261.39	202
76	江苏江南农商行	251.10	109
77	中金公司	251.08	609
78	威海市商业银行	251.00	117
79	东方证券	228.20	200
80	杭州贝托贸易公司	224.00	142
81	东海证券	222.24	178
82	晋商银行	222.20	75
83	广发证券	205.10	104
84	绵阳商行	195.05	64
85	广州银行	178.60	93
86	张家港农商行	178.46	46
87	贵阳商行	169.60	78
88	星展银行中国公司	166.50	157
89	德意志银行中国公司	161.18	449
90	周口市市区农联社	158.70	44
91	长江证券	153.15	182
92	宁夏银行	152.20	39
93	国都证券	150.00	46
94	招商证券	147.52	189
95	常熟农商行	143.27	106
96	民族证券	128.00	64
97	内蒙古网日金投资公司	123.46	86
98	德阳银行	122.80	88
99	宏源证券	122.30	142
100	上海华托投资管理公司	121.60	40
101	海通证券	118.20	14
102	上海证券	118.16	123
103	华泰证券	115.75	119
104	西南证券	113.40	103
105	南昌银行	110.46	68
106	天津农商行	108.54	46
107	甘肃农村合作金融中心	105.90	74
108	云南省农信联社	103.90	56
109	深发银行	98.70	85
110	九江银行	96.41	46
111	石嘴山银行	90.50	68

续表

排　名	成员简称	总面额（亿元）	总笔数（笔）
112	武进农商行	89.10	40
113	重庆农商行	81.94	39
114	上海华置投资管理公司	81.40	40
115	浙江萧山农村合作银行	80.60	23
116	绍兴县农合行	77.10	32
117	长沙市农联社	76.54	46
118	晋城商行	76.10	52
119	长春农商行	75.60	36
120	佛山顺德农商行	75.29	90
121	渤海证券	74.40	118
122	五矿证券公司	73.60	75
123	北京农村商业银行	71.40	93
124	上海浙能投资管理公司	70.40	18
125	北京高华证券公司	68.00	133
126	三菱东京日联银行中国	67.20	70
127	上海和群投资管理公司	66.80	38
128	华龙证券	63.30	41
129	江苏如皋农商行	63.30	242
130	泉州银行	62.90	58
131	中融国际信托公司	62.05	37
132	平安银行	58.40	88
133	北京信诚鸿运咨询公司	54.00	30
134	恒生银行（中国）公司	53.94	51
135	北京新盛华盈咨询公司	52.60	7
136	北京中衡汇咨询公司	52.40	30
137	嘉兴银行	50.73	34
138	德邦证券	49.46	68
139	长治市城区农联社	48.10	30
140	湖州银行	48.00	52
141	吉林九台农商行	47.50	17
142	上海济楚投资管理公司	45.20	16
143	黑龙江省农信社	43.60	47
144	申银万国证券	42.66	67
145	沧州银行	41.65	19
146	湘潭商行	38.05	48
147	民生证券	37.60	38
148	信达证券	36.80	25

续表

排 名	成员简称	总面额（亿元）	总笔数（笔）
149	苏格兰皇家银行中国	36.22	120
150	晋中市榆次区农信社	35.40	19
151	长春市环城农联社	34.65	26
152	江苏省农联社	33.70	54
153	赣州银行	32.99	18
154	深圳天宝恒业贸易公司	31.86	26
155	首创证券	31.80	18
156	十堰市农联社	30.70	20
157	浙江沪川投资公司	30.40	30
158	安信证券	30.10	50
159	北京博利拓咨询公司	28.80	16
160	江苏江阴农商行	28.40	67
161	兴业证券	27.80	50
162	荆州市农联社	27.70	30
163	齐齐哈尔商行	27.70	28
164	乐山商行	27.60	11
165	华融湘江银行	26.90	26
166	龙江银行	26.60	31
167	柳州银行	26.50	16
168	浙江鑫泰实业有限公司	26.40	14
169	科左后旗金谷贸易公司	26.00	8
170	湛江商行	24.50	16
171	湖南省农村信用联社	23.50	18
172	长城证券	22.60	17
173	偃师市农信社	22.15	19
174	华一银行	20.60	12
175	上海嘉志投资管理公司	20.20	26
176	锦州银行	20.00	28
177	四川广浩投资公司	20.00	4
178	东莞农商行	20.00	8
179	昆明宏毅咨询公司	20.00	4
180	青岛银行	19.80	15
181	安吉县农联社	19.60	18
182	绍兴银行	19.10	4
183	南充商行	18.70	27
184	华泰联合证券	18.60	41
185	荷兰安智银行上海分行	18.40	29

续表

排　名	成员简称	总面额（亿元）	总笔数（笔）
186	唐山商行	18.15	24
187	广西壮族自治区农联社	17.90	22
188	华宸信托	17.00	9
189	航天科工财务	17.00	13
190	济南润丰农村合作银行	16.80	6
191	华夏银行	16.41	35
192	澳大利亚新西兰银行	15.40	14
193	辽宁中仁纪念币公司	15.00	12
194	衡水市商业银行	14.80	17
195	衡水市农联社	14.70	9
196	瑞士银行北京分行	14.40	40
197	交行北京	14.00	10
198	上海睿理投资管理公司	14.00	14
199	摩根士丹利中国公司	13.30	45
200	中油财务	13.00	8
201	绵阳商行	12.90	3
202	厦门银行	12.80	13
203	曲靖市商业银行	12.72	24
204	阳泉市郊区农联社	12.50	5
205	平定县农信社	12.50	6
206	浙江新时代国际渔业	12.00	8
207	漯河市源汇区农联社	11.90	33
208	贵州贵阳云岩农合行	11.70	12
209	珠海商行	11.25	12
210	潍坊银行	11.00	8
211	广州证券	10.80	5
212	法国兴业银行中国公司	10.50	24
213	温州银行	10.10	5
214	玉溪市商行	10.00	6
215	太仓农商行	9.70	17
216	咸宁市咸安区农联社	9.70	17
217	东吴证券	9.70	19
218	中汇融金咨询北京公司	9.60	10
219	新野县农信社	9.40	24
220	广州银行	9.00	4
221	北京怀柔融兴村镇银行	8.80	4
222	侯马市农联社	8.50	31

续表

排　名	成员简称	总面额（亿元）	总笔数（笔）
223	南京证券	8.46	6
224	天津滨海农商行	8.00	3
225	江都农商行	8.00	68
226	吉林省农联社	8.00	4
227	随州市农联社	8.00	6
228	浙江绍兴恒信农合行	7.60	11
229	北京人脉人和咨询公司	7.40	8
230	上海嘉航电器公司	7.20	10
231	上海汽车财务	7.20	4
232	长沙县农联社	7.00	5
233	东兴证券	7.00	8
234	通化市郊区农信社	6.80	17
235	大庆商业银行	6.70	6
236	上海国定咨询公司	6.60	6
237	合肥科技农商行	6.50	20
238	五矿证券公司	6.40	10
239	沈阳深宝堂投资咨询	6.40	8
240	襄樊市城区农信联社	6.20	8
241	方城县农信社	6.09	22
242	吉林致中和投资公司	6.00	2
243	荆门市农联社	6.00	3
244	金华银行	6.00	4
245	景德镇市城信社	6.00	6
246	成都银行	5.90	4
247	长春市农联社	5.85	9
248	阜新银行	5.80	6
249	锦州银行天津分行	5.70	16
250	江苏大丰农村合作银行	5.70	13
251	中山市农信社	5.60	8
252	上海得羽投资公司	5.60	6
253	辽宁省农联社	5.60	6
254	北京锦荣源博贸易公司	5.60	6
255	浙江温州鹿城农合行	5.58	7
256	仙桃市农联社	5.52	16
257	济南历城农联社	5.50	2
258	海南新思源咨询公司	5.40	6
259	浙江上虞农合行	5.30	13

续表

排　　名	成员简称	总面额（亿元）	总笔数（笔）
260	南昌洪都农商行	5.30	9
261	大华银行中国公司	5.20	6
262	周口市商行	5.20	4
263	浙江农信联社	5.20	4
264	上海巴郡投资公司	5.00	6
265	浚县农联社	5.00	6
266	襄樊市农联社	5.00	7
267	上海泰慧投资管理公司	5.00	12
268	新时代证券	4.90	9
269	上海彩鸿企业管理公司	4.82	55
270	深圳安峰咨询公司	4.80	32
271	石家庄汇融农合行	4.80	10
272	瑞穗银行（中国）公司	4.80	4
273	新疆瑞盈商务咨询公司	4.78	18
274	隆昌县农信联社	4.50	9
275	广西汇力投资发展公司	4.40	8
276	焦作商行	4.40	5
277	吕梁地区农信联	4.40	1
278	江苏扬州农商行	4.20	6
279	国联证券	4.00	6
280	上海合恩咨询公司	4.00	2
281	苏州融锦投资管理公司	4.00	2
282	中国石化仪征化纤	4.00	1
283	英国巴克莱银行上海	3.85	9
284	江苏海安农合行	3.80	5
285	上海鑫裕投资咨询公司	3.80	4
286	江西农联社	3.80	9
287	长安银行	3.70	5
288	汝州市农信社	3.60	5
289	宁乡县农联社	3.50	4
290	日信证券公司	3.40	6
291	南洋商业银行（中国）	3.30	3
292	赣榆江泰理财咨询公司	3.20	4
293	浙江瑞安农村合作银行	3.20	2
294	上海国宁投资管理公司	3.20	2
295	西安汇富投资顾问公司	3.00	2
296	菲克盈康资产管理公司	3.00	4

续表

排　名	成员简称	总面额（亿元）	总笔数（笔）
297	荆州商行	3.00	4
298	苏州银行	2.90	4
299	长沙先导农商行	2.80	5
300	无锡文正文化发展公司	2.80	6
301	哈尔滨利丰赢经贸公司	2.80	4
302	咸阳市秦都区农联社	2.80	2
303	邯郸商行	2.70	3
304	烟台中联物流园公司	2.60	4
305	德州银行	2.60	5
306	盂县农联社	2.50	3
307	陕西省农联社	2.50	1
308	南通市郊信用联社	2.40	4
309	苏州静思远投资公司	2.40	4
310	江苏南通农商行	2.40	4
311	杭州商行西湖支行	2.40	2
312	荷兰合作银行上海分行	2.30	3
313	德清农合行	2.30	3
314	长沙雨花农合行	2.30	5
315	上蔡县农联社	2.30	10
316	华林证券	2.20	4
317	银泰证券	2.20	2
318	上海敬誉咨询公司	2.20	2
319	铜山县农联社	2.10	3
320	苏格兰皇家银行上海	2.10	3
321	长城基金公司	2.02	4
322	上海添锐投资管理公司	2.00	2
323	西安玺源投资有限公司	2.00	10
324	浙江乐清农合行	2.00	1
325	嵩县农联社	2.00	2
326	北京安雅信顾问公司	2.00	2
327	北京合合会众咨询公司	2.00	2
328	北京万宗投资公司	2.00	2
329	建桥财富北京咨询公司	2.00	2
330	临汾市尧都区农联社	2.00	1
331	洛宁县农联社	2.00	2
332	蒙特利尔银行（中国）	2.00	2
333	齐鲁银行天津分行	2.00	2

续表

排　名	成员简称	总面额（亿元）	总笔数（笔）
334	上海禾煊投资管理公司	2.00	2
335	上海鹏举投资管理公司	2.00	2
336	上海融俊咨询公司	2.00	2
337	浙江温州瓯海农合行	1.90	2
338	浙江嵊州农合行	1.90	2
339	联横财富北京咨询公司	1.90	2
340	桐乡市农联社	1.90	3
341	新疆万杰科技公司	1.80	4
342	慈溪农合行	1.80	2
343	洛阳市区农信社	1.80	3
344	财富证券	1.60	4
345	浙江稠州商业银行	1.60	1
346	兰玉鑫投资咨询公司	1.60	2
347	平顶山嘉士诚咨询公司	1.60	2
348	上海普银投资管理公司	1.60	4
349	广东粤财信托公司	1.60	2
350	涉县农信社	1.50	4
351	海门农村商业银行	1.50	1
352	长沙芙蓉农合行	1.50	2
353	泸州商行	1.50	3
354	西藏同信证券公司	1.40	4
355	中天证券有限公司	1.40	11
356	长沙天心农合行	1.40	2
357	株洲千金药业公司	1.31	3
358	韩亚银行（中国）	1.30	3
359	江西江南信托公司	1.30	1
360	杭州盛融投资管理公司	1.20	2
361	湖南望城农合行	1.20	3
362	大成基金管理公司	1.20	2
363	日照银行	1.20	3
364	西藏自治区信托公司	1.20	2
365	北京博盈财富顾问公司	1.16	2
366	韩国产业上海	1.10	2
367	襄樊市商业银行	1.10	1
368	榆社县农联社	1.00	1
369	盐城黄海农商行	1.00	2
370	思平科乐投资顾问公司	1.00	4

续表

排　　名	成员简称	总面额（亿元）	总笔数（笔）
371	西藏同信证券公司	1.00	2
372	黄石银行	1.00	1
373	华夏基金管理公司	1.00	1
374	湖南洞口农合行	1.00	1
375	呼和浩特金谷农合行	1.00	1
376	杭州余杭农合行	1.00	1
377	上海元康管理公司	1.00	2
378	福清市农联社	1.00	1
379	佛山市南海区农信联社	1.00	1
380	新乡通锐达公司	1.00	2
381	栾川县农联社	1.00	1
382	泽州县农联社	1.00	1
383	上海石油天然气公司	1.00	1
384	国联安基金管理公司	0.95	2
385	渣打香港	0.90	2
386	佛山顺德农商行	0.90	2
387	湖南浏阳农商行	0.80	4
388	大连银行	0.80	2
389	平阳农联社	0.80	5
390	华颐金源投资顾问公司	0.80	5
391	上海铟泺财务咨询公司	0.63	9
392	河南济源农商行	0.60	2
393	宜宾县农联社	0.60	1
394	上海马切达咨询公司	0.60	2
395	新泰市农联社	0.60	1
396	禄丰龙城富滇村镇银行	0.60	6
397	江苏靖江农商行	0.50	1
398	遵义商行	0.50	1
399	黄冈市农联社	0.50	1
400	湖州银行	0.50	1
401	海尔集团财务公司	0.50	1
402	浙江南浔农村合作银行	0.50	1
403	城商行清算中心	0.50	1
404	安徽休宁农合行	0.50	1
405	上海山友通信	0.50	2
406	阳泉市商业银行	0.50	1
407	长治商行	0.50	2

续表

排　名	成员简称	总面额（亿元）	总笔数（笔）
408	三门峡市商业银行	0.50	1
409	南阳商行	0.50	1
410	南阳市卧龙区农联社	0.50	2
411	濮阳市市区农联社	0.50	1
412	汝阳县农联社	0.50	1
413	三井住友银行中国公司	0.50	2
414	首都银行（中国）	0.40	4
415	徐州市郊农信社	0.40	1
416	数字博识（北京）公司	0.40	3
417	华容县农联社	0.40	1
418	宜阳县农联社	0.35	1
419	汤阴县农联社	0.30	1
420	石家庄市农联社	0.30	1
421	上海桂枫投资管理公司	0.30	1
422	江都农商行	0.30	2
423	黄山屯溪农合行	0.30	1
424	沧州融信农商行	0.30	1
425	北京数字博识科技公司	0.30	2
426	资中县农信联社	0.30	1
427	中债信用增进投资公司	0.30	1
428	浙江新昌农合行	0.30	2
429	江苏吴江农商行	0.29	1
430	昭通昭阳富滇村镇银行	0.20	2
431	德州德城区农联社	0.20	1
432	友利银行中国公司	0.20	2
433	晋中经济开发区农联社	0.20	1
434	平遥县农联社	0.20	1
435	上海穆恩投资管理公司	0.20	2
436	汨罗市农联社	0.10	1
437	曲沃县农信社	0.10	1

数据来源：中央国债登记结算有限责任公司

2010年上海证券交易所国债指数与现券日交易量统计表

交易日期	成交量（手）	成交金额（万元）	收盘指数
2010-01-04	314315	31622.30	122.337
2010-01-05	565657	57063.98	122.284
2010-01-06	462090	46691.19	122.317
2010-01-07	569776	57497.24	122.311
2010-01-08	376021	37924.84	122.317
2010-01-11	199847	20182.34	122.342
2010-01-12	496579	50322.87	122.335
2010-01-13	492774	50274.44	122.342
2010-01-14	368463	37328.26	122.336
2010-01-15	512439	51983.41	122.335
2010-01-18	157653	15919.92	122.357
2010-01-19	828120	84523.12	122.449
2010-01-20	864138	87669.68	122.338
2010-01-21	409715	41593.18	122.455
2010-01-22	967137	96895.06	122.487
2010-01-25	1286044	130313.43	122.493
2010-01-26	1459199	147091.24	122.487
2010-01-27	1972510	198375.65	122.537
2010-01-28	1505834	152862.25	122.659
2010-01-29	711025	72164.59	122.591
2010-02-01	482102	47739.08	122.757
2010-02-02	661470	66123.40	122.773
2010-02-03	678991	68411.24	122.786
2010-02-04	592368	59734.68	122.867
2010-02-05	626562	63067.48	123.456
2010-02-08	591322	60293.55	123.563
2010-02-09	1051309	106951.35	123.596
2010-02-10	1404699	142311.69	123.569
2010-02-11	573272	58284.85	123.499
2010-02-12	500767	50402.83	123.515
2010-02-22	507187	51158.79	123.569
2010-02-23	503758	50553.06	123.684
2010-02-24	2794119	282399.15	123.698
2010-02-25	1835502	185230.36	123.728
2010-02-26	1634456	165030.87	123.761
2010-03-01	272072	27473.62	123.797
2010-03-02	327500	32858.61	123.883
2010-03-03	628605	64220.95	123.857

续表

交易日期	成交量（手）	成交金额（万元）	收盘指数
2010-03-04	309849	31234.97	123.858
2010-03-05	408317	41580.98	123.851
2010-03-08	311477	31781.92	123.901
2010-03-09	502435	51091.33	123.856
2010-03-10	2563817	256581.19	123.861
2010-03-11	693289	69511.09	123.899
2010-03-12	343977	34729.15	123.902
2010-03-15	350246	35503.99	123.957
2010-03-16	1018084	103225.88	124.133
2010-03-17	432469	43551.69	124.132
2010-03-18	384780	38874.01	124.168
2010-03-19	443316	44713.74	124.213
2010-03-22	411427	41333.53	124.276
2010-03-23	2233498	225132.08	124.308
2010-03-24	1102914	112244.94	124.932
2010-03-25	2045285	207052.59	124.962
2010-03-26	1024465	103734.26	124.287
2010-03-29	1576550	159706.79	124.239
2010-03-30	2516371	255776.55	124.293
2010-03-31	847896	86554.22	124.342
2010-04-01	508221	50431.45	124.315
2010-04-02	723198	73292.79	124.282
2010-04-06	429219	43278.93	124.288
2010-04-07	798430	80391.14	124.273
2010-04-08	685362	68895.78	124.625
2010-04-09	363160	36778.96	124.327
2010-04-12	315752	31976.21	124.345
2010-04-13	462765	46883.04	124.284
2010-04-14	508667	51447.97	124.281
2010-04-15	289540	29258.71	124.201
2010-04-16	742585	74653.89	124.336
2010-04-19	550301	55531.66	124.340
2010-04-20	365273	36854.06	124.421
2010-04-21	1010635	103037.92	124.428
2010-04-22	420610	42385.40	124.373
2010-04-23	1008834	103034.85	124.426
2010-04-26	1166907	117409.84	124.544
2010-04-27	739289	74552.62	124.567
2010-04-28	1409231	143389.15	124.602
2010-04-29	1090123	111041.70	124.662
2010-04-30	519653	52367.58	124.668

续表

交易日期	成交量（手）	成交金额（万元）	收盘指数
2010－05－04	388765	39204.18	124.640
2010－05－05	439884	44393.56	124.761
2010－05－06	895468	90104.61	124.788
2010－05－07	1331409	134318.84	124.910
2010－05－10	654154	66067.51	124.923
2010－05－11	728782	73407.40	124.938
2010－05－12	363187	36933.42	124.994
2010－05－13	624479	63380.30	124.948
2010－05－14	765668	77808.00	124.983
2010－05－17	831067	83976.13	125.171
2010－05－18	797795	80939.68	125.111
2010－05－19	1094780	111234.39	125.184
2010－05－20	623395	62977.35	125.253
2010－05－21	721911	73350.79	125.319
2010－05－24	1779613	181430.10	125.305
2010－05－25	1032323	104113.30	125.368
2010－05－26	1172697	120064.09	125.381
2010－05－27	422161	43001.05	125.361
2010－05－28	406648	41169.19	125.404
2010－05－31	983202	98644.09	125.382
2010－06－01	375562	38320.90	125.362
2010－06－02	696529	73193.41	125.310
2010－06－03	1187069	124373.36	125.358
2010－06－04	817090	86808.73	125.306
2010－06－07	411324	42558.26	125.460
2010－06－08	301828	30505.50	125.420
2010－06－09	605550	61386.86	125.383
2010－06－10	730037	73631.11	125.338
2010－06－11	416202	42327.00	125.350
2010－06－17	194461	19754.96	125.328
2010－06－18	573040	58129.32	125.345
2010－06－21	472830	47771.56	125.441
2010－06－22	394996	39462.49	125.401
2010－06－23	377621	37346.29	125.444
2010－06－24	292819	29804.82	125.430
2010－06－25	1189397	120574.50	125.529
2010－06－28	329100	33962.85	125.573
2010－06－29	1311509	133764.86	125.596
2010－06－30	627553	64618.71	125.661
2010－07－01	457560	47343.00	125.626
2010－07－02	610599	63304.45	125.615

续表

交易日期	成交量（手）	成交金额（万元）	收盘指数
2010 - 07 - 05	354900	36246. 49	125. 647
2010 - 07 - 06	229006	23300. 02	125. 800
2010 - 07 - 07	359407	36592. 67	125. 747
2010 - 07 - 08	294986	30857. 89	125. 829
2010 - 07 - 09	336645	34356. 47	125. 514
2010 - 07 - 12	707528	71251. 89	126. 065
2010 - 07 - 13	541356	55807. 12	126. 077
2010 - 07 - 14	361303	37104. 81	126. 140
2010 - 07 - 15	370329	37882. 93	126. 102
2010 - 07 - 16	458847	47122. 24	126. 183
2010 - 07 - 19	414559	42265. 42	126. 181
2010 - 07 - 20	504377	51552. 54	126. 149
2010 - 07 - 21	704420	70951. 27	126. 160
2010 - 07 - 22	644302	64440. 19	126. 144
2010 - 07 - 23	708565	71276. 09	126. 162
2010 - 07 - 26	326067	33263. 57	126. 166
2010 - 07 - 27	771405	78751. 07	126. 067
2010 - 07 - 28	590843	60019. 06	126. 078
2010 - 07 - 29	737479	74176. 26	126. 060
2010 - 07 - 30	716391	72284. 29	125. 985
2010 - 08 - 02	782638	78591. 07	126. 090
2010 - 08 - 03	361232	36748. 63	126. 104
2010 - 08 - 04	484754	49813. 41	126. 405
2010 - 08 - 05	791949	82608. 21	126. 459
2010 - 08 - 06	683840	70468. 88	126. 460
2010 - 08 - 09	338628	34303. 77	126. 491
2010 - 08 - 10	248891	25577. 84	126. 478
2010 - 08 - 11	349327	35932. 97	126. 442
2010 - 08 - 12	513254	53907. 47	126. 448
2010 - 08 - 13	485072	49807. 72	126. 408
2010 - 08 - 16	319009	32702. 75	126. 515
2010 - 08 - 17	231216	24055. 14	126. 599
2010 - 08 - 18	331779	33866. 81	126. 622
2010 - 08 - 19	295231	29943. 98	126. 619
2010 - 08 - 20	258874	26517. 67	126. 612
2010 - 08 - 23	253950	25960. 70	126. 639
2010 - 08 - 24	741056	74910. 84	126. 601
2010 - 08 - 25	806322	81817. 36	126. 613
2010 - 08 - 26	582448	60325. 23	126. 574
2010 - 08 - 27	843612	85661. 46	126. 628
2010 - 08 - 30	657780	68169. 63	126. 588

续表

交易日期	成交量（手）	成交金额（万元）	收盘指数
2010－08－31	307223	31304.95	126.623
2010－09－01	278376	28615.19	126.640
2010－09－02	340943	34603.75	126.603
2010－09－03	470897	47713.29	126.683
2010－09－06	461922	46959.96	126.734
2010－09－07	250509	25614.04	126.744
2010－09－08	317753	32427.22	126.751
2010－09－09	347348	35620.24	126.722
2010－09－10	528664	54324.37	126.670
2010－09－13	623945	63992.86	126.878
2010－09－14	323642	32818.24	126.868
2010－09－15	1376103	140234.35	126.834
2010－09－16	247701	25010.88	126.749
2010－09－17	331562	33407.57	126.896
2010－09－20	612464	61795.46	126.922
2010－09－21	250580	25478.24	126.601
2010－09－27	1258508	128047.34	126.501
2010－09－28	1199879	121084.86	126.564
2010－09－29	1299674	132374.63	126.580
2010－09－30	628743	63983.99	126.678
2010－10－08	300731	30506.66	126.696
2010－10－11	316459	32239.42	126.658
2010－10－12	792118	81113.84	126.646
2010－10－13	595953	59886.93	126.650
2010－10－14	772707	78244.97	126.631
2010－10－15	285921	28882.60	126.643
2010－10－18	827700	84892.43	126.681
2010－10－19	261292	26529.55	126.715
2010－10－20	372994	37814.64	126.560
2010－10－21	613108	62197.14	126.527
2010－10－22	467697	47346.54	126.541
2010－10－25	424270	42809.85	126.498
2010－10－26	1139388	115680.32	126.412
2010－10－27	2022369	203185.92	126.257
2010－10－28	480400	48619.63	126.309
2010－10－29	1158056	116670.07	126.344
2010－11－01	569382	57748.87	126.365
2010－11－02	614412	62360.24	126.313
2010－11－03	612853	61787.30	126.221
2010－11－04	599818	60542.11	126.194
2010－11－05	416016	41852.42	126.148

续表

交易日期	成交量（手）	成交金额（万元）	收盘指数
2010-11-08	562566	56537.60	126.097
2010-11-09	637474	64506.97	126.118
2010-11-10	726564	72542.80	125.985
2010-11-11	445753	44780.85	125.854
2010-11-12	352270	35396.70	125.910
2010-11-15	528926	53494.91	125.908
2010-11-16	544651	54658.43	125.969
2010-11-17	1050313	105852.15	126.037
2010-11-18	364393	36549.16	126.013
2010-11-19	1149674	114871.51	126.026
2010-11-22	469473	46949.45	126.029
2010-11-23	698504	69970.42	126.016
2010-11-24	280661	28012.45	125.988
2010-11-25	547281	54698.37	125.963
2010-11-26	636424	63532.09	126.039
2010-11-29	553188	54807.70	126.078
2010-11-30	1263121	125406.00	126.054
2010-12-01	1036814	104313.26	126.066
2010-12-02	358129	35949.59	126.068
2010-12-03	349836	34973.33	126.095
2010-12-06	247067	24612.39	126.098
2010-12-07	198903	19898.64	126.145
2010-12-08	313974	31462.94	126.186
2010-12-09	357312	35752.32	126.154
2010-12-10	410757	40770.75	126.156
2010-12-13	193547	19389.95	126.216
2010-12-14	277091	27847.23	126.252
2010-12-15	272492	27082.98	126.271
2010-12-16	333613	33248.91	126.268
2010-12-17	283666	28550.73	126.322
2010-12-20	343769	34735.37	126.329
2010-12-21	205166	20527.02	126.324
2010-12-22	253020	25434.26	126.239
2010-12-23	429887	42737.04	126.275
2010-12-24	514906	51070.00	126.277
2010-12-27	148402	14762.54	126.280
2010-12-28	267098	26483.52	126.256
2010-12-29	948707	94798.65	126.276
2010-12-30	246711	24585.18	126.285
2010-12-31	345034	34435.73	126.278
合　计	156984472	15900320.62	

数据来源：上海证券交易所

2010年上海证券交易所国债交易情况月度统计表

月 份	国债现货成交额（亿元）	国债质押式回购成交金额（亿元）
1	146.83	3731.44
2	145.77	2756.36
3	209.85	5013.87
4	142.69	4664.29
5	162.65	4736.70
6	115.83	5482.85
7	114.01	6099.45
8	109.30	6472.24
9	113.41	5964.58
10	109.66	4508.91
11	136.69	6803.44
12	83.34	9643.67
合 计	1590.03	65877.79

数据来源：上海证券交易所

2010年上海证券交易所机构投资者国债现券交易额排名

排　名	会员名称	成交金额（百万元）
1	海通证券股份有限公司	27637.11
2	招商证券股份有限公司	24353.49
3	平安证券有限责任公司	20213.19
4	国信证券股份有限公司	16757.33
5	华夏基金管理公司	14749.11
6	广发证券股份有限公司	13037.58
7	长江证券股份有限公司	11509.09
8	华泰证券股份有限公司	9984.79
9	中信证券股份有限公司	9033.00
10	光大证券股份有限公司	8796.90
11	中国人寿资产管理有限公司	8320.31
12	东方证券股份有限公司	5868.88
13	中银国际证券有限责任公司	5287.44
14	中国国际金融有限公司	3988.16
15	国泰君安证券股份有限公司	3888.48
16	国泰基金管理公司	3304.33
17	富国基金管理公司	3246.46
18	申银万国证券股份有限公司	2721.52
19	金鹰基金管理有限公司	2327.97
20	华宝兴业基金管理有限公司	2215.50
21	国联安基金管理有限公司	2147.03
22	招商基金管理有限公司	2134.07
23	华安基金管理公司	1964.98
24	北京高华证券有限责任公司	1876.83
25	海富通基金管理有限公司	1858.17
26	中国人保资产管理有限公司	1808.92
27	大成基金管理公司	1771.52
28	嘉实基金管理有限公司	1731.48
29	瑞银证券有限责任公司	1694.23
30	鹏华基金管理公司	1652.83
31	易方达基金管理公司	1619.07
32	银华基金管理有限公司	1584.16
33	广发基金管理有限公司	1556.87
34	中国银河证券股份有限公司	1398.65
35	建信基金管理有限责任公司	1345.27
36	华商基金管理有限公司	1250.64
37	万家基金管理有限公司	1185.73

续表

排 名	会员名称	成交金额（百万元）
38	长盛基金管理有限公司	959.27
39	博时基金管理有限公司	949.63
40	宝盈基金管理有限公司	894.68
41	长城基金管理有限公司	737.39
42	南方基金管理公司	737.15
43	中原证券股份有限公司	699.04
44	宏源证券股份有限公司	629.74
45	泰康资产管理有限责任公司	549.10
46	中天证券有限责任公司	522.35
47	华富基金管理有限公司	510.23
48	美国友邦保险有限公司上海分公司	507.88
49	银河基金管理有限公司	495.19
50	诺德基金管理有限公司	479.75
51	工银瑞信基金管理有限公司	476.46
52	天治基金管理有限公司	448.82
53	国投瑞银基金管理有限公司	419.22
54	华泰柏瑞基金管理有限公司	392.62
55	诺安基金管理有限公司	374.24
56	中银基金管理有限公司	364.57
57	泰达宏利基金管理有限公司	292.22
58	兴业全球基金管理有限公司	280.18
59	民生加银基金管理有限公司	277.29
60	国海证券有限责任公司	274.89
61	太平资产管理有限公司	253.83
62	汇丰晋信基金管理有限公司	247.73
63	未知会员	215.73
64	农银汇理基金管理有限公司	214.96
65	申万巴黎基金管理有限公司	210.96
66	泰信基金管理有限公司	209.09
67	金元比联基金管理有限公司	206.12
68	浦银安盛基金管理有限公司	204.44
69	天弘基金管理有限公司	203.80
70	东吴基金管理有限公司	195.70
71	山西证券股份有限公司	187.68
72	信达澳银基金管理有限公司	180.97
73	汇添富基金管理有限公司	178.09
74	德邦证券有限责任公司	165.92
75	中信建投证券有限责任公司	160.44
76	平安资产管理有限责任公司	159.66

续表

排　名	会员名称	成交金额（百万元）
77	渤海证券股份有限公司	144.61
78	融通基金管理有限公司	133.37
79	国海富兰克林基金管理有限公司	122.39
80	中邮创业基金管理有限公司	101.78
81	中欧基金管理有限公司	101.44
82	东方基金管理有限责任公司	81.30
83	中海基金管理有限公司	76.11
84	信诚基金管理有限公司	63.80
85	上投摩根基金管理有限公司	58.04
86	兴业证券股份有限公司	49.99
87	安信证券股份有限公司	49.96
88	东北证券股份有限公司	48.56
89	华泰联合证券有限责任公司	39.95
90	益民基金管理有限公司	33.52
91	长信基金管理有限责任公司	25.98
92	摩根士丹利华鑫基金管理有限公司	25.81
93	民生证券有限责任公司	21.88
94	光大保德信基金管理有限公司	18.53
95	华泰资产管理有限公司	10.97
96	东莞证券有限责任公司	10.02
97	新华资产管理股份有限公司	8.52
98	中国民族证券有限责任公司	0.40
99	航天证券有限责任公司	0.00
100	东吴证券股份有限公司	0.00
101	财达证券有限责任公司	0.00
102	金元证券股份有限公司	0.00
103	华鑫证券有限责任公司	0.00

数据来源：上海证券交易所

2010 年上海证券交易所国债质押式回购日交易情况统计表

单位：万元，%

交易日期	GC001		GC002		GC003		GC004		GC007		GC014		GC028		GC091		GC182		合 计
	成交量	收盘价	成交量	收盘价	成交量	收盘价	成交量	收盘价	成交量	收盘价	成交量	收盘价	成交量	收盘价	成交量	收盘价	成交量	收盘价	
2010-01-04	1135130	1.255	0	0.000	0	0.000	0	0.000	1025970	1.470	0	0.000	0	0.000	0	0.000	0	0.000	2161100
2010-01-05	1017330	0.720	0	0.000	0	0.000	0	0.000	522740	1.465	0	0.000	0	0.000	0	0.000	0	0.000	1540070
2010-01-06	1109750	1.200	0	0.000	0	0.000	0	0.000	892820	1.450	0	0.000	40	1.980	0	0.000	0	0.000	2002610
2010-01-07	1339000	3.010	0	0.000	0	0.000	0	0.000	513340	1.390	140	1.700	0	0.000	0	0.000	0	0.000	1852480
2010-01-08	1431390	1.410	0	0.000	0	0.000	0	0.000	648120	1.400	0	0.000	0	0.000	0	0.000	0	0.000	2079510
2010-01-11	1194840	1.300	0	0.000	0	0.000	0	0.000	607210	1.380	30	1.700	0	0.000	0	0.000	0	0.000	1802080
2010-01-12	1233270	1.250	0	0.000	0	0.000	0	0.000	677130	1.340	0	0.000	0	0.000	0	0.000	0	0.000	1910400
2010-01-13	1156050	1.095	0	0.000	0	0.000	0	0.000	1224060	1.390	0	0.000	0	0.000	1510	2.000	0	0.000	2381620
2010-01-14	1289880	2.000	0	0.000	0	0.000	0	0.000	479310	1.225	0	0.000	0	0.000	0	0.000	0	0.000	1769190
2010-01-15	1052430	1.360	0	0.000	0	0.000	0	0.000	628180	1.235	0	0.000	0	0.000	0	0.000	0	0.000	1680610
2010-01-18	1076630	1.290	0	0.000	0	0.000	0	0.000	726150	1.360	0	0.000	50	1.800	130	2.000	0	0.000	1802960
2010-01-19	1272000	0.935	0	0.000	0	0.000	0	0.000	795710	1.355	0	0.000	0	0.000	0	0.000	0	0.000	2067710
2010-01-20	1125810	1.160	0	0.000	0	0.000	0	0.000	636640	1.305	0	0.000	0	0.000	0	0.000	0	0.000	1762450
2010-01-21	1086990	3.035	0	0.000	0	0.000	0	0.000	536190	1.330	0	0.000	0	0.000	0	0.000	0	0.000	1623180
2010-01-22	1358940	1.100	0	0.000	0	0.000	0	0.000	906940	1.300	0	0.000	0	0.000	0	0.000	0	0.000	2265880
2010-01-25	1366700	1.165	0	0.000	0	0.000	0	0.000	544980	1.305	0	0.000	0	0.000	0	0.000	0	0.000	1911680
2010-01-26	1238930	1.315	0	0.000	0	0.000	0	0.000	502290	1.365	0	0.000	0	0.000	0	0.000	0	0.000	1741220
2010-01-27	1058130	1.190	0	0.000	0	0.000	0	0.000	603400	1.390	0	0.000	0	0.000	0	0.000	0	0.000	1661530
2010-01-28	1175900	2.760	0	0.000	0	0.000	0	0.000	452520	1.400	0	0.000	0	0.000	0	0.000	0	0.000	1628420
2010-01-29	1032740	1.370	0	0.000	0	0.000	0	0.000	636950	1.310	0	0.000	0	0.000	0	0.000	0	0.000	1669690
2010-02-01	1269350	1.215	0	0.000	40	1.340	0	0.000	677990	1.500	0	0.000	0	0.000	0	0.000	0	0.000	1947380
2010-02-02	1178320	1.375	0	0.000	0	0.000	0	0.000	640690	1.500	0	0.000	0	0.000	0	0.000	0	0.000	1819010
2010-02-03	1213090	1.225	0	0.000	0	0.000	20	1.300	536500	1.320	0	0.000	0	0.000	0	0.000	0	0.000	1749610
2010-02-04	1417490	3.295	0	0.000	0	0.000	0	0.000	569900	1.350	0	0.000	0	0.000	0	0.000	0	0.000	1987390

续表

交易日期	GC001		GC002		GC003		GC004		GC007		GC014		GC028		GC091		GC182		合　计
	成交量	收盘价	成交量	收盘价	成交量	收盘价	成交量	收盘价	成交量	收盘价	成交量	收盘价	成交量	收盘价	成交量	收盘价	成交量	收盘价	
2010-02-05	1311780	1.220	0	0.000	0	0.000	0	0.000	471180	2.005	0	0.000	0	0.000	0	0.000	0	0.000	1782960
2010-02-08	1366160	1.505	210	1.300	0	0.000	0	0.000	725850	3.000	0	0.000	0	0.000	0	0.000	0	0.000	2092220
2010-02-09	1029160	1.470	100	1.310	0	0.000	0	0.000	713640	2.910	20000	1.900	0	0.000	0	0.000	0	0.000	1762900
2010-02-10	933390	1.250	0	0.000	670	4.900	0	0.000	1068380	2.650	0	0.000	0	0.000	0	0.000	0	0.000	2002440
2010-02-11	738110	9.930	40	5.000	0	0.000	0	0.000	636750	1.555	20000	1.800	0	0.000	0	0.000	0	0.000	1394900
2010-02-12	764470	1.540	0	0.000	0	0.000	0	0.000	10960	0.240	28000	1.800	0	0.000	0	0.000	0	0.000	803430
2010-02-22	1948940	1.050	0	0.000	180	1.220	0	0.000	1533680	1.200	0	0.000	0	0.000	1660	2.000	0	0.000	3484460
2010-02-23	1354600	1.150	0	0.000	0	0.000	0	0.000	574910	1.210	0	0.000	0	0.000	0	0.000	0	0.000	1929510
2010-02-24	1287670	1.100	0	0.000	30	1.210	0	0.000	323120	1.300	0	0.000	0	0.000	0	0.000	0	0.000	1610820
2010-02-25	1724440	2.675	0	0.000	0	0.000	0	0.000	258290	1.015	0	0.000	0	0.000	0	0.000	0	0.000	1982730
2010-02-26	1077000	1.175	0	0.000	0	0.000	0	0.000	136830	1.250	0	0.000	0	0.000	0	0.000	0	0.000	1213830
2010-03-01	1449250	1.230	0	0.000	0	0.000	0	0.000	1255420	1.510	0	0.000	0	0.000	0	0.000	0	0.000	2704670
2010-03-02	1543510	1.590	0	0.000	0	0.000	90	1.310	859720	1.605	0	0.000	0	0.000	2260	2.000	0	0.000	2405580
2010-03-03	1410150	1.125	0	0.000	0	0.000	0	0.000	487600	1.100	0	0.000	0	0.000	0	0.000	0	0.000	1897750
2010-03-04	1332170	3.660	0	0.000	0	0.000	0	0.000	398890	1.240	0	0.000	0	0.000	0	0.000	0	0.000	1731060
2010-03-05	1043580	1.235	0	0.000	0	0.000	0	0.000	271240	1.265	0	0.000	0	0.000	0	0.000	0	0.000	1314820
2010-03-08	1513580	1.040	0	0.000	0	0.000	0	0.000	1036850	1.320	0	0.000	0	0.000	0	0.000	0	0.000	2550430
2010-03-09	1537810	0.900	0	0.000	0	0.000	0	0.000	1069190	1.360	0	0.000	0	0.000	0	0.000	0	0.000	2607000
2010-03-10	1457020	1.500	0	0.000	0	0.000	0	0.000	727020	1.450	0	0.000	0	0.000	0	0.000	0	0.000	2184040
2010-03-11	1374240	3.195	200	1.400	0	0.000	0	0.000	903480	1.350	0	0.000	0	0.000	0	0.000	0	0.000	2277920
2010-03-12	1290650	1.500	0	0.000	0	0.000	0	0.000	245850	1.500	0	0.000	0	0.000	90	2.100	0	0.000	1536590
2010-03-15	1531500	1.450	0	0.000	0	0.000	0	0.000	1109450	1.580	0	0.000	0	0.000	0	0.000	0	0.000	2640950
2010-03-16	1500810	1.350	0	0.000	0	0.000	0	0.000	889880	1.200	0	0.000	0	0.000	0	0.000	0	0.000	2390690
2010-03-17	1189830	1.120	0	0.000	0	0.000	0	0.000	650880	1.435	0	0.000	0	0.000	0	0.000	0	0.000	1840710
2010-03-18	1355440	3.360	0	0.000	0	0.000	0	0.000	652280	1.490	0	0.000	0	0.000	0	0.000	0	0.000	2007720
2010-03-19	1179130	1.415	0	0.000	0	0.000	0	0.000	297280	1.295	0	0.000	0	0.000	0	0.000	0	0.000	1476410
2010-03-22	1495640	1.040	0	0.000	0	0.000	0	0.000	1131220	1.400	0	0.000	0	0.000	0	0.000	0	0.000	2626860
2010-03-23	1608290	1.405	0	0.000	0	0.000	0	0.000	1063030	1.480	0	0.000	0	0.000	0	0.000	0	0.000	2671320

续表

交易日期	GC001		GC002		GC003		GC004		GC007		GC014		GC028		GC091		GC182		合 计
	成交量	收盘价	成交量	收盘价	成交量	收盘价	成交量	收盘价	成交量	收盘价	成交量	收盘价	成交量	收盘价	成交量	收盘价	成交量	收盘价	
2010 - 03 - 24	1503410	0.985	0	0.000	0	0.000	0	0.000	564940	1.450	0	0.000	0	0.000	0	0.000	0	0.000	2068350
2010 - 03 - 25	1495620	3.005	0	0.000	0	0.000	0	0.000	583460	1.430	0	0.000	0	0.000	0	0.000	0	0.000	2079080
2010 - 03 - 26	1670110	1.620	0	0.000	0	0.000	0	0.000	235740	1.480	0	0.000	0	0.000	0	0.000	0	0.000	1905850
2010 - 03 - 29	1604130	1.550	0	0.000	0	0.000	0	0.000	1004580	1.495	0	0.000	0	0.000	0	0.000	0	0.000	2608710
2010 - 03 - 30	1584500	1.110	0	0.000	0	0.000	0	0.000	1163870	1.545	0	0.000	0	0.000	0	0.000	0	0.000	2748370
2010 - 03 - 31	1288370	1.150	0	0.000	0	0.000	0	0.000	575400	1.390	0	0.000	0	0.000	0	0.000	0	0.000	1863770
2010 - 04 - 01	1431680	3.355	80	1.200	0	0.000	0	0.000	464830	1.380	0	0.000	0	0.000	0	0.000	0	0.000	1896590
2010 - 04 - 02	1130390	1.350	0	0.000	0	0.000	0	0.000	234720	1.105	0	0.000	0	0.000	0	0.000	0	0.000	1365110
2010 - 04 - 06	1778320	1.350	260	1.180	0	0.000	0	0.000	1355410	1.415	0	0.000	0	0.000	0	0.000	0	0.000	3133990
2010 - 04 - 07	1908340	1.550	0	0.000	0	0.000	0	0.000	1155120	1.580	0	0.000	0	0.000	0	0.000	0	0.000	3063460
2010 - 04 - 08	1915960	3.335	0	0.000	0	0.000	0	0.000	457870	1.400	0	0.000	0	0.000	0	0.000	0	0.000	2373830
2010 - 04 - 09	1650980	1.570	0	0.000	0	0.000	0	0.000	300960	1.500	0	0.000	0	0.000	0	0.000	0	0.000	1951940
2010 - 04 - 12	1356380	1.060	0	0.000	0	0.000	0	0.000	393300	1.375	0	0.000	0	0.000	0	0.000	0	0.000	1749680
2010 - 04 - 13	1629990	1.505	0	0.000	0	0.000	0	0.000	1349530	1.600	0	0.000	0	0.000	0	0.000	0	0.000	2979520
2010 - 04 - 14	1750340	1.520	0	0.000	0	0.000	0	0.000	947780	1.670	0	0.000	0	0.000	1510	2.000	0	0.000	2699630
2010 - 04 - 15	1490750	4.005	0	0.000	0	0.000	0	0.000	524790	1.440	0	0.000	0	0.000	0	0.000	0	0.000	2015540
2010 - 04 - 16	1418640	1.370	0	0.000	0	0.000	0	0.000	249470	1.415	0	0.000	0	0.000	0	0.000	0	0.000	1668110
2010 - 04 - 19	1296080	1.120	0	0.000	0	0.000	0	0.000	522440	1.400	0	0.000	0	0.000	0	0.000	0	0.000	1818520
2010 - 04 - 20	1441870	1.360	0	0.000	0	0.000	0	0.000	1339930	1.535	0	0.000	0	0.000	0	0.000	0	0.000	2781800
2010 - 04 - 21	1383840	1.010	80	1.200	0	0.000	0	0.000	1008050	1.495	0	0.000	0	0.000	0	0.000	0	0.000	2391970
2010 - 04 - 22	1353630	3.550	30	1.200	0	0.000	0	0.000	493350	1.600	0	0.000	0	0.000	0	0.000	0	0.000	1847010
2010 - 04 - 23	1542030	1.530	0	0.000	0	0.000	0	0.000	633210	1.775	0	0.000	0	0.000	0	0.000	0	0.000	2175240
2010 - 04 - 26	1658860	1.125	0	0.000	0	0.000	0	0.000	427980	1.600	0	0.000	0	0.000	0	0.000	0	0.000	2086840
2010 - 04 - 27	1671630	1.500	0	0.000	0	0.000	0	0.000	1175590	1.540	0	0.000	0	0.000	0	0.000	0	0.000	2847220
2010 - 04 - 28	1208680	1.105	0	0.000	0	0.000	0	0.000	702270	1.450	0	0.000	Q	0.000	0	0.000	0	0.000	1910950
2010 - 04 - 29	1556790	4.030	0	0.000	0	0.000	0	0.000	462510	1.015	0	0.000	0	0.000	0	0.000	0	0.000	2019300
2010 - 04 - 30	1405150	1.445	0	0.000	0	0.000	0	0.000	461480	1.430	0	0.000	0	0.000	0	0.000	0	0.000	1866630
2010 - 05 - 04	1656580	1.605	40	1.200	0	0.000	0	0.000	1787190	1.620	0	0.000	0	0.000	0	0.000	0	0.000	3443810

续表

交易日期	GC001		GC002		GC003		GC004		GC007		GC014		GC028		GC091		GC182		合计
	成交量	收盘价	成交量	收盘价	成交量	收盘价	成交量	收盘价	成交量	收盘价	成交量	收盘价	成交量	收盘价	成交量	收盘价	成交量	收盘价	
2010-05-05	1680110	1.675	0	0.000	0	0.000	0	0.000	786730	1.740	0	0.000	0	0.000	0	0.000	0	0.000	2466840
2010-05-06	1369720	5.140	40	1.200	0	0.000	0	0.000	574630	1.790	0	0.000	0	0.000	0	0.000	0	0.000	1944390
2010-05-07	1358170	1.575	0	0.000	0	0.000	0	0.000	390750	1.500	0	0.000	0	0.000	0	0.000	0	0.000	1748920
2010-05-10	1468300	1.160	0	0.000	0	0.000	0	0.000	427400	1.415	0	0.000	0	0.000	0	0.000	0	0.000	1895700
2010-05-11	1760360	1.000	0	0.000	0	0.000	10	1.210	994570	1.395	0	0.000	0	0.000	0	0.000	0	0.000	2754940
2010-05-12	1622100	1.205	0	0.000	0	0.000	0	0.000	851570	1.550	0	0.000	0	0.000	0	0.000	0	0.000	2473670
2010-05-13	1510190	3.150	0	0.000	0	0.000	0	0.000	607650	1.330	0	0.000	0	0.000	0	0.000	0	0.000	2117840
2010-05-14	1326030	1.585	0	0.000	0	0.000	0	0.000	536230	1.550	0	0.000	0	0.000	0	0.000	0	0.000	1862260
2010-05-17	1329150	1.145	230	1.150	0	0.000	0	0.000	388200	1.460	0	0.000	0	0.000	0	0.000	0	0.000	1717580
2010-05-18	1589240	1.125	0	0.000	0	0.000	0	0.000	909330	1.635	0	0.000	0	0.000	0	0.000	0	0.000	2498570
2010-05-19	1478860	1.325	0	0.000	230	1.200	0	0.000	699620	1.590	0	0.000	0	0.000	0	0.000	0	0.000	2178710
2010-05-20	1633060	3.870	0	0.000	0	0.000	0	0.000	507210	1.700	0	0.000	0	0.000	0	0.000	0	0.000	2140270
2010-05-21	1524620	1.665	0	0.000	0	0.000	0	0.000	1066050	1.660	0	0.000	0	0.000	0	0.000	0	0.000	2590670
2010-05-24	1464910	1.940	230	1.130	0	0.000	0	0.000	934890	1.900	0	0.000	0	0.000	2160	2.000	0	0.000	2402190
2010-05-25	1610020	1.685	0	0.000	0	0.000	0	0.000	1138830	1.995	0	0.000	0	0.000	0	0.000	0	0.000	2748850
2010-05-26	1371870	2.050	0	0.000	190	1.200	0	0.000	756420	2.280	0	0.000	0	0.000	0	0.000	0	0.000	2128480
2010-05-27	1575640	4.925	0	0.000	0	0.000	0	0.000	951090	2.440	0	0.000	0	0.000	0	0.000	0	0.000	2526730
2010-05-28	1836440	2.055	0	0.000	0	0.000	0	0.000	1053300	2.655	0	0.000	0	0.000	0	0.000	0	0.000	2889740
2010-05-31	1570050	1.740	230	1.140	0	0.000	0	0.000	1266560	3.500	0	0.000	0	0.000	0	0.000	0	0.000	2836840
2010-06-01	1584660	3.840	0	0.000	0	0.000	0	0.000	2794240	3.515	0	0.000	0	0.000	0	0.000	0	0.000	4378900
2010-06-02	1340350	2.095	0	0.000	200	1.210	0	0.000	957330	2.210	0	0.000	0	0.000	0	0.000	0	0.000	2297880
2010-06-03	1380280	4.210	0	0.000	0	0.000	0	0.000	996860	2.250	0	0.000	0	0.000	20	2.000	0	0.000	2377160
2010-06-04	1483020	2.135	0	0.000	0	0.000	0	0.000	950360	2.470	0	0.000	0	0.000	0	0.000	0	0.000	2433380
2010-06-07	1375960	1.325	0	0.000	0	0.000	0	0.000	705850	2.415	0	0.000	0	0.000	0	0.000	0	0.000	2081810
2010-06-08	1456250	1.105	0	0.000	0	0.000	230	1.220	950890	1.600	0	0.000	0	0.000	0	0.000	0	0.000	2407370
2010-06-09	1267220	1.525	0	0.000	0	0.000	0	0.000	935070	1.670	0	0.000	0	0.000	10	2.000	0	0.000	2202300
2010-06-10	1570450	10.915	0	0.000	0	0.000	0	0.000	1988630	1.765	0	0.000	0	0.000	0	0.000	0	0.000	3559080
2010-06-11	1368750	1.605	0	0.000	0	0.000	0	0.000	1295790	0.700	0	0.000	0	0.000	0	0.000	0	0.000	2664540

续表

交易日期	GC001		GC002		GC003		GC004		GC007		GC014		GC028		GC091		GC182		合计
	成交量	收盘价	成交量	收盘价	成交量	收盘价	成交量	收盘价	成交量	收盘价	成交量	收盘价	成交量	收盘价	成交量	收盘价	成交量	收盘价	
2010－06－17	2962080	5.680	210	1.200	0	0.000	0	0.000	2366150	2.320	0	0.000	0	0.000	0	0.000	0	0.000	5328440
2010－06－18	2035350	1.560	0	0.000	0	0.000	0	0.000	1338180	2.000	0	0.000	0	0.000	0	0.000	10	2.750	3373540
2010－06－21	1968000	1.635	210	1.200	0	0.000	0	0.000	597140	2.000	0	0.000	50000	3.550	0	0.000	0	0.000	2615350
2010－06－22	1760180	1.155	0	0.000	10	1.950	0	0.000	274550	2.110	0	0.000	0	0.000	0	0.000	50	2.750	2034790
2010－06－23	1531430	1.890	0	0.000	120	1.300	0	0.000	501980	2.200	0	0.000	0	0.000	0	0.000	0	0.000	2033530
2010－06－24	2325440	6.920	0	0.000	0	0.000	0	0.000	1436670	2.780	0	0.000	0	0.000	0	0.000	0	0.000	3762110
2010－06－25	1856810	2.345	0	0.000	0	0.000	0	0.000	1418580	3.020	0	0.000	0	0.000	0	0.000	0	0.000	3275390
2010－06－28	2133350	1.990	60	1.200	30000	2.550	10000	2.550	934620	2.335	0	0.000	0	0.000	0	0.000	0	0.000	3108030
2010－06－29	2079540	2.220	10	1.200	0	0.000	0	0.000	355940	2.350	0	0.000	0	0.000	0	0.000	0	0.000	2435490
2010－06－30	1802090	1.100	0	0.000	60	2.500	0	0.000	657270	2.000	0	0.000	0	0.000	0	0.000	0	0.000	2459420
2010－07－01	2452240	3.060	40	1.200	0	0.000	0	0.000	918420	2.000	0	0.000	0	0.000	0	0.000	0	0.000	3370700
2010－07－02	1823000	1.685	0	0.000	0	0.000	0	0.000	966050	1.300	0	0.000	0	0.000	0	0.000	0	0.000	2789050
2010－07－05	2294090	1.710	0	0.000	0	0.000	0	0.000	922870	1.700	0	0.000	0	0.000	0	0.000	0	0.000	3216960
2010－07－06	1862000	1.605	0	0.000	0	0.000	0	0.000	961880	1.700	0	0.000	0	0.000	0	0.000	0	0.000	2823880
2010－07－07	1828490	1.010	0	0.000	0	0.000	0	0.000	630660	1.715	0	0.000	0	0.000	0	0.000	0	0.000	2459150
2010－07－08	1931290	3.710	0	0.000	0	0.000	0	0.000	1134270	1.700	0	0.000	0	0.000	0	0.000	0	0.000	3065560
2010－07－09	1845720	1.205	0	0.000	0	0.000	0	0.000	964520	1.450	0	0.000	0	0.000	0	0.000	0	0.000	2810240
2010－07－12	1723560	1.100	0	0.000	0	0.000	0	0.000	1131540	1.510	0	0.000	0	0.000	0	0.000	0	0.000	2855100
2010－07－13	1832550	1.035	0	0.000	0	0.000	0	0.000	717890	1.515	0	0.000	0	0.000	0	0.000	0	0.000	2550440
2010－07－14	1875100	1.710	0	0.000	0	0.000	0	0.000	1188470	1.910	0	0.000	0	0.000	0	0.000	0	0.000	3063570
2010－07－15	2246140	6.650	30	1.200	0	0.000	0	0.000	1619880	2.295	0	0.000	0	0.000	0	0.000	0	0.000	3866050
2010－07－16	1981040	2.275	0	0.000	0	0.000	0	0.000	782810	1.810	0	0.000	0	0.000	0	0.000	0	0.000	2763850
2010－07－19	1954770	1.715	0	0.000	0	0.000	0	0.000	948100	1.900	0	0.000	0	0.000	0	0.000	0	0.000	2902870
2010－07－20	1505110	1.335	0	0.000	0	0.000	0	0.000	568810	1.760	0	0.000	0	0.000	0	0.000	0	0.000	2073920
2010－07－21	1688740	1.090	0	0.000	0	0.000	0	0.000	668550	1.600	0	0.000	0	0.000	0	0.000	0	0.000	2357290
2010－07－22	1970600	3.200	0	0.000	0	0.000	0	0.000	708280	1.595	0	0.000	0	0.000	0	0.000	0	0.000	2678880
2010－07－23	1706630	1.360	0	0.000	0	0.000	0	0.000	1049640	1.600	0	0.000	0	0.000	0	0.000	0	0.000	2756270
2010－07－26	1961260	1.160	0	0.000	0	0.000	0	0.000	821410	1.355	0	0.000	0	0.000	0	0.000	0	0.000	2782670

续表

交易日期	GC001		GC002		GC003		GC004		GC007		GC014		GC028		GC091		GC182		合计
	成交量	收盘价	成交量	收盘价	成交量	收盘价	成交量	收盘价	成交量	收盘价	成交量	收盘价	成交量	收盘价	成交量	收盘价	成交量	收盘价	
2010-07-27	1933250	1.505	0	0.000	0	0.000	0	0.000	662220	1.580	0	0.000	0	0.000	0	0.000	0	0.000	2595470
2010-07-28	1612580	1.550	0	0.000	0	0.000	0	0.000	647970	1.580	0	0.000	0	0.000	0	0.000	0	0.000	2260550
2010-07-29	1932800	2.600	0	0.000	0	0.000	0	0.000	600150	1.400	0	0.000	0	0.000	0	0.000	0	0.000	2532950
2010-07-30	1627730	1.115	0	0.000	0	0.000	0	0.000	791300	1.400	0	0.000	0	0.000	0	0.000	0	0.000	2419030
2010-08-02	1851570	1.310	0	0.000	0	0.000	0	0.000	792690	1.570	0	0.000	0	0.000	0	0.000	0	0.000	2644260
2010-08-03	1925470	1.695	50	1.200	0	0.000	0	0.000	816280	1.700	0	0.000	0	0.000	0	0.000	0	0.000	2741800
2010-08-04	1730350	1.100	0	0.000	0	0.000	0	0.000	890850	1.700	0	0.000	0	0.000	0	0.000	0	0.000	2621200
2010-08-05	2150300	2.700	0	0.000	0	0.000	0	0.000	402760	1.615	0	0.000	0	0.000	0	0.000	0	0.000	2553060
2010-08-06	1681710	1.370	0	0.000	0	0.000	0	0.000	1207370	1.750	0	0.000	0	0.000	0	0.000	0	0.000	2889080
2010-08-09	2062920	1.665	0	0.000	0	0.000	0	0.000	1005560	1.650	0	0.000	0	0.000	0	0.000	0	0.000	3068480
2010-08-10	2082580	1.805	0	0.000	0	0.000	0	0.000	748010	1.890	0	0.000	0	0.000	0	0.000	0	0.000	2830590
2010-08-11	1529670	1.210	0	0.000	0	0.000	0	0.000	701510	1.600	0	0.000	0	0.000	0	0.000	0	0.000	2231180
2010-08-12	1667070	3.300	0	0.000	0	0.000	0	0.000	621960	1.400	0	0.000	0	0.000	0	0.000	0	0.000	2289030
2010-08-13	1735840	1.100	0	0.000	0	0.000	0	0.000	1069710	1.200	0	0.000	0	0.000	0	0.000	0	0.000	2805550
2010-08-16	1802820	0.995	0	0.000	0	0.000	0	0.000	945560	1.305	0	0.000	0	0.000	0	0.000	0	0.000	2748380
2010-08-17	2034900	1.150	0	0.000	0	0.000	0	0.000	974120	1.500	0	0.000	0	0.000	0	0.000	0	0.000	3009020
2010-08-18	1880240	1.110	0	0.000	0	0.000	0	0.000	752180	1.650	0	0.000	0	0.000	0	0.000	0	0.000	2632420
2010-08-19	1964040	3.305	0	0.000	0	0.000	0	0.000	574720	1.650	0	0.000	0	0.000	0	0.000	0	0.000	2538760
2010-08-20	1782800	1.550	0	0.000	0	0.000	0	0.000	1038170	1.785	0	0.000	0	0.000	0	0.000	0	0.000	2820970
2010-08-23	1997860	1.170	0	0.000	0	0.000	0	0.000	888700	1.600	0	0.000	0	0.000	0	0.000	0	0.000	2886560
2010-08-24	2353460	1.160	0	0.000	0	0.000	0	0.000	663170	1.700	0	0.000	0	0.000	0	0.000	0	0.000	3016630
2010-08-25	2174050	1.820	0	0.000	0	0.000	0	0.000	725080	2.200	0	0.000	0	0.000	0	0.000	0	0.000	2899130
2010-08-26	2621950	3.030	0	0.000	0	0.000	0	0.000	518020	2.400	0	0.000	0	0.000	0	0.000	0	0.000	3139970
2010-08-27	1932700	1.870	0	0.000	0	0.000	0	0.000	1936650	4.240	0	0.000	0	0.000	0	0.000	0	0.000	3869350
2010-08-30	2255320	6.000	30	1.200	0	0.000	0	0.000	3058150	5.430	0	0.000	0	0.000	0	0.000	0	0.000	5313500
2010-08-31	2218960	2.205	0	0.000	0	0.000	0	0.000	954540	3.000	0	0.000	0	0.000	0	0.000	0	0.000	3173500
2010-09-01	2016160	2.200	0	0.000	0	0.000	0	0.000	496270	2.800	0	0.000	0	0.000	0	0.000	0	0.000	2512430
2010-09-02	2122530	5.360	0	0.000	0	0.000	0	0.000	700390	1.800	0	0.000	0	0.000	0	0.000	30	2.800	2822950

续表

交易日期	GC001		GC002		GC003		GC004		GC007		GC014		GC028		GC091		GC182		合 计
	成交量	收盘价	成交量	收盘价	成交量	收盘价	成交量	收盘价	成交量	收盘价	成交量	收盘价	成交量	收盘价	成交量	收盘价	成交量	收盘价	
2010－09－03	1967740	1. 135	0	0. 000	0	0. 000	0	0. 000	791160	1. 800	0	0. 000	0	0. 000	0	0. 000	0	0. 000	2758900
2010－09－06	2363620	1. 100	0	0. 000	0	0. 000	0	0. 000	1093130	1. 660	0	0. 000	0	0. 000	0	0. 000	0	0. 000	3456750
2010－09－07	2539630	1. 910	0	0. 000	0	0. 000	0	0. 000	934540	1. 955	0	0. 000	0	0. 000	0	0. 000	0	0. 000	3474170
2010－09－08	2247620	1. 615	0	0. 000	0	0. 000	0	0. 000	520290	1. 860	0	0. 000	0	0. 000	0	0. 000	0	0. 000	2767910
2010－09－09	2339990	3. 375	0	0. 000	0	0. 000	0	0. 000	1027930	1. 775	0	0. 000	0	0. 000	0	0. 000	0	0. 000	3367920
2010－09－10	2119180	1. 615	0	0. 000	0	0. 000	0	0. 000	900730	1. 880	0	0. 000	0	0. 000	0	0. 000	0	0. 000	3019910
2010－09－13	2681720	1. 230	0	0. 000	0	0. 000	0	0. 000	1155000	2. 000	0	0. 000	0	0. 000	0	0. 000	0	0. 000	3836720
2010－09－14	2447660	1. 605	0	0. 000	0	0. 000	0	0. 000	796530	3. 070	0	0. 000	0	0. 000	0	0. 000	0	0. 000	3244190
2010－09－15	2143150	1. 820	0	0. 000	0	0. 000	0	0. 000	537720	3. 300	0	0. 000	1060	2. 880	0	0. 000	0	0. 000	2681930
2010－09－16	2502600	3. 130	0	0. 000	0	0. 000	0	0. 000	813830	3. 490	0	0. 000	0	0. 000	0	0. 000	0	0. 000	3316430
2010－09－17	2197850	1. 060	0	0. 000	0	0. 000	0	0. 000	696850	2. 050	0	0. 000	10	2. 660	0	0. 000	0	0. 000	2894710
2010－09－20	2638820	9. 065	0	0. 000	0	0. 000	0	0. 000	1267490	1. 700	0	0. 000	0	0. 000	0	0. 000	0	0. 000	3906310
2010－09－21	1963700	3. 550	0	0. 000	0	0. 000	0	0. 000	944260	1. 200	40	1. 800	80	2. 300	0	0. 000	0	0. 000	2908080
2010－09－27	1940420	2. 505	0	0. 000	0	0. 000	0	0. 000	2645880	5. 010	116660	3. 290	0	0. 000	0	0. 000	0	0. 000	4702960
2010－09－28	2148520	1. 630	0	0. 000	0	0. 000	0	0. 000	1283960	4. 040	29240	2. 830	0	0. 000	0	0. 000	0	0. 000	3461720
2010－09－29	1713160	15. 035	0	0. 000	0	0. 000	0	0. 000	982770	2. 875	89160	2. 745	0	0. 000	0	0. 000	0	0. 000	2785090
2010－09－30	1475300	2. 700	80	1. 200	0	0. 000	0	0. 000	251330	0. 455	0	0. 000	0	0. 000	0	0. 000	0	0. 000	1726710
2010－10－08	2502280	3. 105	0	0. 000	0	0. 000	0	0. 000	1573480	2. 800	0	0. 000	0	0. 000	0	0. 000	0	0. 000	4075760
2010－10－11	2049580	1. 970	0	0. 000	0	0. 000	0	0. 000	914390	2. 000	0	0. 000	0	0. 000	0	0. 000	0	0. 000	2963970
2010－10－12	1675940	1. 400	0	0. 000	0	0. 000	0	0. 000	568100	1. 810	0	0. 000	0	0. 000	0	0. 000	0	0. 000	2244040
2010－10－13	1727430	1. 070	10	1. 200	0	0. 000	0	0. 000	823280	1. 800	0	0. 000	0	0. 000	0	0. 000	0	0. 000	2550720
2010－10－14	2202750	4. 995	0	0. 000	0	0. 000	0	0. 000	775360	2. 150	0	0. 000	0	0. 000	0	0. 000	0	0. 000	2978110
2010－10－15	2345480	1. 620	0	0. 000	0	0. 000	0	0. 000	847550	1. 500	0	0. 000	0	0. 000	0	0. 000	0	0. 000	3193030
2010－10－18	2073790	1. 215	250	1. 200	0	0. 000	0	0. 000	676720	2. 000	0	0. 000	0	0. 000	0	0. 000	0	0. 000	2750760
2010－10－19	2084520	1. 615	0	0. 000	0	0. 000	0	0. 000	682300	2. 000	0	0. 000	0	0. 000	0	0. 000	0	0. 000	2766820
2010－10－20	1645620	0. 900	0	0. 000	0	0. 000	0	0. 000	610200	1. 990	0	0. 000	0	0. 000	0	0. 000	0	0. 000	2255820
2010－10－21	1976770	3. 115	0	0. 000	0	0. 000	0	0. 000	502700	1. 800	0	0. 000	0	0. 000	0	0. 000	0	0. 000	2479470
2010－10－22	1816210	1. 800	0	0. 000	0	0. 000	0	0. 000	992290	1. 900	0	0. 000	0	0. 000	0	0. 000	0	0. 000	2808500

续表

交易日期	GC001		GC002		GC003		GC004		GC007		GC014		GC028		GC091		GC182		合计
	成交量	收盘价	成交量	收盘价	成交量	收盘价	成交量	收盘价	成交量	收盘价	成交量	收盘价	成交量	收盘价	成交量	收盘价	成交量	收盘价	
2010-10-25	2222330	1.625	0	0.000	0	0.000	0	0.000	689430	1.880	0	0.000	0	0.000	0	0.000	0	0.000	2911760
2010-10-26	2329260	1.260	0	0.000	0	0.000	0	0.000	573700	1.800	0	0.000	0	0.000	0	0.000	0	0.000	2902960
2010-10-27	2168430	1.855	0	0.000	0	0.000	0	0.000	679870	1.950	0	0.000	0	0.000	0	0.000	0	0.000	2848300
2010-10-28	1940740	2.950	100	1.200	0	0.000	0	0.000	379470	1.600	0	0.000	0	0.000	0	0.000	0	0.000	2320310
2010-10-29	2004150	1.820	0	0.000	0	0.000	0	0.000	1034650	2.100	0	0.000	0	0.000	0	0.000	0	0.000	3038800
2010-11-01	1923220	1.900	0	0.000	0	0.000	0	0.000	617690	1.930	0	0.000	0	0.000	0	0.000	0	0.000	2540910
2010-11-02	1951050	1.630	0	0.000	0	0.000	0	0.000	1000840	1.900	0	0.000	0	0.000	0	0.000	0	0.000	2951890
2010-11-03	1757080	1.755	0	0.000	0	0.000	0	0.000	577870	1.850	0	0.000	0	0.000	0	0.000	0	0.000	2334950
2010-11-04	2386900	2.705	0	0.000	0	0.000	0	0.000	406230	1.700	0	0.000	0	0.000	0	0.000	0	0.000	2793130
2010-11-05	2005710	1.400	0	0.000	0	0.000	0	0.000	917970	1.800	0	0.000	0	0.000	0	0.000	0	0.000	2923680
2010-11-08	1934030	1.190	0	0.000	0	0.000	0	0.000	607950	1.750	0	0.000	0	0.000	0	0.000	0	0.000	2541980
2010-11-09	2030650	1.030	0	0.000	0	0.000	0	0.000	797690	1.600	0	0.000	0	0.000	0	0.000	0	0.000	2828340
2010-11-10	1737650	1.040	0	0.000	0	0.000	0	0.000	737510	1.610	0	0.000	0	0.000	0	0.000	0	0.000	2475160
2010-11-11	2090190	3.000	0	0.000	0	0.000	0	0.000	358520	1.600	0	0.000	0	0.000	0	0.000	0	0.000	2448710
2010-11-12	2148620	1.645	0	0.000	0	0.000	0	0.000	1046670	1.780	0	0.000	0	0.000	0	0.000	0	0.000	3195290
2010-11-15	1976050	1.315	0	0.000	0	0.000	0	0.000	908320	1.800	0	0.000	0	0.000	0	0.000	0	0.000	2884370
2010-11-16	1994550	1.615	0	0.000	0	0.000	0	0.000	981120	1.805	0	0.000	0	0.000	0	0.000	0	0.000	2975670
2010-11-17	1756140	1.030	0	0.000	0	0.000	0	0.000	668490	1.800	0	0.000	0	0.000	0	0.000	0	0.000	2424630
2010-11-18	2459450	2.700	0	0.000	0	0.000	0	0.000	1032670	2.070	0	0.000	0	0.000	0	0.000	0	0.000	3492120
2010-11-19	2035910	2.025	0	0.000	0	0.000	0	0.000	1436500	2.500	0	0.000	0	0.000	0	0.000	0	0.000	3472410
2010-11-22	2184370	1.600	0	0.000	0	0.000	0	0.000	1513680	2.505	0	0.000	0	0.000	0	0.000	0	0.000	3698050
2010-11-23	2129940	1.845	0	0.000	0	0.000	0	0.000	669150	2.510	0	0.000	0	0.000	0	0.000	0	0.000	2799090
2010-11-24	2023440	1.815	0	0.000	0	0.000	0	0.000	1174080	2.620	0	0.000	0	0.000	0	0.000	0	0.000	3197520
2010-11-25	2343450	6.370	0	0.000	0	0.000	0	0.000	1219690	2.710	0	0.000	0	0.000	0	0.000	0	0.000	3563140
2010-11-26	2588060	3.140	100	1.150	0	0.000	0	0.000	1646470	3.600	0	0.000	0	0.000	0	0.000	0	0.000	4234630
2010-11-29	2819360	3.100	160	1.150	0	0.000	0	0.000	1352560	3.045	0	0.000	0	0.000	0	0.000	0	0.000	4172080
2010-11-30	2801490	2.690	0	0.000	0	0.000	0	0.000	1285150	3.565	0	0.000	0	0.000	0	0.000	0	0.000	4086640
2010-12-01	2336910	2.000	0	0.000	0	0.000	0	0.000	1188770	2.800	0	0.000	0	0.000	0	0.000	0	0.000	3525680

续表

交易日期	GC001		GC002		GC003		GC004		GC007		GC014		GC028		GC091		GC182		合计
	成交量	收盘价	成交量	收盘价	成交量	收盘价	成交量	收盘价	成交量	收盘价	成交量	收盘价	成交量	收盘价	成交量	收盘价	成交量	收盘价	
2010-12-02	2876690	2.000	0	0.000	0	0.000	0	0.000	1127280	2.145	0	0.000	0	0.000	0	0.000	0	0.000	4003970
2010-12-03	2541490	1.300	490	1.200	0	0.000	0	0.000	1473510	2.550	0	0.000	0	0.000	0	0.000	0	0.000	4015490
2010-12-06	3433300	1.035	0	0.000	0	0.000	0	0.000	1696320	2.650	0	0.000	0	0.000	0	0.000	0	0.000	5129620
2010-12-07	2622830	2.830	0	0.000	0	0.000	0	0.000	1151000	2.700	0	0.000	0	0.000	0	0.000	0	0.000	3773830
2010-12-08	2337290	2.005	0	0.000	0	0.000	0	0.000	1180910	2.655	0	0.000	0	0.000	0	0.000	0	0.000	3518200
2010-12-09	2572910	2.865	0	0.000	0	0.000	110	2.300	576590	1.475	0	0.000	0	0.000	0	0.000	0	0.000	3149610
2010-12-10	2391840	1.030	0	0.000	0	0.000	0	0.000	1411230	1.680	0	0.000	0	0.000	0	0.000	0	0.000	3803070
2010-12-13	2607850	1.000	200	1.800	0	0.000	0	0.000	1252250	2.200	0	0.000	0	0.000	0	0.000	0	0.000	3860300
2010-12-14	2904540	1.965	0	0.000	0	0.000	0	0.000	1361720	3.205	0	0.000	0	0.000	0	0.000	0	0.000	4266260
2010-12-15	2740490	2.100	0	0.000	0	0.000	0	0.000	1973650	3.355	0	0.000	0	0.000	0	0.000	0	0.000	4714140
2010-12-16	2576470	4.955	0	0.000	40	2.000	300	2.200	952240	3.350	0	0.000	0	0.000	0	0.000	0	0.000	3529050
2010-12-17	2458920	3.850	0	0.000	8180	2.200	500	2.150	1527720	3.805	0	0.000	0	0.000	0	0.000	0	0.000	3995320
2010-12-20	2578870	1.635	170	1.700	10570	2.900	0	0.000	1251550	3.610	150	4.000	0	0.000	0	0.000	0	0.000	3841310
2010-12-21	2943320	3.445	0	0.000	0	0.000	90	4.500	1598100	5.235	1490	4.000	0	0.000	0	0.000	0	0.000	4543000
2010-12-22	2886510	3.185	1500	4.000	460	8.000	40	6.000	1892920	5.500	120710	5.000	51800	4.500	0	0.000	0	0.000	4953940
2010-12-23	3993120	6.005	4400	8.000	480	3.100	250	2.605	1445720	6.000	103200	6.000	19740	5.000	0	0.000	0	0.000	5566910
2010-12-24	3355230	5.070	7720	3.005	180	1.800	1500	2.500	1051530	7.000	12960	5.500	7080	5.000	0	0.000	0	0.000	4436200
2010-12-27	3606270	3.565	190	3.500	3600	5.000	100	3.005	2097520	7.065	0	0.000	0	0.000	0	0.000	0	0.000	5707680
2010-12-28	3050490	4.655	0	0.000	0	0.000	110	6.505	1443290	5.500	10060	6.000	0	0.000	0	0.000	0	0.000	4503950
2010-12-29	2423250	4.280	0	0.000	1020	6.400	330	4.500	1846790	5.200	0	0.000	0	0.000	0	0.000	0	0.000	4271390
2010-12-30	2451350	2.000	4750	5.000	11230	3.300	2380	3.200	1312290	3.000	0	0.000	0	0.000	0	0.000	0	0.000	3782000
2010-12-31	2345580	0.875	0	0.000	0	0.000	0	0.000	1200110	3.010	40	2.800	0	0.000	0	0.000	0	0.000	3545730
合计																			658777850

数据来源：上海证券交易所

2010年上海证券交易所机构投资者国债质押式回购交易额排名

排　　名	会员名称	成交金额（百万元）
1	泰康资产管理有限责任公司	971009.80
2	博时基金管理有限公司	644379.50
3	华夏基金管理公司	458764.00
4	海通证券股份有限公司	422994.80
5	平安证券有限责任公司	259001.30
6	上投摩根基金管理有限公司	242240.40
7	嘉实基金管理有限公司	236420.60
8	国信证券股份有限公司	228918.10
9	中国人保资产管理有限公司	225905.00
10	富国基金管理公司	222488.10
11	中国太平洋保险（集团）股份有限公司	215899.40
12	南方基金管理公司	209612.10
13	鹏华基金管理公司	189641.70
14	建信基金管理有限责任公司	175174.50
15	工银瑞信基金管理有限公司	167389.10
16	长盛基金管理有限公司	161916.40
17	招商基金管理有限公司	159957.40
18	国泰基金管理公司	140022.40
19	中国银河证券股份有限公司	139637.20
20	中银基金管理有限公司	135736.40
21	新华资产管理股份有限公司	127647.10
22	美国友邦保险有限公司上海分公司	119989.80
23	银华基金管理有限公司	116974.60
24	长江证券股份有限公司	114924.90
25	招商证券股份有限公司	111779.50
26	华泰资产管理有限公司	105313.30
27	诺德基金管理有限公司	85296.80
28	中信证券股份有限公司	80457.20
29	华安基金管理公司	76276.00
30	国投瑞银基金管理有限公司	69297.00
31	易方达基金管理公司	68840.60
32	中国国际金融有限公司	67223.80
33	交银施罗德基金管理有限公司	66887.30
34	山西证券股份有限公司	65928.20
35	华富基金管理有限公司	65738.50
36	国联安基金管理有限公司	65475.70
37	华商基金管理有限公司	52191.30

续表

排名	会员名称	成交金额（百万元）
38	东方证券股份有限公司	49825.60
39	海富通基金管理有限公司	47199.30
40	银河基金管理有限公司	46982.30
41	太平资产管理有限公司	42609.70
42	大成基金管理公司	36283.90
43	国泰君安证券股份有限公司	33391.10
44	诺安基金管理有限公司	31407.30
45	广发基金管理有限公司	29616.30
46	天弘基金管理有限公司	28073.70
47	华西证券有限责任公司	27561.30
48	金元比联基金管理有限公司	27358.20
49	民生人寿保险股份有限公司	27242.30
50	农银汇理基金管理有限公司	27091.80
51	恒泰证券股份有限公司	26501.20
52	中再资产管理股份有限公司	25978.40
53	泰信基金管理有限公司	24852.90
54	万家基金管理有限公司	24288.00
55	生命人寿保险股份有限公司	23095.00
56	民生加银基金管理有限公司	23036.10
57	华宝兴业基金管理有限公司	21386.90
58	中海基金管理有限公司	21175.70
59	申万巴黎基金管理有限公司	20684.40
60	第一创业证券有限责任公司	20173.20
61	中欧基金管理有限公司	19180.10
62	华泰证券股份有限公司	18932.50
63	国都证券有限责任公司	18686.50
64	宏源证券股份有限公司	18642.20
65	中天证券有限责任公司	18625.80
66	兴业证券股份有限公司	16150.80
67	摩根士丹利华鑫基金管理有限公司	15614.90
68	信诚基金管理有限公司	13174.40
69	东方基金管理有限责任公司	12661.00
70	北京高华证券有限责任公司	12318.90
71	安信证券股份有限公司	11837.60
72	东吴基金管理有限公司	11612.10
73	广发华福证券有限责任公司	11510.60
74	未知会员	11254.70
75	长信基金管理有限责任公司	10706.60
76	中航证券有限公司	9680.90

续表

排　名	会员名称	成交金额（百万元）
77	兴业全球基金管理有限公司	9379.30
78	中银国际证券有限责任公司	9266.50
79	中国人寿资产管理有限公司	8689.80
80	华泰柏瑞基金管理有限公司	8391.50
81	广发证券股份有限公司	8137.80
82	汇添富基金管理有限公司	7982.20
83	银泰证券有限责任公司	7954.10
84	浙商证券有限责任公司	7428.80
85	光大证券股份有限公司	6211.50
86	景顺长城基金管理有限公司	6026.00
87	信达澳银基金管理有限公司	5932.30
88	南京证券有限责任公司	5690.50
89	浦银安盛基金管理有限公司	5681.10
90	金鹰基金管理有限公司	5462.50
91	国海富兰克林基金管理有限公司	4416.20
92	国海证券有限责任公司	4387.30
93	宝盈基金管理有限公司	4222.80
94	东海证券有限责任公司	3707.20
95	平安资产管理有限责任公司	3473.20
96	未知会员	3103.90
97	方正证券股份有限公司	2999.40
98	民生证券有限责任公司	2969.50
99	江海证券有限公司	2865.30
100	中国建银投资证券有限责任公司	2743.90
101	申银万国证券股份有限公司	2154.10
102	西南证券股份有限公司	2114.50
103	信达证券股份有限公司	2066.40
104	长城基金管理有限公司	1995.90
105	太平洋证券股份有限公司	1887.70
106	英大证券有限责任公司	1841.30
107	首创证券有限责任公司	1481.90
108	天治基金管理有限公司	1437.10
109	中原证券股份有限公司	1422.80
110	益民基金管理有限公司	1414.10
111	泰达宏利基金管理有限公司	1275.70
112	财通证券有限责任公司	1250.00
113	融通基金管理有限公司	934.40
114	华融证券股份有限公司	912.80
115	华安证券有限责任公司	910.70

续表

排　名	会员名称	成交金额（百万元）
116	国联证券股份有限公司	883.00
117	上海证券有限责任公司	793.40
118	中信建投证券有限责任公司	671.80
119	新华基金管理有限公司	670.00
120	长城证券有限责任公司	626.50
121	光大保德信基金管理有限公司	583.10
122	华泰联合证券有限责任公司	443.90
123	新华人寿保险股份有限公司	419.70
124	太平洋资产管理有限责任公司	386.00
125	齐鲁证券有限公司	321.20
126	汇丰晋信基金管理有限公司	276.80
127	阳光财产保险股份有限公司	229.80
128	东莞证券有限责任公司	149.90
129	世纪证券有限责任公司	139.90
130	渤海证券股份有限公司	129.00
131	瑞银证券有限责任公司	122.00
132	财富证券有限责任公司	108.60
133	中国民族证券有限责任公司	69.90
134	德邦证券有限责任公司	12.00
135	东兴证券股份有限公司	0.10
136	航天证券有限责任公司	0.10

数据来源：上海证券交易所

2010年深圳证券交易所国债现券交易情况月度统计表

月　　份	成交金额（元）
1	302092142. 51
2	890454651. 74
3	1341327068. 71
4	344799659. 96
5	556562180. 34
6	1221354433. 60
7	623889531. 51
8	181997210. 33
9	497568510. 75
10	497465134. 63
11	225419928. 70
12	478246761. 71

数据来源：深圳证券交易所

2010年深圳证券交易所机构投资者国债现券交易额排名

会员名称	成交金额（单位：元）
海通证券股份有限公司	5066091572.52
招商证券股份有限公司	2132583299.32
中信证券股份有限公司	2093494995.75
申银万国证券股份有限公司	1860621273.38
国泰君安证券股份有限公司	561124330.32
东方证券股份有限公司	423371755.62
中国国际金融有限公司	345833605.23
民生证券有限责任公司	221394109.03
中银国际证券有限责任公司	184038969.90
光大证券股份有限公司	170428512.09
平安证券有限责任公司	102359100.23
齐鲁证券有限公司	83788474.83
东北证券股份有限公司	62028432.96
英大证券有限责任公司	61195876.61
中信建投证券有限责任公司	39210653.36
国信证券股份有限公司	21889201.85
广发证券股份有限公司	19122406.01
华泰证券股份有限公司	18606162.92
中国银河证券股份有限公司	17202694.36
安信证券股份有限公司	16902222.46
中国建银投资证券有限责任公司	14167676.56
兴业证券股份有限公司	14063926.80
中信万通证券有限责任公司	11876655.75
东海证券有限责任公司	8050467.76
华西证券有限责任公司	6883297.97
长城证券有限责任公司	5932988.76
华泰联合证券有限责任公司	5554670.11
长江证券股份有限公司	5478107.54
山西证券股份有限公司	5376436.30
信达证券股份有限公司	4899792.09
财达证券有限责任公司	4330731.66
方正证券股份有限公司	4320193.19
渤海证券股份有限公司	4294229.11
中原证券股份有限公司	4252103.26
红塔证券股份有限公司	4225693.62
国海证券有限责任公司	4189874.96
湘财证券有限责任公司	4177427.49

续表

会员名称	成交金额（单位：元）
东吴证券股份有限公司	4099931.09
财富证券有限责任公司	3895608.67
西部证券股份有限公司	3758217.52
国金证券股份有限公司	3519396.44
东莞证券有限责任公司	3517407.02
浙商证券有限责任公司	3512579.97
华安证券有限责任公司	3175285.29
中天证券有限责任公司	3128929.84
中国民族证券有限责任公司	3056100.72
东兴证券股份有限公司	3033729.42
南京证券有限责任公司	2805346.75
大同证券经纪有限责任公司	2709072.68
宏源证券股份有限公司	2645188.77
华林证券有限责任公司	2507597.20
国元证券股份有限公司	2242209.13
江海证券有限公司	2158024.59
西南证券股份有限公司	2117788.24
恒泰证券股份有限公司	2025306.99
华创证券有限责任公司	1982721.22
广发华福证券有限责任公司	1924284.81
国联证券股份有限公司	1919914.90
第一创业证券有限责任公司	1699174.89
财通证券有限责任公司	1629406.60
广州证券有限责任公司	1580955.33
华鑫证券有限责任公司	1578268.59
中航证券有限公司	1376304.42
诚浩证券有限责任公司	1275088.29
国都证券有限责任公司	1270848.28
上海证券有限责任公司	1219262.80
新时代证券有限责任公司	1189638.44
中信金通证券有限责任公司	959103.23
华龙证券有限责任公司	815023.76
天源证券经纪有限公司	636245.23
天风证券有限责任公司	632457.15
万联证券有限责任公司	594023.10
恒泰长财证券有限责任公司	549523.08
大通证券股份有限公司	537716.44
国盛证券有限责任公司	517475.55
德邦证券有限责任公司	352419.76

续表

会员名称	成交金额（单位：元）
华宝证券有限责任公司	299103.50
华融证券股份有限公司	278095.67
中邮证券有限责任公司	265585.30
世纪证券有限责任公司	262958.80
日信证券有限责任公司	236219.50
太平洋证券股份有限公司	231352.30
和兴证券经纪有限责任公司	224870.98
爱建证券有限责任公司	219968.13
银泰证券有限责任公司	194319.60
厦门证券有限公司	164116.36
首创证券有限责任公司	135508.66
金元证券股份有限公司	130563.30
中山证券有限责任公司	106723.70
联讯证券有限责任公司	96104.80
开源证券有限责任公司	94192.50
国开证券有限责任公司	78651.86
万和证券经纪有限公司	51429.46
西藏同信证券有限责任公司	36534.20
川财证券经纪有限责任公司	29833.30
南方证券股份有限公司	22745.80
众成证券经纪有限公司	18990.00
瑞银证券有限责任公司	1965.90
航天证券有限责任公司	1960.30

数据来源：深圳证券交易所

1994—2010年凭证式国债与同期银行储蓄存款利率比较表

单位：%

发行时间	一年期			三年期			五年期		
	国债利率	储蓄存款利率	储蓄税后利率	国债利率	储蓄存款利率	储蓄税后利率	国债利率	储蓄存款利率	储蓄税后利率
1994-04-01				13.96	12.24	—	—	13.86	—
1995-03-01				14.00	12.24	—	—	13.86	—
1996-05-15				—	10.8	—	13.06	12.06	—
1997-03-01				9.18	8.28	—	10.17	9.00	—
1998-02-20				7.11	6.21	—	7.86	6.66	—
1998-07-03				5.85	4.95	—	6.42	5.22	—
1999-03-10				4.72	4.14	—	5.13	4.50	—
1999-07-16				3.02	2.7	—	3.25	2.88	—
1999-10-10				2.78	2.7	2.7000	2.97	2.88	2.8800
2000-03-01				2.89	2.7	2.1600	3.14	2.88	2.3040
2001-03-01				2.89	2.7	2.1600	3.14	2.88	2.3040
2002-03-10				2.42	2.52	2.0160	2.74	2.79	2.2320
2002-07-16				2.07	2.52	2.0160	2.29	2.79	2.2320
2002-09-01				2.12	2.52	2.0160	2.36	2.79	2.2320
2002-11-01				2.22	2.52	2.0160	2.48	2.79	2.2320
2003-02-20				2.32	2.52	2.0160	2.63	2.79	2.2320
2004-03-01				2.52	2.52	2.0160	2.83	2.79	2.2320
2004-07-01				2.65	2.52	2.0160	3.00	2.79	2.2320
2004-10-29				3.37	3.24	2.5920	3.81	3.60	2.8800
2005-03-01				3.37	3.24	2.5920	3.81	3.60	2.8800
2005-08-01				3.24	3.24	2.5920	3.60	3.60	2.8800

续表

发行时间	一年期			三年期			五年期		
	国债利率	储蓄存款利率	储蓄税后利率	国债利率	储蓄存款利率	储蓄税后利率	国债利率	储蓄存款利率	储蓄税后利率
2006-03-01				3.14	3.24	2.5920	3.49	3.60	2.8800
2006-09-01				3.39	3.69	2.9520	3.81	4.14	3.3120
2007-03-01				3.39	3.69	2.9520	3.81	4.14	3.3120
2007-04-01				3.66	3.96	3.1680	4.08	4.41	3.5280
2007-09-06				5.20	4.95	4.7025	5.74	5.49	5.2155
2007-12-05				5.74	5.22	4.9590	6.34	5.76	5.4720
2008-03-01				5.74	5.40	4.9590	6.34	5.85	5.4720
2008-04-15				5.74	5.40	4.9590	6.34	5.85	5.4720
2008-06-10				5.74	5.40	4.9590	6.34	5.85	5.4720
2008-08-01				5.74	5.40	4.9590	6.34	5.85	5.4720
2008-10-20				5.53	5.13	5.1300	5.98	5.58	5.5800
2009-03-16				3.73	3.33	3.3300	4.00	3.60	3.6000
2009-05-11				3.73	3.33	3.3300	4.00	3.60	3.6000
2009-06-15				3.73	3.33	3.3300	4.00	3.60	3.6000
2009-08-17	2.60	2.25	2.2500	3.73	3.33	3.3300			
2009-10-15	2.60	2.25	2.2500	3.73	3.33	3.3300			
2010-03-01	2.60	2.25	2.2500	3.73	3.33	3.3300			
2010-05-13	2.60	2.25	2.2500	3.73	3.33	3.3300			
2010-07-12	2.60	2.25	2.2500	3.73	3.33	3.3300			
2010-09-13	2.60	2.25	2.2500	3.73	3.33	3.3300			
2010-12-06	2.85	2.50	2.5000	4.25	3.85	3.8500	4.60	4.20	4.2000

注：1. 表中的发行时间是指当期凭证式国债的发行首日。

2. 如一年内凭证式国债的利率相同，只取第一期的相关数据。

3. 1994 年、1995 年未发行 5 年期凭证式国债，1996 年未发行 3 年期凭证式国债。

4. 利息税的开征时间为 1999 年 11 月 1 日，税率为 20%；2007 年 8 月 15 日起，利息税调减为 5%；2008 年 10 月 9 日起，暂免征收利息所得税。

数据来源：根据历年国债发行文件整理

1988年以来银行储蓄存款利率变动情况表

单位:%

年 度	活期	3个月	6个月	1年	2年	3年	5年	8年
1988年9月1日以前	2.88		6.12	7.20		8.28	9.36	10.44
1988年9月1日	2.88		6.48	8.64	9.18	9.72	10.80	12.42
1989年2月1日	2.88	7.56	9.00	11.34	12.24	13.14	14.94	17.64
1990年4月15日	2.88	6.30	7.74	10.08	10.98	11.88	13.68	16.20
1990年8月21日	2.16	4.32	6.48	8.64	9.36	10.08	11.52	13.68
1991年4月1日	1.80	3.24	5.40	7.56	7.92	8.28	9.00	10.08
1993年5月15日	2.16	4.86	7.20	9.18	9.90	10.80	12.06	14.58
1993年7月11日	3.15	6.66	9.00	10.98	11.70	12.24	13.86	17.10
1996年5月1日	2.97	4.86	7.20	9.18	9.90	10.80	12.06	
1996年8月23日	1.98	3.33	5.40	7.47	7.92	8.28	9.00	
1997年10月23日	1.71	2.88	4.14	5.67	5.94	6.21	6.66	
1998年3月25日	1.71	2.88	4.14	5.22	5.58	6.21	6.66	
1998年7月1日	1.44	2.79	3.96	4.77	4.86	4.95	5.22	
1998年12月7日	1.44	2.79	3.33	3.78	3.96	4.14	4.50	
1999年6月10日	0.99	1.98	2.16	2.25	2.43	2.70	2.88	
2002年2月21日	0.72	1.71	1.89	1.98	2.25	2.52	2.79	
2004年10月29日	0.72	1.71	2.07	2.25	2.70	3.24	3.60	
2006年8月19日	0.72	1.80	2.25	2.52	3.06	3.69	4.14	
2007年3月18日	0.72	1.98	2.43	2.79	3.33	3.96	4.41	
2007年5月19日	0.72	2.07	2.61	3.06	3.69	4.41	4.95	
2007年7月21日	0.81	2.34	2.88	3.33	3.96	4.68	5.22	
2007年8月22日	0.81	2.61	3.15	3.60	4.23	4.95	5.49	
2007年9月15日	0.81	2.88	3.42	3.87	4.50	5.22	5.76	
2007年12月21日	0.72	3.33	3.78	4.14	4.68	5.40	5.85	
2008年10月9日	0.72	3.15	3.51	3.87	4.41	5.13	5.58	
2008年10月30日	0.72	2.88	3.24	3.60	4.14	4.77	5.13	
2008年11月27日	0.36	1.98	2.25	2.52	3.06	3.60	3.87	
2008年12月23日	0.36	1.71	1.98	2.25	2.79	3.33	3.60	
2010年10月20日	0.36	1.91	2.20	2.50	3.25	3.85	4.20	
2010年12月26日	0.36	2.25	2.50	2.75	3.55	4.15	4.55	

注：1999年11月1日起开征利息所得税，税率为20%；2007年8月15日起，利息所得税调减为5%；2008年10月9日起，暂免征收利息所得税。

数据来源：根据中国人民银行历年公告整理

第四篇

国债管理文告

一、综合类

关于公布2010年关键期限记账式国债和第一季度国债发行计划的通知

2010年1月4日　财办库［2010］2号

记账式国债承销团成员，凭证式国债承销团成员，中央国债登记结算有限责任公司，中国证券登记结算有限责任公司，中国外汇交易中心，上海证券交易所，深圳证券交易所：

现公布2010年关键期限记账式国债和第一季度国债发行计划。执行中如有变动，以届时国债发行文件为准。

附件：1. 2010年关键期限记账式国债发行日期表

2. 2010年第一季度国债发行日期表

附件1：

2010年关键期限记账式国债发行日期表

期限（年）	招标日期	付息方式	期限（年）	招标日期	付息方式
1	3月3日	按年付息	7	3月10日	按年付息
	4月28日			4月21日	
	7月14日			5月26日	
	9月8日			7月21日	
	11月10日			8月18日	
3	3月17日	按年付息		10月13日	
	6月2日			11月24日	
	8月11日		10	2月3日	按半年付息
	11月3日			3月24日	
5	4月7日	按年付息		5月12日	
	5月19日			6月23日	
	6月9日			8月4日	
	7月7日			9月15日	
	8月25日			10月27日	
	10月20日			12月15日	
	12月1日				

注：关键期限记账式国债招标日期均为周三。

附件 2：

2010年第一季度国债发行日期表

品　种	期限（年）	招标日期/发行期间	付息方式
记账式国债	2	1月27日	按年付息
	10	2月3日	按半年付息
	30	2月26日	按半年付息
	1	3月3日	按年付息
	7	3月10日	按年付息
	3	3月17日	按年付息
	10	3月24日	按半年付息
储蓄国债（凭证式）	1	3月	到期一次性还本付息
	3		

注：30年记账式国债招标日期为周五，其他记账式附息国债招标日期均为周三。

中华人民共和国财政部公告

2010年1月6日　2010年第1号

国债和地方政府债券2010年还本付息工作即将开始，现将有关事宜公告如下：

一、2010年到期国债品种和条件

(一) 储蓄国债

1. 凭证式国债于到期日归还本金并支付全部利息。

(1) 2005年3月1日至3月31日发行的5年期凭证式（一期）国债，到期年利率为3.81%。

(2) 2005年4月10日至4月30日发行的5年期凭证式（二期）国债，到期年利率为3.81%。

(3) 2005年5月1日至5月31日发行的5年期凭证式（三期）国债，到期年利率为3.81%。

(4) 2005年6月1日至6月30日发行的5年期凭证式（三期）国债，到期年利率为3.81%。

(5) 2005年8月1日至8月31日发行的5年期凭证式（四期）国债，到期年利率为3.60%。

(6) 2005年9月1日至9月30日发行的5年期凭证式（四期）国债，到期年利率为3.60%。

(7) 2005年10月15日至11月14日发行的5年期凭证式（五期）国债，到期年利率为3.60%。

(8) 2005年11月15日至11月30日发行的5年期凭证式（五期）国债，到期年利率为3.60%。

(9) 2007年3月1日至3月31日发行的3年期凭证式（一期）国债，2007年3月18日之前发行部分到期年利率为3.39%，2007年3月18日及之后发行部分到期年利率为3.66%。

(10) 2007年4月1日至4月30日发行的3年期凭证式（二期）国债，到期年利率为3.66%。

(11) 2007年5月10日至5月31日发行的3年期凭证式（三期）国债，2007年5月19日之前发行部分到期年利率为3.66%，2007年5月19日及之后发行部分到期年利率为4.11%。

(12) 2007年9月6日至9月30日发行的3年期凭证式（四期）国债，2007年9月15日之前发行部分到期年利率为5.20%，2007年9月15日及之后发行部分到期年利率为5.47%。

(13) 2007年12月5日至12月20日发行的3年期凭证式（五期）国债，到期年利率为5.74%。

(14) 2009年8月17日至8月31日发行的1年期凭证式（四期）国债，到期年利率为2.60%。

(15) 2009年10月15日至10月31日发行的1年期凭证式（五期）国债，到期年利率为2.60%。

2. 储蓄国债（电子式）于到期日归还本金并支付最后一年利息。

(1) 2009第五期储蓄国债（电子式），期限1年，年利率为2.60%，于9月15日到期。

（2）2009 第七期储蓄国债（电子式），期限1年，年利率为2.60%，于11月20日到期。

（二）记账式国债

1. 记账式附息国债于到期日归还本金并支付最后一年利息。

（1）2000年记账式（二期）国债，期限10年，浮动利率，2010年付息年利率为2.80%，于4月18日到期。

（2）2000年记账式（四期）国债，期限10年，浮动利率，2010年付息年利率为2.87%，于5月23日到期。

（3）2000年记账式（七期）国债，期限10年，浮动利率，2010年付息年利率为2.72%，于9月21日到期。

（4）2000年记账式（九期）国债，期限10年，浮动利率，2010年付息年利率为2.55%，于10月31日到期。

（5）2003年记账式（一期）国债，期限7年，年利率为2.66%，于2月19日到期。

（6）2003年记账式（七期）国债，期限7年，年利率为2.66%，于8月20日到期。

（7）2003年记账式（十一期）国债，期限7年，年利率为3.50%，于11月19日到期。

（8）2005年记账式（三期）国债，期限5年，年利率为3.30%，于4月26日到期。

（9）2005年记账式（十一期）国债，期限5年，年利率为2.14%，于10月20日到期。

（10）2007年记账式（四期）国债，期限3年，年利率为2.77%，于4月16日到期。

（11）2007年记账式（十一期）国债，期限3年，年利率为3.53%，于7月16日到期。

（12）2009年记账式附息（八期）国债，期限1年，年利率为0.89%，于5月14日到期。

（13）2009年记账式附息（十四期）国债，期限1年，年利率为1.06%，于7月9日到期。

（14）2009年记账式附息（二十一期）国债，期限1年，年利率为1.46%，于9月3日到期。

（15）2009年记账式附息（二十八期）国债，期限1年，年利率为1.44%，于11月12日到期。

2. 记账式贴现国债于到期日按面值偿还。

（1）2009年记账式贴现（二期）国债，期限273天，于1月11日到期。

（2）2009年记账式贴现（九期）国债，期限273天，于3月8日到期。

（3）2009年记账式贴现（十三期）国债，期限273天，于4月12日到期。

（4）2009年记账式贴现（十四期）国债，期限182天，于1月18日到期。

（5）2009年记账式贴现（十六期）国债，期限273天，于5月10日到期。

（6）2009年记账式贴现（十七期）国债，期限182天，于2月22日到期。

（7）2009年记账式贴现（十九期）国债，期限273天，于6月7日到期。

（8）2009年记账式贴现（二十期）国债，期限182天，于3月22日到期。

（9）2009年记账式贴现（二十一期）国债，期限91天，于1月11日到期。

（10）2009年记账式贴现（二十二期）国债，期限182天，于4月26日到期。

（11）2009年记账式贴现（二十三期）国债，期限91天，于2月8日到期。

（12）2009年记账式贴现（二十四期）国债，期限273天，于8月23日到期。

（13）2009年记账式贴现（二十五期）国债，期限91天，于3月8日到期。

（14）2009年记账式贴现（二十六期）国债，期限182天，于6月21日到期。

二、其他有关事项

（一）利息计付。各类国债和地方政府债券利息均按单利计算；2010年各类到期国债逾期兑付不加计利息。

（二）凭证式国债兑付。凭证式国债兑付由原售出机构网点办理；提前兑取凭证式国债按当期国债发行时规定的提前兑取分档利率支付利息，具体利率请向各兑付网点查询。

（三）储蓄国债（电子式）兑付。储蓄国债（电子式）兑付资金由原售出机构直接支付至投资者资金清算账户；提前兑取储蓄国债（电子式）按当期国债发行时规定的提前支取扣息方式扣息后支付本息，具体扣息方式请向各兑付网点查询。

（四）实物国债和特种国债兑付。以前年度到期应兑未兑的实物国债，2010 年可继续到常年兑付网点办理兑付，各地常年兑付网点地址请向中国人民银行分、支行国库部门查询；以前年度到期应兑未兑的特种国债兑付由原售出地财政部门办理。

记账式国债和地方政府债券 2010 年还本付息资金支付办法，由各交易场所或登记结算机构按照财政部规定公布并实施。

特此公告。

财政部关于增补记账式国债承销团成员有关事宜的通知

2010年1月6日 财库［2010］4号

有关商业银行、证券公司、保险公司等：

根据《国债承销团成员资格审批办法》（财政部、中国人民银行、证监会令第39号，以下简称《审批办法》）和国债发行管理需要，决定增补3家记账式国债承销团成员，并增补部分记账式国债承销团乙类成员为甲类成员。现将有关事宜通知如下：

一、申请增补为记账式国债承销团成员的机构，应当具备《审批办法》规定的资格条件，否则不予受理。

二、申请增补为记账式国债承销团甲类成员的机构，2009年记账式附息国债承销综合排名应位于前25名以内。

三、请符合条件的机构按照《审批办法》的规定准备材料，并填写附表。

各申请机构应当在2010年1月15日前，将有关材料寄送至财政部国库司。

通信地址：北京市西城区三里河南三巷3号财政部国库司

邮政编码：100820

咨询电话：财政部国库司国债发行兑付管理处 周海峰（010）68552270

特此通知。

附件：记账式国债承销团成员申请表

附件：

记账式国债承销团成员申请表

机构全称：			
申请类别： 甲类（ ）	乙类（ ）		
财务状况			
	截至2007年12月	截至2008年12月	截至2009年6月
注册资本：			
总资产：			
净资产：			
利润总额：			
2008年记账式国债承销交易情况		2009年记账式国债承销交易情况	
承销量：		承销量：	
现券交易量 交易所：		现券交易量 交易所：	
银行间：		银行间：	

续表

2008 年记账式国债承销交易情况	2009 年记账式国债承销交易情况
回购交易量　交易所：	回购交易量　交易所：
银行间：	银行间：
期末持有量　交易所：	期末持有量　交易所：
银行间：	银行间：
其他相关资格情况	
2009 年—2011 年记账式国债承销团成员：　甲类（　　）	乙类（　　）
公开市场一级交易商：是（　　）	银行间债券市场做市商：是（　　）
备注：	公章：
联系部门：	联系人（职务）：
联系电话（传真）：	联系地址（邮编）：

注：1. 表中涉及金额以亿元为单位保留两位小数填写；

2. 对于选择项目，请在符合情况的选项后填√；

3. 此表加盖公章有效。

财政部关于印发《2010年记账式国债招标发行规则》的通知

2010年1月17日 财库［2010］6号

2009—2011年记账式国债承销团成员，中央国债登记结算有限责任公司，中国证券登记结算有限责任公司，中国外汇交易中心，上海证券交易所，深圳证券交易所：

为促进国债市场健康发展，规范记账式国债招标发行程序，财政部制定了《2010年记账式国债招标发行规则》，现予以公布，请按照执行。

附件：2010年记账式国债招标发行规则

附件：

2010年记账式国债招标发行规则

为促进国债市场健康发展，规范记账式国债招标发行程序，特制定本规则。

一、招标方式

记账式国债发行采用“荷兰式”、“美国式”、“混合式”招标方式，招标标的为利率、利差、价格或数量。

（一）“荷兰式”招标方式。标的为利率或利差时，全场最高中标利率或利差为当期国债票面利率或基本利差，各中标国债承销团成员（以下简称中标机构）均按面值承销；标的为价格时，全场最低中标价格为当期国债发行价格，各中标机构均按发行价格承销。

（二）“美国式”招标方式。标的为利率时，全场加权平均中标利率为当期国债票面利率，中标机构按各自中标标位利率与票面利率折算的价格承销；标的为价格时，全场加权平均中标价格为当期国债发行价格，中标机构按各自中标标位的价格承销。标的为利率时，高于全场加权平均中标利率一定数量以上的标位，全部落标；标的为价格时，低于全场加权平均中标价格一定数量以上的标位，全部落标。背离全场加权平均投标利率或价格一定数量的标位视为无效投标，全部落标，不参与全场加权平均中标利率或价格的计算。

（三）“混合式”招标方式。标的为利率时，全场加权平均中标利率为当期国债票面利率，低于或等于票面利率的标位，按面值承销；高于票面利率一定数量以内的标位，按各中标标位的利率与票面利率折算的价格承销；高于票面利率一定数量以上的标位，全部落标。标的为价格时，全场加权平均中标价格为当期国债发行价格，高于或等于发行价格的标位，按发行价格承销；低于发行价格一定数量以内的标位，按各中标标位的价格承销，低于发行价格一定数量以上的标位，全部落标。背离全场加权平均投标利率或价格一定数量的标位视为无效投标，全部落标，不参与全场加权平均中标利率或价格的计算。

二、投标限定

（一）投标标位变动幅度。利率或利差招标时，标位变动幅度为0.01%；价格招标时，标位变动幅度在当期国债发行文件中另行规定。

（二）投标量限定。国债承销团成员单期国债最低、最高投标限额按各期国债招标量的一定比例计算，具体是：乙类成员最低、最高投标限额分别为当期国债招标量的0.5%、10%；甲类成员最低投标限额为当期国债招标量的3%，对不可追加的记账式国债最高投标限额为当期国债招标量的30%，对可追加的记账式国债最高投标限额为当期国债招标量的25%。单一标位最低投标限额为0.2亿元，最高投标限额为30亿元。投标量变动幅度为0.1亿元的整数倍。

（三）最低承销额限定。国债承销团成员单期国债最低承销额（含追加承销部分）按各期国债竞争性招标额的一定比例计算，甲类成员为1%，乙类成员为0.2%。

上述比例均计算至0.1亿元，0.1亿元以下四舍五入。

三、中标原则

（一）全场有效投标总额小于或等于当期国债招标额时，所有有效投标全额募入；全场有效投标总额大于当期国债招标额时，按照低利率（利差）或高价格优先的原则对有效投标逐笔募入，直到募满招标额为止。

（二）边际中标标位的投标额大于剩余招标额，以该标位投标额为权数平均分配，最小中标单位为0.1亿元，分配后仍有尾数时，按投标时间优先原则分配。

四、追加投标

（一）对于允许追加承销的记账式国债，在竞争性招标结束后，国债承销团甲类成员有权通过投标追加承销当期国债。

（二）国债承销团甲类成员追加承销额上限为该成员当期国债竞争性中标额的25%，计算至0.1亿元，0.1亿元以下四舍五入。追加承销额应为0.1亿元的整数倍。

（三）“荷兰式”招标追加承销价格与竞争性招标中标价格相同；“美国式”和“混合式”招标追加承销价格，标的为利率时为面值，标的为价格时为当期国债发行价格。

五、债权托管

（一）在招投标工作结束后，各中标机构应通过国债招投标系统填制“债权托管申请书”，在中央国债登记结算有限责任公司（以下简称“国债登记公司”），中国证券登记结算有限责任公司（以下简称“证券登记公司”）上海、深圳分公司选择托管。逾时未填制的，系统默认全部在国债登记公司托管。

（二）国债登记公司，证券登记公司上海、深圳分公司，于规定的债权登记日对当期国债进行总债权登记和分账户债权托管。

（三）国债债权确认时间，按国债发行款划入财政部指定的资金账户的时间确定。国债发行缴款与债权确立方式以当期发行文件规定为准。

六、分销

记账式国债分销，是指在规定的分销期内，国债承销团成员将中标的全部或部分国债债权额度销售给非国债承销团成员的行为。

（一）分销方式。记账式国债采取场内挂牌、场外签订分销合同和试点商业银行柜台销售的方式分销。具体分销方式以当期发行文件规定为准。

（二）分销对象。记账式国债分销对象为在国债登记公司开立债券账户及在证券登记公司开立股票和基金账户的各类投资者。国债承销团成员间不得分销。非国债承销团成员通过分销获得的国债债权额度，在分销期内不得转让。

（三）分销价格。国债承销团成员根据市场情况自定价格分销。

七、其他

（一）记账式国债发行招投标工作通过“财政部国债发行招投标系统”进行，国债承销团成员通过上述系统远程终端投标。远程终端出现技术问题，可在规定的时间内以填写“应急投标书”和“应急申请书”（格式见附件）的形式委托国债登记公司代为投标。

（二）除另有规定外，财政部在中国境内（不包括香港、澳门和台湾地区）发行记账式国债按本规则执行。

（三）本规则未尽事宜，以各期记账式国债发行文件为准。

（四）本规则自公布之日起施行，有效期截至2010年12月31日。

附1：记账式国债发行应急投标书

附2：记账式国债债权托管应急申请书

附1：

记账式国债发行应急投标书
业务凭单号：A01

财政部：

由于我单位国债招投标远程终端系统出现故障，现以书面形式发送________年记账式（附息/贴现）（________期）国债发行（首场/追加）应急投标书。我单位承诺：本应急投标书由我单位授权经办人填写，内容真实、准确、完整，具有与系统投标同等效力，我单位自愿承担应急投标所产生风险。

投标方名称：____________________　　　　托管账号：____________________

投标日期：______年______月______日［要素1］

债券代码：____________________［要素2］

投标标位（%或 元/百元面值）		投标量（亿元）	
标位1［要素3］		投标量［要素4］	
标位2		投标量	
标位3		投标量	
标位4		投标量	
标位5		投标量	
标位6		投标量	
合计			

（注：标位不够可自行添加）

电子密押：________ ________ ________ ________（16位数字）

经办人签字或盖章：　　　　复核人签字或盖章：

联系电话：　　　　联系电话：

单位印章

注意事项：

1. 单位印章应与投标方名称相符；业务凭单填写须清晰，不得涂改。

2. 本应急凭单进行电子密押计算时共有4项要素，其中要素1在电子密押器中已默认显示，如与应急凭单不符时，请手工修正密押器的要素1；要素2－4按应急凭单所填内容顺序输入密押器，输入内容与应急凭单填写内容必须完全一致。

3. 传真电话：010－88086362、88086297、88086252。

附2：

记账式国债债权托管应急申请书
业务凭单号：A02

财政部：

由于我单位国债招投标远程终端系统出现故障，现以书面形式发送________年记账式（附息/贴现）（________期）国债债权托管应急申请书。我单位承诺：本债权托管应急申请书由我单位授权经办人填写，内容真实、准确、完整，具有与系统投标同等效力，我单位自愿承担应急投标所产生风险。

投标方名称：____________________　　托管账号：____________________

申请日期：______年______月______日［要素1］

债券代码：____________________［要素2］

托管机构	债权托管面额（亿元）
中央国债登记公司［要素3］	
证券登记公司（上海）	
证券登记公司（深圳）	
合计［要素4］	

电子密押：________ ________ ________ ________（16位数字）

经办人签字或盖章：　　复核人签字或盖章：

联系电话：　　联系电话：

单位印章

注意事项：

1. 单位印章应与投标方名称相符；业务凭单填写须清晰，不得涂改。

2. 本应急凭单进行电子密押计算时共有4项要素，其中要素1在电子密押器中已默认显示，如与应急凭单不符时，请手工修正密押器的要素1；要素2－4按应急凭单所填内容顺序输入密押器，输入内容与应急凭单填写内容必须完全一致。

3. 传真电话：010－88086362、88086297、88086252。

财政部关于确认增补记账式国债承销团成员资格的通知

2010年2月8日 财库［2010］14号

有关商业银行、证券公司、保险公司等：

为保障记账式国债发行工作有序进行，根据《国债承销团资格审批办法》（财政部、中国人民银行、证监会令第39号）和《财政部关于增补记账式国债承销团成员有关事宜的通知》（财库［2010］4号）的规定，增补记账式国债承销团成员工作已经完成。截至2010年1月15日，共有8家金融机构报送了申请材料，全部符合申请基本条件并予以受理。增补记账式国债承销团成员工作遵循公开、公平、公正原则，在保持原有成员稳定基础上择优录取，增补新国债承销团成员数量为3家。经商中国人民银行、中国证券监督管理委员会同意，增补原则如下：

1. 不予考虑过去两年内退出国债承销团的机构。

2. 以2008年、2009年净资产、利润总额、国债现券交易量（以财政部核查数为准）作为考察指标，从商业银行和证券公司分类排名靠前者中进行增补。

3. 申请增补为甲类成员的申请机构2009年记账式国债业务综合排名应位于前25名以内。

按照以上原则，决定增补国家开发银行股份有限公司、齐鲁银行股份有限公司和第一创业证券有限责任公司为记账式国债承销团乙类成员，增补中国光大银行股份有限公司、上海银行股份有限公司为记账式国债承销团甲类成员。现将调整后的记账式国债承销团成员名单予以公布。从公布之日起，2010年记账式国债将面向调整后的记账式国债承销团招标发行。

特此通知。

附件：记账式国债承销团成员名单

附件：

记账式国债承销团成员名单

序号	代　码	机构名称	序号	代　码	机构名称
甲类成员：			31	1036	盛京银行股份有限公司
1	1001	中国工商银行股份有限公司	32	1041	徽商银行
2	1002	中国农业银行股份有限公司	33	1055	长沙银行股份有限公司
3	1003	中国银行股份有限公司	34	1092	齐商银行
4	1004	中国建设银行股份有限公司	35	1095	洛阳市商业银行
5	1005	交通银行股份有限公司	36	1100	恒丰银行
6	1006	中信银行股份有限公司	37	1107	宁波鄞州农村合作银行
7	1007	中国光大银行股份有限公司	38	1108	汇丰银行（中国）有限公司
8	1016	上海银行股份有限公司	39	1112	渣打银行（中国）有限公司
9	1017	南京银行股份有限公司	40	1113	摩根大通银行（中国）有限公司
10	2000	中国银河证券股份有限公司	41	1114	包商银行股份有限公司
11	2003	国泰君安证券股份有限公司	42	1115	国家开发银行股份有限公司
12	2041	平安证券有限责任公司	43	2001	中信建投证券有限责任公司
13	2047	中信证券股份有限公司	44	2006	上海证券有限责任公司
14	2072	中银国际证券有限责任公司	45	2007	华泰证券股份有限公司
15	2078	国海证券有限责任公司	46	2012	申银万国证券股份有限公司
16	4001	中国人寿保险（集团）公司	47	2017	渤海证券股份有限公司
17	5008	中国邮政储蓄银行有限责任公司	48	2021	长江证券股份有限公司
乙类成员：			49	2048	光大证券股份有限公司
18	1009	华夏银行股份有限公司	50	2049	国信证券股份有限公司
19	1010	上海浦东发展银行股份有限公司	51	2050	招商证券股份有限公司
20	1011	兴业银行股份有限公司	52	2057	东方证券股份有限公司
21	1012	招商银行股份有限公司	53	2059	中国国际金融有限公司
22	1013	深圳发展银行	54	2080	安信证券股份有限公司
23	1014	中国民生银行股份有限公司	55	2082	第一创业证券有限责任公司
24	1015	北京银行	56	4004	中国人民保险集团公司
25	1020	广东发展银行股份有限公司	57	4005	中国平安人寿保险股份有限公司
26	1021	天津银行	58	5003	江苏常熟农村商业银行股份有限公司
27	1022	河北银行	59	5011	北京农村商业银行
28	1023	杭州银行股份有限公司	60	5014	上海农村商业银行
29	1025	齐鲁银行股份有限公司	特别承购机构：		
30	1033	重庆银行股份有限公司	1	6036	全国社会保障基金理事会

关于公布2010年第二季度国债发行计划的通知

2010年4月1日 财办库［2010］40号

记账式国债承销团成员，凭证式国债承销团成员，中央国债登记结算有限责任公司，中国证券登记结算有限责任公司，中国外汇交易中心，上海证券交易所，深圳证券交易所：

现公布2010年第二季度国债发行计划。执行中如有变动，以届时国债发行文件为准。

附件：2010年第二季度国债发行日期表

附件：

2010年第二季度国债发行日期表

表1　2010年第二季度储蓄国债发行日期表

品　种	期限（年）	发行时间	付息方式
储蓄国债（电子式）	1、3	4月	按年付息
储蓄国债（凭证式）	1、3	5月	到期一次性还本付息
储蓄国债（电子式）	1、3	6月	按年付息

表2　2010年第二季度记账式贴现国债发行日期表

<table>
<tr><th>期限（天）</th><th>招标日期</th><th>付息方式</th></tr>
<tr><td>91</td><td rowspan="2">4月9日</td><td rowspan="7">贴现发行</td></tr>
<tr><td>273</td></tr>
<tr><td>182</td><td>4月16日</td></tr>
<tr><td>273</td><td rowspan="2">5月14日</td></tr>
<tr><td>182</td></tr>
<tr><td>91</td><td rowspan="2">6月11日</td></tr>
<tr><td>273</td></tr>
</table>

注：记账式贴现国债招标日期均为周五。

表 3　　2010 年第二季度记账式附息国债发行日期表

期限（年）	招标日期	付息方式
5	4 月 7 日	按年付息
20	4 月 14 日	按半年付息
7	4 月 21 日	按年付息
1	4 月 28 日	按年付息
10	5 月 12 日	按半年付息
5	5 月 19 日	按年付息
50	5 月 21 日	按半年付息
7	5 月 26 日	按年付息
3	6 月 2 日	按年付息
5	6 月 9 日	按年付息
30	6 月 18 日	按半年付息
10	6 月 23 日	按半年付息

注：30 年期和 50 年期记账式附息国债招标日期为周五，其他均为周三。

关于公布2010年第三季度国债发行计划的通知

2010年7月2日 财办库［2010］163号

记账式国债承销团成员、凭证式国债承销团成员、中央国债登记结算有限责任公司、中国证券登记结算有限责任公司、中国外汇交易中心、上海证券交易所、深圳证券交易所：

现公布2010年第三季度国债发行计划。执行中如有变动，以届时国债发行文件为准。

附件：2010年第三季度国债发行时间表

附件：

2010年第三季度国债发行时间表

表1 2010年第三季度储蓄国债发行时间表

品　种	期限（年）	发行时间	付息方式
储蓄国债（凭证式）	1、3	7月	到期一次性还本付息
储蓄国债（电子式）	1、3	8月	按年付息
储蓄国债（凭证式）	1、3	9月	到期一次性还本付息

表2 2010年第三季度记账式贴现国债发行日期表

期限（天）	招标日期	付息方式
182	7月9日	贴现发行
182	7月23日	
273	8月6日	
182	8月20日	
91	9月10日	
182	9月17日	

注：记账式贴现国债招标日期均为周五。

表 3　　2010 年第三季度记账式附息国债发行日期表

期限（年）	招标日期	付息方式
5	7 月 7 日	按年付息
1	7 月 14 日	按年付息
7	7 月 21 日	按年付息
30	7 月 28 日	按半年付息
10	8 月 4 日	按半年付息
3	8 月 11 日	按年付息
30	8 月 13 日	按半年付息
7	8 月 18 日	按年付息
5	8 月 25 日	按年付息
20	9 月 1 日	按半年付息
1	9 月 8 日	按年付息
10	9 月 15 日	按半年付息

注：8 月份发行的 30 年记账式附息国债招标日期为周五，其他均为周三。

关于公布2010年第四季度国债发行计划的通知

2010年9月27日 财办库［2010］280号

记账式国债承销团成员、凭证式国债承销团成员、中央国债登记结算有限责任公司、中国证券登记结算有限责任公司、中国外汇交易中心、上海证券交易所、深圳证券交易所：

现公布2010年第四季度国债发行计划。执行中如有变动，以届时国债发行文件为准。

附件：2010年第四季度国债发行日期表

附件：

2010年第四季度国债发行日期表

表1　2010年第四季度储蓄国债发行日期表

品　种	期限（年）	发行时间	付息方式
储蓄国债（电子式）	1、3	10月	按年付息
储蓄国债（凭证式）	1、3	11月	到期一次性还本付息
储蓄国债（电子式）	1、3	12月	到期一次性还本付息

表2　2010年第四季度记账式贴现国债发行日期表

期限（天）	招标日期	付息方式
91	10月22日	贴现发行
91	10月29日	
182	11月12日	
91	11月26日	
273	12月10日	
91	12月24日	

注：记账式贴现国债招标日期均为周五。

表 3　　2010 年第四季度记账式附息国债发行日期表

期限（年）	招标日期	付息方式
7	10 月 13 日	按年付息
5	10 月 20 日	按年付息
10	10 月 27 日	按半年付息
3	11 月 3 日	按年付息
1	11 月 10 日	按年付息
50	11 月 17 日	按半年付息
7	11 月 24 日	按年付息
5	12 月 1 日	按年付息
30	12 月 8 日	按半年付息
10	12 月 15 日	按半年付息

注：记账式附息国债招标日期均为周三。

关于公布2010年前三个季度记账式国债承销团成员国债现货交易量排名的通知

2010年10月28日 财库便函［2010］1562号

记账式国债承销团成员：

根据2010年前三个季度记账式国债现货交易量情况，现公布2010年前三个季度记账式国债承销团成员（不含全国社会保障基金理事会）国债现货交易量排名，包括银行类承销团成员排名、非银行类承销团成员排名和柜台业务试点银行排名（见附件）。

特此通知。

附件：2010年前三个季度记账式国债承销团成员国债现货交易量排名表

附件：

2010年前三个季度记账式国债承销团成员国债现货交易量排名表

表1　2010年前三个季度记账式国债承销团成员国债现货交易量排名表

（银行类成员）

名　次	机构名称	名　次	机构名称
1	交通银行股份有限公司	20	招商银行股份有限公司
2	汇丰银行（中国）有限公司	21	北京银行股份有限公司
3	杭州银行股份有限公司	22	洛阳银行股份有限公司
4	上海银行股份有限公司	23	恒丰银行股份有限公司
5	国家开发银行股份有限公司	24	中国光大银行股份有限公司
6	中国民生银行股份有限公司	25	兴业银行股份有限公司
7	宁波鄞州农村合作银行	26	渣打银行（中国）公司
8	南京银行股份有限公司	27	上海农村商业银行
9	中国银行股份有限公司	28	盛京银行股份有限公司
10	重庆银行股份有限公司	29	齐鲁银行股份有限公司
11	中国农业银行股份有限公司	30	广东发展银行股份有限公司
12	中国工商银行股份有限公司	31	中信银行股份有限公司
13	齐商银行股份有限公司	32	上海浦东发展银行股份有限公司
14	包商银行股份有限公司	33	中国邮政储蓄银行有限责任公司
15	中国建设银行股份有限公司	34	长沙银行股份有限公司
16	天津银行股份有限公司	35	常熟农村商业银行
17	徽商银行股份有限公司	36	深圳发展银行股份有限公司
18	摩根大通银行（中国）公司	37	北京农村商业银行
19	河北银行股份有限公司	38	华夏银行股份有限公司

表 2　　2010 年前三个季度记账式国债承销团成员国债现货交易量排名表

（非银行类成员）

名　次	机构名称	名　次	机构名称
1	国泰君安证券股份有限公司	12	东方证券股份有限公司
2	中信证券有限责任公司	13	长江证券股份有限公司
3	中银国际证券股份有限公司	14	中国平安人寿保险股份有限公司
4	平安证券有限责任公司	15	银河证券有限责任公司
5	国信证券股份有限公司	16	中国人寿保险（集团）公司
6	国海证券有限责任公司	17	华泰证券股份有限公司
7	中国国际金融有限公司	18	上海证券股份有限公司
8	招商证券有限责任公司	19	渤海证券有限责任公司
9	第一创业证券股份有限公司	20	申银万国证券股份有限公司
10	中信建投证券有限责任公司	21	安信证券股份有限公司
11	光大证券有限责任公司	22	中国人民保险集团公司

表 3　　2010 年前三个季度记账式国债商业银行柜台零售市场现货交易量排名表

名　次	机构名称	名　次	机构名称
1	中国工商银行股份有限公司	5	中国农业银行股份有限公司
2	中国建设银行股份有限公司	6	北京银行股份有限公司
3	中国银行股份有限公司	7	中国民生银行股份有限公司
4	招商银行股份有限公司	8	南京银行股份有限公司

关于公布记账式国债承销团2010年、2010年第四季度国债承销综合排名的通知

2011年1月14日 财库便函［2011］15号

2009年—2011年记账式国债承销团成员：

现将2009年—2011年记账式国债承销团2010年和2010年第四季度记账式国债承销综合排名（记账式附息国债、记账式贴现国债；均不含特别承购机构）、2010年第四季度单期记账式附息国债投标量不足和最低承销额不足情况公布如下：

一、2010年记账式国债承销综合排名表

（一）2010年记账式附息国债承销综合排名表

排名	承销商名称	排名	承销商名称
1	中国建设银行股份有限公司	30	中信建投证券有限责任公司
2	中国工商银行股份有限公司	31	兴业银行股份有限公司
3	中国银行股份有限公司	32	国信证券股份有限公司
4	中信证券股份有限公司	33	徽商银行股份有限公司
5	中银国际证券有限责任公司	34	齐商银行股份有限公司
6	中国邮政储蓄银行有限责任公司	35	上海农村商业银行股份有限公司
7	国海证券有限责任公司	36	杭州银行股份有限公司
8	国泰君安证券股份有限公司	37	洛阳银行股份有限公司
9	中国农业银行股份有限公司	38	天津银行股份有限公司
10	南京银行股份有限公司	39	宁波鄞州农村合作银行
11	交通银行股份有限公司	40	长江证券股份有限公司
12	中国民生银行股份有限公司	41	华泰证券股份有限公司
13	平安证券有限责任公司	42	中国人民保险集团股份有限公司
14	摩根大通银行（中国）有限公司	43	渣打银行（中国）有限公司
15	中国银河证券股份有限公司	44	河北银行股份有限公司
16	中国国际金融有限公司	45	申银万国证券股份有限公司
17	上海银行股份有限公司	46	渤海证券股份有限公司
18	中国光大银行股份有限公司	47	中国平安人寿保险股份有限公司
19	汇丰银行（中国）有限公司	48	国家开发银行
20	招商证券股份有限公司	49	恒丰银行股份有限公司
21	招商银行股份有限公司	50	深圳发展银行股份有限公司
22	北京银行股份有限公司	51	盛京银行股份有限公司
23	包商银行股份有限公司	52	长沙银行股份有限公司
24	东方证券有限责任公司	53	齐鲁银行股份有限公司
25	光大证券股份有限公司	54	华夏银行股份有限公司
26	第一创业证券有限责任公司	55	江苏常熟农村商业银行股份有限公司
27	中信银行股份有限公司	56	广东发展银行股份有限公司
28	中国人寿保险（集团）公司	57	安信证券股份有限公司
29	上海浦东发展银行股份有限公司	58	北京市农村商业银行股份有限公司

（二）2010年记账式贴现国债承销综合排名表

排　名	承销商名称	排　名	承销商名称
1	中国建设银行股份有限公司	30	盛京银行股份有限公司
2	交通银行股份有限公司	31	东方证券有限责任公司
3	中国工商银行股份有限公司	32	申银万国证券股份有限公司
4	中国银行股份有限公司	33	国家开发银行
5	中国民生银行股份有限公司	34	深圳发展银行股份有限公司
6	汇丰银行（中国）有限公司	35	恒丰银行股份有限公司
7	中信银行股份有限公司	36	上海浦东发展银行
8	南京银行股份有限公司	37	宁波鄞州农村合作银行
9	广东发展银行股份有限公司	38	国海证券有限责任公司
10	华夏银行股份有限公司	39	中国国际金融有限公司
11	齐商银行股份有限公司	40	徽商银行股份有限公司
12	中国农业银行股份有限公司	41	第一创业证券有限责任公司
13	中国邮政储蓄银行有限责任公司	42	平安证券有限责任公司
14	北京银行股份有限公司	43	河北银行股份有限公司
15	上海农村商业银行股份有限公司	44	兴业银行股份有限公司
16	中信证券股份有限公司	45	摩根大通银行（中国）有限公司
17	招商银行股份有限公司	46	包商银行股份有限公司
18	国信证券股份有限公司	47	光大证券股份有限公司
19	上海银行股份有限公司	48	中国光大银行股份有限公司
20	中银国际证券有限责任公司	49	齐鲁银行股份有限公司
21	天津银行股份有限公司	50	渣打银行（中国）有限公司
22	招商证券股份有限公司	51	中国平安人寿保险股份有限公司
23	中国银河证券股份有限公司	52	江苏常熟农村商业银行股份有限公司
24	洛阳银行股份有限公司	53	华泰证券股份有限公司
25	长沙银行股份有限公司	54	中国人寿保险（集团）公司
26	国泰君安证券股份有限公司	55	渤海证券股份有限公司
27	长江证券股份有限公司	56	北京市农村商业银行股份有限公司
28	杭州银行股份有限公司	57	安信证券股份有限公司
29	中信建投证券有限责任公司	58	中国人民保险集团股份有限公司

二、2010年第四季度记账式国债承销综合排名表

（一）2010年第四季度记账式附息国债承销综合排名表

排　名	承销商名称	排　名	承销商名称
1	中国工商银行股份有限公司	30	长江证券股份有限公司
2	中国建设银行股份有限公司	31	摩根大通银行（中国）有限公司
3	中国银行股份有限公司	32	东方证券有限责任公司
4	中信证券股份有限公司	33	中信建投证券有限责任公司
5	中国邮政储蓄银行有限责任公司	34	杭州银行股份有限公司
6	国泰君安证券股份有限公司	35	中国人寿保险（集团）公司
7	南京银行股份有限公司	36	国家开发银行
8	中银国际证券有限责任公司	37	宁波鄞州农村合作银行
9	中国民生银行股份有限公司	38	洛阳银行股份有限公司
10	国海证券有限责任公司	39	华泰证券股份有限公司
11	中国银河证券股份有限公司	40	齐商银行股份有限公司
12	平安证券有限责任公司	41	徽商银行股份有限公司
13	招商银行股份有限公司	42	渣打银行（中国）有限公司
14	中国农业银行股份有限公司	43	中国人民保险集团股份有限公司
15	汇丰银行（中国）有限公司	44	深圳发展银行股份有限公司
16	第一创业证券有限责任公司	45	长沙银行股份有限公司
17	中国光大银行股份有限公司	46	中国平安人寿保险股份有限公司
18	招商证券股份有限公司	47	恒丰银行股份有限公司
19	中国国际金融有限公司	48	渤海证券股份有限公司
20	北京银行股份有限公司	49	包商银行股份有限公司
21	交通银行股份有限公司	50	国信证券股份有限公司
22	光大证券股份有限公司	51	江苏常熟农村商业银行股份有限公司
23	河北银行股份有限公司	52	华夏银行股份有限公司
24	兴业银行股份有限公司	53	齐鲁银行股份有限公司
25	上海农村商业银行股份有限公司	54	安信证券股份有限公司
26	申银万国证券股份有限公司	55	盛京银行股份有限公司
27	上海银行股份有限公司	56	天津银行股份有限公司
28	中信银行股份有限公司	57	北京市农村商业银行股份有限公司
29	上海浦东发展银行股份有限公司	58	广东发展银行股份有限公司

（二）2010年第四季度记账式贴现国债承销综合排名表

排 名	承销商名称	排 名	承销商名称
1	中国建设银行股份有限公司	30	中信证券股份有限公司
2	中国工商银行股份有限公司	31	国海证券有限责任公司
3	交通银行股份有限公司	32	中国国际金融有限公司
4	南京银行股份有限公司	33	徽商银行股份有限公司
5	中信银行股份有限公司	34	平安证券有限责任公司
6	齐商银行股份有限公司	35	河北银行股份有限公司
7	华夏银行股份有限公司	36	宁波鄞州农村合作银行
8	汇丰银行（中国）有限公司	37	摩根大通银行（中国）有限公司
9	招商银行股份有限公司	37	中国邮政储蓄银行有限责任公司
10	中国银行股份有限公司	39	杭州银行股份有限公司
11	中国农业银行股份有限公司	40	国家开发银行
12	国信证券股份有限公司	41	恒丰银行股份有限公司
13	长沙银行股份有限公司	42	国泰君安证券股份有限公司
14	中银国际证券有限责任公司	43	光大证券股份有限公司
15	招商证券股份有限公司	44	盛京银行股份有限公司
16	上海银行股份有限公司	45	中国光大银行股份有限公司
17	中国民生银行股份有限公司	46	包商银行股份有限公司
18	上海农村商业银行股份有限公司	47	兴业银行股份有限公司
19	广东发展银行股份有限公司	48	齐鲁银行股份有限公司
20	中信建投证券有限责任公司	49	中国平安人寿保险股份有限公司
21	中国银河证券股份有限公司	50	华泰证券股份有限公司
22	第一创业证券有限责任公司	51	洛阳银行股份有限公司
23	长江证券股份有限公司	52	北京市农村商业银行股份有限公司
24	东方证券有限责任公司	53	渣打银行（中国）有限公司
25	上海浦东发展银行股份有限公司	53	江苏常熟农村商业银行股份有限公司
26	申银万国证券股份有限公司	55	中国人寿保险（集团）公司
27	深圳发展银行股份有限公司	56	渤海证券股份有限公司
28	北京银行股份有限公司	57	中国人民保险集团股份有限公司
29	天津银行股份有限公司	58	安信证券股份有限公司

三、2010年第四季度单期记账式附息国债投标量不足情况一览表

期　次	投标不足机构简称	期　次	投标不足机构简称
记账式附息（三十二期）国债	深发银行	记账式附息（三十五期）国债	渣打银行（中国）
记账式附息（三十三期）国债	北京农商行、中信建投证券	记账式附息（三十七期）国债	招商银行

四、2010年第四季度单期记账式附息国债最低承销额不足情况一览表

期　次	最低承销额不足机构简称
记账式附息（三十二期）国债	广发银行、中信证券、盛京银行、渤海证券
记账式附息（三十三期）国债	北京农商行、中银国际证券
记账式附息（三十五期）国债	河北银行
记账式附息（三十七期）国债	工商银行、农业银行、中国银行、招商银行、上海银行、齐鲁银行、广发银行、上海农商行、鄞州银行
记账式附息（三十九期）国债	交通银行、华夏银行、天津银行、北京农商行、恒丰银行、华泰证券、招商证券、国海证券、东方证券、安信证券
记账式附息（四十期）国债	上海银行、恒丰银行、上海证券、平安证券
记账式附息（四十一期）国债	华夏银行、天津银行、杭州银行、齐鲁银行、上海证券、国开行

特此通知。

附件：综合排名规则

附件：

综合排名规则

一、指标及权重

综合考虑各记账式国债承销团成员（以下简称为承销团成员）的承销量、投标准确度、分销量和现券交易量进行排名。承销量、投标准确度、分销量按记账式附息国债和记账式贴现国债分别统计，现券交易量均为全部记账式国债交易量。承销量名次，权重80%；投标准确度名次，权重10%；分销量名次，权重5%；现券交易量名次，权重5%。

投标准确度为各期次国债投标准确度排名名次的合计数。各期次国债投标准确度按以下公式计算：

$$\left|\frac{\sum \text{某承销团成员各标位投标价位（价格或利率）} \times \text{该承销团成员该标价位有效投标量}}{\text{该承销团成员有效投标总量}} - \text{全场加权中标价位}\right|$$

二、得分与排名

某承销团成员得分计算公式为：Σ该承销团成员各指标排名名次×权重。

总得分分值小的排名靠前，分值大的排名靠后。

关于公布2010年度获奖记账式国债承销团成员名单的通知

2011年1月14日 财库便函［2011］14号

2009年—2011年记账式国债承销团成员：

现将2010年度获奖国债承销团成员名单公布如下：

一、2010年度记账式国债承销优秀奖名单

序　号	承销商简称	序　号	承销商简称
1	中国建设银行股份有限公司	9	中国农业银行股份有限公司
2	中国工商银行股份有限公司	10	南京银行股份有限公司
3	中国银行股份有限公司	11	交通银行股份有限公司
4	中信证券股份有限公司	12	中国民生银行股份有限公司
5	中银国际证券有限责任公司	13	平安证券有限责任公司
6	中国邮政储蓄银行有限责任公司	14	摩根大通银行（中国）有限公司
7	国海证券有限责任公司	15	中国银河证券股份有限公司
8	国泰君安证券股份有限公司		

二、2010年度记账式国债承销进步奖名单

序　号	承销商简称	序　号	承销商简称
1	摩根大通银行（中国）有限公司	4	招商证券股份有限公司
2	光大证券股份有限公司	5	中国民生银行股份有限公司
3	洛阳银行股份有限公司		

特此通知。

关于公布凭证式国债承销团2010年考评排名的通知

2011年1月17日　财库便函［2011］17号

2009年—2011年凭证式国债承销团成员：

现将2009年—2011年凭证式国债承销团2010年考核排名公布如下：

排　名	承销商名称	排　名	承销商名称
1	中国工商银行股份有限公司	21	中信银行股份有限公司
2	中国农业银行股份有限公司	22	广东发展银行股份有限公司
3	中国建设银行股份有限公司	23	上海浦东发展银行股份有限公司
4	中国邮政储蓄银行有限责任公司	24	大连银行
5	上海银行股份有限公司	25	兴业银行股份有限公司
6	北京市农村商业银行股份有限公司	26	包商银行股份有限公司
7	上海农村商业银行股份有限公司	27	中国民生银行股份有限公司
8	江苏银行股份有限公司	28	乌鲁木齐市商业银行
9	交通银行股份有限公司	29	天津银行股份有限公司
10	北京银行股份有限公司	30	河北银行股份有限公司
11	中国银行股份有限公司	31	南昌银行股份有限公司
12	富滇银行股份有限公司	32	杭州银行股份有限公司
13	招商银行股份有限公司	33	深圳发展银行股份有限公司
14	徽商银行股份有限公司	34	齐鲁银行股份有限公司
15	南京银行股份有限公司	35	长沙银行股份有限公司
16	西安银行	36	宁波银行股份有限公司
17	汉口银行股份有限公司	37	青岛银行
18	成都银行股份有限公司	38	华夏银行股份有限公司
19	晋商银行股份有限公司	39	恒丰银行股份有限公司
20	中国光大银行股份有限公司	40	哈尔滨银行

特此通知。

二、记账式附息国债发行类

中华人民共和国财政部公告

2010 年 1 月 27 日　2010 年第 3 号

根据国家国债发行的有关规定，财政部决定发行 2010 年记账式附息（一期）国债（以下简称本期国债），现将有关事项公告如下：

一、本期国债通过全国银行间债券市场和证券交易所市场（以下简称各交易场所）面向社会各类投资者发行。

二、本期国债计划发行 260 亿元，实际发行面值金额为 260 亿元。

三、本期国债期限 2 年，经投标确定的票面年利率为 2.01%，2010 年 1 月 28 日开始发行并计息，1 月 29 日发行结束，2 月 2 日起，本期国债在各交易场所以现券买卖和回购的方式上市交易。

四、本期国债为固定利率附息债，利息按年支付，利息支付日为每年 1 月 28 日（节假日顺延，下同），2012 年 1 月 28 日偿还本金并支付最后一年利息。

五、本期国债在 2010 年 1 月 28 日至 1 月 29 日的发行期内，采取场内挂牌和场外签订分销合同的方式分销，分销对象为在中国证券登记结算有限责任公司开立股票和基金账户及在中央国债登记结算有限责任公司开立债券账户的各类投资者。通过各交易场所分销部分，由承销机构根据市场情况自定价格。

特此公告。

中华人民共和国财政部公告

2010年2月3日　2010年第4号

根据国家国债发行的有关规定，财政部决定发行2010年记账式附息（二期）国债（以下简称本期国债），现将有关事项公告如下：

一、本期国债通过全国银行间债券市场、证券交易所市场（以下简称各交易场所）及试点商业银行柜台面向社会各类投资者发行。试点商业银行包括中国工商银行股份有限公司、中国农业银行、中国银行股份有限公司、中国建设银行股份有限公司、招商银行股份有限公司、中国民生银行股份有限公司、北京银行股份有限公司和南京银行股份有限公司在全国已经开通国债柜台交易系统的分支机构（以下简称试点银行）。

二、本期国债计划发行260亿元，实际发行面值金额为260亿元。

三、本期国债期限10年，经投标确定的票面年利率为3.43%，2010年2月4日开始发行并计息，2月8日发行结束，2月10日起在各交易场所和试点银行柜台上市交易。本期国债在各交易场所交易方式为现券买卖和回购，试点银行柜台为现券买卖。通过试点银行柜台购买的本期国债，可以在债权托管银行质押贷款，具体办法由各试点银行制订。

四、本期国债为固定利率附息债，利息按半年支付，利息支付日为每年的2月4日、8月4日（节假日顺延，下同），2020年2月4日偿还本金并支付最后一次利息。

五、本期国债在2010年2月4日至2月8日的发行期内，采取场内挂牌、场外签订分销合同和试点银行柜台销售的方式分销，分销对象为在中国证券登记结算有限责任公司开立股票和基金账户，在中央国债登记结算有限责任公司、试点银行开立债券账户的各类投资者。承销机构根据市场情况自定价格分销。

特此公告。

中华人民共和国财政部公告

2010 年 2 月 26 日　2010 年第 6 号

根据国家国债发行的有关规定，财政部决定发行 2010 年记账式附息（三期）国债（以下简称本期国债），现将有关事项公告如下：

一、本期国债通过全国银行间债券市场和证券交易所债券市场（以下简称各交易场所）面向社会各类投资者发行。

二、本期国债计划发行 240 亿元，实际发行面值为 240 亿元。

三、本期国债期限 30 年，经招标确定的票面年利率为 4.08%，2010 年 3 月 1 日开始发行并计息，3 月 3 日发行结束，3 月 5 日起，本期国债在各交易场所以现券买卖和回购的方式上市交易。

四、本期国债为固定利率附息债，利息按半年支付，利息支付日为每年的 3 月 1 日、9 月 1 日（节假日顺延，下同），2040 年 3 月 1 日偿还本金并支付最后一次利息。

五、本期国债在 2010 年 3 月 1 日至 3 月 3 日的发行期内，采取场内挂牌和场外签订分销合同的方式分销，分销对象为在中国证券登记结算有限责任公司开立股票和基金账户及在中央国债登记结算有限责任公司开立债券账户的各类投资者。承销机构根据市场情况自定价格分销。

特此公告。

中华人民共和国财政部公告

2010年3月3日 2010年第7号

根据国家国债发行的有关规定，财政部决定发行2010年记账式附息（四期）国债（以下简称本期国债），现将有关事项公告如下：

一、本期国债通过全国银行间债券市场（含试点商业银行柜台）、证券交易所市场（以下简称各交易场所）面向社会各类投资者发行。试点商业银行包括中国工商银行股份有限公司、中国农业银行、中国银行股份有限公司、中国建设银行股份有限公司、招商银行股份有限公司、中国民生银行股份有限公司、北京银行股份有限公司和南京银行股份有限公司在全国已经开通国债柜台交易系统的分支机构（以下简称试点银行）。

二、本期国债计划发行260亿元，实际发行面值金额为260亿元。

三、本期国债期限1年，经招标确定的票面年利率为1.44%，2010年3月4日开始发行并计息，3月8日发行结束，3月10日起在各交易场所和试点银行柜台上市交易。本期国债在各交易场所交易方式为现券买卖和回购，试点银行柜台为现券买卖。通过试点银行柜台购买的本期国债，可以在债权托管银行质押贷款，具体办法由各试点银行制订。

四、本期国债到期一次还本付息，2011年3月4日（节假日顺延）偿还本金并支付利息。

五、本期国债在2010年3月4日至3月8日的发行期内，采取场内挂牌、场外签订分销合同和试点银行柜台销售的方式分销，分销对象为在中国证券登记结算有限责任公司开立股票和基金账户，在中央国债登记结算有限责任公司、试点银行开立债券账户的各类投资者。承销机构根据市场情况自定价格分销。

特此公告。

中华人民共和国财政部公告

2010 年 3 月 10 日 2010 年第 9 号

根据国家国债发行的有关规定，财政部决定发行 2010 年记账式附息（五期）国债（以下简称本期国债），现将有关事项公告如下：

一、本期国债通过全国银行间债券市场（含试点商业银行柜台）、证券交易所市场（以下简称各交易场所）面向社会各类投资者发行。试点商业银行包括中国工商银行股份有限公司、中国农业银行、中国银行股份有限公司、中国建设银行股份有限公司、招商银行股份有限公司、中国民生银行股份有限公司、北京银行股份有限公司和南京银行股份有限公司在全国已经开通国债柜台交易系统的分支机构（以下简称试点银行）。

二、本期国债计划发行 260 亿元，实际发行面值金额为 260 亿元。

三、本期国债期限 7 年，经招标确定的票面年利率为 2.92%，2010 年 3 月 11 日开始发行并计息，3 月 15 日发行结束，3 月 17 日起在各交易场所上市交易。本期国债在各交易场所交易方式为现券买卖和回购，试点银行柜台为现券买卖。通过试点银行柜台购买的本期国债，可以在债权托管银行质押贷款，具体办法由各试点银行制订。

四、本期国债为固定利率附息债，利息按年支付，利息支付日为每年 3 月 11 日（节假日顺延，下同），2017 年 3 月 11 日偿还本金并支付最后一年利息。

五、本期国债在 2010 年 3 月 11 日至 3 月 15 日的发行期内，采取场内挂牌、场外签订分销合同和试点银行柜台销售的方式分销，分销对象为在中国证券登记结算有限责任公司开立股票和基金账户，在中央国债登记结算有限责任公司、试点银行开立债券账户的各类投资者。承销机构根据市场情况自定价格分销。

特此公告。

中华人民共和国财政部公告

2010年3月17日 2010年第11号

根据国家国债发行的有关规定，财政部决定发行2010年记账式附息（六期）国债（以下简称本期国债），现将有关事项公告如下：

一、本期国债通过全国银行间债券市场（含试点商业银行柜台）、证券交易所市场（以下简称各交易场所）面向社会各类投资者发行。试点商业银行包括中国工商银行股份有限公司、中国农业银行、中国银行股份有限公司、中国建设银行股份有限公司、招商银行股份有限公司、中国民生银行股份有限公司、北京银行股份有限公司和南京银行股份有限公司在全国已经开通国债柜台交易系统的分支机构（以下简称试点银行）。

二、本期国债计划发行260亿元，实际发行面值金额为260亿元。

三、本期国债期限3年，经招标确定的票面年利率为2.23%，2010年3月18日开始发行并计息，3月22日发行结束，3月24日起在各交易场所上市交易。本期国债在各交易场所交易方式为现券买卖和回购，其中试点银行柜台为现券买卖。通过试点银行柜台购买的本期国债，可以在债权托管银行质押贷款，具体办法由各试点银行制订。

四、本期国债为固定利率附息债，利息按年支付，利息支付日为每年的3月18日（节假日顺延，下同），2013年3月18日偿还本金并支付最后一年利息。

五、本期国债在2010年3月18日至3月22日的发行期内，采取场内挂牌、场外签订分销合同和试点银行柜台销售的方式分销，分销对象为在中国证券登记结算有限责任公司开立股票和基金账户，在中央国债登记结算有限责任公司、试点银行开立债券账户的各类投资者。承销机构根据市场情况自定价格分销。

特此公告。

中华人民共和国财政部公告

2010年3月24日 2010年第12号

根据国家国债发行的有关规定，财政部决定发行2010年记账式附息（七期）国债（以下简称本期国债），现将有关事项公告如下：

一、本期国债通过全国银行间债券市场（含试点商业银行柜台）、证券交易所市场（以下简称各交易场所）面向社会各类投资者发行。试点商业银行包括中国工商银行股份有限公司、中国农业银行、中国银行股份有限公司、中国建设银行股份有限公司、招商银行股份有限公司、中国民生银行股份有限公司、北京银行股份有限公司和南京银行股份有限公司在全国已经开通国债柜台交易系统的分支机构（以下简称试点银行）。

二、本期国债计划发行260亿元，实际发行面值金额为260亿元。

三、本期国债期限10年，经招标确定的票面年利率为3.36%，2010年3月25日开始发行并计息，3月29日发行结束，3月31日起在各交易场所上市交易。本期国债在各交易场所交易方式为现券买卖和回购，其中试点银行柜台为现券买卖。通过试点银行柜台购买的本期国债，可以在债权托管银行质押贷款，具体办法由各试点银行制订。

四、本期国债为固定利率附息债，利息按半年支付，利息支付日为每年的3月25日、9月25日（节假日顺延，下同），2020年3月25日偿还本金并支付最后一次利息。

五、本期国债在2010年3月25日至3月29日的发行期内，采取场内挂牌、场外签订分销合同和试点银行柜台销售的方式分销，分销对象为在中国证券登记结算有限责任公司开立股票和基金账户，在中央国债登记结算有限责任公司、试点银行开立债券账户的各类投资者。承销机构根据市场情况自定价格分销。

特此公告。

中华人民共和国财政部公告

2010年4月7日　2010年第14号

根据国家国债发行的有关规定，财政部决定发行2010年记账式附息（八期）国债（以下简称本期国债），现将有关事项公告如下：

一、本期国债通过全国银行间债券市场（含试点商业银行柜台）、证券交易所市场（以下简称各交易场所）面向社会各类投资者发行。试点商业银行包括中国工商银行股份有限公司、中国农业银行、中国银行股份有限公司、中国建设银行股份有限公司、招商银行股份有限公司、中国民生银行股份有限公司、北京银行股份有限公司和南京银行股份有限公司在全国已经开通国债柜台交易系统的分支机构（以下简称试点银行）。

二、本期国债计划发行280亿元，实际发行面值金额为280.4亿元。

三、本期国债期限5年，经招标确定的票面年利率为2.70%，2010年4月8日开始发行并计息，4月12日发行结束，4月14日起在各交易场所上市交易。本期国债在各交易场所交易方式为现券买卖和回购，其中试点银行柜台为现券买卖。通过试点银行柜台购买的本期国债，可以在债权托管银行质押贷款，具体办法由各试点银行制订。

四、本期国债为固定利率附息债，利息按年支付，利息支付日为每年的4月8日（节假日顺延，下同），2015年4月8日偿还本金并支付最后一次利息。

五、本期国债在2010年4月8日至4月12日的发行期内，采取场内挂牌、场外签订分销合同和试点银行柜台销售的方式分销，分销对象为在中国证券登记结算有限责任公司开立股票和基金账户，在中央国债登记结算有限责任公司、试点银行开立债券账户的各类投资者。承销机构根据市场情况自定价格分销。

特此公告。

中华人民共和国财政部公告

2010 年 4 月 14 日　2010 年第 17 号

根据国家国债发行的有关规定，财政部决定发行 2010 年记账式附息（九期）国债（以下简称本期国债），现将有关事项公告如下：

一、本期国债通过全国银行间债券市场和证券交易所债券市场（以下简称各交易场所）面向社会各类投资者发行。

二、本期国债计划发行 280 亿元，实际发行面值为 280 亿元。

三、本期国债期限 20 年，经招标确定的票面年利率为 3.96%，2010 年 4 月 15 日开始发行并计息，4 月 19 日发行结束，4 月 21 日起，本期国债在各交易场所以现券买卖和回购的方式上市交易。

四、本期国债为固定利率附息债，利息按半年支付，利息支付日为每年的 4 月 15 日、10 月 15 日（节假日顺延，下同），2030 年 4 月 15 日偿还本金并支付最后一次利息。

五、本期国债在 2010 年 4 月 15 日至 4 月 19 日的发行期内，采取场内挂牌和场外签订分销合同的方式分销，分销对象为在中国证券登记结算有限责任公司开立股票和基金账户及在中央国债登记结算有限责任公司开立债券账户的各类投资者。承销机构根据市场情况自定价格分销。

特此公告。

中华人民共和国财政部公告

2010年4月21日　2010年第19号

根据国家国债发行的有关规定，财政部决定发行2010年记账式附息（十期）国债（以下简称本期国债），现将有关事项公告如下：

一、本期国债通过全国银行间债券市场（含试点商业银行柜台）、证券交易所市场（以下简称各交易场所）面向社会各类投资者发行。试点商业银行包括中国工商银行股份有限公司、中国农业银行、中国银行股份有限公司、中国建设银行股份有限公司、招商银行股份有限公司、中国民生银行股份有限公司、北京银行股份有限公司和南京银行股份有限公司在全国已经开通国债柜台交易系统的分支机构（以下简称试点银行）。

二、本期国债计划发行280亿元，实际发行面值金额为305.2亿元。

三、本期国债期限7年，经招标确定的票面年利率为3.01%，2010年4月22日开始发行并计息，4月26日发行结束，4月28日起在各交易场所上市交易。本期国债在各交易场所交易方式为现券买卖和回购，其中试点银行柜台为现券买卖。通过试点银行柜台购买的本期国债，可以在债权托管银行质押贷款，具体办法由各试点银行制订。

四、本期国债为固定利率附息债，利息按年支付，利息支付日为每年的4月22日（节假日顺延，下同），2017年4月22日偿还本金并支付最后一次利息。

五、本期国债在2010年4月22日至4月26日的发行期内，采取场内挂牌、场外签订分销合同和试点银行柜台销售的方式分销，分销对象为在中国证券登记结算有限责任公司开立股票和基金账户，在中央国债登记结算有限责任公司、试点银行开立债券账户的各类投资者。承销机构根据市场情况自定价格分销。

特此公告。

中华人民共和国财政部公告

2010 年 4 月 28 日　2010 年第 20 号

根据国家国债发行的有关规定，财政部决定发行 2010 年记账式附息（十一期）国债（以下简称本期国债），现将有关事项公告如下：

一、本期国债通过全国银行间债券市场（含试点商业银行柜台）、证券交易所市场（以下简称各交易场所）面向社会各类投资者发行。试点商业银行包括中国工商银行股份有限公司、中国农业银行、中国银行股份有限公司、中国建设银行股份有限公司、招商银行股份有限公司、中国民生银行股份有限公司、北京银行股份有限公司和南京银行股份有限公司在全国已经开通国债柜台交易系统的分支机构（以下简称试点银行）。

二、本期国债计划发行 280 亿元，实际发行面值金额为 266.7 亿元。

三、本期国债期限 1 年，经招标确定的票面年利率为 1.49%，2010 年 4 月 29 日开始发行并计息，5 月 4 日发行结束，5 月 6 日起在各交易场所和试点银行柜台上市交易。本期国债在各交易场所交易方式为现券买卖和回购，试点银行柜台为现券买卖。通过试点银行柜台购买的本期国债，可以在债权托管银行质押贷款，具体办法由各试点银行制订。

四、本期国债到期一次还本付息，2011 年 4 月 29 日（节假日顺延）偿还本金并支付利息。

五、本期国债在 2010 年 4 月 29 日至 5 月 4 日的发行期内，采取场内挂牌、场外签订分销合同和试点银行柜台销售的方式分销，分销对象为在中国证券登记结算有限责任公司开立股票和基金账户，在中央国债登记结算有限责任公司、试点银行开立债券账户的各类投资者。承销机构根据市场情况自定价格分销。

特此公告。

中华人民共和国财政部公告

2010年5月12日 2010年第22号

根据国家国债发行的有关规定，财政部决定发行2010年记账式附息（十二期）国债（以下简称本期国债），现将有关事项公告如下：

一、本期国债通过全国银行间债券市场（含试点商业银行柜台）、证券交易所债券市场（以下简称各交易场所）面向社会各类投资者发行。试点商业银行包括中国工商银行股份有限公司、中国农业银行、中国银行股份有限公司、中国建设银行股份有限公司、招商银行股份有限公司、中国民生银行股份有限公司、北京银行股份有限公司和南京银行股份有限公司在全国已经开通国债柜台交易系统的分支机构（以下简称试点银行）。

二、本期国债计划发行280亿元，实际发行面值金额为296亿元。

三、本期国债期限10年，经招标确定的票面年利率为3.25%，2010年5月13日开始发行并计息，5月17日发行结束，5月19日起在各交易场所上市交易。本期国债在各交易场所交易方式为现券买卖和回购，其中试点银行柜台为现券买卖。通过试点银行柜台购买的本期国债，可以在债权托管银行质押贷款，具体办法由各试点银行制订。

四、本期国债为固定利率附息债，利息按半年支付，利息支付日为每年的5月13日、11月13日（节假日顺延，下同），2020年5月13日偿还本金并支付最后一次利息。

五、本期国债在2010年5月13日至5月17日的发行期内，采取场内挂牌、场外签订分销合同和试点银行柜台销售的方式分销，分销对象为在中国证券登记结算有限责任公司开立股票和基金账户，在中央国债登记结算有限责任公司、试点银行开立债券账户的各类投资者。承销机构根据市场情况自定价格分销。

特此公告。

中华人民共和国财政部公告

2010 年 5 月 19 日 2010 年第 25 号

根据国家国债发行的有关规定，财政部决定发行2010年记账式附息（十三期）国债（以下简称本期国债），现将有关事项公告如下：

一、本期国债通过全国银行间债券市场（含试点商业银行柜台）、证券交易所债券市场（以下简称各交易场所）面向社会各类投资者发行。试点商业银行包括中国工商银行股份有限公司、中国农业银行、中国银行股份有限公司、中国建设银行股份有限公司、招商银行股份有限公司、中国民生银行股份有限公司、北京银行股份有限公司和南京银行股份有限公司在全国已经开通国债柜台交易系统的分支机构（以下简称试点银行）。

二、本期国债计划发行280亿元，实际发行面值金额为280亿元。

三、本期国债期限5年，经招标确定的票面年利率为2.38%，2010年5月20日开始发行并计息，5月24日发行结束，5月26日起在各交易场所上市交易。本期国债在各交易场所交易方式为现券买卖和回购，其中试点银行柜台为现券买卖。通过试点银行柜台购买的本期国债，可以在债权托管银行质押贷款，具体办法由各试点银行制订。

四、本期国债为固定利率附息债，利息按年支付，利息支付日为每年的5月20日（节假日顺延，下同），2015年5月20日偿还本金并支付最后一次利息。

五、本期国债在2010年5月20日至5月24日的发行期内，采取场内挂牌、场外签订分销合同和试点银行柜台销售的方式分销，分销对象为在中国证券登记结算有限责任公司开立股票和基金账户，在中央国债登记结算有限责任公司、试点银行开立债券账户的各类投资者。承销机构根据市场情况自定价格分销。

特此公告。

中华人民共和国财政部公告

2010年5月21日 2010年第26号

根据国家国债发行的有关规定，财政部决定发行2010年记账式附息（十四期）国债（以下简称本期国债），现将有关事项公告如下：

一、本期国债通过全国银行间债券市场和证券交易所债券市场（以下简称各交易场所）面向社会各类投资者发行。

二、本期国债计划发行280亿元，实际发行面值为280亿元。

三、本期国债期限50年，经招标确定的票面年利率为4.03%，2010年5月24日开始发行并计息，5月26日发行结束，5月28日起，本期国债在各交易场所以现券买卖和回购的方式上市交易。

四、本期国债为固定利率附息债，利息按半年支付，利息支付日为每年的5月24日、11月24日（节假日顺延，下同），2060年5月24日偿还本金并支付最后一次利息。

五、本期国债在2010年5月24日至5月26日的发行期内，采取场内挂牌和场外签订分销合同的方式分销，分销对象为在中国证券登记结算有限责任公司开立股票和基金账户及在中央国债登记结算有限责任公司开立债券账户的各类投资者。承销机构根据市场情况自定价格分销。

特此公告。

中华人民共和国财政部公告

2010 年 5 月 26 日　2010 年第 27 号

根据国家国债发行的有关规定，财政部决定发行 2010 年记账式附息（十五期）国债（以下简称本期国债），现将有关事项公告如下：

一、本期国债通过全国银行间债券市场（含试点商业银行柜台）、证券交易所债券市场（以下简称各交易场所）面向社会各类投资者发行。试点商业银行包括中国工商银行股份有限公司、中国农业银行、中国银行股份有限公司、中国建设银行股份有限公司、招商银行股份有限公司、中国民生银行股份有限公司、北京银行股份有限公司和南京银行股份有限公司在全国已经开通国债柜台交易系统的分支机构（以下简称试点银行）。

二、本期国债计划发行 280 亿元，实际发行面值金额为 283.1 亿元。

三、本期国债期限 7 年，经招标确定的票面年利率为 2.83%，2010 年 5 月 27 日开始发行并计息，5 月 31 日发行结束，6 月 2 日起在各交易场所上市交易。本期国债在各交易场所交易方式为现券买卖和回购，其中试点银行柜台为现券买卖。通过试点银行柜台购买的本期国债，可以在债权托管银行质押贷款，具体办法由各试点银行制订。

四、本期国债为固定利率附息债，利息按年支付，利息支付日为每年的 5 月 27 日（节假日顺延，下同），2017 年 5 月 27 日偿还本金并支付最后一次利息。

五、本期国债在 2010 年 5 月 27 日至 5 月 31 日的发行期内，采取场内挂牌、场外签订分销合同和试点银行柜台销售的方式分销，分销对象为在中国证券登记结算有限责任公司开立股票和基金账户，在中央国债登记结算有限责任公司、试点银行开立债券账户的各类投资者。承销机构根据市场情况自定价格分销。

特此公告。

中华人民共和国财政部公告

2010年6月2日 2010年第28号

根据国家国债发行的有关规定，财政部决定发行2010年记账式附息（十六期）国债（以下简称本期国债），现将有关事项公告如下：

一、本期国债通过全国银行间债券市场（含试点商业银行柜台）、证券交易所债券市场（以下简称各交易场所）面向社会各类投资者发行。试点商业银行包括中国工商银行股份有限公司、中国农业银行、中国银行股份有限公司、中国建设银行股份有限公司、招商银行股份有限公司、中国民生银行股份有限公司、北京银行股份有限公司和南京银行股份有限公司在全国已经开通国债柜台交易系统的分支机构（以下简称试点银行）。

二、本期国债计划发行280亿元，实际发行面值金额为280亿元。

三、本期国债期限3年，经招标确定的票面年利率为2.33%，2010年6月3日开始发行并计息，6月7日发行结束，6月9日起在各交易场所上市交易。本期国债在各交易场所交易方式为现券买卖和回购，其中试点银行柜台为现券买卖。通过试点银行柜台购买的本期国债，可以在债权托管银行质押贷款，具体办法由各试点银行制订。

四、本期国债为固定利率附息债，利息按年支付，利息支付日为每年的6月3日（节假日顺延，下同），2013年6月3日偿还本金并支付最后一次利息。

五、本期国债在2010年6月3日至6月7日的发行期内，采取场内挂牌、场外签订分销合同和试点银行柜台销售的方式分销，分销对象为在中国证券登记结算有限责任公司开立股票和基金账户，在中央国债登记结算有限责任公司、试点银行开立债券账户的各类投资者。承销机构根据市场情况自定价格分销。

特此公告。

中华人民共和国财政部公告

2010年6月9日 2010年第30号

根据国家国债发行的有关规定，财政部决定发行2010年记账式附息（十七期）国债（以下简称本期国债），现将有关事项公告如下：

一、本期国债通过全国银行间债券市场（含试点商业银行柜台）、证券交易所债券市场（以下简称各交易场所）面向社会各类投资者发行。试点商业银行包括中国工商银行股份有限公司、中国农业银行、中国银行股份有限公司、中国建设银行股份有限公司、招商银行股份有限公司、中国民生银行股份有限公司、北京银行股份有限公司和南京银行股份有限公司在全国已经开通国债柜台交易系统的分支机构（以下简称试点银行）。

二、本期国债计划发行280亿元，实际发行面值金额为280亿元。

三、本期国债期限5年，经招标确定的票面年利率为2.53%，2010年6月10日开始发行并计息，6月11日发行结束，6月18日起在各交易场所上市交易。本期国债在各交易场所交易方式为现券买卖和回购，其中试点银行柜台为现券买卖。通过试点银行柜台购买的本期国债，可以在债权托管银行质押贷款，具体办法由各试点银行制订。

四、本期国债为固定利率附息债，利息按年支付，利息支付日为每年的6月10日（节假日顺延，下同），2015年6月10日偿还本金并支付最后一次利息。

五、本期国债在2010年6月10日至6月11日的发行期内，采取场内挂牌、场外签订分销合同和试点银行柜台销售的方式分销，分销对象为在中国证券登记结算有限责任公司开立股票和基金账户，在中央国债登记结算有限责任公司、试点银行开立债券账户的各类投资者。承销机构根据市场情况自定价格分销。

特此公告。

中华人民共和国财政部公告

2010年6月18日 2010年第33号

根据国家国债发行的有关规定，财政部决定发行2010年记账式附息（十八期）国债（以下简称本期国债），现将有关事项公告如下：

一、本期国债通过全国银行间债券市场和证券交易所债券市场（以下简称各交易场所）面向社会各类投资者发行。

二、本期国债计划发行280亿元，实际发行面值为280亿元。

三、本期国债期限30年，经招标确定的票面年利率为4.03%，2010年6月21日开始发行并计息，6月23日发行结束，6月25日起，本期国债在各交易场所以现券买卖和回购的方式上市交易。

四、本期国债为固定利率附息债，利息按半年支付，利息支付日为每年的6月21日、12月21日（节假日顺延，下同），2040年6月21日偿还本金并支付最后一次利息。

五、本期国债在2010年6月21日至6月23日的发行期内，采取场内挂牌和场外签订分销合同的方式分销，分销对象为在中国证券登记结算有限责任公司开立股票和基金账户及在中央国债登记结算有限责任公司开立债券账户的各类投资者。承销机构根据市场情况自定价格分销。

特此公告。

中华人民共和国财政部公告

2010 年 6 月 23 日　2010 年第 36 号

根据国家国债发行的有关规定，财政部决定发行 2010 年记账式附息（十九期）国债（以下简称本期国债），现将有关事项公告如下：

一、本期国债通过全国银行间债券市场（含试点商业银行柜台）、证券交易所债券市场（以下简称各交易场所）面向社会各类投资者发行。试点商业银行包括中国工商银行股份有限公司、中国农业银行、中国银行股份有限公司、中国建设银行股份有限公司、招商银行股份有限公司、中国民生银行股份有限公司、北京银行股份有限公司和南京银行股份有限公司在全国已经开通国债柜台交易系统的分支机构（以下简称试点银行）。

二、本期国债计划发行 280 亿元，实际发行面值金额为 280.1 亿元。

三、本期国债期限 10 年，经招标确定的票面年利率为 3.41%，2010 年 6 月 24 日开始发行并计息，6 月 28 日发行结束，6 月 30 日起在各交易场所上市交易。本期国债在各交易场所交易方式为现券买卖和回购，其中试点银行柜台为现券买卖。通过试点银行柜台购买的本期国债，可以在债权托管银行质押贷款，具体办法由各试点银行制订。

四、本期国债为固定利率附息债，利息按半年支付，利息支付日为每年的 6 月 24 日、12 月 24 日（节假日顺延，下同），2020 年 6 月 24 日偿还本金并支付最后一次利息。

五、本期国债在 2010 年 6 月 24 日至 6 月 28 日的发行期内，采取场内挂牌、场外签订分销合同和试点银行柜台销售的方式分销，分销对象为在中国证券登记结算有限责任公司开立股票和基金账户，在中央国债登记结算有限责任公司、试点银行开立债券账户的各类投资者。承销机构根据市场情况自定价格分销。

特此公告。

中华人民共和国财政部公告

2010年7月7日 2010年第38号

根据国家国债发行的有关规定，财政部决定发行2010年记账式附息（二十期）国债（以下简称本期国债），现将有关事项公告如下：

一、本期国债通过全国银行间债券市场（含试点商业银行柜台）、证券交易所债券市场（以下简称各交易场所）面向社会各类投资者发行。试点商业银行包括中国工商银行股份有限公司、中国农业银行、中国银行股份有限公司、中国建设银行股份有限公司、招商银行股份有限公司、中国民生银行股份有限公司、北京银行股份有限公司和南京银行股份有限公司在全国已经开通国债柜台交易系统的分支机构（以下简称试点银行）。

二、本期国债计划发行280亿元，实际发行面值金额为299.7亿元。

三、本期国债期限5年，经招标确定的票面年利率为2.52%，2010年7月8日开始发行并计息，7月12日发行结束，7月14日起在各交易场所上市交易。本期国债在各交易场所交易方式为现券买卖和回购，其中试点银行柜台为现券买卖。通过试点银行柜台购买的本期国债，可以在债权托管银行质押贷款，具体办法由各试点银行制订。

四、本期国债为固定利率附息债，利息按年支付，利息支付日为每年的7月8日（节假日顺延，下同），2015年7月8日偿还本金并支付最后一次利息。

五、本期国债在2010年7月8日至7月12日的发行期内，采取场内挂牌、场外签订分销合同和试点银行柜台销售的方式分销，分销对象为在中国证券登记结算有限责任公司开立股票和基金账户，在中央国债登记结算有限责任公司、试点银行开立债券账户的各类投资者。承销机构根据市场情况自定价格分销。

特此公告。

中华人民共和国财政部公告

2010年7月14日　2010年第40号

根据国家国债发行的有关规定，财政部决定发行2010年记账式附息（二十一期）国债（以下简称本期国债），现将有关事项公告如下：

一、本期国债通过全国银行间债券市场（含试点商业银行柜台）、证券交易所债券市场（以下简称各交易场所）面向社会各类投资者发行。试点商业银行包括中国工商银行股份有限公司、中国农业银行股份有限公司、中国银行股份有限公司、中国建设银行股份有限公司、招商银行股份有限公司、中国民生银行股份有限公司、北京银行股份有限公司和南京银行股份有限公司在全国已经开通国债柜台交易系统的分支机构（以下简称试点银行）。

二、本期国债计划发行280亿元，实际发行面值金额为300.1亿元。

三、本期国债期限1年，经招标确定的票面年利率为1.87%，2010年7月15日开始发行并计息，7月19日发行结束，7月21日起在各交易场所上市交易。本期国债在各交易场所交易方式为现券买卖和回购，其中试点银行柜台为现券买卖。通过试点银行柜台购买的本期国债，可以在债权托管银行质押贷款，具体办法由各试点银行制订。

四、本期国债到期一次还本付息，2011年7月15日（节假日顺延）偿还本金并支付利息。

五、本期国债在2010年7月15日至7月19日的发行期内，采取场内挂牌、场外签订分销合同和试点银行柜台销售的方式分销，分销对象为在中国证券登记结算有限责任公司开立股票和基金账户，在中央国债登记结算有限责任公司、试点银行开立债券账户的各类投资者。承销机构根据市场情况自定价格分销。

特此公告。

中华人民共和国财政部公告

2010年7月21日 2010年第42号

根据国家国债发行的有关规定，财政部决定发行2010年记账式附息（二十二期）国债（以下简称本期国债），现将有关事项公告如下：

一、本期国债通过全国银行间债券市场（含试点商业银行柜台）、证券交易所债券市场（以下简称各交易场所）面向社会各类投资者发行。试点商业银行包括中国工商银行股份有限公司、中国农业银行股份有限公司、中国银行股份有限公司、中国建设银行股份有限公司、招商银行股份有限公司、中国民生银行股份有限公司、北京银行股份有限公司和南京银行股份有限公司在全国已经开通国债柜台交易系统的分支机构（以下简称试点银行）。

二、本期国债计划发行280亿元，实际发行面值金额为281.9亿元。

三、本期国债期限7年，经招标确定的票面年利率为2.76%，2010年7月22日开始发行并计息，7月26日发行结束，7月28日起在各交易场所上市交易。本期国债在各交易场所交易方式为现券买卖和回购，其中试点银行柜台为现券买卖。通过试点银行柜台购买的本期国债，可以在债权托管银行质押贷款，具体办法由各试点银行制订。

四、本期国债为固定利率附息债，利息按年支付，利息支付日为每年的7月22日（节假日顺延，下同），2017年7月22日偿还本金并支付最后一次利息。

五、本期国债在2010年7月22日至7月26日的发行期内，采取场内挂牌、场外签订分销合同和试点银行柜台销售的方式分销，分销对象为在中国证券登记结算有限责任公司开立股票和基金账户，在中央国债登记结算有限责任公司、试点银行开立债券账户的各类投资者。承销机构根据市场情况自定价格分销。

特此公告。

中华人民共和国财政部公告

2010 年 7 月 28 日 2010 年第 44 号

根据国家国债发行的有关规定，财政部决定发行2010年记账式附息（二十三期）国债（以下简称本期国债），现将有关事项公告如下：

一、本期国债通过全国银行间债券市场和证券交易所债券市场（以下简称各交易场所）面向社会各类投资者发行。

二、本期国债计划发行280亿元，实际发行面值为280亿元。

三、本期国债期限30年，经招标确定的票面年利率为3.96%，2010年7月29日开始发行并计息，8月2日发行结束，8月4日起，本期国债在各交易场所以现券买卖和回购的方式上市交易。

四、本期国债为固定利率附息债，利息按半年支付，利息支付日为每年的1月29日、7月29日（节假日顺延，下同），2040年7月29日偿还本金并支付最后一次利息。

五、本期国债在2010年7月29日至8月2日的发行期内，采取场内挂牌和场外签订分销合同的方式分销，分销对象为在中国证券登记结算有限责任公司开立股票和基金账户及在中央国债登记结算有限责任公司开立债券账户的各类投资者。承销机构根据市场情况自定价格分销。

特此公告。

中华人民共和国财政部公告

2010年8月4日　2010年第45号

根据国家国债发行的有关规定，财政部决定发行2010年记账式附息（二十四期）国债（以下简称本期国债），现将有关事项公告如下：

一、本期国债通过全国银行间债券市场（含试点商业银行柜台）、证券交易所债券市场（以下简称各交易场所）面向社会各类投资者发行。试点商业银行包括中国工商银行股份有限公司、中国农业银行股份有限公司、中国银行股份有限公司、中国建设银行股份有限公司、招商银行股份有限公司、中国民生银行股份有限公司、北京银行股份有限公司和南京银行股份有限公司在全国已经开通国债柜台交易系统的分支机构（以下简称试点银行）。

二、本期国债计划发行280亿元，实际发行面值金额为304.4亿元。

三、本期国债期限10年，经招标确定的票面年利率为3.28%，2010年8月5日开始发行并计息，8月9日发行结束，8月11日起在各交易场所上市交易。本期国债在各交易场所交易方式为现券买卖和回购，其中试点银行柜台为现券买卖。通过试点银行柜台购买的本期国债，可以在债权托管银行质押贷款，具体办法由各试点银行制订。

四、本期国债为固定利率附息债，利息按半年支付，利息支付日为每年的2月5日、8月5日（节假日顺延，下同），2020年8月5日偿还本金并支付最后一次利息。

五、本期国债在2010年8月5日至8月9日的发行期内，采取场内挂牌、场外签订分销合同和试点银行柜台销售的方式分销，分销对象为在中国证券登记结算有限责任公司开立股票和基金账户，在中央国债登记结算有限责任公司、试点银行开立债券账户的各类投资者。承销机构根据市场情况自定价格分销。

特此公告。

中华人民共和国财政部公告

2010 年 8 月 11 日　2010 年第 50 号

根据国家国债发行的有关规定，财政部决定发行 2010 年记账式附息（二十五期）国债（以下简称本期国债），现将有关事项公告如下：

一、本期国债通过全国银行间债券市场（含试点商业银行柜台）、证券交易所债券市场（以下简称各交易场所）面向社会各类投资者发行。试点商业银行包括中国工商银行股份有限公司、中国农业银行股份有限公司、中国银行股份有限公司、中国建设银行股份有限公司、招商银行股份有限公司、中国民生银行股份有限公司、北京银行股份有限公司和南京银行股份有限公司在全国已经开通国债柜台交易系统的分支机构（以下简称试点银行）。

二、本期国债计划发行 280 亿元，实际发行面值金额为 280 亿元。

三、本期国债期限 3 年，经招标确定的票面年利率为 2.3%，2010 年 8 月 12 日开始发行并计息，8 月 16 日发行结束，8 月 18 日起在各交易场所上市交易。本期国债在各交易场所交易方式为现券买卖和回购，其中试点银行柜台为现券买卖。通过试点银行柜台购买的本期国债，可以在债权托管银行质押贷款，具体办法由各试点银行制订。

四、本期国债为固定利率附息债，利息按年支付，利息支付日为每年的 8 月 12 日（节假日顺延，下同），2013 年 8 月 12 日偿还本金并支付最后一次利息。

五、本期国债在 2010 年 8 月 12 日至 8 月 16 日的发行期内，采取场内挂牌、场外签订分销合同和试点银行柜台销售的方式分销，分销对象为在中国证券登记结算有限责任公司开立股票和基金账户，在中央国债登记结算有限责任公司、试点银行开立债券账户的各类投资者。承销机构根据市场情况自定价格分销。

特此公告。

中华人民共和国财政部公告

2010年8月13日 2010年第52号

根据国家国债发行的有关规定，财政部决定发行2010年记账式附息（二十六期）国债（以下简称本期国债），现将有关事项公告如下：

一、本期国债通过全国银行间债券市场和证券交易所债券市场（以下简称各交易场所）面向社会各类投资者发行。

二、本期国债计划发行280亿元，实际发行面值为280亿元。

三、本期国债期限30年，经招标确定的票面年利率为3.96%，2010年8月16日开始发行并计息，8月18日发行结束，8月20日起，本期国债在各交易场所以现券买卖和回购的方式上市交易。

四、本期国债为固定利率附息债，利息按半年支付，利息支付日为每年的2月16日、8月16日（节假日顺延，下同），2040年8月16日偿还本金并支付最后一次利息。

五、本期国债在2010年8月16日至8月18日的发行期内，采取场内挂牌和场外签订分销合同的方式分销，分销对象为在中国证券登记结算有限责任公司开立股票和基金账户及在中央国债登记结算有限责任公司开立债券账户的各类投资者。承销机构根据市场情况自定价格分销。

特此公告。

中华人民共和国财政部公告

2010年8月18日　2010年第53号

根据国家国债发行的有关规定，财政部决定发行2010年记账式附息（二十七期）国债（以下简称本期国债），现将有关事项公告如下：

一、本期国债通过全国银行间债券市场（含试点商业银行柜台）、证券交易所债券市场（以下简称各交易场所）面向社会各类投资者发行。试点商业银行包括中国工商银行股份有限公司、中国农业银行股份有限公司、中国银行股份有限公司、中国建设银行股份有限公司、招商银行股份有限公司、中国民生银行股份有限公司、北京银行股份有限公司和南京银行股份有限公司在全国已经开通国债柜台交易系统的分支机构（以下简称试点银行）。

二、本期国债计划发行280亿元，实际发行面值金额为280亿元。

三、本期国债期限7年，经招标确定的票面年利率为2.81%，2010年8月19日开始发行并计息，8月23日发行结束，8月25日起在各交易场所上市交易。本期国债在各交易场所交易方式为现券买卖和回购，其中试点银行柜台为现券买卖。通过试点银行柜台购买的本期国债，可以在债权托管银行质押贷款，具体办法由各试点银行制订。

四、本期国债为固定利率附息债，利息按年支付，利息支付日为每年的8月19日（节假日顺延，下同），2017年8月19日偿还本金并支付最后一次利息。

五、本期国债在2010年8月19日至8月23日的发行期内，采取场内挂牌、场外签订分销合同和试点银行柜台销售的方式分销，分销对象为在中国证券登记结算有限责任公司开立股票和基金账户，在中央国债登记结算有限责任公司、试点银行开立债券账户的各类投资者。承销机构根据市场情况自定价格分销。

特此公告。

中华人民共和国财政部公告

2010年8月25日　2010年第57号

根据国家国债发行的有关规定，财政部决定发行2010年记账式附息（二十八期）国债（以下简称本期国债），现将有关事项公告如下：

一、本期国债通过全国银行间债券市场（含试点商业银行柜台）、证券交易所债券市场（以下简称各交易场所）面向社会各类投资者发行。试点商业银行包括中国工商银行股份有限公司、中国农业银行股份有限公司、中国银行股份有限公司、中国建设银行股份有限公司、招商银行股份有限公司、中国民生银行股份有限公司、北京银行股份有限公司和南京银行股份有限公司在全国已经开通国债柜台交易系统的分支机构（以下简称试点银行）。

二、本期国债计划发行280亿元，实际发行面值金额为282.2亿元。

三、本期国债期限5年，经招标确定的票面年利率为2.58%，2010年8月26日开始发行并计息，8月30日发行结束，9月1日起在各交易场所上市交易。本期国债在各交易场所交易方式为现券买卖和回购，其中试点银行柜台为现券买卖。通过试点银行柜台购买的本期国债，可以在债权托管银行质押贷款，具体办法由各试点银行制订。

四、本期国债为固定利率附息债，利息按年支付，利息支付日为每年的8月26日（节假日顺延，下同），2015年8月26日偿还本金并支付最后一次利息。

五、本期国债在2010年8月26日至8月30日的发行期内，采取场内挂牌、场外签订分销合同和试点银行柜台销售的方式分销，分销对象为在中国证券登记结算有限责任公司开立股票和基金账户，在中央国债登记结算有限责任公司、试点银行开立债券账户的各类投资者。承销机构根据市场情况自定价格分销。

特此公告。

中华人民共和国财政部公告

2010年9月1日 2010年第58号

根据国家国债发行的有关规定，财政部决定发行2010年记账式附息（二十九期）国债（以下简称本期国债），现将有关事项公告如下：

一、本期国债通过全国银行间债券市场和证券交易所债券市场（以下简称各交易场所）面向社会各类投资者发行。

二、本期国债计划发行280亿元，实际发行面值为280亿元。

三、本期国债期限20年，经招标确定的票面年利率为3.82%，2010年9月2日开始发行并计息，9月6日发行结束，9月8日起，本期国债在各交易场所以现券买卖和回购的方式上市交易。

四、本期国债为固定利率附息债，利息按半年支付，利息支付日为每年的3月2日、9月2日（节假日顺延，下同），2030年9月2日偿还本金并支付最后一次利息。

五、本期国债在2010年9月2日至9月6日的发行期内，采取场内挂牌和场外签订分销合同的方式分销，分销对象为在中国证券登记结算有限责任公司开立股票和基金账户及在中央国债登记结算有限责任公司开立债券账户的各类投资者。承销机构根据市场情况自定价格分销。

特此公告。

中华人民共和国财政部公告

2010年9月8日　2010年第62号

根据国家国债发行的有关规定，财政部决定发行2010年记账式附息（三十期）国债（以下简称本期国债），现将有关事项公告如下：

一、本期国债通过全国银行间债券市场（含试点商业银行柜台）、证券交易所债券市场（以下简称各交易场所）面向社会各类投资者发行。试点商业银行包括中国工商银行股份有限公司、中国农业银行股份有限公司、中国银行股份有限公司、中国建设银行股份有限公司、招商银行股份有限公司、中国民生银行股份有限公司、北京银行股份有限公司和南京银行股份有限公司在全国已经开通国债柜台交易系统的分支机构（以下简称试点银行）。

二、本期国债计划发行200亿元，实际发行面值金额为205.4亿元。

三、本期国债期限1年，经招标确定的票面年利率为1.87%，2010年9月9日开始发行并计息，9月13日发行结束，9月15日起在各交易场所上市交易。本期国债在各交易场所交易方式为现券买卖和回购，其中试点银行柜台为现券买卖。通过试点银行柜台购买的本期国债，可以在债权托管银行质押贷款，具体办法由各试点银行制订。

四、本期国债到期一次还本付息，2011年9月9日（节假日顺延）偿还本金并支付利息。

五、本期国债在2010年9月9日至9月13日的发行期内，采取场内挂牌、场外签订分销合同和试点银行柜台销售的方式分销，分销对象为在中国证券登记结算有限责任公司开立股票和基金账户，在中央国债登记结算有限责任公司、试点银行开立债券账户的各类投资者。承销机构根据市场情况自定价格分销。

特此公告。

中华人民共和国财政部公告

2010年9月15日 2010年第64号

根据国家国债发行的有关规定，财政部决定发行2010年记账式附息（三十一期）国债（以下简称本期国债），现将有关事项公告如下：

一、本期国债通过全国银行间债券市场（含试点商业银行柜台）、证券交易所债券市场（以下简称各交易场所）面向社会各类投资者发行。试点商业银行包括中国工商银行股份有限公司、中国农业银行股份有限公司、中国银行股份有限公司、中国建设银行股份有限公司、招商银行股份有限公司、中国民生银行股份有限公司、北京银行股份有限公司和南京银行股份有限公司在全国已经开通国债柜台交易系统的分支机构（以下简称试点银行）。

二、本期国债计划发行280亿元，实际发行面值金额为282.6亿元。

三、本期国债期限10年，经招标确定的票面年利率为3.29%，2010年9月16日开始发行并计息，9月17日发行结束，9月21日起在各交易场所上市交易。本期国债在各交易场所交易方式为现券买卖和回购，其中试点银行柜台为现券买卖。通过试点银行柜台购买的本期国债，可以在债权托管银行质押贷款，具体办法由各试点银行制订。

四、本期国债为固定利率附息债，利息按半年支付，利息支付日为每年的3月16日、9月16日（节假日顺延，下同），2020年9月16日偿还本金并支付最后一次利息。

五、本期国债在2010年9月16日至9月17日的发行期内，采取场内挂牌、场外签订分销合同和试点银行柜台销售的方式分销，分销对象为在中国证券登记结算有限责任公司开立股票和基金账户，在中央国债登记结算有限责任公司、试点银行开立债券账户的各类投资者。承销机构根据市场情况自定价格分销。

特此公告。

中华人民共和国财政部公告

2010年10月13日 2010年第67号

根据国家国债发行的有关规定，财政部决定发行2010年记账式附息（三十二期）国债（以下简称本期国债），现将有关事项公告如下：

一、本期国债通过全国银行间债券市场（含试点商业银行柜台）、证券交易所债券市场（以下简称各交易场所）面向社会各类投资者发行。试点商业银行包括中国工商银行股份有限公司、中国农业银行股份有限公司、中国银行股份有限公司、中国建设银行股份有限公司、招商银行股份有限公司、中国民生银行股份有限公司、北京银行股份有限公司和南京银行股份有限公司在全国已经开通国债柜台交易系统的分支机构（以下简称试点银行）。

二、本期国债计划发行280亿元，实际发行面值金额为287.1亿元。

三、本期国债期限7年，经招标确定的票面年利率为3.1%，2010年10月14日开始发行并计息，10月18日发行结束，10月20日起在各交易场所上市交易。本期国债在各交易场所交易方式为现券买卖和回购，其中试点银行柜台为现券买卖。通过试点银行柜台购买的本期国债，可以在债权托管银行质押贷款，具体办法由各试点银行制订。

四、本期国债为固定利率附息债，利息按年支付，利息支付日为每年的10月14日（节假日顺延，下同），2017年10月14日偿还本金并支付最后一次利息。

五、本期国债在2010年10月14日至10月18日的发行期内，采取场内挂牌、场外签订分销合同和试点银行柜台销售的方式分销，分销对象为在中国证券登记结算有限责任公司开立股票和基金账户，在中央国债登记结算有限责任公司、试点银行开立债券账户的各类投资者。承销机构根据市场情况自定价格分销。

特此公告。

中华人民共和国财政部公告

2010年10月20日　2010年第68号

根据国家国债发行的有关规定，财政部决定发行2010年记账式附息（三十三期）国债（以下简称本期国债），现将有关事项公告如下：

一、本期国债通过全国银行间债券市场（含试点商业银行柜台）、证券交易所债券市场（以下简称各交易场所）面向社会各类投资者发行。试点商业银行包括中国工商银行股份有限公司、中国农业银行股份有限公司、中国银行股份有限公司、中国建设银行股份有限公司、招商银行股份有限公司、中国民生银行股份有限公司、北京银行股份有限公司和南京银行股份有限公司在全国已经开通国债柜台交易系统的分支机构（以下简称试点银行）。

二、本期国债计划发行280亿元，实际发行面值金额为280亿元。

三、本期国债期限5年，经招标确定的票面年利率为2.91%，2010年10月21日开始发行并计息，10月25日发行结束，10月27日起在各交易场所上市交易。本期国债在各交易场所交易方式为现券买卖和回购，其中试点银行柜台为现券买卖。通过试点银行柜台购买的本期国债，可以在债权托管银行质押贷款，具体办法由各试点银行制订。

四、本期国债为固定利率附息债，利息按年支付，利息支付日为每年的10月21日（节假日顺延，下同），2015年10月21日偿还本金并支付最后一次利息。

五、本期国债在2010年10月21日至10月25日的发行期内，采取场内挂牌、场外签订分销合同和试点银行柜台销售的方式分销，分销对象为在中国证券登记结算有限责任公司开立股票和基金账户，在中央国债登记结算有限责任公司、试点银行开立债券账户的各类投资者。承销机构根据市场情况自定价格分销。

特此公告。

中华人民共和国财政部公告

2010年10月27日 2010年第70号

根据国家国债发行的有关规定，财政部决定发行2010年记账式附息（三十四期）国债（以下简称本期国债），现将有关事项公告如下：

一、本期国债通过全国银行间债券市场（含试点商业银行柜台）、证券交易所债券市场（以下简称各交易场所）面向社会各类投资者发行。试点商业银行包括中国工商银行股份有限公司、中国农业银行股份有限公司、中国银行股份有限公司、中国建设银行股份有限公司、招商银行股份有限公司、中国民生银行股份有限公司、北京银行股份有限公司和南京银行股份有限公司在全国已经开通国债柜台交易系统的分支机构（以下简称试点银行）。

二、本期国债计划发行280亿元，实际发行面值金额为299.9亿元。

三、本期国债期限10年，经招标确定的票面年利率为3.67%，2010年10月28日开始发行并计息，11月1日发行结束，11月3日起在各交易场所上市交易。本期国债在各交易场所交易方式为现券买卖和回购，其中试点银行柜台为现券买卖。通过试点银行柜台购买的本期国债，可以在债权托管银行质押贷款，具体办法由各试点银行制订。

四、本期国债为固定利率附息债，利息按半年支付，利息支付日为每年的4月28日、10月28日（节假日顺延，下同），2020年10月28日偿还本金并支付最后一次利息。

五、本期国债在2010年10月28日至11月1日的发行期内，采取场内挂牌、场外签订分销合同和试点银行柜台销售的方式分销，分销对象为在中国证券登记结算有限责任公司开立股票和基金账户，在中央国债登记结算有限责任公司、试点银行开立债券账户的各类投资者。承销机构根据市场情况自定价格分销。

特此公告。

中华人民共和国财政部公告

2010 年 11 月 3 日　2010 年第 72 号

根据国家国债发行的有关规定，财政部决定发行 2010 年记账式附息（三十五期）国债（以下简称本期国债），现将有关事项公告如下：

一、本期国债通过全国银行间债券市场（含试点商业银行柜台）、证券交易所债券市场（以下简称各交易场所）面向社会各类投资者发行。试点商业银行包括中国工商银行股份有限公司、中国农业银行股份有限公司、中国银行股份有限公司、中国建设银行股份有限公司、招商银行股份有限公司、中国民生银行股份有限公司、北京银行股份有限公司和南京银行股份有限公司在全国已经开通国债柜台交易系统的分支机构（以下简称试点银行）。

二、本期国债计划发行 280 亿元，实际发行面值金额为 280 亿元。

三、本期国债期限 3 年，经招标确定的票面年利率为 2.68%，2010 年 11 月 4 日开始发行并计息，11 月 8 日发行结束，11 月 10 日起在各交易场所上市交易。本期国债在各交易场所交易方式为现券买卖和回购，其中试点银行柜台为现券买卖。通过试点银行柜台购买的本期国债，可以在债权托管银行质押贷款，具体办法由各试点银行制订。

四、本期国债为固定利率附息债，利息按年支付，利息支付日为每年的 11 月 4 日（节假日顺延，下同），2013 年 11 月 4 日偿还本金并支付最后一次利息。

五、本期国债在 2010 年 11 月 4 日至 11 月 8 日的发行期内，采取场内挂牌、场外签订分销合同和试点银行柜台销售的方式分销，分销对象为在中国证券登记结算有限责任公司开立股票和基金账户，在中央国债登记结算有限责任公司、试点银行开立债券账户的各类投资者。承销机构根据市场情况自定价格分销。

特此公告。

中华人民共和国财政部公告

2010年11月10日 2010年第75号

根据国家国债发行的有关规定，财政部决定发行2010年记账式附息（三十六期）国债（以下简称本期国债），现将有关事项公告如下：

一、本期国债通过全国银行间债券市场（含试点商业银行柜台）、证券交易所债券市场（以下简称各交易场所）面向社会各类投资者发行。试点商业银行包括中国工商银行股份有限公司、中国农业银行股份有限公司、中国银行股份有限公司、中国建设银行股份有限公司、招商银行股份有限公司、中国民生银行股份有限公司、北京银行股份有限公司和南京银行股份有限公司在全国已经开通国债柜台交易系统的分支机构（以下简称试点银行）。

二、本期国债计划发行280亿元，实际发行面值金额为282.1亿元。

三、本期国债期限1年，经招标确定的票面年利率为2.15%，2010年11月11日开始发行并计息，11月15日发行结束，11月17日起在各交易场所上市交易。本期国债在各交易场所交易方式为现券买卖和回购，其中试点银行柜台为现券买卖。通过试点银行柜台购买的本期国债，可以在债权托管银行质押贷款，具体办法由各试点银行制订。

四、本期国债到期一次还本付息，2011年11月11日（节假日顺延）偿还本金并支付利息。

五、本期国债在2010年11月11日至11月15日的发行期内，采取场内挂牌、场外签订分销合同和试点银行柜台销售的方式分销，分销对象为在中国证券登记结算有限责任公司开立股票和基金账户，在中央国债登记结算有限责任公司、试点银行开立债券账户的各类投资者。承销机构根据市场情况自定价格分销。

特此公告。

中华人民共和国财政部公告

2010 年 11 月 17 日　2010 年第 79 号

根据国家国债发行的有关规定，财政部决定发行 2010 年记账式附息（三十七期）国债（以下简称本期国债），现将有关事项公告如下：

一、本期国债通过全国银行间债券市场和证券交易所债券市场（以下简称各交易场所）面向社会各类投资者发行。

二、本期国债计划发行 280 亿元，实际发行面值金额为 280 亿元。

三、本期国债期限 50 年，经招标确定的票面年利率为 4.4%，2010 年 11 月 18 日开始发行并计息，11 月 22 日发行结束，11 月 24 日起，本期国债在各交易场所以现券买卖和回购的方式上市交易。

四、本期国债为固定利率附息债，利息按半年支付，利息支付日为每年的 5 月 18 日、11 月 18 日（节假日顺延，下同），2060 年 11 月 18 日偿还本金并支付最后一次利息。

五、本期国债在 2010 年 11 月 18 日至 11 月 22 日的发行期内，采取场内挂牌和场外签订分销合同的方式分销，分销对象为在中国证券登记结算有限责任公司开立股票和基金账户及在中央国债登记结算有限责任公司开立债券账户的各类投资者。承销机构根据市场情况自定价格分销。

特此公告。

中华人民共和国财政部公告

2010年11月24日　2010年第80号

根据国家国债发行的有关规定，财政部决定发行2010年记账式附息（三十八期）国债（以下简称本期国债），现将有关事项公告如下：

一、本期国债通过全国银行间债券市场（含试点商业银行柜台）、证券交易所债券市场（以下简称各交易场所）面向社会各类投资者发行。试点商业银行包括中国工商银行股份有限公司、中国农业银行股份有限公司、中国银行股份有限公司、中国建设银行股份有限公司、招商银行股份有限公司、中国民生银行股份有限公司、北京银行股份有限公司和南京银行股份有限公司在全国已经开通国债柜台交易系统的分支机构（以下简称试点银行）。

二、本期国债计划发行280亿元，实际发行面值金额为306.4亿元。

三、本期国债期限7年，经招标确定的票面年利率为3.83%，2010年11月25日开始发行并计息，11月29日发行结束，12月1日起在各交易场所上市交易。本期国债在各交易场所交易方式为现券买卖和回购，其中试点银行柜台为现券买卖。通过试点银行柜台购买的本期国债，可以在债权托管银行质押贷款，具体办法由各试点银行制订。

四、本期国债为固定利率附息债，利息按年支付，利息支付日为每年的11月25日（节假日顺延，下同），2017年11月25日偿还本金并支付最后一次利息。

五、本期国债在2010年11月25日至11月29日的发行期内，采取场内挂牌、场外签订分销合同和试点银行柜台销售的方式分销，分销对象为在中国证券登记结算有限责任公司开立股票和基金账户，在中央国债登记结算有限责任公司、试点银行开立债券账户的各类投资者。承销机构根据市场情况自定价格分销。

特此公告。

中华人民共和国财政部公告

2010 年 12 月 1 日　2010 年第 82 号

根据国家国债发行的有关规定，财政部决定发行 2010 年记账式附息（三十九期）国债（以下简称本期国债），现将有关事项公告如下：

一、本期国债通过全国银行间债券市场（含试点商业银行柜台）、证券交易所债券市场（以下简称各交易场所）面向社会各类投资者发行。试点商业银行包括中国工商银行股份有限公司、中国农业银行股份有限公司、中国银行股份有限公司、中国建设银行股份有限公司、招商银行股份有限公司、中国民生银行股份有限公司、北京银行股份有限公司和南京银行股份有限公司在全国已经开通国债柜台交易系统的分支机构（以下简称试点银行）。

二、本期国债计划发行 280 亿元，实际发行面值金额为 321.4 亿元。

三、本期国债期限 5 年，经招标确定的票面年利率为 3.64%，2010 年 12 月 2 日开始发行并计息，12 月 6 日发行结束，12 月 8 日起在各交易场所上市交易。本期国债在各交易场所交易方式为现券买卖和回购，其中试点银行柜台为现券买卖。通过试点银行柜台购买的本期国债，可以在债权托管银行质押贷款，具体办法由各试点银行制订。

四、本期国债为固定利率附息债，利息按年支付，利息支付日为每年的 12 月 2 日（节假日顺延，下同），2015 年 12 月 2 日偿还本金并支付最后一次利息。

五、本期国债在 2010 年 12 月 2 日至 12 月 6 日的发行期内，采取场内挂牌、场外签订分销合同和试点银行柜台销售的方式分销，分销对象为在中国证券登记结算有限责任公司开立股票和基金账户，在中央国债登记结算有限责任公司、试点银行开立债券账户的各类投资者。承销机构根据市场情况自定价格分销。

特此公告。

中华人民共和国财政部公告

2010年12月8日 2010年第84号

根据国家国债发行的有关规定，财政部决定发行2010年记账式附息（四十期）国债（以下简称本期国债），现将有关事项公告如下：

一、本期国债通过全国银行间债券市场和证券交易所债券市场（以下简称各交易场所）面向社会各类投资者发行。

二、本期国债计划发行280亿元，实际发行面值金额为280亿元。

三、本期国债期限30年，经招标确定的票面年利率为4.23%，2010年12月9日开始发行并计息，12月13日发行结束，12月15日起，本期国债在各交易场所以现券买卖和回购的方式上市交易。

四、本期国债为固定利率附息债，利息按半年支付，利息支付日为每年的6月9日、12月9日（节假日顺延，下同），2040年12月9日偿还本金并支付最后一次利息。

五、本期国债在2010年12月9日至12月13日的发行期内，采取场内挂牌和场外签订分销合同的方式分销，分销对象为在中国证券登记结算有限责任公司开立股票和基金账户及在中央国债登记结算有限责任公司开立债券账户的各类投资者。承销机构根据市场情况自定价格分销。

特此公告。

中华人民共和国财政部公告

2010年12月15日 2010年第87号

根据国家国债发行的有关规定，财政部决定发行2010年记账式附息（四十一期）国债（以下简称本期国债），现将有关事项公告如下：

一、本期国债通过全国银行间债券市场（含试点商业银行柜台）、证券交易所债券市场（以下简称各交易场所）面向社会各类投资者发行。试点商业银行包括中国工商银行股份有限公司、中国农业银行股份有限公司、中国银行股份有限公司、中国建设银行股份有限公司、招商银行股份有限公司、中国民生银行股份有限公司、北京银行股份有限公司和南京银行股份有限公司在全国已经开通国债柜台交易系统的分支机构（以下简称试点银行）。

二、本期国债计划发行280亿元，实际发行面值金额为307.8亿元。

三、本期国债期限10年，经招标确定的票面年利率为3.77%，2010年12月16日开始发行并计息，12月20日发行结束，12月22日起在各交易场所上市交易。本期国债在各交易场所交易方式为现券买卖和回购，其中试点银行柜台为现券买卖。通过试点银行柜台购买的本期国债，可以在债权托管银行质押贷款，具体办法由各试点银行制订。

四、本期国债为固定利率附息债，利息按半年支付，利息支付日为每年的6月16日、12月16日（节假日顺延，下同），2020年12月16日偿还本金并支付最后一次利息。

五、本期国债在2010年12月16日至12月20日的发行期内，采取场内挂牌、场外签订分销合同和试点银行柜台销售的方式分销，分销对象为在中国证券登记结算有限责任公司开立股票和基金账户，在中央国债登记结算有限责任公司、试点银行开立债券账户的各类投资者。承销机构根据市场情况自定价格分销。

特此公告。

三、记账式贴现国债发行类

中华人民共和国财政部公告

2010年4月9日 2010年第15号

根据国家国债发行的有关规定，财政部决定发行2010年记账式贴现（一期）国债（以下简称本期国债），现将有关事项公告如下：

一、本期国债通过全国银行间债券市场和证券交易所市场（以下简称各交易场所）面向社会各类投资者发行。

二、本期国债计划发行面值150亿元，实际发行面值为142.5亿元。

三、本期国债期限91天，经招标确定的发行价格为99.69元，折合年收益率为1.28%，本期国债2010年4月12日开始发行并计息，4月14日发行结束。4月16日起，本期国债在各交易场所以现券买卖和回购的方式上市交易。

四、本期国债低于票面面值贴现发行，2010年7月12日（节假日顺延）按面值偿还。

五、本期国债在2010年4月12日至4月14日的发行期内，采取场内挂牌和场外签订分销合同的方式分销，分销对象为在中国证券登记结算有限责任公司开立股票和基金账户、在中央国债登记结算有限责任公司开立债券账户的各类投资者。通过各交易场所分销部分，由承销机构根据市场情况自定价格。

特此公告。

中华人民共和国财政部公告

2010年4月9日　2010年第16号

根据国家国债发行的有关规定，财政部决定发行2010年记账式贴现（二期）国债（以下简称本期国债），现将有关事项公告如下：

一、本期国债通过全国银行间债券市场和证券交易所市场（以下简称各交易场所）面向社会各类投资者发行。

二、本期国债计划发行面值200亿元，实际发行面值为158.1亿元。

三、本期国债期限273天，经招标确定的发行价格为98.868元，折合年收益率为1.54%，本期国债2010年4月12日开始发行并计息，4月14日发行结束。4月16日起，本期国债在各交易场所以现券买卖和回购的方式上市交易。

四、本期国债低于票面面值贴现发行，2011年1月10日（节假日顺延）按面值偿还。

五、本期国债在2010年4月12日至4月14日的发行期内，采取场内挂牌和场外签订分销合同的方式分销，分销对象为在中国证券登记结算有限责任公司开立股票和基金账户、在中央国债登记结算有限责任公司开立债券账户的各类投资者。通过各交易场所分销部分，由承销机构根据市场情况自定价格。

特此公告。

中华人民共和国财政部公告

2010年4月16日 2010年第18号

根据国家国债发行的有关规定，财政部决定发行2010年记账式贴现（三期）国债（以下简称本期国债），现将有关事项公告如下：

一、本期国债通过全国银行间债券市场和证券交易所市场（以下简称各交易场所）面向社会各类投资者发行。

二、本期国债计划发行面值150亿元，实际发行面值为150亿元。

三、本期国债期限182天，经招标确定的发行价格为99.283元，折合年收益率为1.46%，本期国债2010年4月19日开始发行并计息，4月21日发行结束。4月23日起，本期国债在各交易场所以现券买卖和回购的方式上市交易。

四、本期国债低于票面面值贴现发行，2010年10月18日（节假日顺延）按面值偿还。

五、本期国债在2010年4月19日至4月21日的发行期内，采取场内挂牌和场外签订分销合同的方式分销，分销对象为在中国证券登记结算有限责任公司开立股票和基金账户，在中央国债登记结算有限责任公司开立债券账户的各类投资者。通过各交易场所分销部分，由承销机构根据市场情况自定价格。

特此公告。

中华人民共和国财政部公告

2010 年 5 月 14 日　2010 年第 23 号

根据国家国债发行的有关规定，财政部决定发行 2010 年记账式贴现（四期）国债（以下简称本期国债），现将有关事项公告如下：

一、本期国债通过全国银行间债券市场和证券交易所市场（以下简称各交易场所）面向社会各类投资者发行。

二、本期国债计划发行面值 150 亿元，实际发行面值为 150 亿元。

三、本期国债期限 182 天，经招标确定的发行价格为 99.246 元，折合年收益率为 1.54%，本期国债 2010 年 5 月 17 日开始发行并计息，5 月 19 日发行结束。5 月 21 日起，本期国债在各交易场所以现券买卖和回购的方式上市交易。

四、本期国债低于票面面值贴现发行，2010 年 11 月 15 日（节假日顺延）按面值偿还。

五、本期国债在 2010 年 5 月 17 日至 5 月 19 日的发行期内，采取场内挂牌和场外签订分销合同的方式分销，分销对象为在中国证券登记结算有限责任公司开立股票和基金账户，在中央国债登记结算有限责任公司开立债券账户的各类投资者。通过各交易场所分销部分，由承销机构根据市场情况自定价格。

特此公告。

中华人民共和国财政部公告

2010年5月14日 2010年第24号

根据国家国债发行的有关规定，财政部决定发行2010年记账式贴现（五期）国债（以下简称本期国债），现将有关事项公告如下：

一、本期国债通过全国银行间债券市场和证券交易所市场（以下简称各交易场所）面向社会各类投资者发行。

二、本期国债计划发行面值200亿元，实际发行面值为173.7亿元。

三、本期国债期限273天，经招标确定的发行价格为98.738元，折合年收益率为1.72%，本期国债2010年5月17日开始发行并计息，5月19日发行结束。5月21日起，本期国债在各交易场所以现券买卖和回购的方式上市交易。

四、本期国债低于票面面值贴现发行，2011年2月14日（节假日顺延）按面值偿还。

五、本期国债在2010年5月17日至5月19日的发行期内，采取场内挂牌和场外签订分销合同的方式分销，分销对象为在中国证券登记结算有限责任公司开立股票和基金账户，在中央国债登记结算有限责任公司开立债券账户的各类投资者。通过各交易场所分销部分，由承销机构根据市场情况自定价格。

特此公告。

中华人民共和国财政部公告

2010 年 6 月 11 日　2010 年第 31 号

根据国家国债发行的有关规定，财政部决定发行 2010 年记账式贴现（六期）国债（以下简称本期国债），现将有关事项公告如下：

一、本期国债通过全国银行间债券市场和证券交易所市场（以下简称各交易场所）面向社会各类投资者发行。

二、本期国债计划发行面值 150 亿元，实际发行面值为 114.5 亿元。

三、本期国债期限 91 天，经招标确定的发行价格为 99.548 元，折合年收益率为 1.91%，本期国债 2010 年 6 月 14 日开始发行并计息，6 月 18 日发行结束。6 月 22 日起，本期国债在各交易场所以现券买卖和回购的方式上市交易。

四、本期国债低于票面面值贴现发行，2010 年 9 月 13 日（节假日顺延）按面值偿还。

五、本期国债在 2010 年 6 月 14 日至 6 月 18 日的发行期内，采取场内挂牌和场外签订分销合同的方式分销，分销对象为在中国证券登记结算有限责任公司开立股票和基金账户，在中央国债登记结算有限责任公司开立债券账户的各类投资者。通过各交易场所分销部分，由承销机构根据市场情况自定价格。

特此公告。

中华人民共和国财政部公告

2010年6月11日 2010年第32号

根据国家国债发行的有关规定，财政部决定发行2010年记账式贴现（七期）国债（以下简称本期国债），现将有关事项公告如下：

一、本期国债通过全国银行间债券市场和证券交易所市场（以下简称各交易场所）面向社会各类投资者发行。

二、本期国债计划发行面值200亿元，实际发行面值为177.5亿元。

三、本期国债期限273天，经招标确定的发行价格为98.511元，折合年收益率为2.05%，本期国债2010年6月14日开始发行并计息，6月18日发行结束。6月22日起，本期国债在各交易场所以现券买卖和回购的方式上市交易。

四、本期国债低于票面面值贴现发行，2011年3月14日（节假日顺延）按面值偿还。

五、本期国债在2010年6月14日至6月18日的发行期内，采取场内挂牌和场外签订分销合同的方式分销，分销对象为在中国证券登记结算有限责任公司开立股票和基金账户，在中央国债登记结算有限责任公司开立债券账户的各类投资者。通过各交易场所分销部分，由承销机构根据市场情况自定价格。

特此公告。

中华人民共和国财政部公告

2010 年 7 月 9 日　2010 年第 39 号

根据国家国债发行的有关规定，财政部决定发行 2010 年记账式贴现（八期）国债（以下简称本期国债），现将有关事项公告如下：

一、本期国债通过全国银行间债券市场和证券交易所市场（以下简称各交易场所）面向社会各类投资者发行。

二、本期国债计划发行面值 200 亿元，实际发行面值为 200 亿元。

三、本期国债期限 182 天，经招标确定的发行价格为 99.059 元，折合年收益率为 1.93%，本期国债 2010 年 7 月 12 日开始发行并计息，7 月 14 日发行结束。7 月 16 日起，本期国债在各交易场所以现券买卖和回购的方式上市交易。

四、本期国债低于票面面值贴现发行，2011 年 1 月 10 日（节假日顺延）按面值偿还。

五、本期国债在 2010 年 7 月 12 日至 7 月 14 日的发行期内，采取场内挂牌和场外签订分销合同的方式分销，分销对象为在中国证券登记结算有限责任公司开立股票和基金账户，在中央国债登记结算有限责任公司开立债券账户的各类投资者。通过各交易场所分销部分，由承销机构根据市场情况自定价格。

特此公告。

中华人民共和国财政部公告

2010年7月23日 2010年第43号

根据国家国债发行的有关规定，财政部决定发行2010年记账式贴现（九期）国债（以下简称本期国债），现将有关事项公告如下：

一、本期国债通过全国银行间债券市场和证券交易所市场（以下简称各交易场所）面向社会各类投资者发行。

二、本期国债计划发行面值200亿元，实际发行面值为200亿元。

三、本期国债期限182天，经招标确定的发行价格为99.121元，折合年收益率为1.8%，本期国债2010年7月26日开始发行并计息，7月28日发行结束。7月30日起，本期国债在各交易场所以现券买卖和回购的方式上市交易。

四、本期国债低于票面面值贴现发行，2011年1月24日（节假日顺延）按面值偿还。

五、本期国债在2010年7月26日至7月28日的发行期内，采取场内挂牌和场外签订分销合同的方式分销，分销对象为在中国证券登记结算有限责任公司开立股票和基金账户，在中央国债登记结算有限责任公司开立债券账户的各类投资者。通过各交易场所分销部分，由承销机构根据市场情况自定价格。

特此公告。

中华人民共和国财政部公告

2010 年 8 月 6 日　2010 年第 46 号

根据国家国债发行的有关规定，财政部决定发行 2010 年记账式贴现（十期）国债（以下简称本期国债），现将有关事项公告如下：

一、本期国债通过全国银行间债券市场和证券交易所市场（以下简称各交易场所）面向社会各类投资者发行。

二、本期国债计划发行面值 100 亿元，实际发行面值为 100 亿元。

三、本期国债期限 273 天，经招标确定的发行价格为 98.62 元，折合年收益率为 1.88%，本期国债 2010 年 8 月 9 日开始发行并计息，8 月 11 日发行结束。8 月 13 日起，本期国债在各交易场所以现券买卖和回购的方式上市交易。

四、本期国债低于票面面值贴现发行，2011 年 5 月 9 日（节假日顺延）按面值偿还。

五、本期国债在 2010 年 8 月 9 日至 8 月 11 日的发行期内，采取场内挂牌和场外签订分销合同的方式分销，分销对象为在中国证券登记结算有限责任公司开立股票和基金账户，在中央国债登记结算有限责任公司开立债券账户的各类投资者。通过各交易场所分销部分，由承销机构根据市场情况自定价格。

特此公告。

中华人民共和国财政部公告

2010年8月20日　2010年第54号

根据国家国债发行的有关规定，财政部决定发行2010年记账式贴现（十一期）国债（以下简称本期国债），现将有关事项公告如下：

一、本期国债通过全国银行间债券市场和证券交易所市场（以下简称各交易场所）面向社会各类投资者发行。

二、本期国债计划发行面值200亿元，实际发行面值为200亿元。

三、本期国债期限182天，经招标确定的发行价格为99.108元，折合年收益率为1.82%，本期国债2010年8月23日开始发行并计息，8月25日发行结束。8月27日起，本期国债在各交易场所以现券买卖和回购的方式上市交易。

四、本期国债低于票面面值贴现发行，2011年2月21日（节假日顺延）按面值偿还。

五、本期国债在2010年8月23日至8月25日的发行期内，采取场内挂牌和场外签订分销合同的方式分销，分销对象为在中国证券登记结算有限责任公司开立股票和基金账户，在中央国债登记结算有限责任公司开立债券账户的各类投资者。通过各交易场所分销部分，由承销机构根据市场情况自定价格。

特此公告。

中华人民共和国财政部公告

2010 年 9 月 10 日　2010 年第 63 号

根据国家国债发行的有关规定，财政部决定发行 2010 年记账式贴现（十二期）国债（以下简称本期国债），现将有关事项公告如下：

一、本期国债通过全国银行间债券市场和证券交易所债券市场（以下简称各交易场所）面向社会各类投资者发行。

二、本期国债计划发行面值 100 亿元，实际发行面值为 100 亿元。

三、本期国债期限 91 天，经招标确定的发行价格为 99.6 元，折合年收益率为 1.65%，本期国债 2010 年 9 月 13 日开始发行并计息，9 月 15 日发行结束。9 月 17 日起，本期国债在各交易场所以现券买卖和回购的方式上市交易。

四、本期国债低于票面面值贴现发行，2010 年 12 月 13 日（节假日顺延）按面值偿还。

五、本期国债在 2010 年 9 月 13 日至 9 月 15 日的发行期内，采取场内挂牌和场外签订分销合同的方式分销，分销对象为在中国证券登记结算有限责任公司开立股票和基金账户，在中央国债登记结算有限责任公司开立债券账户的各类投资者。通过各交易场所分销部分，由承销机构根据市场情况自定价格。

特此公告。

中华人民共和国财政部公告

2010年9月17日 2010年第65号

根据国家国债发行的有关规定，财政部决定发行2010年记账式贴现（十三期）国债（以下简称本期国债），现将有关事项公告如下：

一、本期国债通过全国银行间债券市场和证券交易所债券市场（以下简称各交易场所）面向社会各类投资者发行。

二、本期国债计划发行面值200亿元，实际发行面值为200亿元。

三、本期国债期限182天，经招标确定的发行价格为99.074元，折合年收益率为1.89%，本期国债2010年9月20日开始发行并计息，9月21日发行结束。9月27日起，本期国债在各交易场所以现券买卖和回购的方式上市交易。

四、本期国债低于票面面值贴现发行，2011年3月21日（节假日顺延）按面值偿还。

五、本期国债在2010年9月20日至9月21日的发行期内，采取场内挂牌和场外签订分销合同的方式分销，分销对象为在中国证券登记结算有限责任公司开立股票和基金账户，在中央国债登记结算有限责任公司开立债券账户的各类投资者。通过各交易场所分销部分，由承销机构根据市场情况自定价格。

特此公告。

中华人民共和国财政部公告

2010 年 10 月 22 日 2010 年第 69 号

根据国家国债发行的有关规定，财政部决定发行 2010 年记账式贴现（十四期）国债（以下简称本期国债），现将有关事项公告如下：

一、本期国债通过全国银行间债券市场和证券交易所债券市场（以下简称各交易场所）面向社会各类投资者发行。

二、本期国债计划发行面值 280 亿元，实际发行面值为 280 亿元。

三、本期国债期限 91 天，经招标确定的发行价格为 99.542 元，折合年收益率为 1.89%，本期国债 2010 年 10 月 25 日开始发行并计息，10 月 27 日发行结束。10 月 29 日起，本期国债在各交易场所以现券买卖和回购的方式上市交易。

四、本期国债低于票面面值贴现发行，2011 年 1 月 24 日（节假日顺延）按面值偿还。

五、本期国债在 2010 年 10 月 25 日至 10 月 27 日的发行期内，采取场内挂牌和场外签订分销合同的方式分销，分销对象为在中国证券登记结算有限责任公司开立股票和基金账户，在中央国债登记结算有限责任公司开立债券账户的各类投资者。通过各交易场所分销部分，由承销机构根据市场情况自定价格。

特此公告。

中华人民共和国财政部公告

2010年10月29日 2010年第71号

根据国家国债发行的有关规定，财政部决定发行2010年记账式贴现（十五期）国债（以下简称本期国债），现将有关事项公告如下：

一、本期国债通过全国银行间债券市场和证券交易所债券市场（以下简称各交易场所）面向社会各类投资者发行。

二、本期国债计划发行面值280亿元，实际发行面值为280亿元。

三、本期国债期限91天，经招标确定的发行价格为99.544元，折合年收益率为1.88%，本期国债2010年11月1日开始发行并计息，11月3日发行结束。11月5日起，本期国债在各交易场所以现券买卖和回购的方式上市交易。

四、本期国债低于票面面值贴现发行，2011年1月31日（节假日顺延）按面值偿还。

五、本期国债在2010年11月1日至11月3日的发行期内，采取场内挂牌和场外签订分销合同的方式分销，分销对象为在中国证券登记结算有限责任公司开立股票和基金账户，在中央国债登记结算有限责任公司开立债券账户的各类投资者。通过各交易场所分销部分，由承销机构根据市场情况自定价格。

特此公告。

中华人民共和国财政部公告

2010 年 11 月 12 日　2010 年第 76 号

根据国家国债发行的有关规定，财政部决定发行 2010 年记账式贴现（十六期）国债（以下简称本期国债），现将有关事项公告如下：

一、本期国债通过全国银行间债券市场和证券交易所债券市场（以下简称各交易场所）面向社会各类投资者发行。

二、本期国债计划发行面值 100 亿元，实际发行面值为 100 亿元。

三、本期国债期限 182 天，经招标确定的发行价格为 99.005 元，折合年收益率为 2.04%，本期国债 2010 年 11 月 15 日开始发行并计息，11 月 17 日发行结束。11 月 19 日起，本期国债在各交易场所以现券买卖和回购的方式上市交易。

四、本期国债低于票面面值贴现发行，2011 年 5 月 16 日（节假日顺延）按面值偿还。

五、本期国债在 2010 年 11 月 15 日至 11 月 17 日的发行期内，采取场内挂牌和场外签订分销合同的方式分销，分销对象为在中国证券登记结算有限责任公司开立股票和基金账户，在中央国债登记结算有限责任公司开立债券账户的各类投资者。通过各交易场所分销部分，由承销机构根据市场情况自定价格。

特此公告。

中华人民共和国财政部公告

2010年11月26日　2010年第81号

根据国家国债发行的有关规定，财政部决定发行2010年记账式贴现（十七期）国债（以下简称本期国债），现将有关事项公告如下：

一、本期国债通过全国银行间债券市场和证券交易所债券市场（以下简称各交易场所）面向社会各类投资者发行。

二、本期国债计划发行200亿元，实际发行面值金额为115.5亿元。

三、本期国债期限91天，经招标确定的发行价格为99.337元，折合年收益率为2.74%，本期国债2010年11月29日开始发行并计息，12月1日发行结束。12月3日起，本期国债在各交易场所以现券买卖和回购的方式上市交易。

四、本期国债低于票面面值贴现发行，2011年2月28日（节假日顺延）按面值偿还。

五、本期国债在2010年11月29日至12月1日的发行期内，采取场内挂牌和场外签订分销合同的方式分销，分销对象为在中国证券登记结算有限责任公司开立股票和基金账户，在中央国债登记结算有限责任公司开立债券账户的各类投资者。通过各交易场所分销部分，由承销机构根据市场情况自定价格。

特此公告。

中华人民共和国财政部公告

2010 年 12 月 10 日 2010 年第 85 号

根据国家国债发行的有关规定，财政部决定发行 2010 年记账式贴现（十八期）国债（以下简称本期国债），现将有关事项公告如下：

一、本期国债通过全国银行间债券市场和证券交易所债券市场（以下简称各交易场所）面向社会各类投资者发行。

二、本期国债计划发行面值 100 亿元，实际发行面值为 100 亿元。

三、本期国债期限 273 天，经招标确定的发行价格为 97.931 元，折合年收益率为 2.85%，本期国债 2010 年 12 月 13 日开始发行并计息，12 月 15 日发行结束。12 月 17 日起，本期国债在各交易场所以现券买卖和回购的方式上市交易。

四、本期国债低于票面面值贴现发行，2011 年 9 月 12 日（节假日顺延）按面值偿还。

五、本期国债在 2010 年 12 月 13 日至 12 月 15 日的发行期内，采取场内挂牌和场外签订分销合同的方式分销，分销对象为在中国证券登记结算有限责任公司开立股票和基金账户，在中央国债登记结算有限责任公司开立债券账户的各类投资者。通过各交易场所分销部分，由承销机构根据市场情况自定价格。

特此公告。

中华人民共和国财政部公告

2010年12月24日　2010年第90号

根据国家国债发行的有关规定，财政部决定发行2010年记账式贴现（十九期）国债（以下简称本期国债），现将有关事项公告如下：

一、本期国债通过全国银行间债券市场和证券交易所债券市场（以下简称各交易场所）面向社会各类投资者发行。

二、本期国债计划发行200亿元，实际发行面值金额为167.6亿元。

三、本期国债期限91天，经招标确定的发行价格为99.111元，折合年收益率为3.68%，本期国债2010年12月27日开始发行并计息，12月29日发行结束。12月31日起，本期国债在各交易场所以现券买卖和回购的方式上市交易。

四、本期国债低于票面面值贴现发行，2011年3月28日（节假日顺延）按面值偿还。

五、本期国债在2010年12月27日至12月29日的发行期内，采取场内挂牌和场外签订分销合同的方式分销，分销对象为在中国证券登记结算有限责任公司开立股票和基金账户，在中央国债登记结算有限责任公司开立债券账户的各类投资者。通过各交易场所分销部分，由承销机构根据市场情况自定价格。

本期国债发行结束后，2010年国债全部发行完毕。

特此公告。

四、凭证式国债发行类

中华人民共和国财政部公告

2010 年 2 月 23 日　2010 年第 5 号

根据国家国债发行的有关规定，财政部决定发行 2010 年凭证式（一期）国债（以下简称本期国债），现将有关事项公告如下：

一、本期国债发行总额 500 亿元，其中 1 年期 250 亿元，票面年利率 2.60%；3 年期 250 亿元，票面年利率 3.73%。

二、本期国债发行期为 2010 年 3 月 1 日至 2010 年 3 月 21 日。各承销机构在规定的额度内发售本期国债。本期国债从购买之日开始计息，到期一次还本付息，不计复利，逾期兑付不加计利息。

三、本期国债为记名国债，以填制“凭证式国债收款凭证”的方式按面值发行，可以挂失，可以质押贷款，但不能更名，不能流通转让。个人购买凭证式国债实行实名制，具体办法比照国务院公布的《个人存款账户实名制规定》（国务院令第 285 号）办理。

四、在购买本期国债后如需变现，投资者可随时到原购买网点提前兑取。提前兑取时，按兑取本金的 1‰收取手续费，并按实际持有时间及相应的分档利率计付利息。

从购买之日起，1 年期和 3 年期凭证式国债持有时间不满半年不计付利息；满半年不满 1 年按 0.36% 计息；3 年期凭证式国债持有时间满 1 年不满 2 年按 1.71% 计息；满 2 年不满 3 年按 2.52% 计息。

五、公告公布日至发行结束日，如遇银行储蓄存款利率调整，尚未发行的本期国债票面利率，在利率调整日按 1 年期、3 年期银行储蓄存款利率调整的相同百分点作同向调整，提前兑取分档利率另行通知。

六、本期国债面向社会公开发行，投资者可到中国工商银行、中国农业银行、中国银行、中国建设银行以及部分股份制商业银行、城市商业银行、农村商业银行等 40 家 2009 年—2011 年凭证式国债承销团成员的营业网点购买。

特此公告。

中华人民共和国财政部公告

2010 年 5 月 7 日　2010 年第 21 号

根据国家国债发行的有关规定，财政部决定发行 2010 年凭证式（二期）国债（以下简称本期国债），现将有关事项公告如下：

一、本期国债发行总额 400 亿元，其中 1 年期 200 亿元，票面年利率 2.60%；3 年期 200 亿元，票面年利率 3.73%。

二、本期国债发行期为 2010 年 5 月 13 日至 2010 年 5 月 27 日。各承销机构在规定的额度内发售本期国债。本期国债从购买之日开始计息，到期一次还本付息，不计复利，逾期兑付不加计利息。

三、本期国债为记名国债，以填制“凭证式国债收款凭证”的方式按面值发行，可以挂失，可以质押贷款，但不能更名，不能流通转让。个人购买凭证式国债实行实名制，具体办法比照国务院公布的《个人存款账户实名制规定》（国务院令第 285 号）办理。

四、在购买本期国债后如需变现，投资者可随时到原购买网点提前兑取。提前兑取时，按兑取本金的 1‰收取手续费，并按实际持有时间及相应的分档利率计付利息。

从购买之日起，1 年期和 3 年期凭证式国债持有时间不满半年不计付利息；满半年不满 1 年按 0.36% 计息；3 年期凭证式国债持有时间满 1 年不满 2 年按 1.71% 计息；满 2 年不满 3 年按 2.52% 计息。

五、公告公布日至发行结束日，如遇银行储蓄存款利率调整，尚未发行的本期国债票面利率，在利率调整日按 1 年期、3 年期银行储蓄存款利率调整的相同百分点作同向调整，提前兑取分档利率另行通知。

六、本期国债面向社会公开发行，投资者可到中国工商银行、中国农业银行、中国银行、中国建设银行以及部分股份制商业银行、城市商业银行、农村商业银行等 40 家 2009 年—2011 年凭证式国债承销团成员的营业网点购买。

特此公告。

中华人民共和国财政部公告

2010 年 7 月 6 日 2010 年第 37 号

根据国家国债发行的有关规定，财政部决定发行 2010 年凭证式（三期）国债（以下简称本期国债），现将有关事项公告如下：

一、本期国债发行总额 400 亿元，其中 1 年期 200 亿元，票面年利率 2.60%；3 年期 200 亿元，票面年利率 3.73%。

二、本期国债发行期为 2010 年 7 月 12 日至 2010 年 7 月 26 日。各承销机构在规定的额度内发售本期国债。本期国债从购买之日开始计息，到期一次还本付息，不计复利，逾期兑付不加计利息。

三、本期国债为记名国债，以填制“凭证式国债收款凭证”的方式按面值发行，可以挂失，可以质押贷款，但不能更名，不能流通转让。个人购买凭证式国债实行实名制，具体办法比照国务院公布的《个人存款账户实名制规定》（国务院令第 285 号）办理。

四、在购买本期国债后如需变现，投资者可随时到原购买网点提前兑取。提前兑取时，按兑取本金的 1‰收取手续费，并按实际持有时间及相应的分档利率计付利息。

从购买之日起，1 年期和 3 年期凭证式国债持有时间不满半年不计付利息；满半年不满 1 年按 0.36% 计息；3 年期凭证式国债持有时间满 1 年不满 2 年按 1.71% 计息；满 2 年不满 3 年按 2.52% 计息。

五、公告公布日至发行结束日，如遇银行储蓄存款利率调整，尚未发行的本期国债票面利率，在利率调整日按 1 年期、3 年期银行储蓄存款利率调整的相同百分点作同向调整，提前兑取分档利率另行通知。

六、本期国债面向社会公开发行，投资者可到中国工商银行、中国农业银行、中国银行、中国建设银行以及部分股份制商业银行、城市商业银行、农村商业银行等 40 家 2009 年—2011 年凭证式国债承销团成员的营业网点购买。

特此公告。

中华人民共和国财政部公告

2010年9月6日 2010年第59号

根据国家国债发行的有关规定，财政部决定发行2010年凭证式（四期）国债（以下简称本期国债），现将有关事项公告如下：

一、本期国债发行总额400亿元，其中1年期200亿元，票面年利率2.60%；3年期200亿元，票面年利率3.73%。

二、本期国债发行期为2010年9月13日至2010年9月27日。各承销机构在规定的额度内发售本期国债。本期国债从购买之日开始计息，到期一次还本付息，不计复利，逾期兑付不加计利息。

三、本期国债为记名国债，以填制“凭证式国债收款凭证”的方式按面值发行，可以挂失，可以质押贷款，但不能更名，不能流通转让。个人购买凭证式国债实行实名制，具体办法比照国务院公布的《个人存款账户实名制规定》（国务院令第285号）办理。

四、在购买本期国债后如需变现，投资者可随时到原购买网点提前兑取。提前兑取时，按兑取本金的1‰收取手续费，并按实际持有时间及相应的分档利率计付利息。

从购买之日起，1年期和3年期凭证式国债持有时间不满半年不计付利息；满半年不满1年按0.36%计息；3年期凭证式国债持有时间满1年不满2年按1.71%计息；满2年不满3年按2.52%计息。

五、公告公布日至发行结束日，如遇银行储蓄存款利率调整，尚未发行的本期国债票面利率，在利率调整日按1年期、3年期银行储蓄存款利率调整的相同百分点作同向调整，提前兑取分档利率另行通知。

六、本期国债面向社会公开发行，投资者可到中国工商银行、中国农业银行、中国银行、中国建设银行以及部分股份制商业银行、城市商业银行、农村商业银行等40家2009年—2011年凭证式国债承销团成员的营业网点购买。

特此公告。

中华人民共和国财政部公告

2010年12月1日　2010年第83号

根据国家国债发行的有关规定，财政部决定发行2010年凭证式（五期）国债（以下简称本期国债），现将有关事项公告如下：

一、本期国债发行总额200亿元，其中1年期40亿元，票面年利率2.85%；3年期100亿元，票面年利率4.25%；5年期60亿元，票面年利率4.60%。

二、本期国债发行期为2010年12月6日至2010年12月20日。各承销机构在规定的额度内发售本期国债。本期国债从购买之日开始计息，到期一次还本付息，不计复利，逾期兑付不加计利息。

三、本期国债为记名国债，以填制“凭证式国债收款凭证”的方式按面值发行，可以挂失，可以质押贷款，但不能更名，不能流通转让。个人购买凭证式国债实行实名制，具体办法比照国务院公布的《个人存款账户实名制规定》（国务院令第285号）办理。

四、在购买本期国债后如需变现，投资者可随时到原购买网点提前兑取。提前兑取时，按兑取本金的1‰收取手续费，并按实际持有时间及相应的分档利率计付利息。

从购买之日起，1年期、3年期和5年期本期国债持有时间不满半年不计付利息；满半年不满1年按0.36%计息；3年期和5年期本期国债持有时间满1年不满2年按1.89%计息；满2年不满3年按2.97%计息；5年期本期国债持有时间满3年不满4年按4.32%计息；满4年不满5年按4.41%计息。

五、公告公布日至发行结束日，如遇银行储蓄存款利率调整，尚未发行的本期国债票面利率，在利率调整日按1年期、3年期和5年期银行储蓄存款利率调整的相同百分点作同向调整，提前兑取分档利率另行通知。

六、本期国债面向社会公开发行，投资者可到中国工商银行、中国农业银行、中国银行、中国建设银行以及部分股份制商业银行、城市商业银行、农村商业银行等40家2009年—2011年凭证式国债承销团成员的营业网点购买。

特此公告。

五、储蓄国债（电子式）发行类

中华人民共和国财政部公告

2010年4月2日 2010年第13号

根据国家国债发行的有关规定，财政部决定发行2010年第一期储蓄国债（电子式）（以下简称第一期）和2010年第二期储蓄国债（电子式）（以下简称第二期）。储蓄国债（电子式）是财政部面向个人投资者发行的，以电子方式记录债权的一种不可上市流通的人民币债券。现将有关事项公告如下：

一、本次发行的两期国债为固定利率固定期限国债，其中第一期期限1年，票面年利率为2.60%，发行额为200亿元；第二期期限3年，票面年利率为3.73%，发行额为200亿元。本次发行的两期国债发行期为2010年4月10日至4月25日，公告日至发行截止日，如遇中国人民银行调整同期限金融机构存款利率，这两期国债从调息之日起停止发行。

二、本次发行的两期国债从2010年4月10日起息，按年付息，每年4月10日支付利息，第一期于2011年4月10日偿还本金并支付利息，第二期于2013年4月10日偿还本金并支付最后一次利息。财政部通过储蓄国债（电子式）试点商业银行（以下简称试点银行）于付息日或到期日将本期国债利息或本金拨付投资者指定的资金账户，转入资金账户的本息资金作为居民存款由试点银行按活期存款利率计付利息。

三、本次发行的两期国债以100元为起点按100元的整数倍发售、兑付和办理各项业务，每个账户购买单期国债最高限额为500万元。本次发行的两期国债实行实名制，不可以流通转让，可以按照相关规定提前兑取、质押贷款和非交易过户。

四、投资者购买本次发行的两期国债，需持本人有效身份证件和试点银行的活期存折（或借记卡）在试点银行网点开立个人国债账户，个人国债账户不收开户费和维护费用，开立后可以永久使用。已经通过试点银行开立记账式国债托管账户的投资者可继续使用原来的账户购买储蓄国债（电子式），不必重复开户。活期存折（或借记卡）的相关收费按照各行标准执行。

五、从2010年4月10日开始计算，持有本次发行的两期国债不满6个月提前兑取不计付利息，持有6个月不满12个月提前兑取按照票面利率计付利息并扣除180天利息，持有第二期国债满12个月不满24个月扣除180天利息，满24个月不满36个月扣除90天利息。提前兑取本次发行的两期国债需按照兑取本金的1‰缴纳手续费。付息日（到期日）前2个法定工作日起停止办理提前兑取、非交易过户等一切与债权转移相关业务，付息日恢复办理。

六、本次发行的两期国债试点银行为40家2009年—2011年凭证式国债承销团成员，上述银行在全国已经开通相应系统的地区和营业网点销售本次发行的两期国债。其中兴业银行应从2010年4月6日开始为投资者办理个人债权托管账户开户业务。

特此公告。

中华人民共和国财政部公告

2010 年 6 月 4 日　2010 年第 29 号

根据国家国债发行的有关规定，财政部决定发行 2010 年第三期储蓄国债（电子式）（以下简称第三期）和 2010 年第四期储蓄国债（电子式）（以下简称第四期）。储蓄国债（电子式）是财政部面向个人投资者发行的，以电子方式记录债权的一种不可上市流通的人民币债券。现将有关事项公告如下：

一、本次发行的两期国债为固定利率固定期限国债，其中第三期期限 1 年，票面年利率为 2.60%，发行额为 200 亿元；第四期期限 3 年，票面年利率为 3.73%，发行额为 100 亿元。本次发行的两期国债发行期为 2010 年 6 月 12 日至 6 月 26 日，公告日至发行截止日，如遇中国人民银行调整同期限金融机构存款利率，这两期国债从调息之日起停止发行。

二、本次发行的两期国债从 2010 年 6 月 12 日起息，按年付息，每年 6 月 12 日支付利息，第三期于 2011 年 6 月 12 日偿还本金并支付利息，第四期于 2013 年 6 月 12 日偿还本金并支付最后一次利息。财政部通过储蓄国债（电子式）试点商业银行（以下简称试点银行）于付息日或到期日将本期国债利息或本金拨付投资者指定的资金账户，转入资金账户的本息资金作为居民存款由试点银行按活期存款利率计付利息。

三、本次发行的两期国债以 100 元为起点按 100 元的整数倍发售、兑付和办理各项业务，每个账户购买单期国债最高限额为 500 万元。本次发行的两期国债实行实名制，不可以流通转让，可以按照相关规定提前兑取、质押贷款和非交易过户。

四、投资者购买本次发行的两期国债，需持本人有效身份证件和试点银行的活期存折（或借记卡）在试点银行网点开立个人国债账户，个人国债账户不收开户费和维护费用，开立后可以永久使用。已经通过试点银行开立记账式国债托管账户的投资者可继续使用原来的账户购买储蓄国债（电子式），不必重复开户。活期存折（或借记卡）的相关收费按照各行标准执行。

五、从 2010 年 6 月 12 日开始计算，持有本次发行的两期国债不满 6 个月提前兑取不计付利息，持有 6 个月不满 12 个月提前兑取按照票面利率计付利息并扣除 180 天利息，持有第四期国债满 12 个月不满 24 个月扣除 180 天利息，满 24 个月不满 36 个月扣除 90 天利息。提前兑取本次发行的两期国债需按照兑取本金的 1‰缴纳手续费。付息日（到期日）前 2 个法定工作日起停止办理提前兑取、非交易过户等一切与债权转移相关业务，付息日恢复办理。

六、本次发行的两期国债试点银行为 39 家 2009 年—2011 年凭证式国债承销团成员，上述银行在全国已经开通相应系统的地区和营业网点销售本次发行的两期国债。

特此公告。

中华人民共和国财政部公告

2010年8月9日　2010年第47号

根据国家国债发行的有关规定，财政部决定发行2010年第五期储蓄国债（电子式）（以下简称第五期）和2010年第六期储蓄国债（电子式）（以下简称第六期）。储蓄国债（电子式）是财政部面向个人投资者发行的，以电子方式记录债权的一种不可上市流通的人民币债券。现将有关事项公告如下：

一、本次发行的两期国债为固定利率固定期限国债，其中第五期期限1年，票面年利率为2.60%，发行额为120亿元；第六期期限3年，票面年利率为3.73%，发行额为80亿元。本次发行的两期国债发行期为2010年8月16日至8月29日，公告日至发行截止日，如遇中国人民银行调整同期限金融机构存款利率，这两期国债从调息之日起停止发行。

二、本次发行的两期国债从2010年8月16日起息，按年付息，每年8月16日支付利息，第五期于2011年8月16日偿还本金并支付利息，第六期于2013年8月16日偿还本金并支付最后一次利息。财政部通过储蓄国债（电子式）试点商业银行（以下简称试点银行）于付息日或到期日将本期国债利息或本金拨付投资者指定的资金账户，转入资金账户的本息资金作为居民存款由试点银行按活期存款利率计付利息。

三、本次发行的两期国债以100元为起点按100元的整数倍发售、兑付和办理各项业务，每个账户购买单期国债最高限额为500万元。本次发行的两期国债实行实名制，不可以流通转让，可以按照相关规定提前兑取、质押贷款和非交易过户。

四、投资者购买本次发行的两期国债，需持本人有效身份证件和试点银行的活期存折（或借记卡）在试点银行网点开立个人国债账户，个人国债账户不收开户费和维护费用，开立后可以永久使用。已经通过试点银行开立记账式国债托管账户的投资者可继续使用原来的账户购买储蓄国债（电子式），不必重复开户。活期存折（或借记卡）的相关收费按照各行标准执行。

五、从2010年8月16日开始计算，持有本次发行的两期国债不满6个月提前兑取不计付利息，持有6个月不满12个月提前兑取按照票面利率计付利息并扣除180天利息，持有第六期满12个月不满24个月扣除180天利息，满24个月不满36个月扣除90天利息。提前兑取本次发行的两期国债需按照兑取本金的1‰缴纳手续费。付息日（到期日）前2个法定工作日起停止办理提前兑取、非交易过户等一切与债权转移相关业务，付息日恢复办理。

六、本次发行的两期国债试点银行为40家2009年—2010年凭证式国债承销团成员，上述银行在全国已经开通相应系统的地区和营业网点销售本次发行的两期国债。

特此公告。

中华人民共和国财政部公告

2010 年 9 月 30 日　2010 年第 66 号

根据国家国债发行的有关规定，财政部决定发行 2010 年第七期储蓄国债（电子式）（以下简称第七期）和 2010 年第八期储蓄国债（电子式）（以下简称第八期）。储蓄国债（电子式）是财政部面向个人投资者发行的，以电子方式记录债权的一种不可上市流通的人民币债券。现将有关事项公告如下：

一、本次发行的两期国债为固定利率固定期限国债，其中第七期期限 1 年，票面年利率为 2.60%，发行额为 100 亿元；第八期期限 3 年，票面年利率为 3.73%，发行额为 100 亿元。本次发行的两期国债发行期为 2010 年 10 月 15 日至 10 月 28 日，公告日至发行截止日，如遇中国人民银行调整同期限金融机构存款利率，这两期国债从调息之日起停止发行。

二、本次发行的两期国债从 2010 年 10 月 15 日起息，按年付息，每年 10 月 15 日支付利息，第七期于 2011 年 10 月 15 日偿还本金并支付利息，第八期于 2013 年 10 月 15 日偿还本金并支付最后一次利息。财政部通过储蓄国债（电子式）试点商业银行（以下简称试点银行）于付息日或到期日将本期国债利息或本金拨付投资者指定的资金账户，转入资金账户的本息资金作为居民存款由试点银行按活期存款利率计付利息。

三、本次发行的两期国债以 100 元为起点按 100 元的整数倍发售、兑付和办理各项业务，每个账户购买单期国债最高限额为 500 万元。本次发行的两期国债实行实名制，不可以流通转让，可以按照相关规定提前兑取、质押贷款和非交易过户。

四、投资者购买本次发行的两期国债，需持本人有效身份证件和试点银行的活期存折（或借记卡）在试点银行网点开立个人国债账户，个人国债账户不收开户费和维护费用，开立后可以永久使用。已经通过试点银行开立记账式国债托管账户的投资者可继续使用原来的账户购买储蓄国债（电子式），不必重复开户。活期存折（或借记卡）的相关收费按照各行标准执行。

五、从 2010 年 10 月 15 日开始计算，持有本次发行的两期国债不满 6 个月提前兑取不计付利息，持有 6 个月不满 12 个月提前兑取按照票面利率计付利息并扣除 180 天利息，持有第八期满 12 个月不满 24 个月扣除 180 天利息，满 24 个月不满 36 个月扣除 90 天利息。提前兑取本次发行的两期国债需按照兑取本金的 1‰缴纳手续费。付息日（到期日）前 2 个法定工作日起停止办理提前兑取、非交易过户等一切与债权转移相关业务，付息日恢复办理。

六、本次发行的两期国债试点银行为 40 家 2009 年—2010 年凭证式国债承销团成员，上述银行在全国已经开通相应系统的地区和营业网点销售本次发行的两期国债。

特此公告。

中华人民共和国财政部公告

2010年11月10日 2010年第74号

根据国家国债发行的有关规定，财政部决定发行2010年第九期储蓄国债（电子式）（以下简称第九期）、2010年第十期储蓄国债（电子式）（以下简称第十期）和2010年第十一期储蓄国债（电子式）（以下简称第十一期）。储蓄国债（电子式）是财政部面向个人投资者发行的，以电子方式记录债权的一种不可上市流通的人民币债券。现将有关事项公告如下：

一、本次发行的三期国债为固定利率固定期限国债，其中第九期期限为1年，年利率2.85%，发行额为60亿元；第十期期限为3年，年利率4.25%，发行额为150亿元；第十一期期限为5年，年利率4.60%，发行额为90亿元。本次发行的三期国债发行期为2010年11月15日至11月28日，公告日至发行截止日，如遇中国人民银行调整同期限金融机构存款利率，这三期国债从调息之日起停止发行。

二、本次发行的三期国债从2010年11月15日起息，按年付息，每年11月15日支付利息，第九期于2011年11月15日偿还本金并支付利息，第十期于2013年11月15日偿还本金并支付最后一次利息，第十一期于2015年11月15日偿还本金并支付最后一次利息。财政部通过储蓄国债（电子式）试点商业银行（以下简称试点银行）于付息日或到期日将本期国债利息或本金拨付投资者指定的资金账户，转入资金账户的本息资金作为居民存款由试点银行按活期存款利率计付利息。

三、本次发行的三期国债以100元为起点按100元的整数倍发售、兑付和办理各项业务，每个账户购买单期国债最高限额为500万元。本次发行的三期国债实行实名制，不可以流通转让，可以按照相关规定提前兑取、质押贷款和非交易过户。

四、投资者购买本次发行的三期国债，需持本人有效身份证件和试点银行的活期存折（或借记卡）在试点银行网点开立个人国债账户，个人国债账户不收开户费和维护费用，开立后可以永久使用。已经通过试点银行开立记账式国债托管账户的投资者可继续使用原来的账户购买储蓄国债（电子式），不必重复开户。活期存折（或借记卡）的相关收费按照各行标准执行。

五、从2010年11月15日开始计算，持有本次发行的三期国债不满6个月提前兑取不计付利息，满6个月不满12个月按票面利率计息并扣除180天利息；持有第十期和第十一期满12个月不满24个月按票面利率计息并扣除180天利息，满24个月不满36个月按票面利率计息并扣除90天利息；持有第十一期满36个月不满60个月按票面利率计息并扣除60天利息。提前兑取本次发行的三期国债需按照兑取本金的1‰缴纳手续费。付息日（到期日）前2个法定工作日起停止办理提前兑取、非交易过户等一切与债权转移相关业务，付息日恢复办理。

六、本次发行的三期国债试点银行为40家2009年—2010年凭证式国债承销团成员，上述银行在全国已经开通相应系统的地区和营业网点销售本次发行的三期国债。

特此公告。

第五篇

附　录

一、地方政府债券发行情况

2010 年地方政府债券发行情况表

品　种	实际发行面值（亿元）	期　限	发行价格（元）	票面利率（%）	发行时间	发行场所	发债地区
一　期	286	3 年	100.000	2.77	6 月 21 日	银行间、交易所	江西、湖南、广西、重庆、甘肃、青海、新疆、厦门
二　期	152	5 年	100.000	2.90	6 月 21 日	银行间、交易所	江西、湖北、湖南、广西、重庆、甘肃、青海、新疆、厦门
三　期	232	3 年	100.000	2.33	7 月 19 日	银行间、交易所	北京、福建、山东、青岛、广东、海南、云南
四　期	284	3 年	100.000	2.37	8 月 10 日	银行间、交易所	天津、山西、吉林、江苏、河南、湖北
五　期	186	5 年	100.000	2.67	8 月 10 日	银行间、交易所	北京、天津、山西、吉林、江苏、福建、青岛、河南、广东、海南、云南
六　期	195	3 年	100.000	2.37	8 月 24 日	银行间、交易所	河北、上海、深圳、贵州、陕西
七　期	206	3 年	100.000	2.36	9 月 7 日	银行间、交易所	安徽、宁夏、四川
八　期	152	5 年	100.000	2.67	9 月 7 日	银行间、交易所	上海、安徽、深圳、四川、贵州、宁夏、陕西
九　期	181	3 年	100.000	3.23	11 月 15 日	银行间、交易所	内蒙古、辽宁、大连、浙江、宁波、黑龙江
十　期	126	5 年	100.000	3.70	11 月 15 日	银行间、交易所	河北、内蒙古、辽宁、大连、黑龙江、浙江、宁波、山东
合　计	2000						

数据来源：根据地方政府债券发行文件整理

二、央行公开市场操作情况

2010年央行票据发行情况表

序号	债券简称	债券代码	实际发行量（亿元）	期限（月）	发行日	起息日	到期日	流通日	票面利率（%）	发行价（元）	参考收益率（%）	付息方式
1	10央行票据01	1001001	120.00	12	2010-1-5	2010-1-6	2011-1-6	2010-1-6		98.27	1.7605	贴现券
2	10央行票据02	1001002	600.00	3	2010-1-7	2010-1-8	2010-4-9	2010-1-8		99.66	1.3684	贴现券
3	10央行票据03	1001003	200.00	12	2010-1-12	2010-1-13	2011-1-13	2010-1-13		98.19	1.8434	贴现券
4	10央行票据04	1001004	500.00	3	2010-1-14	2010-1-15	2010-4-16	2010-1-15		99.66	1.3684	贴现券
5	10央行票据05	1001005	240.00	12	2010-1-19	2010-1-20	2011-1-20	2010-1-20		98.11	1.9264	贴现券
6	10央行票据06	1001006	900.00	3	2010-1-21	2010-1-22	2010-4-23	2010-1-22		99.65	1.4088	贴现券
7	10央行票据07	1001007	100.00	12	2010-1-26	2010-1-27	2011-1-27	2010-1-27		98.11	1.9264	贴现券
8	10央行票据08	1001008	500.00	3	2010-1-28	2010-1-29	2010-4-30	2010-1-29		99.65	1.4088	贴现券
9	10央行票据09	1001009	100.00	12	2010-2-2	2010-2-3	2011-2-3	2010-2-3		98.11	1.9264	贴现券
10	10央行票据10	1001010	420.00	3	2010-2-4	2010-2-5	2010-5-7	2010-2-5		99.65	1.4088	贴现券
11	10央行票据11	1001011	240.00	12	2010-2-9	2010-2-10	2011-2-10	2010-2-10		98.11	1.9264	贴现券
12	10央行票据12	1001012	300.00	3	2010-2-11	2010-2-12	2010-5-14	2010-2-12		99.65	1.4088	贴现券
13	10央行票据13	1001013	170.00	12	2010-2-23	2010-2-24	2011-2-24	2010-2-24		98.11	1.9264	贴现券
14	10央行票据14	1001014	900.00	3	2010-2-25	2010-2-26	2010-5-28	2010-2-26		99.65	1.4088	贴现券
15	10央行票据15	1001015	600.00	12	2010-3-2	2010-3-3	2011-3-3	2010-3-3		98.11	1.9264	贴现券
16	10央行票据16	1001016	900.00	3	2010-3-4	2010-3-5	2010-6-4	2010-3-5		99.65	1.4088	贴现券
17	10央行票据17	1001017	1000.00	12	2010-3-9	2010-3-10	2011-3-10	2010-3-10		98.11	1.9264	贴现券
18	10央行票据18	1001018	1200.00	3	2010-3-11	2010-3-12	2010-6-11	2010-3-12		99.65	1.4088	贴现券
19	10央行票据19	1001019	1100.00	12	2010-3-16	2010-3-17	2011-3-17	2010-3-17		98.11	1.9264	贴现券
20	10央行票据20	1001020	1300.00	3	2010-3-18	2010-3-19	2010-6-18	2010-3-19		99.65	1.4088	贴现券
21	10央行票据21	1001021	780.00	12	2010-3-23	2010-3-24	2011-3-24	2010-3-24		98.11	1.9264	贴现券
22	10央行票据22	1001022	1600.00	3	2010-3-25	2010-3-26	2010-6-25	2010-3-26		99.65	1.4088	贴现券

续表

序号	债券简称	债券代码	实际发行量（亿元）	期限（月）	发行日	起息日	到期日	流通日	票面利率（%）	发行价（元）	参考收益率（%）	付息方式
23	10 央行票据 23	1001023	500.00	12	2010 - 3 - 30	2010 - 3 - 31	2011 - 3 - 31	2010 - 3 - 31		98.11	1.9264	贴现券
24	10 央行票据 24	1001024	750.00	3	2010 - 4 - 1	2010 - 4 - 2	2010 - 7 - 2	2010 - 4 - 2		99.65	1.4088	贴现券
25	10 央行票据 25	1001025	600.00	12	2010 - 4 - 6	2010 - 4 - 7	2011 - 4 - 7	2010 - 4 - 7		98.11	1.9264	贴现券
26	10 央行票据 26	1001026	750.00	3	2010 - 4 - 8	2010 - 4 - 9	2010 - 7 - 9	2010 - 4 - 9		99.65	1.4088	贴现券
27	10 央行票据 27	1001027	150.00	36	2010 - 4 - 8	2010 - 4 - 9	2013 - 4 - 9	2010 - 4 - 9	2.7500	100	2.75	付息券
28	10 央行票据 28	1001028	450.00	12	2010 - 4 - 13	2010 - 4 - 14	2011 - 4 - 14	2010 - 4 - 14		98.11	1.9264	贴现券
29	10 央行票据 29	1001029	680.00	3	2010 - 4 - 15	2010 - 4 - 16	2010 - 7 - 16	2010 - 4 - 16		99.65	1.4088	贴现券
30	10 央行票据 30	1001030	400.00	12	2010 - 4 - 20	2010 - 4 - 21	2011 - 4 - 21	2010 - 4 - 21		98.11	1.9264	贴现券
31	10 央行票据 31	1001031	230.00	3	2010 - 4 - 22	2010 - 4 - 23	2010 - 7 - 23	2010 - 4 - 23		99.65	1.4088	贴现券
32	10 央行票据 32	1001032	900.00	36	2010 - 4 - 22	2010 - 4 - 23	2013 - 4 - 23	2010 - 4 - 23	2.7400	100	2.74	付息券
33	10 央行票据 33	1001033	750.00	12	2010 - 4 - 27	2010 - 4 - 28	2011 - 4 - 28	2010 - 4 - 28		98.11	1.9264	贴现券
34	10 央行票据 34	1001034	200.00	3	2010 - 4 - 29	2010 - 4 - 30	2010 - 7 - 30	2010 - 4 - 30		99.65	1.4088	贴现券
35	10 央行票据 35	1001035	200.00	12	2010 - 5 - 4	2010 - 5 - 5	2011 - 5 - 5	2010 - 5 - 5		98.11	1.9264	贴现券
36	10 央行票据 36	1001036	140.00	3	2010 - 5 - 6	2010 - 5 - 7	2010 - 8 - 6	2010 - 5 - 7		99.65	1.4088	贴现券
37	10 央行票据 37	1001037	1100.00	36	2010 - 5 - 6	2010 - 5 - 7	2013 - 5 - 7	2010 - 5 - 7	2.7200	100	2.72	付息券
38	10 央行票据 38	1001038	140.00	12	2010 - 5 - 11	2010 - 5 - 12	2011 - 5 - 12	2010 - 5 - 12		98.11	1.9264	贴现券
39	10 央行票据 39	1001039	200.00	3	2010 - 5 - 13	2010 - 5 - 14	2010 - 8 - 13	2010 - 5 - 14		99.65	1.4088	贴现券
40	10 央行票据 40	1001040	200.00	12	2010 - 5 - 18	2010 - 5 - 19	2011 - 5 - 19	2010 - 5 - 19		98.11	1.9264	贴现券
41	10 央行票据 42	1001042	1200.00	36	2010 - 5 - 20	2010 - 5 - 21	2013 - 5 - 21	2010 - 5 - 21	2.7000	100	2.7	付息券
42	10 央行票据 41	1001041	60.00	3	2010 - 5 - 20	2010 - 5 - 21	2010 - 8 - 20	2010 - 5 - 21		99.64	1.4492	贴现券
43	10 央行票据 43	1001043	300.00	12	2010 - 5 - 25	2010 - 5 - 26	2011 - 5 - 26	2010 - 5 - 26		98.11	1.9264	贴现券
44	10 央行票据 44	1001044	50.00	3	2010 - 5 - 27	2010 - 5 - 28	2010 - 8 - 27	2010 - 5 - 28		99.63	1.4896	贴现券
45	10 央行票据 45	1001045	150.00	12	2010 - 6 - 1	2010 - 6 - 2	2011 - 6 - 2	2010 - 6 - 2		98.03	2.0096	贴现券

续表

序号	债券简称	债券代码	实际发行量（亿元）	期限（月）	发行日	起息日	到期日	流通日	票面利率（%）	发行价（元）	参考收益率（%）	付息方式
46	10央行票据46	1001046	50.00	3	2010-6-3	2010-6-4	2010-9-3	2010-6-4		99.62	1.53	贴现券
47	10央行票据47	1001047	1100.00	36	2010-6-3	2010-6-4	2013-6-4	2010-6-4	2.6800	100	2.68	付息券
48	10央行票据48	1001048	250.00	12	2010-6-8	2010-6-9	2011-6-9	2010-6-9		97.95	2.0929	贴现券
49	10央行票据49	1001049	100.00	3	2010-6-10	2010-6-11	2010-9-10	2010-6-11		99.61	1.5704	贴现券
50	10央行票据50	1001050	50.00	12	2010-6-17	2010-6-18	2011-6-18	2010-6-18		97.95	2.0929	贴现券
51	10央行票据51	1001051	180.00	36	2010-6-17	2010-6-18	2013-6-18	2010-6-18	2.6800	100	2.68	付息券
52	10央行票据52	1001052	50.00	12	2010-6-22	2010-6-23	2011-6-23	2010-6-23		97.95	2.0929	贴现券
53	10央行票据53	1001053	50.00	3	2010-6-24	2010-6-25	2010-9-24	2010-6-25		99.61	1.5704	贴现券
54	10央行票据54	1001054	550.00	12	2010-6-29	2010-6-30	2011-6-30	2010-6-30		97.95	2.0929	贴现券
55	10央行票据55	1001055	220.00	36	2010-7-1	2010-7-2	2013-7-2	2010-7-2	2.6800	100	2.68	付息券
56	10央行票据56	1001056	60.00	12	2010-7-6	2010-7-7	2011-7-7	2010-7-7		97.95	2.0929	贴现券
57	10央行票据57	1001057	100.00	3	2010-7-8	2010-7-9	2010-10-8	2010-7-9		99.61	1.5704	贴现券
58	10央行票据58	1001058	350.00	12	2010-7-13	2010-7-14	2011-7-14	2010-7-14		97.95	2.0929	贴现券
59	10央行票据59	1001059	450.00	3	2010-7-15	2010-7-16	2010-10-15	2010-7-16		99.61	1.5704	贴现券
60	10央行票据60	1001060	1600.00	36	2010-7-15	2010-7-16	2013-7-16	2010-7-16	2.6500	100	2.65	付息券
61	10央行票据61	1001061	450.00	12	2010-7-20	2010-7-21	2011-7-21	2010-7-21		97.95	2.0929	贴现券
62	10央行票据62	1001062	800.00	3	2010-7-22	2010-7-23	2010-10-22	2010-7-23		99.61	1.5704	贴现券
63	10央行票据63	1001063	230.00	12	2010-7-27	2010-7-28	2011-7-28	2010-7-28		97.95	2.0929	贴现券
64	10央行票据64	1001064	220.00	3	2010-7-29	2010-7-30	2010-10-29	2010-7-30		99.61	1.5704	贴现券
65	10央行票据65	1001065	850.00	36	2010-7-29	2010-7-30	2013-7-30	2010-7-30	2.6500	100	2.65	付息券
66	10央行票据66	1001066	180.00	12	2010-8-3	2010-8-4	2011-8-4	2010-8-4		97.95	2.0929	贴现券
67	10央行票据67	1001067	120.00	3	2010-8-5	2010-8-6	2010-11-5	2010-8-6		99.61	1.5704	贴现券
68	10央行票据68	1001068	330.00	12	2010-8-10	2010-8-11	2011-8-11	2010-8-11		97.95	2.0929	贴现券

续表

序号	债券简称	债券代码	实际发行量（亿元）	期限（月）	发行日	起息日	到期日	流通日	票面利率（%）	发行价（元）	参考收益率（%）	付息方式
69	10 央行票据 69	1001069	860.00	36	2010 - 8 - 12	2010 - 8 - 13	2013 - 8 - 13	2010 - 8 - 13	2.6500	100	2.65	付息券
70	10 央行票据 70	1001070	440.00	12	2010 - 8 - 17	2010 - 8 - 18	2011 - 8 - 18	2010 - 8 - 18		97.95	2.0929	贴现券
71	10 央行票据 71	1001071	110.00	3	2010 - 8 - 19	2010 - 8 - 20	2010 - 11 - 19	2010 - 8 - 20		99.61	1.5704	贴现券
72	10 央行票据 72	1001072	240.00	12	2010 - 8 - 24	2010 - 8 - 25	2011 - 8 - 25	2010 - 8 - 25		97.95	2.0929	贴现券
73	10 央行票据 73	1001073	170.00	3	2010 - 8 - 26	2010 - 8 - 27	2010 - 11 - 26	2010 - 8 - 27		99.61	1.5704	贴现券
74	10 央行票据 74	1001074	800.00	36	2010 - 8 - 26	2010 - 8 - 27	2013 - 8 - 27	2010 - 8 - 27	2.6500	100	2.65	付息券
75	10 央行票据 75	1001075	120.00	12	2010 - 8 - 31	2010 - 9 - 1	2011 - 9 - 1	2010 - 9 - 1		97.95	2.0929	贴现券
76	10 央行票据 76	1001076	130.00	3	2010 - 9 - 2	2010 - 9 - 3	2010 - 12 - 3	2010 - 9 - 3		99.61	1.5704	贴现券
77	10 央行票据 77	1001077	560.00	12	2010 - 9 - 7	2010 - 9 - 8	2011 - 9 - 8	2010 - 9 - 8		97.95	2.0929	贴现券
78	10 央行票据 79	1001079	1000.00	36	2010 - 9 - 9	2010 - 9 - 10	2013 - 9 - 10	2010 - 9 - 10	2.6500	100	2.65	付息券
79	10 央行票据 78	1001078	170.00	3	2010 - 9 - 9	2010 - 9 - 10	2010 - 12 - 10	2010 - 9 - 10		99.61	1.5704	贴现券
80	10 央行票据 80	1001080	890.00	12	2010 - 9 - 14	2010 - 9 - 15	2011 - 9 - 15	2010 - 9 - 15		97.95	2.0929	贴现券
81	10 央行票据 81	1001081	140.00	3	2010 - 9 - 16	2010 - 9 - 17	2010 - 12 - 17	2010 - 9 - 17		99.61	1.5704	贴现券
82	10 央行票据 82	1001082	190.00	12	2010 - 9 - 21	2010 - 9 - 27	2011 - 9 - 27	2010 - 9 - 27		97.95	2.0929	贴现券
83	10 央行票据 83	1001083	140.00	3	2010 - 9 - 21	2010 - 9 - 27	2010 - 12 - 27	2010 - 9 - 27		99.61	1.5704	贴现券
84	10 央行票据 84	1001084	50.00	36	2010 - 9 - 21	2010 - 9 - 27	2013 - 9 - 27	2010 - 9 - 27	2.6500	100	2.65	付息券
85	10 央行票据 85	1001085	50.00	12	2010 - 9 - 28	2010 - 9 - 29	2011 - 9 - 29	2010 - 9 - 29		97.95	2.0929	贴现券
86	10 央行票据 86	1001086	60.00	3	2010 - 9 - 28	2010 - 9 - 29	2010 - 12 - 29	2010 - 9 - 29		99.61	1.5704	贴现券
87	10 央行票据 87	1001087	220.00	12	2010 - 10 - 12	2010 - 10 - 13	2011 - 10 - 13	2010 - 10 - 13		97.95	2.0929	贴现券
88	10 央行票据 88	1001088	310.00	3	2010 - 10 - 14	2010 - 10 - 15	2011 - 1 - 14	2010 - 10 - 15		99.61	1.5704	贴现券
89	10 央行票据 89	1001089	160.00	36	2010 - 10 - 14	2010 - 10 - 15	2013 - 10 - 15	2010 - 10 - 15	2.6500	100	2.65	付息券
90	10 央行票据 90	1001090	430.00	12	2010 - 10 - 19	2010 - 10 - 20	2011 - 10 - 20	2010 - 10 - 20		97.95	2.0929	贴现券
91	10 央行票据 91	1001091	500.00	3	2010 - 10 - 21	2010 - 10 - 22	2011 - 1 - 21	2010 - 10 - 22		99.56	1.7726	贴现券

续表

序号	债券简称	债券代码	实际发行量（亿元）	期限（月）	发行日	起息日	到期日	流通日	票面利率（%）	发行价（元）	参考收益率（%）	付息方式
92	10 央行票据 92	1001092	400.00	12	2010-10-26	2010-10-27	2011-10-27	2010-10-27		97.76	2.2913	贴现券
93	10 央行票据 93	1001093	250.00	3	2010-10-28	2010-10-29	2011-1-28	2010-10-29		99.56	1.7726	贴现券
94	10 央行票据 94	1001094	60.00	36	2010-10-28	2010-10-29	2013-10-29	2010-10-29	2.8500	100	2.85	付息券
95	10 央行票据 95	1001095	510.00	12	2010-11-2	2010-11-3	2011-11-3	2010-11-3		97.76	2.2913	贴现券
96	10 央行票据 96	1001096	150.00	3	2010-11-4	2010-11-5	2011-2-4	2010-11-5		99.56	1.7726	贴现券
97	10 央行票据 97	1001097	320.00	12	2010-11-9	2010-11-10	2011-11-10	2010-11-10		97.71	2.3437	贴现券
98	10 央行票据 98	1001098	150.00	3	2010-11-11	2010-11-12	2011-2-11	2010-11-12		99.55	1.8131	贴现券
99	10 央行票据 99	1001099	100.00	36	2010-11-11	2010-11-12	2013-11-12	2010-11-12	3.0000	100	3	付息券
100	10 央行票据 100	1001100	100.00	12	2010-11-16	2010-11-17	2011-11-17	2010-11-17		97.71	2.3437	贴现券
101	10 央行票据 101	1001101	160.00	3	2010-11-18	2010-11-19	2011-2-18	2010-11-19		99.55	1.8131	贴现券
102	10 央行票据 102	1001102	20.00	12	2010-11-23	2010-11-24	2011-11-24	2010-11-24		97.71	2.3437	贴现券
103	10 央行票据 103	1001103	30.00	3	2010-11-25	2010-11-26	2011-2-25	2010-11-26		99.55	1.8131	贴现券
104	10 央行票据 104	1001104	10.00	36	2010-11-25	2010-11-26	2013-11-26	2011-11-26	3.0000	100	3	付息券
105	10 央行票据 105	1001105	10.00	12	2010-11-30	2010-12-1	2011-12-1	2010-12-1		97.71	2.3437	贴现券
106	10 央行票据 106	1001106	10.00	3	2010-12-2	2010-12-3	2011-3-4	2010-12-3		99.55	1.8131	贴现券
107	10 央行票据 107	1001107	10.00	12	2010-12-7	2010-12-8	2011-12-8	2010-12-8		97.71	2.3437	贴现券
108	10 央行票据 108	1001108	50.00	3	2010-12-9	2010-12-10	2011-3-11	2010-12-10		99.55	1.8131	贴现券
109	10 央行票据 109	1001109	10.00	12	2010-12-14	2010-12-15	2011-12-15	2010-12-15		97.71	2.3437	贴现券
110	10 央行票据 110	1001110	10.00	3	2010-12-16	2010-12-17	2011-3-18	2010-12-17		99.55	1.8131	贴现券
111	10 央行票据 111	1001111	10.00	12	2010-12-21	2010-12-22	2011-12-22	2010-12-22		97.71	2.3437	贴现券
112	10 央行票据 112	1001112	10.00	3	2010-12-23	2010-12-24	2011-3-25	2010-12-24		99.55	1.8131	贴现券
113	10 央行票据 113	1001113	10.00	12	2010-12-28	2010-12-29	2011-12-29	2010-12-29		97.55	2.5115	贴现券
114	10 央行票据 114	1001114	10.00	3	2010-12-30	2010-12-31	2011-4-1	2010-12-31		99.5	2.0156	贴现券
	合　计		42350.00									

数据来源：中国人民银行网站、中国债券信息网、α债券投资分析系统

2010 年央行正回购情况表

序　号	日　期	品　种	期限（天）	招标利率（%）	招标数量（亿元）
1	2010 - 01 - 05	R1M	28	1.18	750
2	2010 - 01 - 07	R3M	91	1.36	300
3	2010 - 01 - 12	R1M	28	1.18	2000
4	2010 - 01 - 14	R3M	91	1.36	400
5	2010 - 01 - 21	R3M	91	1.41	480
6	2010 - 02 - 25	R3M	91	1.41	300
7	2010 - 03 - 04	R3M	91	1.41	490
8	2010 - 03 - 09	R1M	28	1.18	500
9	2010 - 03 - 11	R3M	91	1.41	830
10	2010 - 03 - 16	R1M	28	1.18	830
11	2010 - 03 - 18	R3M	91	1.41	800
12	2010 - 03 - 23	R1M	28	1.18	450
13	2010 - 03 - 25	R3M	91	1.41	500
14	2010 - 03 - 30	R1M	28	1.18	300
15	2010 - 04 - 01	R3M	91	1.41	680
16	2010 - 04 - 06	R1M	28	1.18	800
17	2010 - 04 - 08	R3M	91	1.41	600
18	2010 - 04 - 13	R1M	28	1.18	600
19	2010 - 04 - 15	R3M	91	1.41	690
20	2010 - 04 - 20	R1M	28	1.18	750
21	2010 - 04 - 22	R3M	91	1.41	350
22	2010 - 04 - 27	R1M	28	1.18	550
23	2010 - 04 - 29	R3M	91	1.41	500
24	2010 - 05 - 13	R3M	91	1.41	300
25	2010 - 06 - 10	R3M	91	1.57	100
26	2010 - 07 - 8	R3M	91	1.57	150
27	2010 - 07 - 22	R3M	91	1.57	500
28	2010 - 07 - 29	R3M	91	1.57	400
29	2010 - 08 - 05	R3M	91	1.57	300
30	2010 - 08 - 12	R3M	91	1.57	400
31	2010 - 08 - 19	R3M	91	1.57	700
32	2010 - 08 - 26	R3M	91	1.57	300
33	2010 - 09 - 02	R3M	91	1.57	50
34	2010 - 09 - 09	R3M	91	1.57	300

续表

序　号	日　期	品　种	期限（天）	招标利率（%）	招标数量（亿元）
35	2010－09－16	R3M	91	1.57	200
36	2010－09－21	R3M	91	1.57	80
37	2010－09－28	R3M	91	1.57	50
38	2010－10－14	R3M	91	1.57	450
39	2010－10－21	R3M	91	1.77	1450
40	2010－10－28	R3M	91	1.77	660
41	2010－11－11	R3M	91	1.81	400
42	2010－12－07	R1M	28	1.65	50

数据来源：中国人民银行网站、α债券投资分析系统

三、政策性金融债券发行情况

2010 年中国进出口银行金融债券发行情况表

序号	债券简称	债券代码	发行人简称	发行日期	实际发行量（亿元）	付息方式	选择权类别	票面利率（%）	债券期限	起息日	到期日
1	10 进出 01	100301	进出口行	2010 - 04 - 09	150.00	附息式固定利率		3. 3700	5 年	2010 - 05 - 05	2015 - 05 - 05
2	10 进出 02	100302	进出口行	2010 - 06 - 11	123. 20	附息式固定利率		3. 6000	10 年	2010 - 06 - 23	2020 - 06 - 23
3	10 进出 03	100303	进出口行	2010 - 06 - 25	200. 00	附息式固定利率		3. 5300	7 年	2010 - 06 - 29	2017 - 06 - 29
4	10 进出 04	100304	进出口行	2010 - 07 - 20	131. 30	附息式固定利率		2. 9500	5 年	2010 - 07 - 28	2015 - 07 - 28
5	10 进出 05	100305	进出口行	2010 - 07 - 27	150. 00	附息式固定利率		2. 7000	3 年	2010 - 08 - 12	2013 - 08 - 12
6	10 进出 06	100306	进出口行	2010 - 08 - 06	150. 00	附息式浮动利率		2. 5000	5 年	2010 - 08 - 25	2015 - 08 - 25
7	10 进出 07	100307	进出口行	2010 - 08 - 20	145. 50	附息式浮动利率		2. 6200	7 年	2010 - 09 - 07	2017 - 09 - 07
8	10 进出 08	100308	进出口行	2010 - 09 - 17	146. 70	附息式固定利率		2. 7700	3 年	2010 - 09 - 21	2013 - 09 - 21
9	10 进出 09	100309	进出口行	2010 - 10 - 19	136. 00	附息式固定利率		2. 5600	2 年	2010 - 10 - 22	2012 — 10 - 22
10	10 进出 10	100310	进出口行	2010 - 11 - 26	165. 40	附息式固定利率		3. 1800	1 年	2010 - 11 - 30	2011 - 11 - 30
11	10 进出 11	100311	进出口行	2010 - 12 - 10	127. 30	附息式固定利率		3. 2000	1 年	2010 - 12 - 20	2011 - 12 - 20
12	10 进出 12	100312	进出口行	2010 - 12 - 10	267. 30	附息式固定利率		3. 9800	5 年	2010 - 12 - 17	2015 - 12 - 17

数据来源：中国债券信息网

2010年中国农业发展银行金融债券发行情况表

序号	债券简称	债券代码	发行人简称	发行日期	实际发行量（亿元）	付息方式	选择权类别	票面利率（%）	债券期限	起息日	到期日
13	10农发01	100401	农发行	2010-01-15	200.00	附息式固定利率		3.6500	5年	2010-01-22	2015-01-22
14	10农发02	100402	农发行	2010-03-08	189.40	附息式固定利率		3.3800	7年	2010-03-15	2017-03-15
15	10农发03	100403	农发行	2010-03-19	200.00	附息式固定利率		3.6500	10年	2010-03-26	2020-03-26
16	10农发04	100404	农发行	2010-04-26	150.00	附息式固定利率		3.1500	5年	2010-05-14	2015-05-14
17	10农发05	100405	农发行	2010-06-08	175.60	附息式固定利率		3.2300	7年	2010-06-17	2017-06-17
18	10农发06	100406	农发行	2010-06-18	200.00	附息式固定利率		3.3000	5年	2010-06-22	2015-06-22
19	10农发07	100407	农发行	2010-07-12	153.40	附息式固定利率		2.9500	5年	2010-07-15	2015-07-15
20	10农发08	100408	农发行	2010-07-19	130.40	附息式固定利率		3.1400	7年	2010-07-27	2017-07-27
21	10农发09	100409	农发行	2010-08-12	195.20	附息式固定利率		3.5000	10年	2010-08-23	2020-08-23
22	10农发10	100410	农发行	2010-09-03	190.20	附息式浮动利率		2.7000	10年	2010-09-10	2020-09-10
23	10农发11	100411	农发行	2010-09-15	174.60	附息式固定利率		3.6000	10年	2010-09-27	2020-09-27
24	10农发12	100412	农发行	2010-10-12	179.30	附息式浮动利率		2.6500	7年	2010-10-15	2017-10-15
25	10农发13	100413	农发行	2010-10-12	155.20	附息式固定利率		3.2100	5年	2010-10-18	2015-10-18
26	10农发14	100414	农发行	2010-10-26	159.10	附息式固定利率		4.0000	10年	2010-11-04	2020-11-04
27	10农发15	100415	农发行	2010-11-12	195.80	附息式浮动利率		2.9900	5年	2010-11-19	2015-11-19
28	10农发16	100416	农发行	2010-11-24	151.80	附息式固定利率		4.0200	5年	2010-12-03	2015-12-03

数据来源：中国债券信息网

四、商业性金融机构债券发行情况

2010年国家开发银行金融债券（人民币）发行情况表

序号	债券简称	债券代码	发行人简称	发行日期	实际发行量（亿元）	付息方式	票面利率（%）	债券期限	起息日	到期日	发行价格（元）
	合　计				12424.70						
1	10国开01	100201	国开行	2010－01－13	300.00	附息式固定利率	3.9700	7年	2010－01－20	2017－01－20	100.000
2	10国开美元1	1002019	国开行	2010－07－08	4.00	附息式浮动利率	1.6331	3年	2010－07－15	2013－07－15	100.000
3	10国开02	100202	国开行	2010－01－20	400.00	附息式浮动利率	3.2700	7年	2010－01－26	2017－01－26	100.000
4	10国开03	100203	国开行	2010－01－27	400.00	附息式固定利率	3.6000	5年	2010－02－03	2015－02－03	100.000
5	10国开04	100204	国开行	2010－02－03	600.00	附息式浮动利率	2.8400	10年	2010－02－25	2020－02－25	100.000
6	10国开05	100205	国开行	2010－03－10	300.00	附息式固定利率	4.3000	20年	2010－03－17	2030－03－17	100.000
7	10国开07	100207	国开行	2010－03－31	550.00	附息式固定利率	4.4200	30年	2010－04－07	2040－04－07	100.000
8	10国开08	100208	国开行	2010－04－15	200.00	附息式固定利率	3.7400	10年	2010－04－20	2020－04－20	100.000
9	10国开09	100209	国开行	2010－04－15	100.00	附息式浮动利率	4.4200	5年	2010－04－22	2015－04－22	100.000
10	10国开10	100210	国开行	2010－04－29	200.00	附息式固定利率	3.3500	7年	2010－05－06	2017－05－06	100.000
11	10国开11	100211	国开行	2010－04－29	200.00	附息式浮动利率	2.8300	7年	2010－05－06	2017－05－06	100.000
12	10国开12	100212	国开行	2010－05－13	150.00	附息式固定利率	3.0000	5年	2010－05－20	2015－05－20	100.000
13	10国开13	100213	国开行	2010－05－13	150.00	附息式浮动利率	2.9600	10年	2010－05－25	2020－05－25	100.000
14	10国开15	100215	国开行	2010－05－26	251.30	附息式固定利率	3.2100	7年	2010－06－02	2017－06－02	100.000
15	10国开17	100217	国开行	2010－07－16	300.00	附息式固定利率	3.1700	7年	2010－07－21	2017－07－21	100.000
16	10国开18	100218	国开行	2010－07－22	297.40	附息式固定利率	3.5100	10年	2010－07－27	2020－07－27	100.000
17	10国开19	100219	国开行	2010－07－22	200.00	附息式浮动利率	3.1300	7年	2010－07－28	2017－07－28	100.000

续表

序号	债券简称	债券代码	发行人简称	发行日期	实际发行量（亿元）	付息方式	票面利率（%）	债券期限	起息日	到期日	发行价格（元）
18	10国开20	100220	国开行	2010-07-26	300.00	附息式固定利率	3.0600	5年	2010-07-30	2015-07-30	100.000
19	10国开21	100221	国开行	2010-08-05	200.00	贴现式		6个月	2010-07-28	2011-01-28	99.020
20	10国开22	100222	国开行	2010-08-05	150.00	附息式浮动利率	3.4500	10年	2010-08-11	2020-08-11	100.000
21	10国开23	100223	国开行	2010-08-19	200.00	附息式固定利率	2.6800	3年	2010-08-24	2013-08-24	100.000
22	10国开24	100224	国开行	2010-08-19	200.00	附息式浮动利率	2.7000	10年	2010-08-26	2020-08-26	100.000
23	10国开25	100225	国开行	2010-09-02	259.30	附息式固定利率	3.0500	5年	2010-09-07	2015-09-07	100.000
24	10国开26	100226	国开行	2010-10-14	200.00	附息式固定利率	2.2500	1年	2010-10-19	2011-10-19	100.000
25	10国开27	100227	国开行	2010-10-21	200.00	附息式固定利率	3.0800	3年	2010-10-26	2013-10-26	100.000
26	10国开28	100228	国开行	2010-10-21	200.00	附息式浮动利率	2.9300	10年	2010-10-28	2020-10-28	100.000
27	10国开29	100229	国开行	2010-10-28	150.00	附息式固定利率	2.9000	2年	2010-11-02	2012-11-02	100.000
28	10国开30	100230	国开行	2010-10-28	150.00	附息式浮动利率	5.4400	5年	2010-11-04	2015-11-04	100.000
29	10国开31	100231	国开行	2010-11-04	200.00	附息式固定利率	2.6100	1年	2010-11-09	2011-11-09	100.000
30	10国开32	100232	国开行	2010-11-11	100.00	附息式固定利率	4.6100	30年	2010-11-16	2040-11-16	100.000
31	10国开33	100233	国开行	2010-11-18	200.00	贴现式		6个月	2010-11-23	2011-05-23	98.700
32	10国开34	100234	国开行	2010-11-25	333.60	附息式固定利率	3.7000	5年	2010-12-07	2015-12-07	100.000
33	10国开35	100235	国开行	2010-11-25	30.60	附息式浮动利率	2.9500	5年	2010-12-07	2015-12-07	100.000
34	10国开36	100236	国开行	2010-11-25	55.80	附息式浮动利率	2.9600	5年	2010-12-07	2015-12-07	100.000

数据来源：中国债券信息网

2010年其他商业银行债券发行情况表

序号	债券简称	债券代码	发行人简称	发行日期	实际发行量（亿元）	付息方式	票面利率（%）	债券期限	起息日	到期日
	合 计				929.50					
1	10工行01	1005001	工商银行股份有限公司	2010-09-10	58.00	附息式固定利率	3.9000	10年	2010-09-14	2020-09-14
2	10工行02	1005002	工商银行股份有限公司	2010-09-10	162.00	附息式固定利率	4.1000	15年	2010-09-14	2025-09-14
3	10中行01	1006001	中行	2010-03-09	249.30	附息式固定利率	4.6800	15年	2010-03-11	2025-03-11
4	10民生01	1008001	中国民生银行	2010-06-10	58.00	附息式固定利率	4.2900	10年	2010-06-10	2020-06-10
5	10兴业银行债	101001	兴业银行	2010-03-29	30.00	附息式固定利率	4.8000	15年	2010-03-30	2025-03-30
6	10中信银行01	1012001	中信银行	2010-05-27	50.00	附息式固定利率	4.0000	10年	2010-05-28	2020-05-28
7	10中信银行02	1012002	中信银行	2010-05-27	115.00	附息式固定利率	4.3000	15年	2010-05-28	2025-05-28
8	10华夏银行债	1013001	华夏银行股份有限公司	2010-02-26	44.00	附息式固定利率	4.5500	10年	2010-03-02	2020-03-02
9	10廊坊银行债	1020001	廊坊银行	2010-01-20	3.60	附息式固定利率	5.7000	10年	2010-01-20	2020-01-20
10	10厦门银行债	1020002	厦门银行	2010-03-08	3.00	附息式固定利率	6.3800	10年	2010-03-10	2020-03-10
11	10攀枝花商债	1020003	攀枝花商行	2010-03-10	1.60	附息式固定利率	6.2100	10年	2010-03-11	2020-03-11
12	10河北银行债	1020004	河北银行	2010-05-21	8.00	附息式固定利率	5.9500	10年	2010-05-21	2020-05-21
13	10贵阳商行债	1020005	贵阳商行	2010-06-02	6.00	附息式固定利率	5.9500	10年	2010-06-02	2020-06-02
14	10阜新次级债	1020006	阜新银行	2010-06-17	2.00	附息式固定利率	6.3000	10年	2010-06-17	2020-06-17
15	10锦州银行债	1020007	锦州银行	2010-09-16	5.00	附息式固定利率	5.9000	10年	2010-09-17	2020-09-17
16	10宁波银行债	1020008	宁波银行股份有限公司	2010-11-10	25.00	附息式固定利率	5.3900	10年	2010-11-12	2020-11-12
17	10杭州银行债	1020009	杭州银行	2010-12-10	12.00	附息式固定利率	5.4000	10年	2010-12-14	2020-12-14
18	10北银次级债	1020010	北京银行股份有限公司	2010-12-21	65.00	附息式固定利率	5.0000	15年	2010-12-23	2025-12-23
19	10营口银行债	1020011	营口银行	2010-12-27	6.00	附息式固定利率	6.8000	10年	2010-12-28	2020-12-28
20	10威海商行债	1020012	威海市商业银行	2010-12-24	6.00	附息式固定利率	6.1800	10年	2010-12-27	2020-12-27
21	10渤海银行债	1024001	渤海银行	2010-10-27	10.00	附息式固定利率	5.6000	10年	2010-10-28	2020-10-28
22	10三菱东银01	1026001	三菱东京日联银行中国	2010-05-20	10.00	附息式浮动利率	3.3730	2年	2010-05-21	2012-05-21

数据来源：中国债券信息网